美国
文明观察
(全三册)
American Civilization
Observation

自由的刻度

美国历史经典文献40篇

钱满素 著

民主与建设出版社
·北京·

丛书总序[1]

2016年,东方出版社将我三本分别出版的关于美国文明的书,归为"美国文明三部曲"系列出版。初觉意外,再想倒也不无道理,它们互为补充,为读者提供更多的观察角度。这次修订版主要是删去某些重复的内容,并相应补充了新的篇章。

《美国历史经典文献40篇》是本文献史,通过精选的40篇文献来反映美国文明的生成与发展。编写当时,国内已有多种中英文的美国文献集,这本是专为中国非专业读者设计的,为方便阅读,每篇附有两千字导读,提供背景知识。选材不求全而求系统与代表性,使之能在有限的篇幅内清晰呈现美国文明的演化过程,因其为真实记录,故名《自由的刻度》。

《美国自由主义的历史变迁》试图从自由主义的角度来讲述美国史,也可以说是以美国的真实历史为例,来观察自由主义如何在一国实践中应时势而变迁。作为一种政治理念,自由主义又有哪些长短优劣。在实行自由主义的国家中,美国最为典型,自由主义是她唯一的主义、信念与制度,自由根植于美国文明的基因之中,因此称该书为《自由的基因》也未尝不可。

《自由的阶梯》是本评述美国文明的集子,带有更多个人解读的成分。

---

[1] 本文系作者为原丛书"美国文明三部曲"所作总序。此次以"美国文明观察"再版,并非重组结构,仅为扩充,故保留原序。编注

所选主题往往是美国在确立与实施自由制度的过程中如何见招拆招，步步为营。称之为"阶梯"甚是形象，这过程既可以是逐级而上的阶梯，也不排除逐级而下的可能。

曾听闻，有中国的美国研究学者访美归来感觉沮丧，哀叹人家的研究无可企及。我倒不这么悲观，社会科学是有国界的，中美学者虽同在研究美国文明，但所处国家不同，面对的社会问题不同，各自的立场、研究目的、关注重点、服务对象，甚至研究方法也就不可能相同。美国学者可以选择在一个小镇蹲点，细细做田野考察，以小观大；或者在图书馆梳理档案，探究历史真相。我们没有这些条件，可能也没有这些关心。我们的工作可以比作隔空架桥，建构太平洋两岸理解与交流的桥梁。凭借与中国读者共享的知识背景、思维习惯、社会关注和现实考量，我们用读者熟悉的文字来介绍美国文明要点，而这未必是美国学者之长。

再说，比较出真知，从外部观察的视角，我们说不定也能看到一些美国人身在庐山而看不到的真面目。当年托克维尔不就得益于他法国人的角度，对美国民主独具慧眼，视之为历史的方向？虽然他也看到了民主的弊病，但深信人类对自由平等的追求不可抑制。他精辟地指出美国文明的本质："17世纪初在美洲定居下来的移民，从他们在欧洲旧世界所反对的一切原则中析出民主原则，独自把它移植到新大陆的海岸上。在这里，民主原则得到自由成长，并在同民情的一并前进中和平地发展成为法律。"这一小段话里包含了很多关键词，值得细品。也因此，"美国人所占的最大便宜，在于他们是没有经历民主革命而建立民主制度的，以及他们是生下来就平等而不是后来才变成平等的。"天生自由的美国人对此习以为常，未必意识到。美国人创造的是典型的现代文明，一个英属殖民地能在独立一个半世纪后迅速崛起为超级大国，必有其值得研究之处。

世界上存在过的文明形态，真可谓多种多样色彩缤纷，但可以说无一不是人类适应环境、谋求生存发展的结果。同为人类分支，我们都是历经曲折才走到今天，在这个关系日趋紧密的地球上，各文明间除了彼此了解对话、相互交流借鉴以共谋进步，还有更好的共存之道吗？

钱满素
2025/2/20

序言：信念的传承

钱满素

对照其他历史悠久的民族，人们不禁会问：像美国这样一个移民国家又靠什么来凝聚人心？美国人来自世界各个角落，他们种族不同，宗教各异，更无共同的历史。直至今日，第一代移民仍占全国人口百分之十以上。然而谁也不能否认，美国确实是一个已经形成自己特点的统一民族。答案何在呢？

这里汇集的四十篇文献精选自美国文明史，它们勾勒出美国发展的全过程，每一篇都代表了各自的时代。从殖民开始，历经独立、建国、西扩、内战、工业化、大萧条、两次世界大战等一系列过程，一个民族在四百年中从无到有、从弱小到强大。在人类众多文明中，美国文明因其年轻而呈现出少有的清晰脉络。文献是真实的史料，是美国人对自己文明的理解，或曰信念的表达。美国的凝聚力也许就隐藏在这些文献中——美国没有世代相传的君主，但有世代相传的信念。

通篇读来，我们不难发现，美国人贯穿始终的信念无非就是《独立宣言》中所宣布的："人生而平等，造物主赋予他们若干不可剥夺的权利，其中包括生命权、自由权和追求幸福的权利。"他们认定，这些权利直接来自造物主，非政府所能授予，自然也不是政府所能剥夺的。

然而，虽说是天赋人权，其实却并非与生俱来。如亚当斯所言，"世界之初，君主制似乎就已经是种普遍的政府形式。国王及其一些重要的王室顾问与将领对人民实施残酷暴政。那时，人们在智力上所享有的地位，与将人与武器运往战场的骆驼与大象相比，高不了多少。"宣布人的平等即否认特权，是民众历经千辛万苦从教权与王权那里奋力拼搏而来，它标志着人类进入现代的精神觉醒与理论创新。

美国革命领袖们明白，宣言只是信念的表述，要使之成为现实，独立是第一步，建国是第二步。只有制定具体的法制将信念落到实处，它才能持之以恒，经得起时间的考验。显然，宣布信念的《独立宣言》和落实信念的《合众国宪法》可以说是美国最重要的两个文献，其余文献大都是这两大文献的准备或延伸。

那么，《独立宣言》的信念又从何而来呢？或者说，为什么不是一些别的信念呢？这就要追溯到殖民时期了，看看美国文化的基因是什么。17世纪初，英国移民尚未踏上美洲，就签署了《五月花公约》，立约为据，自愿组成民众自治政体，开启了殖民地人民自治的先河。移民带来的美国文明的种子源自新教信仰，它肯定个人的良知与判断之权，日后逐渐演变为表达自由与人民自治等信念。在波澜壮阔的大西洋保护下，英国移民在北美终于按自己的方式立约建教会、建政府，形成了法治和自治的传统。

当然，在清教领袖温斯罗普言之凿凿地谈论"生民百姓历来尊卑有别"时，美国距离"生而平等"的信念还隔着一个半世纪。但仔细阅读却能发现，其间并不存在不可跨越的鸿沟，因为温斯罗普将尊卑有别视为上帝的有意安排，旨在确保整体的存活和福祉。他强调的是"人"作为上帝造物的共同福利，在本质上并不鄙视卑贱贫穷者，而是以兄弟情义待之，齐心合力去追随基督。

在与宗主国的关系中，殖民地人民越来越坚守自己的这份自治权，终于一步步走到彻底摈弃君主制。他们不惜冒叛乱之险，以"不自由毋宁死"的精神，豁出去打一场独立战争。他们以天赋人权、反抗暴政为名，向英国和全世界铿锵有力地宣布了独立的理由。对内,《独立宣言》是向全体美国人庄严许下的一个诺言,美国此后的维权运动——政治权、经济权、民权、女权……无不以此为依据。

阅读这些文献可以看出,美国人的其他信念都是从天赋人权派生出来的,最重要的又莫过于关于政府的信念,其核心就是界定人民与政府的关系:第一,政府乃人民立约而建,目的是保障每个人的天赋人权。第二,政府的权力乃人民授予,个人将自己的部分权利交给政府,以换取政府的保护,其余权利仍由个人保留,它们不是政府所能剥夺的。第三,从授予与被授予的关系来看,政府的合法性完全在于人民的认可。因此,当政府违背这个初衷时,人民自然有权改变它,而不是由政府来改变人民。一个高高在上发号施令的政府是美国人所不能接受的。

鉴于长期以来教权与王权相互勾结对人民造成的残酷侵害,鉴于权力所具有的自我扩张本能,美国人的对策是:一、不设国教,政教分离,宗教退出政治领域。二、政府权力必须受到限制,以防止它危害人民。但是将权力关进笼子谈何容易,不能说说而已,也不能靠当权者的自我约束,而是必须实打实地由法律和制度来落实。制宪者们煞费苦心,竭力在赋予政府权力和有效限制权力之间寻找平衡,他们找到的办法就是分权制衡——每设立一项政府权力,便同时设置对它的制衡,三权分立,相互牵制,以防一权独大。宪法不仅逐条列出了赋予政府各部门的权力,还逐条列出了禁止它们行使的权力。但即便如此,美国人对它还是很不放心。于是,在通过宪法的同时,附加了统称为《权利法案》的前十条修正案,明文规定必须保障的公民权利,特别是信仰和言论之权。作为对政府滥用权力的最后屏障,《权利法案》在美国政治生活中意义重大。

限制政府权力的信念根植于民间,这似乎不难理解。值得注意的是,它同样也是美国当权者的信念。历任总统都认同并遵守这一点。作为总统,宪法是他们行使权力的唯一依据和目的，就职宣誓就是简单的一句话："我必忠诚地执行合众国总统的职务，并尽我最大的能力，维持、保护和捍卫《合众国宪法》。"不论党派，几乎每个总统都发表过关于限制政府权力的言论，杰斐逊说："管事最少的政府是最好的政府。"林肯说："美国人民在创建政府体制时，十分明智地仅只赋予其公仆一点小小的权力以防酿成祸害，而且还以同样的明智做出规定，在短时期以后又把这点小小的权力收回到他们自己手里。"到了当代，里根更是毫不避讳地扬言："在目前这场危机中，政府不是解决我们问题的关键；政府本身才是问题。"唯有罗斯福，为应对大萧条的紧急状况，曾要求赋予其战时领袖的广泛行政权力，但他从不敢忘记自己的宪法权限。

自然，宪法作为人制定的产物，不可能至善至美，但若以宪法之缺陷为由来违宪，则无异于以大恶治小恶。因为宪法的错误是可以通过合法的修宪来纠正的，而无视宪法将彻底破坏法治，是国将不国的开始，社会将从此不得安宁。华盛顿在告别政坛时谆谆告诫道："我们政府体制的基础，乃是人民有权制定和变更他们政府的宪法。可是宪法在经全民采取明确和正式的行动加以修改以前，任何人对之都负有神圣的义务。"同理，林肯在面对宪法所默认的奴隶制时，不得不慎之又慎，宁可迂回曲折，也决不踩着宪法往前走。

那么，在宪法的缺陷得到修正之前，一个秉持正义的公民又该怎么办呢？梭罗提出了他的公民不服从。他认为，如果服从当时那个对外向墨西哥开战、对内维护奴隶制的美国政府，便是为虎作伥，未尽到公民之责。他相信在法律之上还有道义，因此发动了"一个人的革命"，以拒绝纳税的方式抗拒这个作恶的政府。梭罗这一冒险犯法确实站到了历史的公正一边，但以个人判断对抗法律无疑具有潜在危险，梭罗也看到了这一点，所以他心甘情愿地走进牢房。在梭罗的事件中，最值得关注的是公民表达不同意见——甚至反对宪法和政府——的权利和意义，这正是美国得以进步的关键。

由于历届政府对宪法的尊重,其不完善的部分不断得以修正。宪法是人民制定的,虽然修宪是件极为审慎庄重之事,但仍然可能犯错,幸而错误可以通过再次修宪来纠正。同样,最高法院虽然一言九鼎,但他们对宪法的错误诠释也同样可以被推翻。如内战前德雷德·斯科特案中否定黑人公民身份的判决、1896年普莱辛诉弗格森案中关于隔离而平等的判决,它们或是通过修宪,或是通过新的判决,最终都被推翻。这样的信念和实践使宪法成为能够与时俱进的活的文件,也使它能始终保持根本大法的尊严和威力。当奥巴马说"美国能够发生嬗变,这是这个国家特有的天赋"时,想必是深有感触的。

除了对法治的共同信念外,文献中最引人注目的就是对教育的重视了。再好的制度建立后还是要后继有人,国家的一切归根结底靠的是公民的素质。教育在民主国家中尤为重要,因为与仅需服从的臣民不同,共和国的公民负有自治的重任,在投票箱之上,别无更高的裁判。多数人如果判断错误,没有人可以强迫他们放弃,因为他们不仅享有言论自由,更握有手中的一票,而修宪这样的大事就由人民来决定。依仗教育来提高人民的判断能力,始终是美国人最基本而又紧迫的大事。

以禁酒为例,美国从19世纪上半叶起,民间就发起强劲的禁酒运动,他们将酒视为万恶之源,一直努力推动立法禁酒。终于到了1919年,借助一次大战后对粮食需求的增长,宪法第十八条修正案获得通过,美国实行全国禁酒。想想通过一个宪法修正案是何等不易,不能不说禁酒运动真的很得人心。但这一举动虽然出于良好意愿,却未免天真而不切实际,以至于不得不在四年后通过第二十一条修正案将其废除。

在民主制中,不能强制人民不犯错误,好在人民总体上是讲道理的,犯了错误还可以改正。也许有人会问:"不是还有总统、国会、最高法院吗?"但政府只是宪法设置的部门,只能在宪法的范围内行使权力,他们怎么有权反过来修改授予他们权力的宪法呢?宪法必须由人民按照法定程序来制定与修正。宪法第一句"我们,合众国的人民"要表达的就是这个意思。可见,民主是包含着风险的,但我们不得不说,与专制相比还是更安全一些,因为如果承认政府的目的是保护人民利益,那人民自然是自己利益最好的守护者。确实,如果说人民不能管理自己,那么谁又有资格去管理人民呢?

美国始终将教育视为头等大事,这是人民自治的原则所要求的。从殖民开始,新教徒们便颁布强制教育的法令,为的是人人能够阅读《圣经》,理解上帝,保持虔诚,由此也形成了教育民办的传统。建国后,联邦政府对教育和知识传播的重视是一贯的,华盛顿认为道德是民意所归的政府所必需的原动力,他请大家"把普遍传播知识的机构当作最重要的目标来加以充实提高"。杰斐逊也高度重视知识传播,因为在民主制中,"一切流弊都交由大众理智的法庭进行裁断",对公民理性的要求自然远远高于臣民。无知而盲从的民众也许更容易管理,但绝对不能组成伟大的民族。19世纪美国开始实行公民义务教育,公共税收支持的公立学校从小学扩展到中学,并通过赠地法案,普设州立大学,降低高等教育门槛。美国公民个人对教育的捐助更是十分普遍而自觉的行为。

政府的一项重要责任就是保障公民发挥个人才干的权利,唯有人尽其才,国家才可能兴旺,而教育就是开发和培养人才最有效的途径,对教育的重视可以说怎么强调也不过分。爱默生说:"世上一切伟大光辉事业,都比不上人的教育。"美国公立学校之父霍勒斯·曼将公共教育视为人类阶级差异的平衡器,提倡对下一代进行体育、智育、政治、道德、宗教的全面教育,这对美国制度和信念的延续有着至关重要的意义。1950年代,最高法院对布朗诉托皮卡教委的判决冲破了公共教育中的种族隔离,对当时的美国起到几近颠覆的作用,其目的正如沃伦所言:"我们认识到教育在我们这个民主社会中的重要性。在履行我们最基本的社会职责时，甚至在军队服役，教育都是必要的。教育是良好的公民品德的真正基础。"

本书文献大多为契约、宣言、演说、报告、法律、公告、判词、辩词等，概而言之，都是公布于众的文字，可统称为"辞令"。辞令是人的语言表达，目的主要是为自己的行为陈述理由，如《独立宣言》开篇所云，是"出于对人类舆论的尊重"。顾及舆论，是讲道德的人类社会的特殊需要，有别于狮子吞食羔羊时不必作任何解释的丛林原则。纵观这些文献，细心的读者也许会发现，纵然几百年间风云变幻，辞令却令人惊讶地一致。

不言而喻，《独立宣言》发表之初，美国的现实距离信念的理想还很遥远。但值得注意的是，这些原则一经发布，辞令似乎便不再改变。发言者无论地位高低，也无论来自政府或民间，使用的都是这同一套辞令。倒不是说美国历史中没有出现过别的说辞，实际情况恰恰相反，人类思想史中的许多极端都在美国出现过，但任何说辞只要违背这些基本原则，就休想进入思想舆论的主流。诸如维护奴隶制、鼓吹种族歧视、排外、三K党、原教旨主义、纳粹言论、麦卡锡主义等，它们也都曾在一时一地甚嚣尘上，但终将如过眼烟云，再无人念及。这验证了威廉·詹姆士所言："只有被人具体证实过的信念才是整个上层建筑的支柱。"

辞令不再改变，并不是说辞令和现实就没有距离了，美国几百年中新问题层出不穷，然而每当时局变化，应对之策不是去改变辞令，而是去努力兑现。因此，当代表奴隶制的南方宣布脱离，挑战联邦时，兑现人类平等的信念就意味着铲除奴隶制，哪怕打一场全面内战。当南方实行种族隔离时，兑现就意味着必须废除种族隔离，甚至以有倾向性的"赞助性反歧视法"来补偿历史的亏欠。《独立宣言》向全体美国人民许下了一个天大的诺言，这也许比宣布独立的意义更为深远，它为美国日后一次又一次的变革提供了依据和原动力。两百年后，马丁·路德·金以同样的辞令宣称：

"今天我们是为了要求兑现诺言而汇集到我们国家的首都来的。我们共和国的缔造者草拟宪法和《独立宣言》的气壮山河的词句时，曾向每一个美国人许下了诺言。他们承诺给予所有的人以生存、自由和追求幸福的不可剥夺的权利。"为什么马丁·路德·金如此大声疾呼美国兑现诺言？因为他相信这不仅仅是辞令，而是美国认真许下的诺言。民权运动的浪潮也充分表明，这个诺言得到了大众认可。当一个国家上上下下都认真对待诺言时，梦想就可能实现。

可见，辞令的价值在于言者的态度，当辞令停留在语言时，或华丽高贵，或深奥虚玄，或气度不凡，但仍然只是一种修辞艺术。倘若言者自己不当真，哪怕真理的辞令也会沦为软弱的空话，甚至厚颜无耻的托词。然而当辞令被当真时，它们就转化为信念——乃至世代相传不可动摇的信念，使言者不顾一切地去实施它，作为积极生活和社会变革的坐标。

钱满素
2014/6/14

目录

丛书总序 / 001
序言：信念的传承 / 004

壹 殖民时期 / 001

五月花公约（1620）/ 002
约翰·温斯罗普
 基督仁爱之典范（1630）/ 008
罗杰·威廉斯
 因良心治罪的血腥教条：十二条结论（1644）/ 017
安德鲁·汉密尔顿
 曾格诽谤案辩护词（1735）/ 022
本杰明·富兰克林
 致富之路（1758）/ 031
约翰·亚当斯
 论教会法规与封建法规（1765）/ 044
托马斯·潘恩
 论君主政体和世袭（1776）/ 054

贰　独立至内战 /067

第二次大陆会议
　　独立宣言（1776）/068

J. 赫克托·圣约翰·克雷夫科尔
　　美利坚人（1782）/075

弗吉尼亚议会
　　弗吉尼亚宗教自由法令（1786）/083

邦联议会
　　西北地域法令（1787）/089

制宪会议
　　合众国宪法（1787）/096

詹姆斯·麦迪逊
　　联邦党人文集（第十篇）（1787）/119

亚历山大·汉密尔顿
　　关于制造业的报告（1791）/128

乔治·华盛顿
　　告别辞（1796）/137

托马斯·杰斐逊
　　总统就职演说（1801）/150

约翰·马歇尔
　　马伯里诉麦迪逊（1803）/159

詹姆斯·门罗
　　门罗主义（1823）/169

拉尔夫·华尔多·爱默生
　　美国学者（1837）/175

塞尼卡福尔斯女权大会
　　情感与决心宣言（1848）/198

霍勒斯·曼
　　马萨诸塞州教育年度报告（1848）/ 206
亨利·戴维·梭罗
　　论公民的不服从（1849）/ 222
卡尔·舒尔茨
　　自由与平等权利（1859）/ 240
亚伯拉罕·林肯
　　总统就职演说（1861）/ 250
亚伯拉罕·林肯
　　解放奴隶公告（1863）/ 264
亚伯拉罕·林肯
　　葛底斯堡演说（1863）/ 269

叁　内战至今 / 273

安德鲁·卡内基
　　论财富（1889）/ 274
弗雷德里克·杰克逊·特纳
　　边疆在美国历史上的重要性（1893）/ 286
威廉·詹姆士
　　实用主义（1907）/ 299
西奥多·罗斯福
　　自然资源的保护（1907）/ 308
赫伯特·胡佛
　　美国个人主义（1928）/ 314
富兰克林·罗斯福
　　总统就职演说（1933）/ 333
富兰克林·罗斯福
　　四大自由（1941）/ 342

哈里·杜鲁门
　　杜鲁门主义（1947）/351
厄尔·沃伦
　　对布朗诉托皮卡教委案的判决理由（1954）/358
约翰·肯尼迪
　　总统就职演说（1961）/364
马丁·路德·金
　　我有一个梦想（1963）/372
波特·斯图尔特
　　论出版自由（1974）/380
罗纳德·里根
　　总统就职演说（1981）/389
巴拉克·奥巴马
　　为了一个更完善的联邦（2008）/399

壹

殖民时期

自由的刻度 | 美国历史经典文献40篇

五月花公约

（1620）

以上帝的名义，阿门。吾等签约人——信仰捍卫者、蒙上帝恩佑之大不列颠、法兰西、爱尔兰国王詹姆士陛下之忠顺臣民：

为荣耀上帝、增进基督教信仰及吾王吾国之荣誉，吾等远涉重洋，来此弗吉尼亚北部创建首个殖民地。为维护秩序，谋求生存，以及促进上述目标之实现，吾等面对上帝及众人庄严立约，结为民众自治政体；据此随时制定并颁布最适宜殖民地公益之公正平等的法律、法规、法令、宪章及权职；吾等保证遵守服从之。

吾等因此于科德角立字为据。吾王英格兰、法兰西、爱尔兰十八世王，暨苏格兰五十四世王詹姆士陛下在位之年十一月十一日，耶稣纪元一六二〇年。

约翰·卡弗	约翰·特纳
威廉·布拉德福德	弗朗西斯·伊顿
爱德华·温斯洛	詹姆斯·奇尔顿
威廉·布鲁斯特	约翰·克拉克顿斯
艾萨克·阿勒顿	约翰·比林顿
迈尔斯·斯坦迪什	摩西·弗莱切
约翰·奥尔顿	约翰·古德曼

塞缪尔·富勒	德格里·普里斯特
克里斯托弗·马丁	托马斯·威廉斯
威廉·马林斯	吉尔伯特·温斯洛
威廉·怀特	埃德蒙·马杰森
理查德·沃伦	彼得·布朗
约翰·豪兰	理查德·比特里奇
斯蒂芬·霍普金斯	乔治·索尔
爱德华·蒂利	理查德·克拉克
约翰·蒂利	理查德·加德纳
弗朗西斯·库克	约翰·阿勒顿
托马斯·罗杰斯	托马斯·英格利希
托马斯·廷克	爱德华·多蒂
约翰·里代尔	爱德华·莱斯特
爱德华·富勒	

（钱满素 译）

---

* 译自 Daniel. L. Boorstin，*An American Primer*, Penguin Books USA Inc. New York, 1995。

认识美国文明，不能不从宗教改革开始。

基督教创立后，在罗马帝国内逐渐形成拉丁语区的西派和希腊语区的东派。公元 395 年罗马帝国分裂为东西两部后，西派发展了以罗马为中心的天主教传统及教皇制，东派则形成了以君士坦丁堡为中心的正教传统及牧首制。1054 年，东西两派正式分裂，西派自称"公教"，即天主教，东派自称"正教"，即东正教。

至中世纪末，罗马教廷的权威达到极致。经历了文艺复兴的欧洲各国皆有意摆脱其宗教、政治、经济等多方位的干预和控制。1517年，德国神学家马丁·路德奋起挑战罗马教廷和教皇的权威，他将《九十五条论纲》张贴在维滕贝格教堂门前，抨击教会的腐败和苛捐杂税，尤其是兜售所谓的天堂门票"赎罪券"，从而开启了基督教世界的伟大革命——宗教改革，亦称新教运动。文艺复兴和宗教改革是使欧洲走出中世纪步入现代的两大社会运动。

马丁·路德宣扬的新教义从本质上说是宗教个人主义的，主要包括：一、以《圣经》的绝对权威来代替教皇和罗马教廷的绝对权威。二、反对庞大而等级分明的教阶体制，主张信徒自立教会，自选牧师，而不是由上级教会任命控制。三、肯定信徒个人的良心和判断，破除只由教会诠释《圣经》的传统，由信徒自己阅读并理解《圣经》。四、强调"因信称义"，将个人内心信仰的重要性放在事功之上，从而否定了教会通过评判教徒事功之权而独霸天堂之路。

由此，马丁·路德否定了罗马天主教会在上帝和信徒个人之间所起的中介作用。他新创的基督教称为"新教"，亦称"抗议宗"。新教徒根据自愿原则以立约方式结成教会，自己选择牧师，自己制定规章，共同礼拜上帝。他们也不再向神父忏悔，而是直接向上帝祈祷。这些新教义新做法对造就一个现代社会的意义不可估量。

时至1530年代，英王亨利八世为了自己的利益与罗马教廷决裂，宣布英国教会独立，自立为教会之首，英国成为新教国家。亨利八世的继承人爱德华六世是同情改革的，但其后的玛利女王却是个铁杆的天主教徒，大肆迫害新教徒，英国新教处于动荡状态。直到伊丽莎白女王即位后，进一步改革教会，才终于造成新教在英国不可逆转之势。改革后的教会称为英国国教，为安立甘宗，即圣公会。

伊丽莎白的宗教改革注重调和，避免走极端，由于英国教会的改革是自上而下的，因此安立甘宗保留了许多天主教的旧制礼仪。国教内部很快发出要求继续改革的呼声，这批试图"净化"国教的改革派就被称为"清教徒"。他们认为国教在宗教仪式上不够纯洁，在教会组织上保留了主教制。他们要求每个教会都是信徒自愿结合而成，教会之间是平等和联合的关系，而不要总的机构。1603年伊丽莎白逝世后，继位的詹姆士一世强调君权神授，而清教徒却不认为上帝将绝对权力授予任何凡人。坚持改革主张的清教徒受到迫害，尤以其中的独立派（或称分离派）为甚。

搭乘"五月花号"来到北美的第一批清教徒就属于独立派，他们认为英国国教已经不可救药，主张彻底脱离它，反对留在体制内去改革它。他们于1609年逃亡荷兰，成立了"圣徒共同体"。"圣徒"是清教徒对有望得救的信徒的称呼，又分为"可见圣徒"与"不可见圣徒"两类，前者指的是教徒们认为有希望得救的人，是常人可见的。但毕竟一个人是否得救完全取决于上帝，真正得救的人只有上帝看得见，故称"不可见圣徒"。

虽然当年的荷兰颇有宽容风度，但这些独立派清教徒总觉得在那里是外人，于是决定到北美荒原上去寻求宗教自由。他们从伦敦的弗吉尼亚公司得到许可，在该公司拥有的北美大片土地上挑选一处建立垦区，实行自治。1620年9月，102个人登上一艘名为"五月花号"的三桅帆船，开始了横渡大西洋的旅程。其中清教徒只有35人，因为他们到处寻觅栖身之地，所以在美国历史上获得"朝圣者"的美名。另外67人是因资助此次航行的伦敦商人的要求同行的，他们要使殖民地为投资者牟利。

旅途的艰苦自然不言而喻，由于他们启程晚，在海上颠簸的日子又长，当11月10日遇到逆风时，便决定在马萨诸塞海湾的科德角半岛上就近定居，放弃了去弗吉尼亚的原计划。定居地的改变使他们不再处于弗吉尼亚公司的权力控制下，反倒使他们获得更多的自由，同时也使清教领袖们感到更有必要约法三章，以确保即将建立的社会的安宁，特别是防范那些非清教徒的陌生人对殖民地未来可能构成的威胁。上岸前，威廉·布鲁斯特和威廉·布拉德福德等领袖便安排了《五月花公约》的签署，他们认为自愿签订的协议比特许状更有约束力。

立约（covenant）对清教徒来说是一件非常自然和普通的事情，他们有三个相互关联的关于"约"的概念：第一个是恩典之约，即信徒个人与上帝之约。第二个是教会之约，即彼此立约共同崇拜上帝，建立教会。第三个是公民之约，即将教会之约扩展到世俗社会，成立政府。按照他们信奉的公理宗原则，当一群信徒感到志同道合时，就可以离开原来的教会，彼此签字立约自立新教会。"公理"即"公众治理"，教会由全体会众管理，保证相互友爱关怀，共同出资支持教会，听从所选长者，过《新约》倡导的生活。五月花号上的清教徒因为多次迁徙，已曾立约三次，所以这对他们来说很是正常。

立约签署者共有 41 人，当然全部是男性，他们包括了船上每个家庭的户主和成年单身男子，只有两个不准备定居的水手未签名。签约结束，普利茅斯垦区作为一个自治政体便告成立，全体签署者成为自由民行使权力，他们选举了约翰·卡弗先生为第一位行政长官。次年 6 月卡弗去世后，布拉德福德当选，此后他连选连任达三十次之多。由于他的精心治理和笔录，普利茅斯的历史至今有案可查。

《五月花公约》对普利茅斯殖民地的意义是建立了一个基于自愿原则的稳定的政治制度和社会秩序。1630 年初，新英格兰政务会赋予布拉德福德个人全权掌管普利茅斯，但他又将权力交给全体会众，不敢独断，可见传统已然树立。殖民地每年举行一次选举，选出当年的行政长官、秘书和几个理事。所有的教会会员都是选举人，也是立法会的成员。立法会每年至少召开一次会议，并起到法庭的作用。1636 年，立法会通过了基本法，其中包括一个权利法案。每次开会前，他们都要高声宣读《五月花公约》。当殖民地扩大后，他们采用了代议制。总之，《五月花公约》起到了普利茅斯宪法的作用，直到 1691 年殖民地被纳入马萨诸塞海湾殖民地的版图。

在美国历史上,从殖民伊始到后来边疆西扩,留下了几百份这样立约创立政体的文件,《五月花公约》是开先河的第一份,成为美国人创建新政府的先例。美国人对《五月花公约》所蕴含的政治原则具有普遍共识,那就是政府由人民立约组成,主权在民和人民自治;政府的合法性来自被治者的同意;法治而非人治;成文宪法;定期选举治理者;政治自由乃一切自由之根本等一系列概念,而这些概念又正是现代政治文明的根本。

1622年,《五月花公约》首次在伦敦被编入小册子发表。不过在很长时期内,它并不称为公约(compact),布拉德福德在《普利茅斯垦区史》中称它为"盟约"(combination)。后人也只是称它为"协议"之类,因为社会契约的概念当时还不存在。70年后,洛克的《政府论》才问世。140年后,卢梭才写出他的《社会契约论》。美国人要到1784年,也就是一个半世纪以后,才出版卢梭这部名著。根据塞缪尔·艾·莫里森的说法,直到1793年,奥尔顿·布拉德福德才注意到公约与卢梭社会契约论之间的内在联系,这才开始用"公约"一词来称呼这份文献。1802年,未来的总统约翰·昆西·亚当斯在普利茅斯做了一次演讲,高度评价《五月花公约》,强调政府的合法性来自公民的契约。从此,《五月花公约》的意义受到越来越多的重视,远远超出了1620年的普利茅斯。如果说美国的立国有什么特殊性的话,那就是英国殖民者从一开始就带来并实施了公约所包含的政治理念,而且历经四百余年可以说基本未变。

(钱满素)

约翰·温斯罗普
基督仁爱之典范
（1630）

阿贝拉号，大西洋
执　笔

尊敬的约翰·温斯罗普先生

船队各基督教派无畏的领袖、著名的总督，偕同全体虔诚的信徒，于大不列颠岛驶往北美洲新英格兰途中。

公元一六三〇年

基督仁爱之典范

全能的神[①]赫赫在上，明智聪察，使生民百姓历来尊卑有别，一些人荣华富贵，另一些人贫贱低微。

---

① 本文依"神"版《圣经》惯例，将"God"译为"神"。——译注

理　由

之一：神的创造始终一贯。形形色色的天地万物彰显他的智慧和权力的荣光。规定所有这些差别，旨在确保整体的存活和福祉。正如君主有百官辅佐，这位无上伟大的帝王有众多的管家。他与其躬亲泽润天下，不如由随从代为分发赐给人的礼物。

之二：神可以有更多的机会昭示他的精神：他首先节制并约束邪恶之人。富贵者对贫者不可敲骨吸髓，贫者受到轻慢不得反抗尊长、不听管教。又次，他对因皈依他而获得新生者施以天恩，对位尊者倡导博爱、慈悲、温和、克制，对卑微者倡导信仰、忍耐和顺从。

之三：每个人都有需要帮助的时候，兄弟情谊使人们更精诚团结。显而易见，人的尊荣富贵并不取决于个人某一独特之处，而是为了创造者的荣光和造物——人——的共同福利。如《以西结书》第十六章第十七节所言，神保留宝器财物为己有，他称财富是他的金银。[1] 他在《箴言》第三章第九节说，你要以财富尊荣他。[2] 人（由神圣的天意）分为贫富两类。富者方法手段较优，收获丰厚，生活安适；其余各类人等皆贫，仰赖前者的恩惠。我们处世行事有两条规则：公义和慈悲。两者在行为和对象上都有差别，但是也能合而为一。有时可对突然处于危难困厄之际的富人显示慈悲，也可以在与契约相关之事中对穷人公平对待。我们在相互的交往中同样受到两条法则的制约。在上述两例中有自然的法则和天恩的法则，后者也称作道德的法则或福音的法则。公义的规则在一些特殊情况下方能适用，在此不论。第一条法则训诫人们爱邻人应如爱自己，要尽其所能，我们待人接物的一切道德法则的概念都由此而生。出于这一法则行慈悲之事有两个

---

[1] "你又将我所给你那华美的金银、宝器，为自己制造人像……"（《旧约·以西结书》，第十六章第十七节）——译注
[2] "你要以财物，和一切初熟的土产，尊荣耶和华。"（《旧约·箴言》，第三章第九节）——译注

要求：凡见人生活困苦或处于危难必须相援；助人者出自同一感情照顾自己的利益。照耶稣基督在《马太福音》所言，你们愿意人怎样待你们，你们也要怎样待人。①亚伯拉罕和罗德招待天使时这样做了，基比亚的老人也这样做了。②

天恩或福音的法则在这些方面与自然的法则有所不同：首先，自然的法则适用于处在纯洁无邪的状态的人，福音的法则用于堕落后获得新生的人。其次，前者认为人人都是神的骨肉，是神以自己的形象造成的；后者也说信仰耶稣基督和属于同一教派的人都是兄弟，但它还教导我们，基督教徒和其他人应有区别。对一切人，特别是信教者行善。③根据这个道理，以色列人看兄弟也有陌生人和迦南人的差别。再次，自然的法则不涉敌人，因为纯洁无邪的人都被视为朋友。福音书要我们爱仇敌。有此为证：如你的仇敌饿了，给他食吃。《马太福音》第五章第四十四节说，爱你们的仇敌，为那逼迫你们的人祷告。

福音的法则变动不居，因时因事制宜。有时基督徒必须像使徒们那样变卖自己拥有的一切，周济穷人。也有时候基督徒即使力有未逮也必须捐助他人（虽然不必罄其所有），就像他们在马其顿所做的那样（《哥林多书》第二章第六节）。④同理，处于危机中的集体需要大家勠力同心，为教会执行特殊任务的集体也是如此。最后，如果没有其他方法救教内兄弟于危难，我们应尽力给予帮助，不应求助于上帝，期待奇迹出现。

……

---

① 《新约·马太福音》第七章第十二节："所以无论何事，你们愿意人怎样待你们，你们也要怎样待人。因为这就是律法和先知的道理。"这是耶稣登山训众时说的话。——译注
② 参看《旧约·创世纪》和《旧约·士师记》。——译注
③ 《新约·加拉太书》第六章第十节："所以有了机会，就当向众人行善。向使徒一家的人更当这样。"——译注
④ 此处原文有误。似应有《新约·哥林多后书》第八章第三节："我可以证明他们是按着力量，而且也过了力量，自己甘心乐意的捐助。"——译注

1. 至于人，我们是一个公司，自称为基督的随从。虽然我们原来相隔遥远，来自不同的地方，从事不同的工作，但如果我们以信奉基督为乐事，我们就应该由爱紧密结合在一起，以爱共同生活。众所周知，早期的基督教徒如沃都派实践中就是如此。用他们的论敌之一艾尼阿斯·席尔维乌斯的话来说，他们会爱自己的宗教，甚至不必熟知其内容。

2. 经上苍恩准以及大家的同意，更由基督教会特许，我们着手进行的事业是在一个合适的政教合一的政权下寻求共同生活之地，亲密相处。在此情况下，公共的利益必须高于私人的利益。我们的良心和政策都要求我们为公益服务。毋庸赘言，没有公众的福利，私人的产业无由维系。

3. 我们的目的是改善生活，更好地侍奉耶和华，使基督的信徒生活安适，队伍壮大。我们身为教徒，为使自己和后人不受邪恶世界种种败坏的影响，凭耶和华圣洁法令的威力侍奉神并拯救我们的灵魂。

4. 达到这一目标的方法有两种。其一，我们必须同心合力。我们的事业非同寻常，我们不应该满足于在英格兰时习以为常的或应有而未有的方法。我们将做的必然和以前一样，但是在我们将去之地我们更应黾勉从事。大多数人在他们的教会里口头明认的真理将由我们在日常生活中付诸实施。出于爱的义务，我们待人必须像兄弟一般。没有伪饰，我们必须以一颗热诚纯净的心相爱，我们必须互相帮助，分担重任。我们不应只顾私务，我们要为兄弟们的事情操劳。不要以为如果我们失败了，耶和华会像原谅我们曾一起生活过的人们那样容忍我们的过失，……

在神面前我们必须实现这一事业。为这目标我们和神立约。我们取得了特许，耶和华授权给我们列下条款。我们宣称为达到这些目标而奋进。为此我们求得他的恩宠和祝福。如果耶和华垂恩，侧耳而听我们的祈祷，把我们平安带到我们要去的地方，那么他就批准了这盟约，确认了我们的特许，并将期望约中各项条款都严格遵守。如果我们不能恪守我们自己提出的条款，欺瞒我们的神，甘心拥抱尘世，追逐声色之乐，为我们自己和子孙聚敛财物，耶和华必然会大怒，对发假誓者施行报复，让我们知道违背这样的合约将付出何等代价。

要避免沉船，为子孙后代造福，唯一之途就是遵循弥迦的教诲，行公义，好怜悯，存谦卑的心，与我们的神同行。①为此目的，我们必须团结如一人，我们必须像兄弟般谦诚相待，我们必须乐意舍弃不必要的奢侈品，为供应他人必备品，我们要温顺、谦和、耐心而又慷慨地互通有无。我们要互相友善，设身处地地推己及人，一起欢乐，一起哀伤，不怕辛苦，同舟共济。我们将永远着眼于我们的重任和奋斗中的集体。在集体中我们犹如同一身体中的各个部位，大家心地平和，团结一致。耶和华就是我们的神，他乐于与我们共处，把我们当作他的子民，使我们万事如意。我们将更多地看到他的智慧、权力、善与真。我们将发现以色列的神与我们同在，我们以一当百，他将给我们夸奖和荣耀。种植园将欣欣向荣，为人人称道。耶和华使那里就像新的英格兰。我们应该想到，我们就如一座高地上的城，万众瞩目。倘使在这伟业中我们欺骗神，迫使他撤回援助，我们将成为世界上的笑柄人人传讲，我们将授敌人以口实，使神之道和追随神的众人蒙辱，我们将使神虔敬的仆人感到羞耻，而他们为我们的祈祷将变为对我们的诅咒，直至我们在将要去的地方慢慢消亡。让我以耶和华忠实的仆人摩西的训导结束这篇文字。他在《申命记》第三十章里向以色列最后道别，他说，亲爱的兄弟，陈明在我们面前的是生与善、死与恶，今日我们受吩咐爱耶和华我们的神，我们互爱着遵行他的道，谨守他的诫命、律例、典章和我们与他立约中的条款，使我们得以存活，繁衍子孙，耶和华我们的神会祝福我们抵达我们前往占有的地方。倘若我们心存不正，不肯听从，却被勾引去敬拜和侍奉异神以及尘世的欢愉和赢利，今日必得明白，在我们穿越这浩瀚的海洋前往占有的美好土地上，我们终将消亡。

---

① 参看《旧约·弥迦书》第六章第八节。——译注

所以让我们选择生命，
使我们和子孙后代
可以存活；听从他的
声音，紧紧追随他，
他是我们的生命和
昌盛。

(陆建德 译)

---

* 译文选自《我有一个梦想》，钱满素选编，中国社会科学出版社，1993年。

詹姆士一世即位后加紧控制议会，英国的形势越发动荡不安，由此迫使清教徒大举移民北美。从1630年到1640年革命爆发，大约有两万英国人加入了这次延续十年之久的大迁徙。新移民人数众多，建制有方，他们的定居点很快遍布马萨诸塞海湾地区。与他们相比，普利茅斯的移民只是一个孤立的小群体。另一不同之处是，马萨诸塞的清教徒不是独立派，尽管他们对国教早已丧失信心，对英国的前途也不抱任何希望，但还不准备马上与国教脱离。移民北美就是要从地理上脱离英国，从心理上放弃英国，到这片新大陆上来重新开始，实现他们的宗教和政治理想。

这是清教徒掌控的马萨诸塞海湾公司精心策划和组织的一次移民，他们首先从英王那里获得建立马萨诸塞海湾殖民地的特许状，并选举约翰·温斯罗普（1588—1649）为总督。这位刚正坚毅的领袖来自英格兰一个殷实的乡绅之家，在剑桥学过法律，曾任法庭律师，拥有爵士称号。温斯罗普是一个虔敬的清教徒，对詹姆士治下的英国很是悲观，深信上帝的惩罚将很快降临。经过周密考虑和多时准备，马萨诸塞海湾公司决定整体从英国迁到北美，他们随身携带了特许状，将它作为成立自治政体的法律依据。1630年春，以"阿贝拉号"为旗舰的11艘小船满载700余人，面向一望无际的大西洋出发了。他们行驶两个多月，跨越3千英里海域，终于在6月14日那天在塞勒姆港停靠上岸，这标志着大规模清教移民的开始，也预示着新英格兰的诞生，乃至美国的诞生。

温斯罗普率领的这批新移民包括男女老幼，他们分别来自英国二十多个地区，身份地位也各不相同，大部分是工匠、商人、自耕农；小部分是中上层的乡绅、法官、律师；还有一些仆人。他们也不全是清教徒。如果说有共同之处的话，那就是他们都具有挑战权威、挑战大海的勇气，绝非驯服的被治者。

如何将这一大群人凝聚起来，在既无传统又无权威的北美荒野里建立一个符合《圣经》的圣洁社会，这是温斯罗普最为关注的。在如此蛮荒中，哪怕仅仅是生存，也相当困难，更不要说实现宏图壮志。新社会将如何组织？怎样治理？以什么思想和精神作为根基？树立怎样的秩序和权威？他们将完成何种使命？又如何检验？温斯罗普明白，他不能等上了岸出现混乱后再来解决问题，而必须提前统一思想，确立目标，规范行为。因此，他极富远见地在航海途中做了这个名为《基督仁爱之典范》的讲道，明确他们这次移民的神圣意义，展示一个新世界的蓝图。按现在的说法，这就是清教移民的宣言或政纲。

作为虔诚的加尔文宗信徒，上帝是清教徒们的无上权威，《圣经》是他们的神圣法律，拯救是他们一生关注的焦点，温斯罗普正是基于这些宗教信仰来陈述他的主要观点：

第一是尊卑有序的命定观念。这符合加尔文宗的预定论，即个人是否得救由上帝在万世之前早就预定。宇宙与人间万物均体现上帝的旨意与安排，上帝行事自有其道理，作为信徒唯有认命。然而在承认宿命论的同时，温斯罗普强调的是兄弟友爱，无论贫富贵贱，彼此皆应以公义与慈悲相对待，人与人之间是一种协调而非斗争的关系。

第二便是"共同体"的观念，集体高于个人，公益高于私利，整体的存活与福祉高于一切。财富虽为个人所有，却不属于个人。富人只是受上帝之托代管财物，当他人和社会需要时，必须与之共享，这就是基督教福音法则所体现的仁爱。

第三是与神立约的思想。清教徒是上帝新的选民，美洲是上帝新的应许之地。犹如《旧约》中犹太人在摩西带领下出埃及，他们离开英国到北美，是来建立新的耶路撒冷——一个"山上的城"，以吸引全世界的目光，供全世界仿效，此乃他们的神圣使命。如果他们安全抵达北美，就证明上帝已经确认与他们的约，他们的一切言行都将在上帝的监督之下。如若成功，他们将荣耀上帝，得到上帝恩宠。如若失败，则无异于作假誓，违约于上帝，他们必将遭到上帝的愤怒严惩。无疑，盟约神学又进一步强化了他们作为整体而同舟共济的思想框架。

第四是政教合一的政府形式，教会是专属圣徒的团体，政府是世俗的，管理所有民众。教会管精神，政府管行为，二者虽有分工，牧师和行政长官也不能兼职，但目标却是一个，都是为了维护和贯彻上帝的律法，将马萨诸塞建成圣洁的上帝之城。他们的政权也被史家称为"圣徒之治"，因为通过教会会员的资格审批制，以及只有教会会员享有参政权的规定，政府被严格控制在教会手中。

在殖民地的最初二十年中，温斯罗普多次连选连任总督，始终以他刚柔得兼的手法在为马萨诸塞掌舵。在他的治下，新英格兰的小镇自治得以确立，"新英格兰方式"得以发展，为日后美国的自治与民主打下了思想和制度基础。温斯罗普因其奠基功绩，堪称美国文明的缔造者之一。大概是深感马萨诸塞事业之伟大，他在离开英国前就开始记日记，直到1649年去世，年复一年地实录下移民过程中的日常事务与思想状况，为历史留下宝贵的第一手资料。

清教是中世纪向现代过渡的一种形式，温斯罗普并不赞同自由民主的现代观念，他认为自由应该是摆脱私欲，服从道德法，而民主更是"最低劣最糟糕的政府形式"。然而公理会信徒立约建立自治教会，马萨诸塞人民立约建立自治社区之举，恰恰成为现代民主政治的雏形。随着马萨诸塞不可逆转的日益世俗化，清教移民创立"山上的城"的宗教事业似乎失败了，但他们的政治智慧和建制，他们对美国的理想和象征建构，必将成为美国世代继承的重要遗产。1838年，马萨诸塞历史学会首次发表这个历史文献，后被多次重印，成为阐述早期移民最重要的文献。

（钱满素）

罗杰·威廉斯
因良心治罪的血腥教条：十二条结论
（1644）

第一条，在古往今来的战争中，无数新教徒与天主教徒为了各自良心抛洒的鲜血，并不出于和平之王耶稣基督的要求或为他所接受。

第二条，《圣经》中随处可见具有说服力的经文与说理，反对因良心治罪这一教条。

第三条，对于加尔文先生、贝扎（法国神学家，1519—1605）、科顿先生、新英格兰教会的牧师们以及前后其他人所提出的、意在证实因良心治罪这一教条的经文和意见，已经有了令人满意的答复。

第四条，因良心治罪的教条已被证明应对祭坛下呼唤复仇之灵魂的全部鲜血负责。

第五条，不同宪法与行政机构的所有政府及其法官被证明是世俗性质的，因此不是灵的或基督教国度与崇拜的法官、总督或捍卫者。

第六条，上帝（自圣子耶稣基督之降临）的意志与训谕是允许一切民族与国家的一切人行异教的、犹太的、突厥的，或反基督教的信仰与崇拜；（有关灵之事）只能用唯一能战胜他们的剑去与他们战，那就是上帝精神的剑——《圣经》。

第七条，以色列土地上的国度，国王与子民无论其于和平或战争，皆被证实为象征和仪式性的，不能作为后来世上王国或世俗政府的模式或先例。

第八条，上帝不要求任何世俗政府规定和强制宗教统一；强制统一

（迟早）将是引发内战、蹂躏良心、镇压耶稣基督之仆人、造成千百万灵魂虚伪毁灭的最大起因。

第九条，世俗政府强制宗教统一时，必然会放弃让犹太人归顺基督的心愿和希望。

第十条，在整个国度或世俗政府中强制宗教统一是混淆了世俗和宗教，否定了基督教体系和世俗体系的原则，否定了耶稣基督的亲临。

第十一条，允许政府认可之外的其他信仰与崇拜的存在，（依据上帝）只会导向稳定而持久之和平（确保世俗政府按其智慧获取世人一致的服从）。

第十二条，最后，即便允许相异或相反的信仰存在，犹太教抑或非犹太教，真正的世俗体系和基督教体系可以在一个国度或王国中同时兴旺繁荣。

（钱满素 译）

---

* 译自 Paul F. Boller, Jr. and Ronald Story, *A More Perfect Union: Documents in U.S. History*（Volume I: to 1877），Houghton Mifflin Company, Boston, 1984。

自由民主的现代观念究竟从何而来？这个问题令不少人困惑。读读罗杰·威廉斯的这十二条结论，也许能得到一些启示。这是一个17世纪清教徒的思想，生活在21世纪世俗社会的我们既能从中看到熟悉的宗教自由和政教分离，又能看到陌生的神与《圣经》的权威，这两者的奇妙结合正是由中世纪过渡到现代的重要一环。不难看出，新旧思想正在交替之中，犹如蝉的蜕化，现代自由民主从新教教义中脱颖而出。

罗杰·威廉斯（1604—1683）生于伦敦一个普通家庭，是个虔诚的分离派清教徒。他在剑桥大学攻读神学后于1627年毕业，1631年来到新英格兰，因思想敏锐、才智过人而受到殖民地多处教会的邀请。然而出于思想的彻底性，威廉斯要求马萨诸塞的教会正式脱离英国国教，这当然是当局不能接受的，因为这将影响到特许状这一殖民地存在的依据。接着他又反对马萨诸塞政府对宗教事务的干预，甚至否认英王对北美土地的所有权，提出建立殖民地应向印第安人购买土地。威廉斯对主流观念的一系列挑战使他很快成为异端，威胁到殖民地的存在。1635年秋，当局将他驱逐出马萨诸塞殖民地。在寒冬岁月，他带着少数追随者南下，在荒野里创建了普罗维登斯垦区（"上帝保佑"之意），日后发展为罗得岛。

在追求绝对圣洁宗教的过程中，威廉斯经历了多次皈依，先是分离派，再是浸礼会，但发现在尘世难以找到他心目中真正的基督教会，再后来便宣布自己为"探索者"，想来是知其不可为而为之的意思。他的超前思想主要可分为这样四大部分：

一、良心自由和宗教宽容。他的依据不是后来的天赋人权，而是神学的。按照加尔文教义，人类堕落而无力自救，因此在基督再临之前，世人分辨不清真理与谬误，上帝必然允许正确与不正确的信仰在人间共存。这是针锋相对于当时的马萨诸塞清教当局，他们将公理会作为法定宗教，由税收维持，并且不允许不同宗教信仰的存在。

二、政教分离。威廉斯认为政府在真正基督徒的生活中是没有意义的，他不承认政府对信仰的权威，否认行政官员对宗教事务的干预权，认为一旦政府有权强迫信仰，必然亵渎宗教，并造成血腥迫害。而在马萨诸塞，温斯罗普提倡的是政教合一的政府，虽然牧师和行政长官不能兼职，但是只有教会会员拥有参政权。在控制信仰上，教会和政府配合密切，教会将异端开除教籍，政府将他们逐出殖民地。威廉斯认为必须分清圣俗两界，属灵的教会和属世的政府不应混为一谈，政府的权力只限于管理人们的行为而非他们的良心和信仰。

三、种族平等。威廉斯不仅对印第安人表示友好，主张以购买方式来合法获得他们的土地，他还研究印第安人语言，写出了第一本有关书籍。

四、人民主权。威廉斯是个重实践的政治家，他创立普罗维登斯后，实行宗教自由，那些不见容于马萨诸塞殖民地的人纷纷投奔到此，建立多个垦区，后来联合成为罗得岛。为保障罗得岛免遭其北方强邻的干涉，威廉斯在1644年专门去英国为罗得岛申请到特许状。此后他三次任该殖民地的行政长官，落实其政治主张。他认为政府的本质是保护人民的生命财产，合法性来自人民的同意和选择。政府职能权力与精神事务无关，因此不能因为长官是基督徒便增加其权力。在早期英属北美殖民地中，普利茅斯是分离派，马萨诸塞是公理会，罗得岛与之迥异，最具有民主倾向，立法规定公民完全的宗教自由，包括天主教和犹太教。

正是在英国逗留期间，威廉斯发表了《因良心治罪的血腥教条》这本书，通过"和平"与"真理"的对话形式，全面阐述他的神学和政治思想。在革命后的英国，宽容的概念逐渐成为新的思潮，许多英国人站在威廉斯一边批评马萨诸塞当局的偏狭。但殖民地当局却固执己见，其宗教领袖约翰·科顿著书反驳威廉斯，威廉斯则再次著书反驳之。当然，我们指责马萨诸塞不民主时也不应脱离历史，在17世纪的地球上，那已经是相比较而言最接近民主的地方了。

神学可以说是一门诠释学，因为神的至高无上的存在是不可更改的。新教允许信徒自己阅读和诠释《圣经》后，谁的理解更为正确就注定成为一个争论不休的问题，最终结果不是武力镇压就是宽容共处，显然在我们看来宽容是更好的结局。威廉斯的所有论据都出自神学，尤其出自他信奉的预表解经法，即将《旧约》中的人、事、物统统视为《新约》中耶稣生平的预示，认为这才是《旧约》的真正意义所在。他的神学辩护深深印刻着他那个时代的价值体系和思维框架，简单地称之为"民主"带有太多现代人的想象，但其结论指向却是清晰无误的。在短短十二条中，威廉斯坚决捍卫良心自由，反对以暴力解决信仰问题，反对政府使用行政权力干预宗教事务。他的这些思想被证明是符合历史前进方向的。威廉斯被称为"清教徒中的清教徒"，他完成了将清教观点彻底推向其逻辑结论的历史使命，迎来了现代政治的曙光。美国革命后，宗教自由成为立国原则之一，威廉斯作为最早旗手的功绩得到广泛承认，其思想和实践将永载史册。

（钱满素）

安德鲁·汉密尔顿

曾格诽谤案辩护词
（1735）

检察官：好吧，先生，既然汉密尔顿先生已经承认印刷发行了这些诽谤，那么陪审团必须为国王作出裁决。即便诽谤属实，法律认为照样是诽谤，更有甚者，法律认为真实只会加重罪行。

汉密尔顿：不见得吧，检察官先生，这里有两个词呢。我想不能仅仅因为我们印刷发行一份报纸就构成诽谤罪，你要判我的委托人诽谤总还需要做点别的什么吧，诽谤罪的言辞必须是诽谤性的，也就是虚假、诬蔑、意在煽动，否则我们就无罪。

……

检察官：……本案关键是曾格先生对纽约总督大人，乃至对政府全体的诽谤罪是否成立。汉密尔顿先生已经承认了印刷发行的事实，而被指控的言辞属于诬蔑，意在煽动和扰乱本地区民众的思想，这点是再清楚不过了。如果这样的报纸还不算诽谤，那我想就没有诽谤这一说了。

汉密尔顿：法官大人，请允许我不能同意检察官先生的话。虽然我承认确有诽谤这一说，但我必须重申，我的委托人被指控的诽谤并不成立。我刚才注意到，检察官先生在界定诽谤罪时用的词是"诬蔑，煽动，意在扰乱人心"，然而（是否故意我不好说）他省略了"虚假"一词。

检察官：我没有省略"虚假"这个词。不过已经说过，即便属实，也同样可能是诽谤。

汉密尔顿：在这点上我还是不能同意检察官先生。没错，我们是受此指控而在此接受法庭和陪审团的审判，而且我们已经表示不服。我们被控印刷发行某种虚假、恶意、煽动性、诬蔑性的诽谤。这里"虚假"一词想来必有含义，否则又何必在此？我想检察官先生不会说是随便使用这个词的吧，依我看，他的指控缺了这个词就难以成立，这个词正是构成诽谤罪的关键。换个说法，如果指控印刷发行某种真实的诽谤，那还会是同一回事吗？检察官先生能不能援引英国法律的任何案例来支持这样的指控呢？不能吧。虚假才构成诬蔑，两者加在一起才构成诽谤罪。为了向法庭表示我的诚意，也为了给法庭节约时间和减少检察官先生的麻烦，我同意，只要他能够证明我们被指控的事实是虚假的，那我就接受它们是诬蔑、煽动性的诽谤。这样事情就简单了许多，现在检察官先生要判我们有罪只需证明言辞是虚假的就行了。

检察官：我们无须证明什么，你已经承认印刷发行这一事实。就算需要（我坚持不需要），我们又如何能证明一个"没有的事"（negative）呢？不过我想多少可以依据已有的权威，假设所有言辞均为真实，亦于事无补，首席法官霍尔特在审理塔钦案时对陪审团的指示中没有区分塔钦的文件是真实还是虚假，既然霍尔特首席法官在该案中不作区分，眼下的案件中也不该作区分；塔钦案自始至终也未曾对真实或虚假存有疑问。

汉密尔顿：我等着听到"没有的事无法被证实"这句话，可大家都知道那条规则也有许多例外。假设一个人被指控杀人，或是偷了邻居的马，如果他是清白的，他是可以举证说明的——如"被害的人"其实还活着；或者"被盗的马"从未离开它主人的马厩，我想这就是证实一个"没有的事"。不过我们会省去检察官先生去证实"没有的事"的麻烦，由我们自己来承担举证之责，以证明被指控为诽谤的报纸实乃真实。

首席法官：汉密尔顿先生，你不可能为诽谤罪提供真实证据。诽谤罪是不能被开释的，因为即使真实仍属诽谤。

……

汉密尔顿：……据说真实使诽谤更具挑衅性，因此罪名更大，判决也应更重。好吧，就算这样，那我们都同意真实是比虚假更大之罪。既然罪行不相等，处罚又任意，也就是仅凭法官们的酌处权而定，那么法官们应该知道诽谤是真实还是虚假，从而依罪量刑，不就是绝对必要的吗？如果由于缺乏应有的信息，法官们将书写或出版一个谎言判得像书写或出版一个真实那么重，岂不可悲？虽然说来荒诞不经得厉害，但（在我看来）这难道不是检察官先生真实比虚假构成更严重诽谤这一理论的必然后果吗？他既不证明我们的报纸是虚假的，又不让我们证明它们是真实的。……

……

首席法官：汉密尔顿先生，法庭不允许你证明报纸上的事实。……

……

汉密尔顿：多谢。那么，陪审团的绅士们，我们只能向你们呼吁了，请你们见证我们提供了事实真相，却被剥夺了证实的自由。请不要见怪我以这种方式向你们呼吁，我必须这样做既是出于法律，也是出于理性。

法律假设你们是从所控犯罪事实发生之地来的；之所以请你们来是因为你们被假定对审讯中的事实最为了解。倘若你们要判我的委托人有罪，你们必须认定受到指控的报纸——我们承认其印刷发行——是虚假、诬蔑和煽动性的，不过对此我毫不担心。你们是纽约公民，你们堪称法律认为的诚实守法之人。根据我的案情摘要，我们所要证明的事实并非发生在角落里，它们是众所周知的事实，因此我们的安全依赖于你们的公正。既然我们被剥夺了证明所发表事实的真相的自由，那么我请求将这条列为类似案子的一条常规：封杀证据本身应该成为最重要的证据被接受；我希望你们认识其严重性……

……

如果法官们（有学问的大人物）在这类事情上如此不确定，如果权力对法官们有如此大的影响力，在被他们的判断决定时，尤其是在垦区和诽谤案中，我们又该如何小心呢？法律和宗教一样，都会存在异端，这两个领域都经历了许多变化。大家知道，不足两百年前，要是一个人持有我们今天公开书写和发表的宗教言论，是要被当作异端烧死的。看来他们是会犯错的人，我们不仅敢于和他们持有不同的宗教观点，还要谴责他们和他们的观点。我想，在坚持信仰或宗教问题的思想与表达自由上，我们是正确的。虽然这类自由在纽约很是充分，但我并未听说检察官对这方面违法的指控。因此可见，在纽约一个人可以对上帝很随便，可是谈及总督却必须特别谨慎。人人都同意现在是自由的时代，只要人们说的是真话，我希望他们也能安全地口头和书面表达对当权者品行的意见，我指的只是关乎他治下人民自由或财产的那部分品行。如果这点被否定，那么下一步就要沦为奴隶了。试问还有什么比受了极大伤害压迫而无权诉冤，或一旦诉冤便身家性命遭毁这一情形更符合奴役这个概念呢？

据说，检察官先生也坚持说，政府是神圣的，是要得到支持和尊重的，是政府在保卫我们的生命财产，阻止叛逆、谋杀、抢劫、骚乱，以及一切颠覆王国和国家、摧毁个人的罪恶。若是政府人员，特别是高级行政长官的品行必须受到平民指摘，那么政府将无法存在下去。这被称为不可容忍的胡闹。据说这将使人民的统治者受到蔑视，他们的权威受到漠视，终了法律将无法执行。这些以及类似的话，在我看来都是当权者及其拥护者的一贯说辞。我希望同时也能考虑一下，滥用权力曾多少次是这些罪恶的主要原因，通常正是这些大人物的不公正和压迫使他们受到人民的蔑视。这些人精于此道，不过就算对历史或法律最无知的人也不可能对那些貌似有理的借口毫不知情，当权者就是利用它们来行使专制，摧毁自由人民的自由权。……

……

权力可以恰当地比作一条大河，当它保持在河道里时，是既美好又有用；但当它溢到岸上，便迅猛不可挡。它冲走前方的一切，所到之处尽带去毁灭与荒芜。如果这就是权力的本性，我们至少要尽自己的责任，像智者（他们珍惜自由）那样尽我们所能维护自由，自由是对付无法无天的权力的唯一堤防，这种权力历来以世上最优秀者的鲜血来作为其疯狂贪欲和无限野心的牺牲。

先生，请原谅我在此表现出的热情。当邻居的房子着了火，我们该小心自己的，这是古老而睿智的告诫。虽然感谢上帝，我生活在自由被很好理解和充分享受的政府辖下（宾夕法尼亚——译注），但是经验告诉我们（肯定是告诉了我的）一个政府的坏先例会很快成为另一个政府援引的权威。因此，我不能不认为这是我的——也是每一个诚实人的——责任，（在对当权者表示应有服从的同时）每当权力有可能影响自己或其他公民时，我们必须保持对它的警惕。

我确实有很多理由不足以担当此重任。你们看我已经积劳伤神，年老体衰。然虽则老弱，我还是觉得若有需要，我有责任远赴天涯海角，只要我的服务能起到任何作用，去助一臂之力，扑灭由政府发起的指控起诉之火，它旨在剥夺人民针对当权者胡作非为而抗议（及抱怨）的权利。伤害和压迫自己辖下人民的那些人激起了人民的呐喊和抱怨，随后他们又将人民的抱怨作为新一轮迫害起诉的理由。但愿我能说这种事不会发生。总而言之，法庭和诸位陪审团先生所面对的不是小事，也不是私事。你们审判的不是一个可怜印刷人的案子，也不仅仅是纽约的。不是！从结果来看，它可能影响到生活在英国治下美洲大陆上的每一个自由人。这是头等大事，是自由的大事。我毫不怀疑，你们今天的高尚行为不仅将使你们受到其他公民的爱与尊重，还将赢得所有选择自由而非奴役的人们的祝福与尊敬，因为你们抵抗了暴政的企图；通过公正廉明的裁决，为保障我们自己、我们的子孙和邻居打下崇高的基础。是上天和我国法律给了我们这个权利——通过说出和写出真相来揭露与反抗专制权力的自由（至少在世界的这些部分）。

（钱满素 摘译）

* 摘译自 A Brief Narrative of the Case and Trial of John Peter Zenger, Printer of New York Weekly Journal, by James Alexander, ed. by Stanley Nider Katz. 2nd ed. Belknap Press of Harvard University Press, Cambridge, MA, 1972。

曾格案是美国殖民时期一个具有里程碑意义的诉讼案，汉密尔顿为言论出版自由慷慨陈词，维护并推动了殖民地的自由传统。

1732年，威廉·科斯比就任纽约殖民地总督。在君主制下，决定总督任命的往往是出身门第以及与王室的关系。科斯比是个无耻之徒，上任后骄横跋扈，以权谋私，民怨颇深。然作为国王的代表，总督高人一等，享受着种种特权，包括不受批评诋毁的特权，以此维持其尊严。

他是如何做到杜绝批评的呢？那就是控制舆论。当时纽约只有一份报纸——《纽约公报》，就掌握在官方手中。1733年，纽约首席法官莫里斯由于拒绝配合科斯比在一起经济纠纷中的要求，被科斯比撤职。莫里斯转向民间寻求支持，组织反对派，试图将总督赶下台。年末，他们利用曾格的印刷厂，出资创办自己的报纸《纽约周报》，揭露讽刺科斯比，宣扬自由平等。按照当时的英国法律，出版物无须事先审查，控制言论的手段主要是诽谤法（law of seditious libel，指煽动颠覆政府的诽谤）。1734年末，曾格被控煽动诽谤罪入狱，报纸被当众焚毁。更有甚者，莫里斯替曾格请的两位纽约律师均被取消律师资格。

1735年8月曾格案开庭，莫里斯一派从费城请来北美最有名气的律师安德鲁·汉密尔顿来为他辩护。此案的麻烦在于英国法律有利于控方而不利于曾格，所以虽然汉密尔顿在庭上也援引许多案例，但主要还是通过逻辑推理来争取陪审团。他的辩词与其说是法律辩护，不如说是政治理论的宣扬。他将重点放在以下三个方面。

第一是关于诽谤罪的定义，他坚持言论若为真实就不构成诽谤。这点在今天看来不言而喻，然诽谤法规定，凡诋毁官员之言论，无论真假皆为诽谤，若真实则更为严重。其逻辑是这样的：法律主要是为了维护社会秩序与安全，诽谤能煽动民众反政府，故无论真假都在破坏秩序、颠覆政府，内容真实的煽动又肯定比虚假的更为奏效，因此罪也更重。但问题是：何种社会秩序要靠虚假来维持？靠虚假维持的社会秩序又能维持多久？其实回顾历史，只要是专制政体，这种逻辑都是一贯的：犯上就是犯罪，不必辨真伪，也根本无从辨真伪，不可挑战的权威正是通过这种蛮不讲理的方式建立并维持的。

第二是关于陪审团的职权。根据案件性质，陪审团可能被要求做出"专门的"和"一般的"两种不同裁决。专门裁决只是对法官提出的问题做出答复，在曾格案中就是只按法官要求裁决曾格是否出版了被指控的报纸。一般裁决则可判断报纸所刊言论是否构成诽谤罪，后者当然会更有利于曾格。汉密尔顿很清楚，法庭唯总督之命是听，只有提高陪审团的权力，才有望判曾格无罪。所以他坚持，在法律和事实纠结时，陪审团不仅有权判断事实，也有权进行法律判断。

第三是直接诉诸言论出版自由，肯定民众批评政府的权利。既然法庭不准他证明被控报纸的真实性，汉密尔顿只能向陪审团呼吁。他将问题上升到自由与奴役的高度，将表达自由视为有效防止政府滥用权力的唯一保障。人民唯有保持对权力的警惕，才能避免从自由人沦为奴隶的悲剧。出版自由，尤其是出版批评政府言论的自由在当时并没有法律依据，汉密尔顿的观点在法律上具有一定的颠覆性。然而他的自由观与公正意识正符合北美民众的共识，所以一拍即合。陪审团只花几分钟便裁决其无罪，民众热烈欢呼，法庭只得无奈地释放了曾格。

言论出版自由，或批评政府的权利，说到底关键就在政府的性质。如果政府是自上而下来统治人民的，那么自然高高在上，不必受民众的批评监督。但如果是人民的政府，权力由人民授予，目的是保护人民，那又怎么会惧怕人民批评？人民又为什么不能批评？又何必要去煽动颠覆它？汉密尔顿说，殖民地人民尤其需要言论自由，因为在殖民地，总督之权往往可以控制议会和法庭，而这两个机构本应起到限制总督权力的作用。诽谤法本是保护国王及大臣们的，并不适用于殖民地的总督。殖民地的方式是自治，治者与被治者并没有分得那么清。当政府威胁到人民时，人民是不必顺从的。

反思汉密尔顿的成功辩护，除了他的雄辩，外在因素也不能忽视。首先是英属殖民地已经存在的法治基础，毕竟有从检察官指控到公开审理、律师辩护、陪审团裁决及其裁决受到尊重等一套完整的法律程序。倘若连个说理的地方也没有，连个申诉的机会也不给，又谈何辩护？其次是殖民地的民情，人们对自由的重视和热爱，如果人人奴颜婢膝，不敢得罪权威，陪审团也不会响应汉密尔顿的雄辩。

曾格案虽然没有直接导致修改诽谤法，但历来受到史家的高度评价，被誉为美国争取自由之史诗的第一篇。从法律上说，以真实作为判断诽谤的标准逐渐被接受，陪审团的权力也得到巩固，进一步受到民意的影响。从政治上说，汉密尔顿的自由观道出了殖民地人民的情绪，抵抗专制暴政、追求自由独立的内在革命已趋完成，最终引向了美国革命之路。对言论出版自由的强调更是美国宪法第一条修正案的主要内容，被不断讨论和强化，成为美国信念的重要部分。

汉密尔顿（约1676—1741）生于苏格兰，以契约奴身份来到北美，后来成为教师和著名律师。曾格（1697—1746）生于德国，12岁到北美当学徒，后来开办了自己的印刷厂。曾格案实录主要由律师詹姆斯·亚历山大完成，曾格负责印刷发行。该书出版后在英美两地引起广泛重视，在18世纪即再版15次。实录全长40多页，包括许多过程描述，辩护词也涉及大量案例，这里选择了若干关键部分译成中文。

（钱满素）

本杰明·富兰克林
致富之路
（1758）

亲爱的读者：

我曾听说写作之人的最大乐趣莫过于看到自己的作品得到博闻广识之士的垂青援引，奈何我却未曾享受过此等乐事。自从我每年编撰《年鉴》[①]以来，已经整整二十五个年头了。我绝无自夸之意，自认为尚有些薄名，但不知为何，同行们却都惜言如金，不愿赐些溢美之词，甚至不曾注意到我。要不是我自拙著中得享些许实惠，聊以自慰，遭此冷遇岂不是令人丧气。

后来，我终于认识到只有人民才能对我的价值做出最佳的裁断，因为是他们买我的书，而且当我闲逛至无人认得我的地方时，常听到人们在谈话中引上我的一两句谚语，并且在后面加上"正如穷理查所说"这样的话。这或多或少给了我一些满足，因为这表明人们不仅重视我的教言，而且对我还是有些信服和尊重的。我得承认，为了鼓励人们铭记和使用这些箴言，我自己偶尔也郑重地引用它们。

那么，当你听完我下面说的这件事后，不难想象出我是多么开心。前些日子，我在一场商品拍卖会上停下马来。会场前已经聚集了许多人。由于拍卖时间未到，人们聚在一起谈论时弊。这时，其中一个人对一位衣着

---

① 指《穷理查年鉴》。——译注

朴素整洁、头发花白的老者说:"亚伯拉罕大伯,请问您老对时局有何看法?征收重税难道不会毁了国家吗?我们如何才能付得起这笔税款呢?您老有何建议?"亚伯拉罕大伯起身答道:"如果问我的话,我的回答很简单。因为正如穷理查所说,谏言智者,一言足矣;陈词愚者,多言无用。"人们围在他周围期盼他说出想法,于是他接着说道:

"朋友们,乡亲们,赋税确实很重。如果政府只征收这些税的话,我们可能还负担得起;但我们还有许多其他税要交,这对我们有些人来说,压力要沉重得多。懒惰让我们双倍付税,虚荣三倍,愚蠢四倍。即使税务官同意减税,也无法使我们从这些欠税中得到放松与解脱。然而,还是让我们来听听好的建议吧,可能对我们会有些帮助。正如穷查理所说,天助自助者。这话出自1733年的《年鉴》。

"征收苛捐杂税,迫使人民为其服务并缴纳十分之一收获的政府固然是苛刻的政府,但是让我们算算由于自己的懒惰、无所事事、不务正业和游玩嬉戏造成的损失,就会发现懒惰使我们许多人上税更高。懒惰还会导致疾病,大大缩短寿命。正如穷理查所说,懒惰好似铁锈,毁人犹胜辛劳;刀子越磨越光,钥匙越用越亮。如果热爱生命,就莫要浪费光阴,因为时间就是生命,正如穷理查所说。我们花在睡眠上的时间未免过长,忘记了穷理查说的话,睡觉的狐狸抓不到鸡,坟墓之中不缺睡眠。如果时间是世间万物中最最珍贵的,因为他在别处说过,时光一去不复返,那么挥霍时间就是最大的浪费。我们总说时间充足,到头来却发现远远不够。那么,大家起来干吧,向着目标努力吧!目标明确加上辛勤劳作会让我们收获更多。懒惰使一切困难,勤劳使一切容易,正如穷理查所说。晚起的人儿必须赶,赶到晚上也赶不完。懒惰走得慢,贫穷来做伴,这话我们在穷理查的书上看到过。他还说,你要牵着工作走,莫让工作牵你走,还有,早睡早起使人健康、富有和聪明。

"对生活的美好希冀和愿望也是如此。如果我们能勤奋忙碌起来,日子就会过得更好。正如穷理查所说，勤劳的人无须幻想，沉溺于幻想会加速死亡的来临。不劳无获。我既无地，就要靠双手辛勤劳作，就算有地，也会被课以重税。穷理查曾说过，有手艺的人就有产业，有工作的人就有获得名利的职位，但是手艺要用，工作要干，否则不论是产业还是职位都不足以帮助我们付清税款。勤劳使我们衣食无虞，正如穷理查所说，饥饿只会偷窥勤劳人家的房门，却不敢擅入。此外，差役税吏也不会登门，因为穷理查说，勤劳的人早早把债务清偿，沮丧绝望的人却债台高筑。即使你无缘掘到金银财宝，也没有富翁亲戚留下大笔遗产，但是正如穷理查所说，勤奋是好运之母，上帝赐予勤劳的人一切。因此，你要深耕细作，莫像懒人一样睡到日上三竿，这样，才能有粮吃，有谷卖，正如穷狄克[①]所说。我们要今日事今日毕，因为明天事情可能会被耽搁，正因如此，穷理查说，一个今天胜于两个明天，甚至即使是明天之事也不妨在今日完成。如果你是仆人，在被善良的主人捉到偷懒时会不脸红吗？你是自己的主人，发现自己偷懒定要感到愧疚。你还要为自己、家人、祖国和尊敬的国王陛下操持事务，所以应该黎明即起，别让那太阳看见说，这人此时还在贪睡，真是太不应该了。干活时别戴手套，记住穷理查的话，戴手套的猫抓不到老鼠。要做的事确实很多，你可能疲于应付，但是只要持之以恒、坚持不懈，收获必定丰硕，正所谓，水长滴，可穿坚石；鼠长啮，可断粗缆；斧长砍，可倒巨木，正如穷理查在《年鉴》中所说。我记不清确切年份了。

"你们有些人可能会问，难道我就不该有些闲暇了吗？告诉你，我的朋友，穷理查说，欲享闲暇必先善用时间，他还说，勿因一秒握不住，白白抛弃大半天。须知闲暇时光也应被用来做些有益之事，而且只有勤劳的人才能享受它，懒惰的人从不知其为何物。因此，正如穷理查所说，一生闲暇和一生懒惰完全是两回事。你难道认为懒惰会比劳动带给你更多的舒适

---

① 狄克为理查一名的昵称。——译注

和安逸吗？决非如此。穷理查说，烦恼生于懒惰，苦劳源自淫逸，终日懒散、只靠小聪明过日子的人不免因脑中空空而穷困潦倒。然而，勤奋耐劳终会带来安乐富裕和尊重爱戴。只有放飞享乐，享乐才会时刻伴随你；勤劳的织工空闲多；我若有牛又有羊，人人敬我如尊长，这些都是穷理查的妙语箴言。

"但是，除了吃苦耐劳，我们还必须小心谨慎，扎扎实实，稳稳当当。凡事需亲力亲为，切莫过于相信他人，因为，正如穷理查所说，

我从未见过常挪之树，
也未见过常搬之家，
能与扎根不移者相媲美。

"还有，搬家三次等于火烧一次，再有，店铺守好，吃穿可保，再有，事要办好，莫惜腿脚，如若不然，趁早舍掉，再有，

若想致富把地锄，
勤耕田来莫怕苦。

"再有，只眼胜似双手，再有，漠不关心比缺乏知识危害更大，再有，工人看不紧，主人失金银。过于倚赖他人，事情多半不甚牢靠，因为《年鉴》里有这句话，世人获救不在信，而在不信。但是，谨慎细心会使获利丰厚，因为，穷狄克说，知识属于勤奋的人，财富属于细心的人，权力属于勇敢的人，天堂属于有德的人。他说，如果你想有一个讨你欢心的忠仆，你最好自己伺候自己。他还建议事无巨细皆需慎重周到，因为哪怕是一丝疏忽也可能导致巨大的错误。再有，缺了根钉子，就缺了个马蹄铁，缺了个马蹄铁就折了匹马，折了匹马就摔了个骑士，最后身陷重围，惨遭杀戮，

而所有这些全都因为一个马掌钉。

"朋友们,关于勤劳和亲力亲为就说到这儿吧。下面我们来谈谈节俭,它能使勤劳的人更加成功。不知俭省的人会磨一辈子的磨,穷苦一生,死后无人在意。正如穷理查所说,口腹之欲丧人志气,再有,

家业大,在操持,
重享乐,难维持,
男不耕,女不织,
钱财尽,悔莫及。

"他在另一本《年鉴》中也曾说过,想致富,不能只靠收入,还要量入为出。西印度未使西班牙暴富,因为她的挥霍远远大于岁入。抛弃你挥霍无度的恶习吧,这样,你就不会有理由抱怨时事艰难,赋税过高和家庭负担沉重了,因为,正如穷理查所说,

女人和美酒,游戏和欺骗,
使财富殆尽,穷困加剧。

"而且,浪费在一桩恶习上的钱足够养活两个孩童。你可能会想,偶尔饮些香茶,喝点美酒,吃点贵菜,穿些好衣,再来点娱乐并不是什么大不了的事,但记住穷理查的话,积少成多,再有,谨防乱花小钱,要知道,小洞也能沉大船,再有,只知享乐,不事生产的人必沦为乞丐,再有,愚人设宴,智者食。

"现在大家齐聚在拍卖会上,念念不忘的是那些精致华美的饰品。但如果你们不谨慎对待,那些被你们称为物品的东西就会成为祸害。你们盼望它们会被贱价出售,甚至物超所值,但是,如果它们派不上用场,那仍

然是奢侈浪费。记住穷理查的话，买无用的东西迟早会迫使自己卖掉有用的东西，再有，便宜货前，三思而后买，意思是说，便宜可能只是表面现象，实际并非如此，再有，廉价品会使你的生意陷入窘境，坏处远比好处多。他还在别处说过，便宜货害人匪浅，再有，穷理查说，花钱买后悔的人是傻子。但是，每天都有人在拍卖会上冒傻气，因为他们不在意《年鉴》中的教诲。穷狄克说，聪明的人借鉴他人的错，愚蠢的人却一错再错，but felix quem faciunt aliena perieula cautum。① 许多人为了身披华服却是饥肠辘辘，连家人也跟着忍饥挨饿，正如穷理查所说，身穿绫罗绸缎，灶上冷锅无餐。它们并非生活必需品，也非舒适品，只不过看上去精致可人，便有许多人趋之若鹜，可见人们的虚假需求超过自然需求。对一个穷人来说，往往是一穷百穷。一味地追求奢华，挥霍无度，即便是乡绅富户亦会倾家荡产，不得不沦落到登门向昔日鄙夷之人求借的窘境，而这些曾经遭人鄙夷、不名一文的人却凭借勤劳和节俭取得了财富和地位。这一点明白地证明了穷理查的话，站着的庄稼汉比跪地的体面人高得多。他们可能继承了小笔遗产，却不知这笔财产是辛苦挣来的。他们以为可以永享白昼，却不知黑夜即将来临。他们总以为花销与家财相比乃九牛一毛，根本不值一提。（正如穷理查说的，孩童以为二十先令是花不尽的，蠢人以为二十年是过不完的。）但是，只盛饭不添米很快就会见锅底，到那时，你才明白穷查理的话，井枯方知水宝贵。他们如果听劝的话，早就可以避免这样的事了。欲知钱的珍贵，看看能否把钱借回，包你满怀信心而去，垂头丧气而归。同样，向那些纨绔子弟讨债的人也会遇到相同的情况。穷狄克接着说，

喜好华服，必遭诅咒；
爱慕虚荣，钱包受损。

---

① 英文：Foutunate is the man who learns caution from the perils of others.（能从他人的险情学会谨慎实乃万幸。）——编注

"再有,虚荣如需求,都是聒噪的,甚至更加粗鲁无礼。当你买了一件好东西就要再买十件来配,这样才能搭配协调。但是,穷狄克说,抑制住第一股冲动要比满足随之而来的欲望容易得多。再者,穷人不要模仿富人的行事,那会像青蛙胀鼓,妄图与壮牛比身材一样愚蠢可笑。

　　大船可以扬帆远航,
　　小舟只能沿港停靠。

"这种蠢行很快会遭到惩罚,因为正如穷理查所说,虚荣以做作为食、以轻视为饮。他还在别处提道,虚荣的早餐丰盛,中餐窘迫,到了晚上就只能与臭名为伍了。那么,为了虚荣要冒这么大的险,遭这么多的罪,空有傲慢的表象又有何用?它既不能增强体质,也无法减轻痛楚。它不能增加美德,却只会催生嫉妒,带来不幸。正如穷理查所说,

　　什么是蝴蝶?
　　不过是穿着花衣的蛾子。
　　谁是它们的写照?
　　虚荣花哨的花花公子。

"所以,为了这些多余的东西而负债累累简直是疯子!根据拍卖会的规定,我们可以延期半年付款。许多人可能会被这项规定所诱惑,毕竟即使他们拿不出现钱,也可以先赊账。啊,但是,想想你负债以后该怎么办吧。你自由的翅膀上又增添了新的重量。如果你无法按时还账,见着债主也会羞愧难当,说起话来战战兢兢,借口托词一并用上。慢慢地,一点一滴地,你不再诚实,堕入了满口谎言的罪恶深渊。因为,正如穷理查所说,

一重罪，负债，二重罪，说谎。同样的道理，谎言总是附在债务的背上。然而，生来自由的英国人是不会在任何人面前羞愧和畏缩的，但是贫穷会剥夺一个人的全部志气和美德，正如穷理查说的，空瘪的口袋立不直。如果王子或政府颁布法令禁止你身穿绅士服或淑女装，否则就判你终身监禁或苦役，你会怎么想呢？你难道不会说你是自由民，有权按自己的喜好穿着打扮？你难道不认为这项法令侵犯了你的特权？你难道不认为这是个独裁的政府？那么，当你为了这身衣裳而债务缠身时，你已经置身于暴虐之下了！如果你无力还债，你的债主有权凭着自己高兴剥夺你的自由。你要么被投进牢狱，终身监禁，要么被贩卖，沦为仆役。当你为买到便宜货而沾沾自喜时，可能忘了还有付账这回事。但是，穷理查说，债主的记性比欠债的人强。他还在另一处说过，债主是一帮迷信的家伙，最擅长牢记讨债的日子和时辰。还账的日子在不知不觉中来临了，你还没想好该如何应付，债主就登门催逼了。或者，你牢记债务，但总觉得期限还长，随着日子一天天过去，才惊觉它已近在眼前。时间像长了翅膀一样转瞬即逝。穷理查说，必须在复活节①偿清债务的人会哀叹大斋期②是如此的短暂。他说，出借者役人，求借者役于人，债主役人，欠债人役于人。所以，仇视枷锁，保持你的自由，享受你的独立吧。勤劳，自由；节俭，自由。你可能会想，我现在日子过得挺富裕，可以添置些奢侈品而不会有什么大的负担，但是，正如穷理查所说，

> 为了将来的迟暮困顿，现在能省则省吧，
> 要知道朝阳也不能从早到晚地挂在天上。

---

① 复活节是每年春分（3月20日或21日）后的第一个星期日，是基督徒纪念耶稣复活的节日。——译注
② 复活节前四十天期间，在此期间基督徒禁欲斋戒。——译注

"花钱容易挣钱难。挣钱只是一时的，但只要人生在世，花费是不断的。修两个烟囱要比保持一个一直冒烟容易得多，正如穷理查所说。因此，宁空腹就寝，不负债起床。正如穷理查所说，

  拿你所能拿，取你所能取，
  这就是点石成金的咒语。

"毫无疑问，当你拥有这位哲人的咒语后，你再也不会抱怨世事艰难，缴税辛苦了。

"朋友们，这个教诲就是理智和智慧。但是，千万别过分倚赖自己的勤劳、节俭和谨慎。虽然它们是优秀的品德，但是如果缺少上帝的恩赐，它们也会毫无生机，枯萎凋谢。因此，虔诚谦卑地祈求神的恩赐吧，善待那些需要祝福的人，安慰他们，帮助他们。要知道，约伯①也是遭受种种磨难才苦尽甘来的。

"我说的差不多了。在结束之前，再啰唆几句。经验是所学费高昂的学校，愚蠢的人只能在这里学习，甚至可能一无所获，因为，显然，我们只能够提供良好的建议，却无法给予优秀的品行。然而，记住这句话，不听劝告的人永远得不到帮助，再有，不听从理智的人会得到惩罚。"

老人结束了慷慨激昂的演说。虽然大家聆听了这段教诲，并且点头称是，但是转瞬间又抛诸脑后，各行其是，仿佛这只是场普通的说教而已。这时，拍卖场的大门开了，他们又开始一掷千金，抢购起来。老者的警告和纳税的顾虑已被抛至九霄云外。我发现老者仔细读过我的《年鉴》，并将我这二十五年来零星涉及的议论见解很好地消化吸收了。他不断提及我的

---

① 约伯，《圣经·旧约》中的人物，遭受许多灾难仍不动摇信仰。——译注

名字，这可能会使其他人厌倦不堪，但却大大愉悦了我的虚荣心，尽管我清楚地知道自己的智慧在其中所占比例尚不及十分之一，只不过拾人牙慧，将古今各国的箴言稍加润色，更行丰富而已。说实话，我起先打算买块料子做件新外套，但是最后毅然转身离去，决定把身上的这件旧衣再穿久些。读者，如果你也能效仿我，必定会同我一样不乏资财。我将永远为您效劳。

理查·桑德斯
一七五七年七月七日

（王萍 译）

---

* 译自 Daniel. L. Boorstin, *An American Primer*, Penquin Books USA Inc., New York, 1995。

富兰克林（1706—1790）是个举世闻名的美国人，有时也被称为"第一个美国人"，这当然与他长期代表美国和欧洲打交道有关。早在1757年，他就事实上代表了十三个殖民地常驻英国，达18年之久。独立战争期间任驻法大使时，富兰克林以其睿智博学、娴熟圆通，赢得法国上流社会的普遍好感，也让欧洲见识了美国人的风尚。

现在有些学者觉得富兰克林过时了，不过要动摇他的名声却不会容易。在缔造美国的出类拔萃之辈中，他比华盛顿的资格更老。构成他一生的是说不完的成就与功勋，富兰克林兴趣广博，干一行通一行，身兼出版家、作家、革命家、外交家、科学家、发明家，有生之年已享有无数荣誉和权威，然谦逊幽默之态不变。杰斐逊在他之后担任驻法大使，据说法王问道："你是来取代富兰克林的吗？"杰斐逊恭谨地答道："不，没人能取代他，我只是接替他的位置而已。"

成功人士的光环还不是富兰克林的全部，更重要的是他代表的精神。现在，当人们谈论这种精神时就会想起韦伯，想起资本主义精神，其实这也不是他精神的全部。他代表的精神也应该包括自立自强、宽恕包容、公共服务、科学探索、积极生活等，他的人生道路足以为后人树立榜样，其中并无阶级、民族、时代之分。他提倡的诚实、勤奋、节俭、自立不也是中国人信奉的传统美德吗？不也同样适用于其他阶级、民族和时代吗？

富兰克林出生于波士顿一个烛皂匠的家里，是十几个孩子中最小的男孩。和当时大多数孩子一样，他只上过两年学，10岁就开始跟着父亲干活，12岁起在兄长詹姆斯的印刷厂里学徒，其间以笔名在詹姆斯办的报纸上发表文章。凭着自立的精神，富兰克林17岁只身去费城创业，几年后即开办自己的印刷厂。当时的印刷人往往兼出版商，甚至出版自己的报纸，所以能制造舆论，影响社会，作用不可小觑。富兰克林25岁时出版了自己的报纸《宾夕法尼亚报》，在殖民地报纸中名列前茅。还有家喻户晓的《穷理查年鉴》，这使他在殖民地声名远扬，跻身于举足轻重的人物之列。

在费城，青年富兰克林积极参与社会建设，和同伴结社做了不少先驱的工作，诸如救火队、道路照明等。这些今天看来必需的城市设施在当时还不存在，而这个年轻的城市也不拒绝市民的主动性和创造性。富兰克林他们创办了第一个公共图书馆、第一个医院、第一个哲学学会，还有第一个提供世俗教育的大学，即日后的宾夕法尼亚大学。这些改善城市的作为势必让富兰克林积累了不少为公众服务的经验，更使他充满了参与公共事务的兴趣和信心。他在经济方面如此成功，42岁时便淡出经营，将精力转向科学研究和公共事务。

当《年鉴》编到第25年，富兰克林被宾夕法尼亚议会派往英国代表该殖民地。此后，他参与领导了从革命到制宪的全过程，以他的智慧、能力和权威为创建美国做出无与伦比的贡献。他在英国的经历使他在1775年回国后即主张美国独立，虽然很清楚可能面对的危险。革命时期他出色地周旋在法王路易十六的宫廷，为美国争取援助。革命成功后，他以82岁高龄带领宾州代表参与费城制宪会议。在最后签字关头，他以谦逊的姿态劝说与会者为了合众国的明天通过宪法，他强调的妥协、宽容和自我怀疑的精神仍在美国政治中发挥作用。在逝世前不久，他向国会提交了最后一份请愿书，要求废除奴隶制。一个人在短暂一生中为国家为民众做了那么多好事，却几乎没有大失误，可谓今生无憾，足以彪炳千古。

小说家劳伦斯对富兰克林的生活态度颇不以为然，他狠狠地嘲笑了富兰克林自我反省的训诫，斥之为"美德樊篱"。在日常生活中对自己设置一些标准，也就是座右铭之类，然后努力去做到，虽说有些机械，但也不失为初学者一种性格训练的方法。这种将美德列表来逐项核对自己行为的做法其实并不少见，当时的华盛顿也这样做，中国人修身养性时也有这样做的。这种办法对年轻人来说，至少表示出认真学做人的愿望和决心，也能从自己的进步中获取信心和希望，很难说就是"圈套"，更谈不上是"出于人的劣根性"。相反，若像劳伦斯说的那样，人人都听从"无意识深处自我的召唤而行动"，人类社会只怕难以维持。

18世纪是理性启蒙时代，当时的美国社会正从宗教向世俗转化，处于其中的富兰克林确实是鼓励世俗成功的，但不是见利忘义，而是规劝人们通过正当途径步入小康，也不忘提醒人们扬善惩恶就要从自身做起。世人本来也称俗人，但不一定俗气，何况个人的经济成功也不是富兰克林的最终目的，他自己用行动书写的人生足以说明这点。

回到《穷理查年鉴》。

富兰克林从1733年开始编辑出版《穷理查》，直到1758年。当时年鉴在美国很受欢迎，按时节耕作的农民从年鉴上能获得各种气候信息和生活知识。善于愉悦人的富兰克林将年鉴编得不仅实用，而且有趣，他在其中添加了一个名为理查·桑德斯的人物，这个穷书生家有悍妇，常威胁他说倘若书中没有黄金屋，便将付之一炬。双方的争执便源源不断地引出来自各种文化的格言警句，涉及个人行为、人际关系、人性等方面，有些是他自创，更多的是经他加工，以求吸引美国读者。《穷理查》每年印数上万[①]，为适应不同殖民地，还分为新英格兰、中部和南部三个版本。

　　1757年在去英国的船上，富兰克林从已出版的25期中摘出一些经典，借长者亚伯拉罕之口串在一起，作为1758年《穷理查》的序。主题就是规劝人们戒掉好逸恶劳、铺张浪费、无所事事等恶习，培养勤奋节俭、清醒节制等好习惯。这篇汇集了上百条箴言的文章很快被印成小册子，广受欢迎。富兰克林提倡的是一种积极的生活态度，反映了他深受其影响的清教和贵格会的工作伦理。1773年，该文被正式命名为《致富之路》。据统计，到1800年，《致富之路》在美国就有36个不同形式的版本，在英国更有64个，其他语种还有45个。此后重印不计其数，在美国人的单篇文章中，据说只有林肯的葛底斯堡演说能与之媲美。至今，这篇文章还在世界上流传着，除了让我们看到当年美国的世态人情，对今天的人也许还在产生着积极影响。

（钱满素）

[①] 美国1790年首次人口统计数为392.9万，革命时期不过300万上下。

约翰·亚当斯
论教会法规与封建法规
（1765）

世界之初，君主制似乎就已经是种普遍的政府形式。国王及其一些重要的王室顾问与将领对人民实施残酷暴政，那时，人们在智力上所享有的地位，与将人与武器运往战场的骆驼与大象相比，高不了多少。

中世纪，人们的智力普遍提高，但在那时却认识不到，何以至此？但事实就是如此；每当某种普遍知识与情感在人们中间流传，独裁政府与种种压迫形式就会相应减少与消失。人类无疑具有崇高的灵魂；而且人类本性中那种同样的天性——那种在仁慈中建立的，由知识所珍视的富有抱负的、高尚的天性；我指的是对权力的热爱，而这常常是奴隶制的导因——一直是自由的导因，无论自由何时存在。如果是这种天性一直在驱使着世上的君主与贵族利用各种欺骗与暴力手段，摆脱对其权力的种种限制的话，那么也同样是这种天性一直在激励着普通百姓追寻独立，并努力将当权者的权力限制在公平与理性的范围内。

事实证明，穷人远没当权者那样成功。穷人找不到闲暇或机会形成联盟、努力奋斗；由于他们对艺术与文学一无所知，他们也无法建立或支持一个稳定的反对组织。但这被当权者看作是人类的特性；因而各代当权者都会竭尽全力，从他们所蔑视的平民百姓那里，抢夺百姓们对对与错的认识，攫取维护权利、纠正错误的权力。我说"权利"是因为其存在毫无疑问先于所有世俗政府——"权利"不会被人类律法所废除与限制——"权利"

起源于那伟大的宇宙立法者。

自基督教广为传播以来，有两大暴政制度来自这个源头——教会法规和封建法规。渴望统治权是强烈的天性，据此，我们已解释过那么多的善与恶，如果对此天性加以适当限制，则会是种非常有用的、高尚的人类思想动机。但如果不加限制，则会变成一种侵犯他人、攫取贪婪的、永不满足、放任自流的权力。为了满足自己的私欲，当权者所设计的罪恶制度已经无以计数，但与发明与建立教会法规和封建法规相比，则无一能出其右。

前者，那些迄今人类所发明的最精致的、最高尚的、最广泛的以及最令人震惊的政策法规，由天主教教士所设立，目的是巩固其制度。这里，用于描写天主教法规的所有性质形容词都是公正的，而且就教士们的行径而言也是公正的：他们向人们游说，甚至使人们忠诚地且毫不怀疑地相信：万能的上帝将天堂的钥匙托付给了他们，天堂的大门可由他们随心所欲地开闭；上帝还授予了他们执行所有道德法规与责任的权力；赋予了他们查禁所有罪恶与犯罪行为的权威；给予了他们废黜君主以及赦免臣民效忠的权力；赐予了他们获取或抑制天堂之雨水与阳光的威力；上帝还为他们提供了对付地震、瘟疫、饥荒的能力以及能从酒与面包中创造出上帝之血肉那神秘、威严、难于理解的威力。这些蛊惑人心的说法在人们中间传播，途径是通过向人们灌输一种对学问与知识的宗教恐惧以及将人们的思想降到悲惨无知与胆怯惊恐的地步。人的本性因此被长久地、紧紧地束缚在残忍、可耻、可悲的奴役境地。而专制统治者，根据预示，将远远处于受敬拜的、称之为上帝的万物之上。

而在后者（封建法规）中，我们看到了另一种制度，它与前者（教会法规）在许多方面极为相似。尽管最初其形成可能是为了捍卫尚未开化的人民，使他们免受邻国侵犯与袭击之苦，但与教会法规一样，封建法规同样也出于暴行、残暴与贪婪，因而很快被几乎所有的欧洲君主所采纳，并被实施到政府机构。封建法规最初是一种法律法规，用于长期驻扎的军队。

军队总统帅拥有对领地内所有土地至高无上的统领权，其最高级将领，如同其奴仆与臣仆，则租用其土地；其他下属官员也以同种方式租用上级的土地；各级别与阶层通过种种职责与服务租用土地，所有人都被束缚在人类秩序的链条上。这样，普通人就以部群或部落的方式被集合在一起，顺从且从属于其领主，甚至受土地契约的约束；他们一旦受命，就需追随其领主，参与战争；除了使用武器及耕种土地之外，他们对何为神圣、何为人道则一无所知。

但另一事件对人类自由更具灾难性，即上述两种暴政制度的邪恶联盟。这两种暴政似乎不谋而合，规定世俗显贵竭其所能维护教士阶层的权势，而精神显贵则利用他们对人们的良知的控制，对人们实施一种盲目、绝对服从世俗行政统治的教化。

这样，只要这种联盟持续下去，人们就一直处于无知的地位，自由以及与之相关的知识与美德似乎就离开了这个世界，一个黑暗的时代紧接着另一个黑暗的时代过去了，直到上帝以其仁慈的天意唤起了新教改革先驱，使他们倡导并实施宗教改革。从新教改革到首次定居美洲的这段时间，知识逐渐在欧洲传播，尤其是在英国。随着知识在人们中的传播与增长，教会与世俗暴政——我将两者视为教会法规与封建法规的同义，相应地失去其威力与分量。人们对这些制度所犯下的罪恶越发敏感，也越发难于容忍，因而决定冒天下之大不韪摆脱这些统治。直到最后，在可恶的斯图亚特王朝统治下，人们与上述所言的世俗与精神暴政间的斗争变得残酷、激烈及血腥。

正是这场伟大的斗争导致了人们移居北美。这不是常言的宗教原因，而是对普遍自由的热爱，对上述所言的可恶联盟的憎恨、害怕、恐惧使定居北美的计划得以实施以及成功。

这是群几近绝望的明智之士所做出的决定——我指的是清教徒。他们普遍具有智慧，许多人博学非凡。……这群人对当权者义愤填膺，他们身心遭受了巨大的折磨，他们被定罪，仅仅是因为他们拥有的知识以及探索与考察的自由，他们有理由对摆脱大洋那边的痛苦感到绝望，以致最终决心前往荒野，逃避母国世俗的以及精神的君权与政权，逃避那里的灾疫与劫难。

到达这里后，他们开始定居，计划了与教会法规与封建法规截然对立的教会与世俗政府。他们中的领袖人物，既有教会成员又有非教会成员，都是些明智、博学之士。许多人熟知希腊、罗马的史学家、演说家、诗人、哲学家；其中有些人留下的图书馆如今依然存在，主要典藏有最开明时代的以及民族的智慧——但这些典藏的语言都是其重孙们很少阅读的，尽管他们都受教育于各欧洲大学。[①]

这些殖民地的第一批种植者取得了如此成就。嘲讽他们狂热、迷信以及拥护共和，在现代许多优秀绅士们看来，或许是个既礼貌又时髦之举。但这种嘲讽却是无稽之谈、纨绔作风，既不真实又带来极大伤害。我们承认他们的宗教带有一定程度的狂热，但这绝非违背其个性，因为在那时狂热几乎是英国与整个基督教世界的普遍特性。然而，如果情况不是这样，他们的狂热，就其基于的原则以及它所指向的目标而言，也绝非他们的耻辱，相反则是他们的荣耀；因为我相信所有为了人类荣耀与幸福事业所取得的成功，都大量混杂着那种崇高的缺陷，这将是个普遍真理。不管他们有何缺陷，而这几乎未被世人察觉，其政策的制定既基于明智、人道、慈爱的原则，也基于启示与理性的原则，且与古代最优秀、最伟大、最明智的立法者们的原则一致。他们蔑视任何形式、任何表现的专制统治，对之深恶痛绝。他们对惩罚，甚至对以各种形式折磨致死的死亡本身，毫无畏惧之感；这些都无法征服他们坚定、勇敢、顽强的精神，这种精神使他们敢于反抗其所处时代教会与国家的专制统治者。他们绝非君主制度的敌

---

① 我总是带着敬意与仰慕之情看待北美的定居，认为它开启了天意中的一个庄严片段与宏伟设计，目的是启迪无知以及解放全世界受奴役的人们。——原注

人；与他人一样，他们知晓恩典福音神秘的实施者应得之敬意与荣耀。但他们也清楚地看到：对任何政府而言，公民权力必须作为君主与教会权力的一种监督、控制以及平衡，否则，后者会很快变成罪恶之人、巴比伦之娼妓、邪恶之谜团以及一种令人极为厌恶的欺诈、暴力以及篡权制度。他们最关心的似乎是要建立一个教会政府与国家政府，与所见到的欧洲政府相比，这个政府与《圣经》更为一致，与人性之尊严更为相容。他们要将这样一个政府传给后代，使之永远得以维护、保存下去。为了使新政府中的公民权力如同其理论那样伟大与明智，也即如同人性与基督教所要求的那样，他们努力且尽可能地剔除其中的封建不公及依附原则，以维护温和的有限君主制。在这过程中，他们发现了深刻的智慧及其与人性间的亲和力。但首要的是宗教。他们清楚地看到，在流经人类思想的所有谬误与错觉中，没有哪种比专制、永恒、代代相传观念和其他那些疯狂的思想更为荒谬；那些观念与思想传承自教会法规，它赋予教会从职人员以一种神秘、圣洁、崇敬以及正当、威严、显赫与神圣不可侵犯之光芒，而这些凡人是不配得到的，而且从人性形成之初在社会中总是危险的。为此，他们摧毁了整个主教制；与所有理性与公正之人士一样，他们嘲讽从主教手指间流出的所谓神圣化的荒谬幻想，建立了基于《圣经》与常识的授神职仪式。这一行为要求全体神职人员具备勤奋、美德、虔敬与学问，而且绝对使他们在各方面比身处以下两种境况更加独立于世俗权力：一是在先前那个上到教皇下到神父、修士、忏悔者的等级制社会中，那些人纯粹是一群卑鄙、愚蠢和可悲之徒；二是在大主教成为普世主教的国家，其中的教区牧师与堂区牧师都是上述言及的无知、依赖、悲惨之众。当然，他们也绝对比在那两种情况下更加理性、更有学问……但我还得回到封建法规。经常提到的冒险家们（美国清教徒）对那种黑暗下流的、世袭的、坚不可摧的权力以及对那神圣的创造奇迹的政府起源嗤之以鼻。前者被称为上帝的涂了膏油的权力；后者则被僧侣阶层利用，用云雾与谜团掩盖封建君主，还从中推断出最邪恶的教义，即被动服从与不抗拒的教义。清教徒们知道政府是个明了、简单、明智的事物，建立在本性与理性之上，且可被常识所认识。他们憎恨封建制度所有下等的服务与从属的依附。他们明白在古代自由之场所，在希腊与罗马共和政体中，从未有过如此卑劣的依附。他们认为所有这些盲从的臣服同样有悖于构成人类本性的本质，有悖于耶稣解放人类的那种宗教自由。

（张瑞华 译）

* 译自 Loren Baritz, *Sources of the American Mind: A Collection of Documents and Texts in American Intellectual History*, Vol. I, John Wiley & Sons, Inc., New York, 1966。

作为美国第一任副总统暨第二任总统，约翰·亚当斯（1735—1826）似乎既没有第一任总统乔治·华盛顿的威望，也没有第三任总统托马斯·杰斐逊的知名度。在这两位伟人的光辉掩盖下，亚当斯的功绩显得有点黯然，尽管他也是美国独立运动的"三杰"之一，为独立事业做出了杰出的贡献，如：代表马萨诸塞参加第一次与第二次大陆会议、推举华盛顿为总指挥、辅助杰斐逊起草《独立宣言》、说服议会宣布美国独立，等等。另外，在总统执政期间，亚当斯的成就并不突出，甚至还有相当大的争议。亚当斯可能算不上是位杰出的领袖人物，但他的博学，他对革命、法治、政府、共和等思想与体制的认识与思辨在他那个时代几乎无人能及。因此，说亚当斯是政治理论家或政治哲学家可能更为合适。

亚当斯一生著有不少历史与政治文章。其思想，从对《印花税法》的认识与批评，到对美国建国后的政府制度与政治体制的思考，基本上都与美国的权利、独立、自由、法治、权力有关。例如：他相信自由建立在议会代表之上，缺乏代表等于奴役；相信"自然权"学说；坚持认为人具有选择与推翻其统治者的权利，美国具有抵抗以及革命的权利；提出自治是道德治理的唯一形式；呼吁用法治替代教会与封建统治；认为共和政府是法治的政府而非人治的政府；提出政府的形式取决于其目的，即在于促进大多数人的幸福与美德；捍卫两院制与权力分散的均衡原则。这些思想大多基于他对权力的获取与制约的思考。

史学家常说亚当斯是历史的产物，的确，没有美国革命，就不会有我们所认识的亚当斯。他充其量只能算是马萨诸塞的著名律师。1765年，英国议会向殖民地颁布《印花税法》，以支付法英七年战争的支出以及殖民地军事力量的给养。税法一传到殖民地，霎时就引起骚动，特别是在马萨诸塞州，人们开始反抗，以各种形式表达不满。这种情绪激发并加强了刚刚当了两年律师的亚当斯的从政意识，他意识到英国政府明显忽视了殖民地人们的利益，认为殖民地有正当理由抵制《印花税法》，除了"无代表，不赋税"的理由之外，亚当斯还提出殖民地在土地所有权上既不从属英国议会，也不从属英国国王，充其量只能算是"被发现的土地"以及从印第安人手中购买的土地，而不是被国王军队所"征服的土地"。

《论教会法规与封建法规》就是这个语境的产物。文章最早以四篇文章的形式连载，发表在1765年8月的《波士顿公报》上，三年后在英国正式出版，题为《论教会法规与封建法规》，又名《美利坚的真实情感》。尽管亚当斯在文中既没有提到《印花税法》，又没有号召人们起来抵制税法，但却具有强烈的思想"煽动性"。当时住在波士顿的著名牧师查尔斯·昌西在报上看到文章之后，赞扬"这是最好的文章，为作者带来荣誉，遗憾的是作者并不被人知晓"。的确，当时亚当斯才30岁，刚刚崭露头角，这第一篇政治文章，既给他带来了名声，又在很大程度上促进了当时美国的革命与独立运动。

在文中，亚当斯将《印花税法》看作是教会法规与封建法规在殖民地的具体实施，也是英国对殖民地"新英格兰方式"的攻击与挑衅。他首先追溯了教会法规与封建法规的历史、本质以及实施方式，指出这两个法规都源自基督教，被宗教与世俗统治者扭曲、操纵以及利用，目的是满足自身私欲与野心，使穷苦百姓心甘情愿地臣服在其统治之下，为此，统治者抑制知识的传播、使用威胁与暴力作为其惯用伎俩。亚当斯指责天主教徒"向人们灌输一种对学问与知识的宗教恐惧，将人们的思想降到悲惨无知与胆怯惊恐的地步"；斥责封建法规的实施者同样"出于暴行、残暴与贪婪"，为了攫取自身的势力范围。而事情最糟糕的是两者的结盟，这使人民"一直处于无知的地位，自由以及与之相关的知识与美德似乎就离开了这个世界"。好在新教改革既打破了天主教对基督教教义的垄断，又分离了国王与教会之间的关系。宗教知识的传播给广大人民带来了对宗教自由的渴望，而随着宗教的去中心化，又出现了对政治自由与对政治去中心化的渴望，这使人们逐渐意识到了自身的权利与权力。显而易见，亚当斯把定居北美的清教徒看作是这一过程的实现与典范。他赞美清教徒们与"精神暴政"所作的斗争、对"普遍自由的热爱"、他们的学识与理性以及他们能认识到知识是自由的前提。亚当斯甚至还赞美清教徒的"狂热"，在他看来，其狂热既"不违背其个性"，又非其"耻辱"，相反，却是其"荣耀"。亚当斯还特别提到清教徒的思想与他们的社会建设理念具有高度的一致性，提出清教徒政策的制定是"基于明智、人道、慈爱的原则"、"基于启示与理性，且与古代最优秀、最伟大、最明智的立法者们的原则一致"；清教徒要建立的政府是要"与《圣经》更为一致"的教会政府以及与"人性之尊严更为相容"的国家政府。显然，亚当斯笔下的清教徒完全是些逃避教会法规与封建法规迫害的、追寻自由而非追寻圣洁的清教徒。

"所有历史都是当代史"，亚当斯的阐释也不例外。他追根溯源，将《印花税法》看作是英国教会法规与封建法规的遗骸企图奴役殖民地的一个具体例子；为了捍卫殖民地的权利与自由，他将新英格兰清教徒与时代启蒙思想——权利、自由、知识联系在一起，将整个新英格兰的神话共和化、时代化，这样做并不悖常理，也并不牵强。况且历史上清教徒及其思想毕竟也不是铁板一块的。

事实上，无论是对清教徒的赞美，还是对教会法规与封建法规的批驳，亚当斯本质上关注的依然是知识、自由、权力等这些概念及其之间的关系。在文章开头，亚当斯表示如果人们接受教育，认识到他们的权利，人们就更不会容忍统治者对他们权利的剥夺，"独裁政府与种种压迫形式就会相应减少与消失"。亚当斯似乎认同"知识就是权力/力量"，因为知识能给予人们抵制剥夺其权利以及控制自身的权力/力量。但亚当斯接着说人类本性中那种"对权力的热爱"既是"奴隶制的导因"又是"自由的导因"。暴君所爱的权力是统治他人、凌驾于别人之上的权力，属于前者；而清教徒所爱的权力是抵制剥夺其权利和控制自身的权力，属于后者。他们能"清楚地看到：对任何政府而言，公民权力必须作为君主与教会权力的一种监督、控制以及平衡"。显然，爱知识与爱权力是两个截然不同的概念。这样看来，亚当斯的思想中具有一种亚里士多德的辩证，对他而言，缺乏权力与不受制约的权力都是不可取的，难怪他会说"如果对此天性加以适当限制，则会是种非常有用的、高尚的人类思想动机。但如果不加限制，则会变成一种侵犯他人、攫取贪婪的、永不满足、放任自流的权力"。

亚当斯热爱读书，除了受启蒙思想的影响，其思想也与其家庭教育有关。亚当斯的父亲是位新英格兰清教徒，一生勤俭简朴，从不追求享乐。他那种脚踏实地、勤劳朴素的清教生活理念影响着儿子的性格特点、个人习惯、思维方式，例如：亚当斯一生严肃、勤奋、注重道德，致力于自我完善；每天有晨起早读、写日记的习惯。他谴责懒散、浪费时间，认为人的每时每刻都应花在做有用的事情上，认为闲暇，即便是无害的娱乐也有罪。写日记可以帮助进行有益的反思、规劝、改进，乃至克服内在的虚荣。如同清教徒，亚当斯也认为虚荣是获得救赎的敌人，一个人活在世上，免不了受各种诱惑与虚荣的纷扰，但需要抵制，而工作便是最好的武器。另一方面，亚当斯毕竟不是个清教徒，除了上帝的信念以及不朽这两大教义之外，宗教教义对他而言毫无意义。他去教堂是因为他觉得每周的布道是挑战思想、审视美德、继续教育的不可缺少的一种形式。因此，亚当斯最大的人格魅力在于他能将其个人完善与服务公众、服务国家这个理念结合在一起。

历史上，人们对亚当斯的评论褒贬不一，尤其是对他当政时期的决策，常有截然不同的评价。例如：本杰明·富兰克林指责他是"该死的美国暴君"。托马斯·杰斐逊一方面批评他"爱慕虚荣、性格急躁、疑心重"，但又肯定他"公正、思想深邃、谨慎诚实、他对权利的献身与热情使他可爱极了"，还赞美他是"支撑国会地面的立柱，是最能干的、反对各种侵袭的倡导者与捍卫者"。史学家常称赞他"个性独立"，反对宗派斗争，避免冲突，认为"就贡献的范围、服务的时间、个人牺牲的程度、政治思想的深邃方面，亚当斯远远超越美国独立事业的所有其他建设者"。

对历史人物的评价总是见仁见智，但读读他们的文章，总能发现一位伟人的智慧与责任。就亚当斯而言，他不仅为美国的独立与建国做出了杰出的贡献，而且也为后代留下了丰厚的思想遗产、树立了优秀的榜样，这些德行依然是所有时代所需要的。

（张瑞华）

托马斯·潘恩
论君主政体和世袭
（1776）

在宇宙万物的体系中，人类本来是平等的，这种平等只能为以后的某一桩事故所破坏：贫富的差别是很可以加以说明的，而且在说明的时候不必采用压迫和贪婪之类刺耳的、难听的字眼。压迫往往是财富的后果，而很少是或绝不是致富的手段；虽然贪婪会使一个人不致陷入赤贫的境地，但一般来说它却使他变得懦怯，发不了大财。

可是，还有一种不能用真正自然的或宗教的理由来解释的更大的差别，那就是把人们分成"国王"和"臣民"的差别。阳性与阴性是自然做出的差别，善与恶是上苍做出的差别；但是有一类人降生世间，怎么会高出其余的人之上，俨然像一个新的人种那样与众不同，倒是值得加以探究，了解他们究竟是促进人类幸福的手段还是招致人类苦难的手段。

在世界的古代社会，根据《圣经》中的记载来看，并没有帝王；这种情况所产生的结果是，当时没有什么战争；而现在使人类陷入混乱的，乃是帝王的傲慢。荷兰没有国王，近百年来已经比欧洲任何君主政体的国家安享了更多的和平[①]。古代的历史也可以证实这种说法；因为最初一批宗族首领所过的恬静的田园生活本身自有一种乐趣，这种乐趣当我们读到犹太王族史的时候便消失了。

---

① 1815年以前，荷兰加入了联邦共和国，并在其中占据了统治地位。——译注

由国王掌握的政权形式最初是异教徒开始采用的，后来犹太人向他们模仿了这种惯例。这是魔鬼为了鼓励偶像崇拜而进行的最得意的杰作。异教徒把他们去世的国王视为神圣，向他们表示敬意，而基督教世界则进了一步，以同样的态度对待活着的国王。

把神圣的"陛下"这一称号施诸耀武扬威而转瞬变为白骨的小人，该是多么亵渎！

把一个人的地位捧得高出其余的人很多，这种做法从自然的平等权利的原则来说是毫无根据的，也不能引经据典地加以辩护；因为基甸①和先知撒母耳②所宣布的耶和华的意志分明不赞成由国王掌握的政权。在君主国家里，《圣经》中一切反对君主政体的部分已被很巧妙地掩饰过去了，但它们无疑值得引起那些尚待组织政府的国家的注意。该撒的物当归给该撒③，是宫廷所引述的《圣经》中的教义，但它并非君主政体的根据，因为当时的犹太人还没有国王，还处在隶属于罗马人的地位。

从摩西记载创世的时候起，到犹太人全体受骗而要求立一个国王的时候止，差不多过了三千年。在立国王以前，他们的政权形式（耶和华偶然插手干涉的特殊情况除外）是一种共和政体，由一位士师和各宗族的首领执掌。他们没有国王，他们认为，除万人之主的耶和华以外，要承认有谁享有君王的称号，乃是一种罪恶。当一个人严厉地谴责人们对君王之类的盲目崇拜时，他毋庸怀疑，耶和华既然永远要人相信他的光荣，是不会赞成那种悍然地侵犯上天特权的政体形式的。

君主政体在《圣经》中列为犹太人的罪恶之一，并预言这种罪恶将产生怎样的灾祸。那个事件的历史是值得注意的。

因为以色列人受到米甸人的压迫，基甸便带领一小支军队向他们进攻，

---

① 见《旧约全书·士师记》。——译注
② 见《旧约全书·撒母耳记》。——译注
③ 见《新约全书·马可福音》。——译注

终于在神的参与下获得了胜利。犹太人得胜以后十分高兴，认为这是基甸的雄才大略的结果，因此提议推他为王，说：愿你和你的儿孙管理我们。这确实是个最能打动人心的诱惑；不单纯是个王位，而且是个世袭的王位；可是基甸内心虔诚地回答说，我不管理你们，我的儿子也不管理你们。唯有耶和华管理你们。话不能说得再清楚了；基甸并非拒绝这种荣誉，而是否定他们有给他这种荣誉的权利；他也并不是用自己想出来的一番客套话向他们表示感谢，而是用先知的肯定语气责怪他们不应叛离他们自己的君主，即上帝。

在这件事情之后大约过了一百三十年，他们又犯了同样的错误。犹太人想要模仿异教徒偶像崇拜的风俗的渴望是简直难以形容的；结果，他们抓住了撒母耳负责管理世俗事务的两个儿子的不端行为，便吵吵闹闹地匆匆来到撒母耳的跟前说，你年纪老迈了，你儿子不行你的道，现在求你为我们立一个王治理我们，像列国一样。在这里，我们不能不说他们的动机是坏的，就是说，他们希望像其他的国家，即异教徒一样，而他们真正的光荣却在于尽可能不像他们。撒母耳不喜悦他们说，立一个王治理我们；他就祷告耶和华。耶和华对撒母耳说，百姓向你说的一切话，你只管依从，因为他们不是厌弃你，乃是厌弃我，不要我做他们的王。自从我领他们出埃及到如今，他们常常离开我，侍奉别神，现在他们向你所行的，是照他们素来所行的。故此你要依从他们的话，只是当警戒他们，告诉他们将来那王怎样管辖他们，也就是说，不是任何个别国王的统治办法，而是以色列人急于想模仿的世间一切国王的惯用的手段。现在，虽然年代已经隔得很远，做法也大不相同，可是性质仍旧没有改变。撒母耳将耶和华的话，都传给求他立王的百姓说，管辖你们的王必这样行。他必派你们的儿子为他赶车，跟马，奔走在车前（这个描写同现今强人服役的人的行径相符合）。又派他们作千夫长、五十夫长，为他耕种田地，收割庄稼，打造兵器和车上的器械。必取你们的女儿为他制作香膏，做饭烤饼（这段话形容国王的奢侈、浪费和压制手段）。也必取你们最好的田地、葡萄园、橄榄园，赐给他的臣仆。你们的粮食和葡萄园所出的，也必取十分之一，给他的太监和臣仆（从这里我们可以看出，受贿、贪污和徇私乃是国王们的一贯的恶劣作风）。又必取你们的仆人婢女、健壮的少年人和你们的驴，供他的差役。你们的羊群他必取十分之一，你们也必做他的仆人。那时你们必因所选的王哀求耶和华，耶和华却不应允你们，这说明了君主政体继续存在的原因；自古以来寥寥无几的善良国王的品德，既不能使这一名号成为正当的东西，又不能抹掉最初产生国王的罪孽；《圣经》中对大卫颇多好评，并不在于他的职务是个国王，而只在于他是一个迎合上帝心意的人。然而百姓竟不肯听撒母耳的话，说：不然，我们定要一个王治理我们，使我们像列国一样，有王治理我们，统领我们，为我们争战。撒母耳继续开导他们，可是没有效果；他指出他们忘恩负义，可是也都枉然；当他看出他们一意孤行的时候，他喊道：我求告耶和华，他必打雷降雨（因为当时正是麦收季节，这是一种惩罚），使你们又知道又看出，你们求立王的事，是在耶和华面前犯大罪了。于是撒母耳求告耶和华，耶和华就在这日打雷降雨，众民便甚惧怕耶和华和撒母耳。众民对撒母耳说，求你为仆人们祷告耶和华你的神，免得我们死亡，因为我们求立王的事，正是罪上加罪了。《圣经》的这些部分都是清楚而肯定的。它们不容有任何模棱两可的解释。要么是上帝确曾在这里对君主政体提出抗议，要么是《圣经》是伪造的。我们有充分的理由可以相信，在信奉天主教的国家里，国王和神父是费尽心机，竭力不让人民了解这些经文的。因为君主政体毫无例外地是政治上的天主教会制度。

除君主政体的弊害以外，另外还有世袭的弊害；君主政体意味着我们自身的堕落和失势，同样地，被人当作权利来争夺的世袭，则是对我们子孙的侮辱和欺骗。因为，既然一切人生来是平等的，那么谁也不能由于出身而有权创立一个永远比其他家庭占优越地位的家庭，并且，虽然他本人也许值得同时代人的相当程度的尊敬,他的后辈却可能绝对不配承袭这种荣誉。有一个十分有力的明显的证据,足以证明国王享有世袭权是荒谬的,那就是,天道并不赞成这种办法,否则它就不会常常把笨驴而不把雄狮给予人类,从而使得这项制度成为笑柄了。

其次,任何人起初只能保持人家所授予他的社会荣誉,同样地,那些荣誉的授予者也没有权力来牺牲子孙的权利;虽然他们可以说"我们推你做我们的王",他们却不能说"你们的子孙和你们子孙的子孙可以永远统治我们的子孙和我们子孙的子孙",而不侵犯自己后辈的权利。其原因是,这样一种愚蠢的、不公正的、不合人情的约许,很可能在下一个朝代就使他们受到恶棍或者傻瓜的统治。大多数贤明的人士在个人情绪上向来总是以轻蔑的态度对待世袭权的;不过这是那种一经确立就不容易扫除的弊害之一:许多人因恐惧而服从,另一些人因迷信而服从,一部分比较有权有势的人则帮同国王对其余的人进行掠夺。

人们一般认为现今世界上的那一群国王都有光荣的来历,而最可能的实际情况是,如果我们能够扯掉古代隐蔽的掩盖,追溯到他们发迹的根源,我们就会发现,他们的始祖只不过是某一伙不逞之徒中作恶多端的魁首罢了,他那残忍的行径或出名的阴险手段为他赢得了盗匪头领的称号;由于势力的增加和掠夺范围的扩大,他吓倒了手无寸铁的善良人民,逼得他们时常贡献财物来换取他们的安全。可是那些推选他的人决不会想到要把世袭权给他的后裔,因为他们这样永远放弃自己的权利,是与他们声言在生活上所要遵循的不受拘束的自由原则相抵触的。因此,君主政体初期的世袭,只能作为临时的或补充的办法,而不能作为理所当然的制度来推行;可是,由于那个时代几乎没有留下或根本没有留下记录,口头相传的历史充满着虚构的故事,因此隔了几代之后,就很容易捏造一套当时可以顺利地散布的、像关于异教始祖的传说般的、迷信的鬼话,三番四复地向民众宣传世袭权的概念。也许,在首领逝世后要推选一个新的首领时,骚乱的局面（因为歹徒中间的选举是不会很有秩序的）使许多人感到惊恐或似乎感到惊恐，诱导他们最初赞成世袭的主张；因此，正如此后所发生的那样，最初认为是一时的变通办法，在以后却硬说是一种权利了。

自从诺曼底公爵征服英国以来，英国出了几个好的君主，但它曾在人数远为众多的暴君的统治下发出痛苦的呻吟：凡是有理智的人，决不会说他们在威廉一世的统治下所能享受的权利是很光荣的。一个法国的野杂种带了一队武装的土匪登陆，违反当地人民的意志而自立为英格兰国王，我们可以毫不客气地说这个人的出身是卑贱不堪的①。这当然没有神力的意味在内。然而我们也不必花费很多时间来揭露世袭权的荒唐可笑；如果有谁脑子很笨，竟然相信这个，那就让他们不分青红皂白地崇拜笨驴和雄狮，并表示欢迎吧。我既不会模仿他们的卑顺，也不会妨碍他们的信仰。

可是我倒高兴问一下，他们认为最初国王是怎么产生的？这问题只能有三个答案，那就是，或者凭抽签，或者靠选举，或者通过篡夺。如果第一个国王是由抽签决定的，这就为下一任国王做出先例，不能世袭。扫罗②由抽签立为国王，但是王位的继承不是世袭的，并且从这一件事的前后经过来看，我们也看不出有打算世袭的任何形迹。如果一个国家的第一任国王是由选举产生的，那也同样给下一任做出先例；要是第一批的选民不仅选举一个国王，而且选举一个世袭的王族，从而抛弃一切后代的权利，那么除了关于人类的自由意志都断送在亚当之手这一原罪的教义而外，查遍《圣经》也找不出同样的例子来；根据这种对照，而且也不可能根据别种对照，世袭制度是得不出光荣的结论来的。体现在亚当方面的是人人都犯了罪，体现在第一批选民方面的是人人都唯命是听；体现在前者的是人类都受撒旦的摆布，体现在后者的是人类都受统治权的支配；由于前者我们丧

---

① 英国威廉一世（1066—1087在位）生于诺曼底。他在哈斯丁斯的战役中残酷地镇压了当地居民的反抗，于1066年侵入了大不列颠的疆界。——译注
② 以色列人的第一任国王，见《旧约全书·撒母耳记上》。——译注

失了纯洁,由于后者我们丧失了主权;既然双方都使我们不能恢复先前的某种状态和特权,我们无疑地可以由此推断,原罪和世袭是相类的。多么丢脸的并列!多么不光彩的联系!然而最机敏的雄辩家也想不出比这更恰当的譬喻。

说到篡夺,那是谁也不会敢于替这种行为辩护的;威廉一世是个篡夺者,这是不容否认的事实。明摆着的实际情况是,英国君主政体的起源将经不起仔细的考察。

但是,与人类有关的世袭制的荒谬,还远不如它所造成的祸害来得严重。如果这种制度能保证提供一群善良而贤明的人士,那倒还可以算是获得神权的特许,但事实上它只是为愚人、恶人和下流人大开方便之门,因此它就带有苦难的性质。那些自视为天生的统治者和视人为天生奴才的人,不久便横行霸道起来。由于他们是从其余的人类中挑选出来的,他们的心理早就为妄自尊大所毒害;他们在其中活动的世界,与一般的世界有显著的区别,因此他们简直没有机会了解一般世界的真正的利益,当他们继承政权的时候,往往对于整个疆土以内的事情茫无所知,不配加以处理。伴随着世袭制的另一种祸害是,王位动辄为一个不拘年龄的未成年的人所占有;在那个时期,以国王作掩护而摄政的人,就有一切的机会和动机来叛弃人们对他的信任。当一个国王年老体衰,步入人类衰弱的末期的时候,也会发生与全国有关的同样的不幸。在这两种情况下,民众成为形形色色的恶棍手中的牺牲品,因为这些人可以顺利地玩弄由老年或幼年所造成的种种愚蠢行为。

赞成世袭制的人曾经提出的似乎最言之成理的辩解是,它保全国家,不致发生内战;假如这一点是正确的话,那倒很有分量;但实际上它却是曾对人类进行欺骗的最无耻的谎言。英国的全部历史也否认有这样的事实。从1066年以来,有三十个国王和两个幼王统治了这个混乱的王国,在这段时期中,至少发生过八次内战和十九次叛乱(包括革命在内)。所以它不是对和平有贡献，而是不利于和平，并破坏了它所依赖的基础。

约克王室和兰卡斯特王室间争夺君权和继承权的斗争，使英国有好多年沦为流血的战场①。亨利和爱德华打了十二次激烈的战役，遭遇战和围攻不计在内。亨利两次做了爱德华的阶下囚，爱德华也给亨利俘获过。当争吵只是起因于个人的问题时，战争的命运和全国人民的好恶很难捉摸，因此亨利被人从监狱送回王宫，而爱德华则被迫从王宫逃往外国；但是，因为好恶的突然转变难以持久，人们又把亨利逐下王位，召回爱德华来继任。议会总是倒向力量最强大的一边的。

这个斗争从亨利六世当政时开始，到了统一王室的亨利七世手里还没有完全停止。这一时期包括六十七年，即从1422年起至1489年止②。

总之，君主政体和世袭制度不仅使某个王国而且使整个世界陷于血泊和瓦砾之中。这是《圣经》所反对的政权形式，所以免不了要发生流血。

假如我们考察一下国王所做的工作，我们就会发现，在有些国家中他们可以说是没有干什么工作的；在混过了对自己没有乐趣、对国家没有好处的一生以后，他们退出了舞台，让后继的人去走同样虚度光阴的道路。在君主专制国家，民政和军事的全副重担置于国王一身；以色列人在要求立一个国王的时候曾经提出申请，希望"有王治理我们，统领我们，为我们争战"。但像在英国这样的国家中，国王既非士师，又非元帅，委实叫人很难了解他究竟干什么工作。

任何政体愈接近共和，需要国王做的工作就愈少。要给英国的政体想一个适当的名称，多少有些困难。威廉·梅雷迪思爵士称它为共和国；可是在它目前的状态，它是不配得到这种名称的，因为，国王由于有权任意

---

① 指持续达三十年之久（1455—1485)的两个王朝——约克王朝和兰卡斯特王朝的争夺王位的斗争。——译注
② 亨利七世于1485年即位时，娶约克王室伊丽莎白为后，两个家族的联姻结束了蔷薇战争。——译注

安排一切官职而产生的贪污势力，实际上已经独占了政权，侵蚀了下议院（政体中的共和部分）的效能，以致英国的政体差不多像法国或西班牙的一样，纯粹是君主政体了。人们如果不了解名称的真实含义，决不会轻易表示赞同。英国人引以自豪的，不是英国政体的君主的部分，而是共和的部分，也便是从他们自己的团体中选出下议院议员的那种自由——并且我们很容易看出，当共和失效时，奴役便接踵而来。英国政体之所以有毛病，只是因为君权已经毒害了共和；国王已经垄断了下议院。

在英国，一个国王所能做的事情，往往不外乎是挑起战争和卖官鬻爵；直率地说，这是使国家陷于贫穷和制造纷争。一个人每年伸手拿八十万镑，而且还受人崇拜，真是一桩好买卖！对于社会，同时在上帝的眼中，一个普通的诚实人要比从古到今所有加冕的坏蛋更有价值。

（马清槐 译）

---

* 译文选自"常识"，《潘恩选集》，马清槐等译，商务印书馆，1989年。

革命不是闹着玩的——生灵涂炭、民不聊生、社会混乱、文化断层，岂能轻易发动？如果革命只是改朝换代，新权贵取代旧权贵照样作威作福，又有何历史的正当性？因此，革命首先面对的就是目的问题：为什么要革命？要建立何种政体？新政体对比现有政体具有何种优越性？是否值得为之付出革命的代价？而革命后建立的政体是否符合预想，才是判断革命成功与否的标准。

对于政体的考量是美国革命前全社会聚焦的一场关乎未来国运的重大讨论，正是这场发生在人们头脑中的革命决定了武装革命的方向——独立于英帝国、创建共和政体的美利坚合众国。在美国历史中，每当国家面临重要转折，就会发生这样全民参与的大辩论，是言论自由保卫了这种讨论的深入，为最后的正确选择提供保障。

1775年4月19日，马萨诸塞民众在列克星敦向前来搜捕的英军打响了第一枪，但这并不意味着独立已经开始，还有许多人怀有与英和解的希望，也有人将独立视为叛逆行为。

1776年1月，一本震撼人心的小册子风靡全部殖民地，那就是托马斯·潘恩的《常识》，其宣扬独立的观点表达得如此强劲有力，化解了殖民地人民的种种顾虑，也将他们心中残存的那点对英国的忠诚一扫而光，推动了殖民地的统一思想，可以说在革命的关键时刻起到了关键作用。当时不少美国人将不满归咎于英国国会，潘恩却将矛头直指国王，直指君主制，使独立于英国和建立共和新政体这两个目标合二而一。由于当时真正效忠英国的托利派只是少数，大部分美国民众及其领袖都倾向于独立共和，所以潘恩的思想拥有广泛的社会基础，很容易引起共鸣。《常识》一版再版，印数超过50万册，是美国革命中传播量最大的一份宣传文献，而潘恩无疑是最具激情的宣传家。

谈论政体，必涉及政权的起源。潘恩很注重分清社会与政府这两个不同概念，他认为社会源于人类的欲望，而政府源于人类的邪恶；社会使人们一体同心，从积极方面增进幸福，政府则制止恶行，从消极方面增进幸福。政府说到底不过是个"必要的恶"，是人类为了自由与安全而建立的某种形式的统治，以弥补德行方面的缺陷。

在潘恩看来，英国政体中的国王代表了君主制残余，上议院代表了贵族制残余，只有下议院代表的是共和政体成分，不过在这个政体中，国王才是压倒一切的部分。于是潘恩笔锋一转，开始犀利地抨击君主暴政，他的理由既有宗教的，也有历史和伦理的。首先他以《圣经》为依据提出，"耶和华的意志分明不赞成由国王掌握的政权"，犹太人本来没有国王，只有万人之主的耶和华，君主制是犹太人试图仿效异教徒而犯的罪恶，为此他们深受其苦。

从历史上说，潘恩认为诺曼底公爵的征服不过是土匪行径，违反了当地人民的意志而自立为英格兰国王。他的话一语中的：君主们的始祖"只不过是某一伙不逞之徒中作恶多端的魁首罢了，他那残忍的行径或出名的阴险手段为他赢得了盗匪头领的称号"，然后再捏造出一套可以顺利散布的迷信鬼话，反复向民众宣传其统治权与世袭权。可悲的是，君主制一经确立便不易扫除，君王们不仅横行霸道、妄自尊大，还要世袭，妄图世世代代统治人民的子孙。由于王位本身就会引起无数人的觊觎和争夺，所以君主制注定要让国家陷于贫穷与战争。潘恩号召推翻国王这一称号，把它分散给有权享受这种称号的人民。

破除了对君主神圣不可侵犯的迷信后，潘恩大力宣传独立的好处与可行性，其实形势到了这一步，殖民地已经没有别的退路。他号召人民团结起来，不仅要敢于反对暴政，还要敢于反对暴君，为美国的自由、独立、共和而奋斗。在专制政府中，国王就是法律，而在未来的北美联邦中，法律将是国王。从人治到法治——人类历经数千年才终于跨出的这一步——将在美国未来崭新的共和政体中得到实现。

潘恩传奇的一生与18世纪末的欧美革命紧密相连。约翰·亚当斯曾在1805年说过："我不知道在过去三十年里，还有谁比托马斯·潘恩对这个世界上的居民和事务具有更大的影响。"

潘恩出生于1737年的英国，父亲是个信仰贵格教的裁缝，他本人也当过裁缝和税务员。他生性激进，富于民主思想和战斗精神。1774年，他带着富兰克林的介绍信移民北美，第二年与朋友合作创办《宾夕法尼亚杂志》，积极参与美国革命运动，随即发表的《常识》在北美引起思想旋风。在独立战争的艰难时刻，潘恩又写出《危机》系列文章来鼓励士气，华盛顿向大陆军士兵选读其中片段。1787年，这位世界公民返回欧洲，来往于英法之间，投入法国革命所引发的政治辩论。1791和1792年，他分两部分发表了著名的《人权论》。针对伯克对法国革命的反思和批评，潘恩在书中坚决捍卫天赋人权、人类平等的革命原则，并提出具体的社会改革方案。因被控宣扬结束英国君主制，潘恩逃往法国，参加法国革命，并成为法国国民议会议员。但由于他反对处死国王，竟于1793年被雅各宾派投入监狱，后由美国新任大使门罗斡旋营救。

1794年获释后，潘恩分两次发表了《理性时代》一书，系统阐述自己的宗教观点。他说："我相信一个上帝，没有其他的。"他认为"一切国家的教会机关……无非是人所创造出来的，建立的目的是在于恐吓和奴役人类，并且借此来垄断权力和利益"。他还批判《圣经》充满谎言和欺骗，是无法证实的传闻，不足以建构信仰，基督教体系不过是古代神话的一个变种。同时他以科学的语言阐明了自己所信仰的自然神教。他的这些观点在当时可谓惊世骇俗，连杰斐逊也劝他放弃出版该书的第二部分。正是这部书使他在1802年返回美国后遭到不少基督徒的攻击。另外，他于1796年给华盛顿的公开信也伤害了许多美国人的感情。在这封言辞刻薄的信中，潘恩不仅指责华盛顿对他囚禁法国时见死不救，而且否定其对独立战争的贡献和总统任内的政策，这使他在美国的声望迅速下降。1809年，他默默无闻地在纽约与世长辞。

作为18世纪激进政治思想的代表，潘恩的著作是平等、自由、民主的经典论述，《常识》更是美国革命的重要文献，他为美国革命所做出的特殊贡献是任何人任何事都不可能改变的。

（钱满素）

贰 独立至内战

自由的刻度 | 美国历史经典文献40篇

第二次大陆会议
独立宣言
（1776）

在有关人类事务的发展过程中，当一个民族必须解除其和另一个民族之间的政治联系，并在世界各国之间依照自然法则和上帝的意旨，接受独立和平等的地位时，出于对人类舆论的尊重，必须把他们不得不独立的原因予以宣布。

我们认为下面这些真理是不言而喻的：人人生而平等，造物者赋予他们若干不可剥夺的权利，其中包括生命权、自由权和追求幸福的权利。为了保障这些权利，人类才在他们之间建立政府，而政府之正当权力，是经被治理者的同意而产生的。当任何形式的政府对这些目标具破坏作用时，人民便有权力改变或废除它，以建立一个新的政府；其赖以奠基的原则，其组织权力的方式，务使人民认为唯有这样才最可能获得他们的安全和幸福。为了慎重起见，成立多年的政府，是不应当由于轻微和短暂的原因而予以变更的。过去的一切经验也都说明，任何苦难，只要是尚能忍受，人类都宁愿容忍，而无意为了本身的权益便废除他们久已习惯了的政府。但是，当追逐同一目标的一连串滥用职权和强取豪夺发生，证明政府企图把人民置于专制统治之下时，那么人民就有权利，也有义务推翻这个政府，并为他们未来的安全建立新的保障——这就是这些殖民地过去逆来顺受的情况，也是它们现在不得不改变以前政府制度的原因。当今大不列颠国王的历史，是接连不断的伤天害理和强取豪夺的历史，这些暴行的唯一目标，就是想在这些州建立专制的暴政。为了证明所言属实，现把下列事实向公正的世界宣布——

他拒绝批准对公众利益最有益、最必要的法律。

他禁止他的总督们批准迫切而极为必要的法律，要不就把这些法律搁置起来暂不生效，等待他的同意；而一旦这些法律被搁置起来，他对它们就完全置之不理。

他拒绝批准便利广大地区人民的其他法律，除非那些人民情愿放弃自己在立法机关中的代表权；但这种权利对他们有无法估量的价值，而且只有暴君才畏惧这种权利。

他把各州立法团体召集到异乎寻常的、极为不便的、远离它们档案库的地方去开会，唯一的目的是使他们疲于奔命，不得不顺从他的意旨。

他一再解散各州的议会，因为它们以无畏的坚毅态度反对他侵犯人民的权利。

他在解散各州议会之后，又长期拒绝另选新议会；但立法权是无法取消的，因此这项权力仍由一般人民来行使。其时各州仍然处于危险的境地，既有外来侵略之患，又有发生内乱之忧。

他竭力抑制我们各州增加人口；为此目的，他阻挠外国人入籍法的通过，拒绝批准其他鼓励外国人移居各州的法律，并提高分配新土地的条件。

他拒绝批准建立司法权力的法律，藉以阻挠司法工作的推行。

他把法官的任期、薪金数额和支付，完全置于他个人意志的支配之下。

他滥设新官署，派遣大批官员，骚扰我们人民，并耗尽人民必要的生活资料。

他在和平时期，未经我们的立法机关同意，就在我们中间维持常备军。

他力图使军队独立于民政之外，并凌驾于民政之上。

他同某些人勾结起来把我们置于一种不适合我们的体制且不为我们的法律所承认的管辖之下；他还批准那些人炮制的各种伪法案来达到以下

目的：

在我们中间驻扎大批武装部队；

用假审讯来包庇他们，使他们杀害我们各州居民而仍然逍遥法外；

切断我们同世界各地的贸易；

未经我们同意便向我们强行征税；

在许多案件中剥夺我们享有陪审制的权益；

罗织罪名押送我们到海外去受审；

在一个邻省废除英国的自由法制，在那里建立专制政府，并扩大该省的疆界，企图把该省变成既是一个样板又是一个得心应手的工具，以便进而向这里的各殖民地推行同样的极权统治；

取消我们的宪章，废除我们最宝贵的法律，并从根本上改变我们各州政府的形式；

中止我们自己的立法机关行使权力，宣称他们自己有权就一切事宜为我们制定法律。

他宣布我们已不属他保护之列，并对我们作战，从而放弃了在这里的政务。

他在我们的海域大肆掠夺，蹂躏我们沿海地区，焚烧我们的城镇，残害我们人民的生命。

他此时正在运送大批外国雇佣兵来完成屠杀、破坏和肆虐的勾当，这种勾当早就开始，其残酷卑劣甚至在最野蛮的时代都难以找到先例。他完全不配作为一个文明国家的元首。

他在公海上俘虏我们的同胞，强迫他们拿起武器来反对自己的国家，成为残杀自己亲人和朋友的刽子手，或是死于自己的亲人和朋友的手下。

他在我们中间煽动内乱，并且竭力挑唆那些残酷无情、没有开化的印第安人来杀掠我们边疆的居民；而众所周知，印第安人的作战规律是不分男女老幼，一律格杀勿论的。

在这些压迫的每一阶段中，我们都是用最谦卑的言辞请求纠正；但屡次请求所得到的答复是屡次遭受损害。一个君主，当他的品格已打上了暴君行为的烙印时，是不配做自由人民的统治者的。

我们不是没有顾念我们英国的弟兄。我们时常提醒他们，他们的立法机关企图把无理的管辖权横加到我们的头上。我们也曾把我们移民来这里和在这里定居的情形告诉他们。我们曾经向他们天生的正义感和雅量呼吁，我们恳求他们念在同种同宗的份上，弃绝这些掠夺行为，以免影响彼此的关系和往来。但是他们对于这种正义和血缘的呼声，也同样充耳不闻。因此，我们实在不得不宣布和他们脱离，并且以对待世界上其他民族一样的态度对待他们：和我们作战，就是敌人；和我们和好，就是朋友。

因此，我们，在大陆会议上集会的美利坚合众国代表，以各殖民地善良人民的名义，并经他们授权，向全世界最崇高的正义呼吁，说明我们的严正意向，同时郑重宣布：这些联合一致的殖民地从此是自由和独立的国家，并且按其权利也必须是自由和独立的国家；它们取消一切对英国王室效忠的义务，它们和大不列颠国家之间的一切政治关系从此全部断绝，而且必须断绝；作为自由独立的国家，它们完全有权宣战、缔和、结盟、通商和采取独立国家有权采取的一切行动。

为了支持这篇宣言，我们坚决信赖上帝的庇佑，以我们的生命、我们的财产和我们神圣的名誉，彼此宣誓。

---

* 译文选自《美国历史文献选集》，美国驻华大使馆新闻文化处，1985年。

18世纪60年代，英国政府加紧了对殖民地的统治，实施了许多新的政策，以图更为直接地控制殖民地的政治、经济，这些政策引起了殖民地

的不满,激化了双方的矛盾。1770年3月5日,波士顿群众发起示威活动,英国士兵向手无寸铁的民众开枪,打死5人,制造了著名的"波士顿大屠杀"。两年之后发生的"波士顿倾茶事件"将英国政府与殖民地之间的冲突进一步激化。1775年4月19日,美国民兵在列克星敦与英国士兵交火,独立战争爆发。为了表明立场,第二次大陆会议于1776年7月4日通过了由杰斐逊起草的《独立宣言》,该宣言成为美国立国精神的重要文献。

《独立宣言》分为三部分,首先是阐述对政府概念的理解;其次是对英国的谴责;最后是宣布独立。在这篇不长的意在讨伐英王乔治三世昏庸无道,并宣布北美殖民地独立的檄文中,杰斐逊淋漓尽致地展现了自己深邃的政治思想和扎实的文字功底,将英国政府的倒行逆施与殖民地民众对自由的不懈追求进行了鲜明对比,使殖民地争取独立的事业显得更加正义、合理。宣言最出彩的部分并非对暴政的谴责,而是对所谓不言自明的真理的总结,它基于五条基本原则:1)人生而平等;2)造物主赋予他们若干不可剥夺的权利;3)这些权利包括生命权、自由权和追求幸福的权利;4)为保障这些权利,人们建立政府,政府的正当权力来自被治者的同意;5)当任何形式的政府破坏了这些目的,人民有权,也有责任改变或推翻它,以便按照以上原则重新组建政府。在美国人为数不多的共识之中,这五项原则恐怕是最没有争议的。

杰斐逊确立的上述原则并不是他自己的首创,而是早就存在于西方先贤的著作之中。它们主要源自英国政治学家洛克的思想,杰斐逊对其进行了适当的修改,并与美国的当时的形势相结合,从而使之成为美国革命的指导原则。杰斐逊对洛克以"天赋人权"取代"君权神授"的观点非常赞同,这种观点在素有等级传统的欧洲要想在短时间内深入人心,成为各阶层共识是很困难的。但是,在美国却更像是对现实的一种描述,它不需要杰斐逊等人做太多努力来传播推广,因而提出来以后几乎没有什么人表示反对,直至顺理成章地成为社会普遍接受的思想。这也说明杰斐逊并没有激进到提出不切实际的革命思想，他依然是以社会现实作为依据，理性地进行改革。对这一点，杰斐逊本人也没有否认。他在1823年8月30日写给麦迪逊的信中谈论道："平克尼和亚当斯先生都认为它（指独立宣言）只是普通思想的汇编，其核心在奥蒂斯的文章中早已表述过，理查德·亨利·李指责它是抄袭自洛克的政府理论。我不知道自己是否从曾经阅读过的著作中获得启发，我只知道在撰写该文的过程中我未曾参考任何相关书籍或文章。我认为自己的使命不是在于发明新的观点，或是提出以前从未有过的思想。"

杰斐逊承认《独立宣言》的思想来自前人的理论，这说明他重视传统，并从传统思想中去寻找自己的理论依据。当然，在复杂多样的传统思想中也有更为激进、彻底的代表，对此，杰斐逊有着清楚的判断，他选择洛克，而不是卢梭作为理论来源就是明证。《独立宣言》开篇便提出"人生而平等"的观点，认为造物主在创造人类时，就清楚地表明在上帝面前一切人都是平等的，主要是就个人权利和人格等方面而言，人与人之间基本相同，不应有太大差距。但是，这并不意味着他们在成长过程中以及整个人生的各个方面都能完全平等，这也是不现实的。试想，除去先天因素，人们在后天有着太多的差异，如先辈的物质积累，自身努力的程度，包括机遇巧合等。对此，杰斐逊十分清楚，他用颇有宗教色彩的词"create"而没有用更为普遍的词"born"，表明他无意鼓吹绝对意义上的平等，也不想用激进的理论来支持自己的言论。在接下来的部分杰斐逊对平等的概念进行了解释，即生命权、自由权和追求幸福的权利，这种提法与洛克的思想基本相似。与卢梭攻击私有财产制度不同的是，洛克极力提倡保护私有财产，他认为，个人财产是人权的物质载体和发展根基，"无私产即无私权"。杰斐逊在两者之间采取了折中的路线，将洛克提倡的财产权适当弱化，提出了外延更广的追求幸福的权利。这有两方面的意思，其一，杰斐逊认为财产并非如同身体等由上帝赋予，它很大程度上取决于人们后天的努力。虽然清教徒认为财富积累得越多，就意味着上帝对你的眷顾越多，但它并不意味着财产是与生俱来的，相反，它需要通过公平的手段来获得。其二，将财产权改为追求幸福的权利，其中就隐含着政府所起的作用。财产的取得一方面取决于个人的努力，另一方面也需要政府对民众追求财产的行为加以规范，因而政府也就拥有相关的权力来管理社会事务。所以经过这样的改动，杰斐逊不仅满足了民众对自由的追求，更重要的是强化了政府在国家中的地位，为以后美国的建国定下了基调。

《独立宣言》的影响极为深远，它为美国革命提供了目标，也影响到了美国的未来，其表达的精神成为美国宪法的基本原则，推动了美国民主的进程。它对世界上其他地区的革命也产生了推动作用，具有重要的国际意义。

托马斯·杰斐逊（1743—1826）出生于弗吉尼亚一个富裕的家庭，曾就读于威廉·玛丽学院。后获得律师资格，并当选为弗吉尼亚州下议院议员，积极参与美国独立运动。他曾两次当选弗吉尼亚州州长，也曾任美国驻法国大使，1800年当选美国第三任总统并连任。由于对美国建国的贡献巨大，他与华盛顿等人一起，被视为美国的国父之一。

（汪凯）

J.赫克托·圣约翰·克雷夫科尔
美利坚人
（1782）

　　一位有识的英国人登上这片大陆，此时此际激越于其胸臆，浮现于其头脑者究为何种思想感情，但愿这些我自己尚不陌生。他必将会为了他自己生得恰适其时，因而有幸对这片美丽广土的探索与移居等亲历目睹一番而深感喜悦；他必将会因为眼见这宽阔的海岸边镶满鳞次栉比的居舍住宅而分享到一种民族自豪。这时他会默默念道，这便是我的国人亲手所建；当年这些人不堪内讧分裂之祸，饥寒贫困之扰，遑乱难耐，而最后避居于此。这些人的迁居也将其本民族的聪明才智携而俱来，今天他们所享有的全部自由与全部财富可说无不渊源于此。在这里他看到了他本民族的吃苦耐劳精神得到了新的发挥。另外他在各项事业中追踪到了这样一个特点，即是这里的一切新兴艺术、科学与发明创造等无不脱胎于原来的欧洲。在这里他看到了美丽城市、殷实乡镇与广阔田畴，看到这里已是一个住宅精良、道路畅通、桥梁广建、处处果园草地的锦绣国土，而百年之前这里还是树木塞途、榛莽遍野的蛮荒之地！试想今日这番壮丽景观会在人们的胸际激起多少美妙联想；见到此情此景一位善良的公民怎能不从他的心底迸发出欢悦之情。然而困难的是，对于如此浩大的一幅景象须以何种态度进行观察。现在一个人登上了这块新陆；一个崭新的社会进入了他的思虑之中，而这个社会却是他迄今为止从未经历过的。这里的社会组织与欧洲不同，不像那里那样，一方面是拥有着一切的豪门贵族，另一方面是一大群一无所有的赤贫。这里没有巨室阀阅,没有宫廷,没有帝王,没有主教,没有教会势力,没有少数人享有的那种似乎无形然而有形的特权,没有雇佣着成千上万人手的工厂厂主,没有穷奢极侈的高级享受。这里贫与富之间的距离远远没有欧洲那么悬殊。少数城镇除外,北起新苏格兰①,南抵西佛罗里达②,这里通国之人多为农夫。我们乃是一个务农的国家,它横亘绵延于一片广域之上,道路四通八达,广有舟楫之利;在政治维系方面,则若断若连,温和宽容,人人皆知遵法守纪,而无所惮惧于其苛暴,因为在这里人人都能平等相待。在这里勤奋的精神可说深入人心,人们尽可自由行动,不受限制拘牵,因为他们乃是为其自身劳动。一个人如果去这里的农村走走,他将见不到那畛域分明的贫富沟堑;一方面是充满敌意的城堡与焰势逼人的邸宅;另一方面则是茅舍破屋,人畜杂处其中相偎取暖,处处烟熏火燎,不堪入目。而这里的住户却大都一派殷实富足,彼此相差无几。即使一些最称简陋的木屋也都毫不潮湿,能够安居。说到名分,律师或商人便是一座城镇所能提供的最美称号,而在乡村,庄主之外也就再没有什么更好头衔。在这方面一位生客大概要经过相当一段时间才习惯于我们的做法,因为在我们的词语里面所谓尊称敬语确实为数有限。这里,逢着星期节日,他会看到大批去做礼拜的庄户人家及其妻室,身穿整洁的自制服装,骑着高大马匹或者驱着普通木车、在这个人群当中,个别官吏而外(这些人也都不通文墨),全然见不到一位士绅。在这里他会看到那牧师同他的教友们一样平庸,另外农庄主也不凭剥削他人劳动挥霍糜费。我们这里没有王公大人,无须为着他们流血卖命,拼死拼活;我们这个社会乃是目前世界上最完美的社会。这里每个人享有着一切他应享有的充分自由;另外这种可贵的平等也不似他的那样易于消逝。多少世代之后我们的

---

① 此地在今加拿大东南部,为该国的一个行省。——译注
② 美国东南部的一个州,突出于墨西哥与大西洋之间,呈半岛形,本属西班牙。1819年为美国所购得。——译注

广阔湖滨都不会被内地各族完全盛满,我们北美大陆的荒野边陲都不会人烟密布。谁能知道这片大地有多宽广?谁能说出它能载育多少生灵?时至今日,这片雄洲大陆有半数以上土地欧洲人还不曾稍稍涉足!

正是在亚美利加这个伟大的避难所里,欧洲那里的贫民曾经通过种种办法,并由于种种原因而终于聚集到一起来了,不过既来之后,他们对于彼此曾经属于哪个国家又何须问?说来可悲,其中三分之二的人根本没有国家。一个一个到处漂泊,干干停停,衣食不济,难以自活,终其一生也不过是个贫病交煎、穷愁潦倒的人,难道这样的人也能说英国或者其他什么帝国是他自己的国家吗?这种国家在他来说是既无饭吃,也没地种,而有的只是那富人的脸色,刑律的严酷,以及监狱惩治之类;他在这个茫茫广宇之上完全没有立锥之地。当然不能!正是基于上述种种动机,他们才不惜远来这里。这里的一切,新的法律,新的生活方式,新的社会制度,等等,都使他们的精神大为振作;在这里他们享有了人的地位,而过去在欧洲直如荒蔓野草一般,既无壤土,也无甘霖,他们只会枯萎死掉,只会被贫困饥饿以及战乱收拾了去;然而如今经过这番奇妙移植,他们却像其他草木那样滋荣繁茂起来!过去他们的名字除了按贫民一类附于户籍簿外,从来不曾入过任何正式名册;但在这里他们的身份却是公民。试问这种可惊的变化是凭藉什么无形的神力才实现的呢?曰凭借法律,以及他们自身的努力。这些法律,说来相当宽和,却自他们登陆之日起即对他们施与保护,仿佛立即将他们收为子嗣;而从他们方面来讲,劳动为他们挣来丰盛报酬,报酬挣来土地,土地又为他们挣来自由民的身份,而身份一经确立,这项身份所包含的各种可以指望的利益也就源源而来。这个即是我们伟大法律的日常实施情形。那么这些法律又是从哪里来的?它们来自我们政府。再问这个政府又是从哪里来的?这个政府则是来自广大人民的聪明设想与强烈愿望,且又蒙当今圣上的特许恩准。这个即是将我们一切人等结为一体的主要纽带。

再有，对于一名在这片大陆之上本来毫无所有的穷苦欧洲移民来说，这种维系的力量又是来自何处呢？对所用语言的熟悉，对这里几家同他一样贫穷的亲戚的依恋便是将他系于此地的唯一链索；既然这里已经给了他土地、生计、保护乃至地位；Ubipanis ibi patria①便是一切移民的共同信条。那么这种美利坚人，这种新人，又是怎样一种情形呢？他们一般是欧洲人，至少是欧洲人的后裔，因而在血统方面已无所谓纯，这点与有些国家很不相同。姑举一个我知道的家庭为例，在这个家中，祖父自己为英人，其妻荷兰人，其子娶法人为妻，妻生四子，四子的妻室又娶自不同国家。现在一个美利坚人即是这种情形，他的许多古旧偏见习惯既已抛置脑后，新的种种遂从他目前所投入的生活方式，所拥戴的政府以及所居处的地位而产生出来。他已经在我们伟大母亲恩泽深厚的宽广怀抱里被接受为美利坚人。在这里天下各地的人们已经被熔铸成一个新的种族，今后凭着他们的世代辛勤，必将在全世界引起翻天覆地的巨大变化。美利坚人当年作为西方之客曾随同其到来而携入了巨量的技艺学识、生气活力与吃苦精神，这些虽久已肇始发祥于东方国家，却势将有赖于此地之民以臻其昌盛富强。美利坚人过去在欧洲曾经散见于各地；如今他们却已凝聚成为世上前所未有的精良人类组织，而且所拥有的地域与物候又是如此广大，他们今后必将在世界上铮铮然崭露头角。因此美利坚人对于今天这片国土的一番热爱实在应当远远胜过他自己或他的父辈们过去的生地。在这里一个人所得报酬的多寡完全与他辛勤的程度相一致；他的劳动即是建立在个人利益这个天然基础之上的；试问还有比这个诱力再大的吗？过去妻室家小想向他索口饭吃而不可得，但现在，个个吃得肥肥胖胖，正在高高兴兴帮助他们父亲或丈夫清除杂草，修整田亩，以便棉粮丰登，吃穿不愁，而收入所得又不会

---

① 拉丁谚语，意为"哪里有面包，哪里就是祖国。"——译注

078

被那专横骄奢的王公教士、地主老爷勒索了去。这里的教会对人的要求不高，只要能使牧师吃饱，上帝满意，一切也就是了；这点难道他还会吝惜吗？这美利坚乃是一种新人，他立身行事全然依据一套新的原则，因此他必将酝酿出种种新的观念，创制出种种新的思想。与昔日那种不得已的怠惰、奴隶般的依附、贫困不堪与平白出力等不同，他此刻已经进入了一种报酬颇丰、性质迥异的新型劳动——这就是那美利坚人。

（高健 译）

* 译文选自《我有一个梦想》，钱满素选编，中国社会科学出版社，1993年。

早在美国建国之前，就有不少关于美洲环境、生活、意义的描述与叙述。这些写作大多以日记、书信以及游记的形式出现，目的是使留在家乡的人们了解他们在美洲的生活情况、激发他们对新世界的兴趣、提醒后来者所要面临的危险与困难。

克雷夫科尔（1735—1813）的《一位美利坚农夫的来信》就属此类。《来信》以书信体的形式，以一位自称是"卑微的美利坚种植者""简朴的耕地者"的美利坚农夫詹姆斯的口吻向一位名叫F.B.的英国绅士描述了他所观察到的美洲的风土人情、地方农事、社会体制等现状。F.B.在美洲游历期间曾借住在詹姆斯家一段时间，回英国之后，他向詹姆斯表示，希望能进一步了解有关美洲的情况。经过一番思想斗争，詹姆斯最终答应了F.B.的请求。

《来信》写于美国独立战争前夕，人们常将《来信》中虚构的詹姆斯看成是克雷夫科尔本人，因为当时克雷夫科尔就作为一位美利坚农夫住在纽约附近他所购置的松树山农场。克雷夫科尔出生在法国，从小接受的是良好的耶稣会教育。1775年，作为一名法国军官与地图绘制员被派往北美法属殖民地，参加法印战争。1759年，克雷夫科尔决定留在新世界，并从原来的名字米歇尔·吉约姆·让改为J.赫克托·圣约翰。经过一系列的周折，从魁北克，到俄亥俄，到五大湖区，克雷夫科尔最终于1764年辗转到纽约，成为纽约公民，随后购置农场、娶妻生子。独立战争爆发后，妻子家庭的亲英态度与周围邻居与朋友的亲美态度使克雷夫科尔无所适从，他决定暂回原籍法国。1778年，克雷夫科尔带了一个儿子上路，不料在纽约港口被英国人怀疑为美国革命间谍，被监禁了几个月。出狱后，一路颠簸，回到法国已是1780年。1782年，克雷夫科尔将随身携带的手稿整理成书，卖给了伦敦一家著名的出版社，书名为《一位美利坚农夫的来信》。该书随即成了畅销书，并在随后几年中在5个国家出版了8个版本，包括法文版、德文版和荷兰文版，成为当时欧洲人了解美洲的第一手资料。但是，法国革命后，《来信》很快就被公众遗忘，它重新进入公众视野已是一百多年之后。1904年，《来信》在美国重版。1925年，克雷夫科尔的其他手稿出版，题为《18世纪美利坚见闻或一位美利坚农夫的续信集》。

《来信》共有12章，涉及许多议题，有对美利坚自然、土地、环境、社会的赞美；也有对美利坚人的个性、工作伦理、个人自觉精神的崇尚；还有对移民生活的描述（如楠塔基特岛捕鲸者的生活）、对社会生活黑暗面的揭示（如南方奴隶制）以及对美利坚身份、对战争、移民、种族的思考等。20世纪的学术发现使这部作品不仅被看作是对早期美洲生活、"年轻的美利坚直接的自然与社会历史"的经典描述，被赞誉为"美国文学的首部作品"，兼具小说与非小说特征，具有"复杂的艺术特色"，而且被推崇为"探索与定义美国文化身份"的"首个文本"。

我们现在读到的"美利坚人"节选自《来信》的第三章，常被认为是该章乃至全书的核心内容。内容涵盖三个方面。一、克雷夫科尔赞美美利坚是"目前世界上最完美的社会"。这个社会与欧洲截然不同：没有贫穷、没有剥削、没有地位、等级、阶级、荣誉之分:"没有巨室阀阅,没有宫廷,没有帝王,没有主教,没有教会势力,没有少数人享有的那种似乎无形然而有形的特权,没有雇佣着成千上万人手的工厂厂主,没有穷奢极侈的高级享受。"那里人人平等、勤奋努力、遵纪守法、享受自由。二、美利坚不仅是"欧洲穷人的避难所",而且具有再生能力。克雷夫科尔表示:"这里三分之二的人没有国家",他们挣脱欧洲种种非人的束缚,为了更多的机会、更好的生活,聚集到一起。他们有智慧、懂礼仪、爱知识、勤奋努力,再加上受美利坚"新的法律、新的生活方式、新的社会制度"的惠泽,他们获得了再生,成为土地拥有者、自由人、美利坚公民,"享有了人的地位"。三、克雷夫科尔定义了"美利坚人,这种新人"。在他看来,美利坚人"一般是欧洲人,至少是欧洲人的后裔";他们将"许多古旧偏见习惯抛置脑后","携带着巨量的技艺学识、生气活力与吃苦精神",接受"新的生活方式""新的政府""新的地位",投入"伟大母亲恩泽深厚的宽广怀抱",成为美利坚人;这些美利坚人"熔铸成一个新的种族","成为世上前所未有的精良人类组织"。克雷夫科尔相信美利坚所蕴含的希望,相信美利坚人今后将凭着"世代辛勤,必将在全世界引起翻天覆地的巨大变化","必将在世界上铮铮然崭露头角"。

这种认识离不开时代。那时,法国革命刚刚开始,欧洲陷入拿破仑战争的混乱之中,许多人移居到美洲所谓的"伟大的希望之乡"。克雷夫科尔将美洲描写成一个充满机会、自由、独立的希望之地,强调美利坚之"新",将美国化看为挣脱旧世界的一种解放力量,显然是深受启蒙思想的影响。有人认为克雷夫科尔的这种理想在某种程度上"欺骗"了许多人,一是因为他事实上是位受到良好教育的欧洲人,而不是美利坚农夫;二是因为当时的美利坚也远非他所描述的那样美好。也有人结合《18世纪美利坚见闻》,认为《来信》是部伟大的文学作品,作者事实上既看到了美利坚的理想又看到了当时的残酷现实。

不管怎样，克雷夫科尔对传承美国信念的贡献是不容置疑的。他那带有乌托邦色彩的描述为"美国梦"增添了一份色彩，奠定了一定的基础。更重要的是，他的"美利坚人"激发了后人无限的遐思与构想：有对美国作为一个种族"大熔炉"这一概念的历史叩问，也有对"美国人"、"美国"的个人、民族、文化身份的不断追寻。从 19 世纪到 21 世纪，从史学家、文学家、人类学家、心理学家，到跨学科的美国学研究家，克雷夫科尔的"美利坚人"一直位居探寻"美国自我"之中心。世界上从未有哪个国家对自己的身份有着如此的忧虑！

（张瑞华）

弗吉尼亚议会
弗吉尼亚宗教自由法令
（1786）

一、全能的上帝既然把人类的思想创造成自由的；所以任何企图影响它的做法，无论是凭靠人世间的刑罚或压迫，或用法律规定来加以限制，结果将只是造成虚伪和卑鄙的习性，背离我们宗教的神圣创始者的旨意；他是躯体和精神的主宰，他无所不能，但是他并不强迫向我们的躯体和精神宣扬他的旨意：有些在世间的和教会中的立法者或统治者，他们本身不过是常有过失和没有得到圣感的人，而竟然对上帝不敬，以为他们有权统治其他人的信仰，他们把自己的意见和想法，说成唯一的永无错误的真理，并强迫世人予以接受，这些人自古以来，在世界上大多数的地方所建立的和所维持的，只是虚假的宗教而已；强迫一个人捐钱，用以宣传他所不相信的见解，这是罪恶和专横的；甚至强迫人出钱支持他自己所相信的教派中这个或那个传教士，也是在剥削个人随心所欲的自由，使他不能把他的捐助赠予他所乐意赠予的牧师，而正是这位牧师的道德可以作为他的榜样，这位牧师的能力最足以说服他从事善行；同时这也是剥夺了牧师们应从世间得到的酬报，而这些由于他们个人的行为受到尊敬而获得的酬报，正足以鼓励他们认真地和孜孜不倦地向世人传教；我们的公民权利并不有赖于我们在宗教上的见解，正如它不依赖我们在物理学或者几何学上的见解一样，因此，如若我们规定，一个公民，除非他声明皈依或者放弃这个或那个宗教见解，否则就不许接受责任重大和有报酬的职位，因而不值得大众的信赖，这实在是有害地剥夺了他的特权和利益，而他对于这些特权和利益，正和他的同胞们一样，是享有天赋权利的；有些人在表面上皈依一种宗教，并且也能依照它的规律而生活，但是如果我们给予他们独占权，使他们享受世界上其他人所不能享受的荣誉和报酬，那实在就是一种贿赂，而这种贿赂不但不能促使这个宗教的真义得到发展，反而使之趋于腐蚀；这些不能抵抗诱惑的人，固然都是罪人，但是那些在这些人的路途上安放钓饵的人们，也不能算是清白无罪；如若我们允许政府官吏把他们的权力伸张到信仰的领域里面，容他们假定某些宗教的真义有坏倾向，因而限制人们皈依或传布它，那将是一个非常危险的错误做法，它会马上断送全部宗教自由，因为在判断这些宗教的倾向时，当然是这个官吏作主，他会拿他个人的见解，作为判断的准绳，对于别人的思想，只看是否和他自己的思想相同或不同，而予以赞许或斥责；一个政府要实现它的合理意旨，总是有充分时间的，当理论转化为公然行动，妨害和平及正常秩序时，官员们总是来得及干涉的；最后，真理是伟大的，只要听其自行发展，它自然会得到胜利，真理是谬误的适当而有力的对手，在它们的斗争中，真理是无所畏惧的，它只怕人类加以干扰，解除它天赋的武器，取消自由的引证和自由的辩论；一切谬误，只要到了大家可以自由反驳的时候，就不危险了。

　　二、大会兹颁布，任何人都不得被迫参加或支持任何宗教礼拜、宗教场所或传道职位，任何人，不得由于其宗教见解或信仰，在肉体上或者财产上受到强制、拘束、干扰、负担或其他损害；任何人都应该有自由去宣讲并进行辩论以维护他在宗教问题上的见解，而这种行为，在任何情形下，均不得削弱、扩大或影响其公民权力。

　　三、虽然我们都很清楚地知道，我们这个大会，只是人民为了立法上的一般目的而选举成立的，我们没有权力限制以后的大会的法令，因为它们是具有和我们同样的权力的，所以，如若我们此时声明这个法令永远不得推翻，这是没有任何法律上的效力的；但是我们还是有自由声明，同时必须声明，我们在这里所主张的权利，都是人类的天赋权利，如若以后通过任何法令，要把我们现在这个法令取消，或者把它的实施范围缩小，这样的法令，将是对天赋权利的侵犯。

* 译文选自《美国历史文献选集》，美国驻华大使馆新闻文化处，1985年。

《弗吉尼亚宗教自由法令》是美国历史上的奠基性文献之一，它首次以法律的形式确立了政教分离的原则，宣告了宗教信仰自由、不受政府干预的合法性，为《合众国宪法》第一修正案中有关宗教信仰自由条款的通过奠定了思想和司法基础。

从殖民地时期到建国伊始，宗教压迫在大多数殖民地普遍存在。这些殖民地规定了唯一合法的官方教会，强迫民众的信仰与其保持一致，其他教派则被视为异端，遭受歧视甚至迫害。

在杰斐逊的故乡弗吉尼亚，官方教会圣公会的信条和礼拜仪式自1607年以来一直居于统治地位。由于政教合一，圣公会还把持了一些政府机构，制定对己有利的政策法规，例如殖民地内所有居民，无论信仰，都必须纳税以供养圣公会及其牧师；父母必须让子女接受圣公会的洗礼，否则就是犯罪；婚礼必须由圣公会的牧师主持等等。虽然到了革命前夕圣公会的势力已经大不如前，在教徒人数上也几乎不具优势，但是它的法律地位依然如故，这无疑是危险的，因为难保它不会伺机反扑。特别是随着独立战争的临近，圣公会反而加大了对所谓异端的迫害，逮捕和攻击了一批牧师和异见人士，这坚定了包括杰斐逊在内的民主人士推动宗教自由改革的决心。

杰斐逊对于民主改革有着精辟犀利的见解。他认为，民主改革必须趁热打铁，在统治者都是正派人士而且人民团结一心的时候，把每一个重大胜利都用法律固定下来。否则，当人民开始粗心大意，改革者的热情慢慢冷却，仅仅一个狂热者就可以将之前的努力毁于一旦。正是基于这一信念，杰斐逊在1776年投身于弗吉尼亚州的民主改革，并于当年成功立法，保证每个人可以平等地自由信教，废除了强制的宗教税。接着，为了取消圣公会的官方教会地位，实现各宗教与各教派之间彻底的平等与自由，他在1779年向州议会提交了《弗吉尼亚宗教自由法令》，把宗教自由问题进一步推进到具体的立法之中。

《法令》共分三个部分：第一是《法令》的思想基础，第二是《法令》的具体内容，结尾则是对自然权利和人民主权的重申。

显而易见，第一部分是《法令》的核心，杰斐逊从良心自由和政教分离两个方面分别论述了宗教自由的原因及其实现的原则。首先，杰斐逊从自然权利出发，指出上帝赋予了人类自由的心灵，人们享有自由选择宗教信仰的权利，不受干涉，因此，那些把信仰强加于人，视自己为唯一真理的立法者或统治者，无论是世俗的还是教会的，都是虚伪的，他们建立的宗教也是伪宗教。

如何避免伪宗教侵犯人们固有的宗教自由呢？杰斐逊选择诉诸政教分离的观念，它是确保宗教自由的制度方式。杰斐逊认为，个人的公民权并不依赖于他的宗教信仰，如果某人仅仅因为不信仰某一宗教或教派就被限制或取消了公民权，这无疑剥夺了上帝赋予他的自然权利。政府的权利在于约束人们的行为，而非思想。

纵观历史，宗教与政权的结合是一种社会常态。它的结果往往是宗教和政治权力相互利用：一方面国家教会利用政权排挤、打击异己，另一方面政权利用国家教会将对人们身与心的治理合为一体。在任何一个政教合一的社会，除了层见迭出的宗教斗争外，国家教会往往异化为控制人心灵的工具，人们对它的尊敬、膜拜转而变成恐惧、屈从。因此，深受启蒙思想影响的杰斐逊坚决反对政教合一。他认定信仰完全是个人的和自愿的，不应以任何方式受制于政府，无论这个制约多么轻微和善意，都应予以反对。政府以防范可能出现的"恶"为理由将权力的触角伸入个人的思想领域是完全错误且毫无必要的，因为真理只有在不同观点的交流、交锋中才越辩越明。

杰斐逊关于宗教自由的经典论证入情入理，既明白晓畅，又富于深邃的哲理，得到了当时州议会大多数立法者的支持。虽然有些立法者在宗教观念上相对保守，但随着革命精神的深入传播，他们大多数人已经接受了《独立宣言》中天赋人权的思想，这些天赋权利中就包括宗教信仰的自由。而且，无论是强调民主制度还是强调宗教自由的立法者，最终都会选择支持该法令，因为前者担心官方教会可能破坏民主政治，后者顾虑政治干涉会威胁人们的信仰自由。

1786年初，经过与保守势力长达七年的艰苦斗争，几经波折，议会两院终于先后通过该法令，使之成为正式的法律。

立法的胜利杰斐逊固然厥功至伟，但还有其他一些关键因素。首先是较为深厚的群众基础。以浸礼会和长老会为首的其他教派为争取宗教自由做出了不懈的努力。他们从1772年开始不断地上书请愿，为废除陈法奔走呼吁，这为《法令》进入立法程序做了充分准备。其次是詹姆斯·麦迪逊在议会对《法令》不遗余力地推进。事实上，杰斐逊早在1779年就已离开议会，宗教改革的斗争是由麦迪逊接替完成的。

《弗吉尼亚宗教自由法令》开启了美国历史上自由的新篇章，它将宗教宽容的理念以州法的形式体现出来，为宗教自由在其他各州乃至全国的确立起到了榜样示范作用。它还是人类思想和精神自由的神圣宣言，永远地铲除了为限制人的思想而制定法律的妄想（麦迪逊语）。为了彰显这份法令的历史意义，每年的1月16日被定为美国的宗教自由日。它也是镌刻在杰斐逊墓志铭上的三大成就之一。

杰斐逊（1743—1826）是美国国父之一，《独立宣言》的起草者，弗吉尼亚大学的创办人。他历任弗吉尼亚州州长、驻法大使、国务卿、副总统、总统等职务，是美国著名的政治家、思想家和教育家。

（王萍）

邦联议会
西北地域法令
（1787）

参加会议之合众国诸州颁布：为建立临时政府之目的，兹将上述地域划作一区，惟视乎国会的意见，在未来情势合适时，得将之分为两区。……（该法令接着详细规定了在该地域的死者未留下遗嘱时其财产分配的法定条例。它又规定了该地域官员——地方长官、厅处长和法官——需经国会任命，并授权上述官员组织民兵和设置城镇。）

一旦该区有了五千名自由的成年男性居民，经向地方长官提供此项证明，他们即有权在规定的时间和地点，从他们所在的县或镇中选举参加地域议会的代表，其规定为：每五百名自由的成年男性居民选出一名代表，代表权随自由男性居民人数的增加而相应增加，直到代表人数满二十五人为止；此后，便将由立法机关调整代表的数目和比例……（该法接着概要地规定了选举的资格条件，以及地方长官、立法委员会和地域议会的立法程序。）

地方长官、法官、立法委员会、厅处长及国会在该地域任命的其他官员，均应宣誓忠于职守；地方长官向国会议长宣誓，所有其他官员则向地方长官宣誓。该地域立法机关一经成立，立法委员会和地域议会便得在同一房间内集会，用联合投票方法选举一名派往国会的代表，该代表将在国会中占一席位，而在该地域还是由临时政府治理期间，他只有权参加国会的辩论而无表决权。

同时，还要扩大形成这些共和政体及其法律和宪法基础的公民自由和宗教自由的根本原则；要把这些原则确立成为该地域永远适用的一切法律、宪法和政府的基础；并从而建立若干个州和州的久永性政府，俾使其在符合总利益的前提下，尽早被接纳加入联邦，而与原有各州平等分享联邦议会内的权益。

兹由上述权力机构制定并公告：下列条款将视作原有各州与该地域人民及各州之间的契约条款，除非共同同意修改，否则永久不变。此等条款即：

第一条 该地域任何循规蹈矩的人，不得因其宗教信仰及礼拜方式而受侵扰。

第二条 该地域居民得永远享受人身保护状，受法庭审判时应有陪审团在场；在立法机构内有按比例规定之代表；有权享受遵照习惯法制定之司法程序。除非犯下罪证确凿或嫌疑重大之重罪者，任何人均可交保外释。所有罚款不得过重；亦不得加以残酷或逾常之刑罚。任何人除非经与其同等地位的公民陪审团或国法之判决，其自由或财产不得被剥夺；倘在公共紧急状态下，为了维护共同利益而必须征用任何人之财产或其某项服务时，则应给予充分之补偿。为了公平地保护权利及财产，在该地域不得制定或引用任何法律足以在任何情形下干涉或影响私人原订之诚实无诈之契约或合同，此乃应予理解及公认之原则。

第三条 宗教、道德及学识，皆仁政及人类幸福所不可或缺者，因此学校及教育措施应永远受到鼓励。对于印第安人当永守忠信；其土地及财产，未经其同意，永不得夺取；亦不得侵犯或侵扰其财产、权利及自由，除非在国会所授权之公正而合法之战争中；应随时制定基于公正及人道之法律，以防止对彼等之侵扰并与彼等和平友好相处。

第四条 该地域以及在该地域内可能建立的各州，将永远是美利坚合众国邦联的一部分，服从邦联条例及条例中所作的任何符合宪法的改动，服从合众国在国会开会时制定的、适合该地域的所有法例和法令……（该法接着规定了该地域人民如何共同承担为联邦政府筹集的税收。）通向密西西比河与圣劳伦斯河的航行水域及两河之间的运输水道，都是该地域居民和美国公民以及可能参加邦联的其他各州的居民的共同通路，永远自由通行，不征收任何税捐或关税。

第五条　在该地域内，将建立三个以上、五个以下的州……而所建立的任何一个州，凡拥有六万自由居民者，其代表即可被接纳参加合众国国会，在所有方面都与原有各州平等，并应能自由地制定永久性的宪法和成立州政府，但所要制定的宪法和成立的政府均应以共和为体，并须符合邦联条例所包含的各项原则；只要能够符合邦联的总利益，就应尽早准其参加合众国国会，即使该州不足六万自由居民亦应加以接纳。

第六条　在该地域内不得有奴隶制度或强迫奴役，但因犯罪而依法判决之受惩者不在此例；兹规定，倘任何人逃入该地域，而原来之十三州内任何州对该逃亡者之工作及劳役有合法之权益，则应依法将该逃亡者交还，并且交给对于该逃亡者前述之工作及劳役享有权益者……

* 译文选自《美国历史文献选集》，美国驻华大使馆新闻文化处，1985年。

《西北地域法令》是美国邦联时期最为重要的一份文献。该法令规定了美国俄亥俄河西北地区的管理和建州方式，为美国西部地区的开发和管理创立了一种模式。尤其重要的是，它推进了西部开发和美国社会由东向西的有序扩张，维护并发展了美国社会的自治传统。

1783年，美国和英国签署《巴黎和约》后，政治上获得了独立，地域上在原英属13个殖民地以外又收获了阿巴拉契亚山脉以西密西西比河以东大片疆域。但任何战争之后，既有百废待兴的发展机遇，也有安邦定国的挑战。年轻的美国面临政治和经济改组的双重要求和考验。

首先，由于政治上的独立，美国失去了英国的保护，经济上债务累累，困难重重。其次，面对建国安邦的重任，因独立革命而组建的邦联政府日益表现出薄弱无力。如果邦联国会不能解决西部土地政策问题，树立令行禁止的立法权威，那么通过巴黎和约新获得的西部领土只能成为利益角逐的战场，甚至引发内乱。正是为根本解决财政困难、贸易竞争和各州的统一协调问题，13州的代表着手修改《邦联条例》，进行政治改革。

西部土地的归属和管理，既是经济也是政治问题。根据和约，这个新的国家北起五大湖，南至西属佛罗里达边界，东起大西洋海岸，西至密西西比河。阿巴拉契亚山脉以西区域尚未正式对定居者开放，但那里早已吸引许多移民和投机商。而早在独立战争开始时，13个州中的7个就曾根据英王颁发的特许状纷纷对西部，甚至直至太平洋的区域提出要求。其他6个没有领地的州则主张将西部土地转让给合众国作为公共财富，期待日后由邦联政府重新分配。但边疆居民出于自身利益，并不希望在任何单独某个州的管制下。1786年，除弗吉尼亚和康涅狄格的保留地外，西北部领地最终通过各州的出让归属合众国。尽管如此，合众国尚未真正控制西部，人们纷纷涌向西部占地投机，冲突不断。面对战争欠下的国债、兑现奖励退伍老兵以土地的承诺及社会失序的现状，围绕西部的矛盾不仅是经济问题，也成为社会和政治问题，如居民点分散无序、私利践踏公德、无视政府法纪、不断与印第安人冲突等。如何鼓励移民和投资，壮大年轻的共和国，解决政府财政困难？如何有序开发西部土地，避免重蹈英国西部政策的覆辙？西部如果成为移民和投机商弱肉强食、割据一方的战场，合众国未来的秩序和发展就无从谈起。

乔治·华盛顿曾警告，若是阻挡不了人们西进占地，权责所在，国会理应为他们指示方向。迟了，就什么都别想做了。对于西部土地开发加以立法规范，正是邦联国会的职责所在。在紧急修改邦联条例同时，邦联国会审议通过《西北地域法令》，规定了西北地域管理和发展的方向。

该法令主要从四个方面规定了西北地区的管理方式，为其未来的自治奠定了制度化的基础：

第一，由邦联国会授权，在西北地域设立临时政府，规划组建三至五个新州，并严格规定组建新州程序，即国会指派官员管理的临时政府——组建准州——作为新州加入联邦；

第二，规定居民享有选举权和当选议会代表的最低财产资格，以保障他们切实履行自己的权利和义务；

第三，明确居民们享有信仰自由、人身保护、陪审团审判、免于不当刑罚、免于剥夺自由和财产权等公民权，并在该地域禁止奴隶制和强制劳役；

第四，规定土地测量、公地划分、土地售卖的具体办法，并为发展公共教育设立保留地。

从最初由国会指派官员组建临时政府，到满足一定条件后组建准州，并作为平等独立的成员加入联邦大家庭，西部新州的发展和接纳成为一套严格的程序。这种"三部曲"管理模式有人称为"大陆殖民制度"，但其最终目标是合国会和地方之力，促成新州在政治、经济上的成熟，走向独立自治。根据该法令，俄亥俄河以北地域先后有5个新州加入联邦。俄亥俄州是西北地域第一个加入联邦的州，但这一进程长达十六年之久。西部其他新州的成长都复制了这一程序和渐进有序的特点。此外，该法令也赋予西部公共土地的测量、规划和售卖以规范和秩序。在公共土地售卖中尽管难免投机和腐败，土地所有权分配相对平衡，并未滋生许多垄断的大地产公司。

良法有助于治国、安邦、平天下，而恶法则可能成为变乱、亡国，或加速亡国的重要原因。英国在北美殖民地的失败一定意义上就是重商主义思想指导下的英国殖民政策和法令的失败。1763年，为保障英国在东部的投资和土地投机商在西部的利益，英王发布了《1763年诏谕》，划定诏谕线禁止殖民地人越过阿巴拉契亚山向西移民，禁止殖民地总督对任何从西部和北部流入大西洋的河流源头以外地区颁发测量许可或注册证。但在宾夕法尼亚，大量越界拓居者甚至面对死刑处罚也无所畏惧，公然对抗殖民地立法机构和英王，不愿返回诏谕线以东的白人区。此后，从1765年的《印花税法》到1774年的"不可容忍法令"等自私粗暴的恶法不断激化冲突，加速了英国在北美的失败。

从1783年摆脱英国独立到1789年首届政府成立，这一阶段被称为美国历史上的"危机时期"。因为这是一段新旧过渡，道路抉择的关键时期。《西北地域法令》将国会的具体监管和鼓励地方自治相结合，有序地促进了西北地域内新州的独立自治，也为1790年通过的《西南地域法令》提供了借鉴。此外，它立足美国革命的精神和美国社会的自治传统，从解决西北公共土地管理问题出发，提出了保护民权、禁止奴隶制的要求，不仅为美国告别旧秩序，建立新体制提供了一种示范，也为未来美国地域的扩展和社会政治传统的传承奠定了制度化基础，因而成为邦联时期最为重大的一项立法成就。

《西北地域法令》是在1784年杰斐逊关于西部建州的提案和1785年《西部土地法》的基础上起草而成。1789年，经过少许修改，该法令在首届国会获得通过，经华盛顿签署后成为法律，获得新生，得到继续贯彻。就英美西部土地政策的不同结局而言，恶法所以会遭遇蔑视和反抗，其原因不仅仅在于其本质之恶，还在于殖民地人勇于独立的习惯和谋求自治的斗争；而良法所以能够制定并得到尊重和实施，则有赖凝聚这个社会的信念和大众普遍的法治精神。

该法令的起草人据说主要有两位：内森·戴恩（Nathan Dane）和鲁弗斯·金（Rufus King）。托马斯·杰斐逊1784年的提案为这一法令起草提供了范本和灵感。

（张骏）

制宪会议
合众国宪法
（1787）

序　言

我们，合众国的人民，为了组织一个更完善的联邦，树立正义，保障国内的安宁，建立共同的国防，增进全民福利和确保我们自己及我们后代能安享自由带来的幸福，乃为美利坚合众国制定和确立这一部宪法。

第一条

第一款　本宪法所规定的立法权，全属合众国的国会，国会由一个参议院和一个众议院组成。

第二款　众议院应由各州人民每两年选举一次之议员组成，各州选举人应具有该州州议会中人数最多之一院的选举人所需之资格。

凡年龄未满二十五岁，或取得合众国公民资格未满七年，或于某州当选而并非该州居民者，均不得任众议员。

众议员人数及直接税税额，应按联邦所辖各州的人口数目比例分配，此项人口数目的计算法，应在全体自由人民——包括订有契约的短期仆役，但不包括未被课税的印第安人——数目之外，再加上所有其他人口之五分之三。实际人口调查，应于合众国国会第一次会议后三年内举行，并于其后每十年举行一次，其调查方法另以法律规定之。众议员的数目，不得超过每三万人口有众议员一人，但每州至少应有众议员一人；在举行人口调查以前，各州得按照下列数目选举众议员：新罕布什尔三人、马萨诸塞八人、罗得岛及普罗维登斯垦殖区一人、康涅狄格五人、纽约州六人、新泽西四人、宾夕法尼亚八人、特拉华一人、马里兰六人、弗吉尼亚十人、北卡罗来纳五人、南卡罗来纳五人、佐治亚三人。

任何一州的众议员有缺额时，该州的行政长官应颁选举令，选出众议员以补充缺额。

众议院应选举该院议长及其他官员；只有众议院具有提出弹劾案的权力。

第三款 合众国的参议院由每州的州议会选举两名参议员组成之，参议员的任期为六年，每名参议员有一票表决权。

参议员于第一次选举后举行会议之时，应当立即尽量均等地分成三组。第一组参议员的任期，到第二年年终时届满，第二组到第四年年终时届满，第三组到第六年年终时届满，俾使每两年有三分之一的参议员改选；如果在某州州议会休会期间，有参议员因辞职或其他原因出缺，该州的行政长官得任命临时参议员，等到州议会下次集会时，再予选举补缺。

凡年龄未满三十岁，或取得合众国公民资格未满九年，或于某州当选而并非该州居民者，均不得任参议员。

合众国副总统应为参议院议长，除非在投票票数相等时，议长无投票权。

参议院应选举该院的其他官员，在副总统缺席或执行合众国总统职务时，还应选举临时议长。

所有弹劾案，只有参议院有权审理。在开庭审理弹劾案时，参议员们均应宣誓或誓愿。如受审者为合众国总统，则应由最高法院首席大法官担任主席；在未得出席的参议员的三分之二的同意时，任何人不得被判有罪。

弹劾案的判决，不得超过免职及取消其担任合众国政府任何有荣誉、有责任或有俸给的职位之资格；但被判处者仍须服从另据法律所作之控诉、审讯、判决及惩罚。

第四款　各州州议会应规定本州参议员及众议员之选举时间、地点及程序；但国会得随时以法律制定或变更此种规定，惟有选举议员的地点不在此例。

国会应至少每年集会一次，开会日期应为十二月的第一个星期一，除非他们通过法律来指定另一个日期。

第五款　参众两院应各自审查本院的选举、选举结果报告和本院议员的资格，每院议员过半数即构成可以议事的法定人数；不足法定人数时，可以一天推一天地延期开会，并有权依照各该议院所规定的程序和罚则，强迫缺席的议员出席。

参众两院得各自规定本院的议事规则，处罚本院扰乱秩序的议员，并且得以三分之二的同意，开除本院的议员。

参众两院应各自保存一份议事记录，并经常公布，惟各该院认为应保守秘密之部分除外；两院议员对于每一问题之赞成或反对，如有五分之一出席议员请求，则应记载于议事记录内。

在国会开会期间，任一议院未得别院同意，不得休会三日以上，亦不得迁往非两院开会的其他地点。

第六款　参议员与众议员得因其服务而获报酬，报酬的多寡由法律定之，并由合众国国库支付。两院议员除犯叛国罪、重罪以及扰乱治安罪外，在出席各该院会议及往返各该院途中，有不受逮捕之特权；两院议员在议院内所发表之演说及辩论，在其他场合不受质询。

参议员或众议员不得在其当选任期内担任合众国政府任何新添设的职位，或在其任期内支取因新职位而增添的俸给；在合众国政府供职的人，不得在其任职期间担任国会议员。

第七款　有关征税的所有法案应在众议院中提出；但参议院得以处理

其他法案的方式，以修正案提出建议或表示同意。

经众议院和参议院通过的法案，在正式成为法律之前，须呈送合众国总统；总统如批准，便须签署，如不批准，即应连同他的异议把它退还给原来提出该案的议院，该议院应将异议详细记入议事记录，然后进行复议。倘若在复议之后，该议院议员的三分之二仍然同意通过该法案，该院即应将该法案连同异议书送交另一院，由其同样予以复议，如若此另一院亦以三分之二的多数通过，该法案即成为法律。但遇有这样的情形时，两院的表决均应以赞同或反对来定，而赞同和反对该法案的议员的姓名，均应由两院分别记载于各该院的议事记录之内。如总统于接到法案后十日之内（星期日除外），不将之退还，该法案即等于曾由总统签署一样，成为法律，唯有当国会休会因而无法将该法案退还时，该法案才不得成为法律。

任何命令、决议或表决（有关休会问题者除外）凡须由参议院及众议院予以同意者，均应呈送合众国总统；经其批准之后，方始生效，如总统不予批准，则参众两院可依照对于通过法案所规定的各种规则和限制，各以三分之二的多数，再行通过。

第八款　国会有权规定并征收税金、捐税、关税和其他赋税，用以偿付国债并为合众国的共同防御和全民福利提供经费；但是各种捐税、关税和其他赋税，在合众国内应划一征收；

以合众国的信用举债；

管理与外国的、州与州间的，以及对印第安部落的贸易；

制定在合众国内一致适用的归化条例，和有关破产的一致适用的法律；

铸造货币，调节其价值，并厘定外币价值，以及制定度量衡的标准；

制定对伪造合众国证券和货币的惩罚条例；

设立邮政局及建造驿路；

为促进科学和实用技艺的进步，对作家和发明家的著作和发明，在一定期限内给予专利权的保障；

设置最高法院以下的各级法院；

界定并惩罚海盗罪、在公海所犯的重罪和违背国际公法的罪行；

宣战，对民用船只颁发捕押敌船及采取报复行动的特许证，制定在陆地和海面虏获战利品的规则；

募集和维持陆军，但每次拨充该项费用的款项，其有效期不得超过两年；

配备和保持海军；

制定有关管理和控制陆海军队的各种条例；

制定召集民兵的条例，以便执行联邦法律，镇压叛乱和击退侵略；

规定民兵的组织、装备和训练，以及民兵为合众国服务时的管理办法，但各州保留其军官任命权，和依照国会规定的条例训练其民团的权力；

对于由某州让与而由国会承受，用以充当合众国政府所在地的地区（不逾十哩见方），握有对其一切事务的全部立法权；对于经州议会同意，向州政府购得，用以建筑要塞、弹药库、兵工厂、船坞和其他必要建筑物的地方，也握有同样的权力；——并且为了行使上述各项权力，以及行使本宪法赋予合众国政府或其各部门或其官员的种种权力，制定一切必要的和适当的法律。

第九款　对于现有任何一州所认为的应准其移民或入境的人，在一八〇八年以前，国会不得加以禁止，但可以对入境者课税，惟以每人不超过十美元为限。

不得中止人身保护令所保障的特权，惟在叛乱或受到侵犯的情况下，出于公共安全的必要时不在此限。

不得通过任何褫夺公权的法案或者追溯既往的法律。

除非按本宪法所规定的人口调查或统计之比例，不得征收任何人口税或其他直接税。

对各州输出之货物，不得课税。

任何有关商务或纳税的条例,均不得赋予某一州的港口以优惠待遇;亦不得强迫任何开往或来自某一州的船只,驶入或驶出另一州,或向另一州纳税。

除了依照法律的规定拨款之外,不得自国库中提出任何款项;一切公款收支的报告和账目,应经常公布。

合众国不得颁发任何贵族爵位:凡是在合众国政府担任有俸给或有责任之职务者,未经国会许可,不得接受任何国王、王子或外国的任何礼物、薪酬、职务或爵位。

第十款 各州不得缔结任何条约、结盟或组织邦联;不得对民用船只颁发捕押敌船及采取报复行动之特许证;不得铸造货币;不得发行纸币;不得指定金银币以外的物品作为偿还债务的法定货币;不得通过任何褫夺公权的法案、追溯既往的法律和损害契约义务的法律;也不得颁发任何贵族爵位。

未经国会同意,各州不得对进口货物或出口货物征收任何税款,但为了执行该州的检查法律而有绝对的必要时,不在此限;任何州对于进出口货物所征的税,其净收益应归合众国国库使用;所有这一类的检查法律,国会对之有修正和监督之权。

未经国会同意,各州不得征收船舶吨位税,不得在和平时期保持军队或军舰,不得和另外一州或外国缔结任何协定或契约,除非实际遭受入侵,或者遇到刻不容缓的危急情形时,不得从事战争。

第二条

第一款 行政权力赋予美利坚合众国总统。总统任期四年,总统和具有同样任期的副总统,应照下列手续选举:

每州应依照该州州议会所规定之手续,指定选举人若干名,其人数应与该州在国会之参议员及众议员之总数相等;但参议员、众议员及任何在合众国政府担任有责任及有俸给之职务的人，均不得被指定为选举人。

各选举人应于其本身所属的州内集会，每人投票选举二人，其中至少应有一人不属本州居民。选举人应开列全体被选人名单，注明每人所得票数；他们还应签名作证明，并将封印后的名单送至合众国政府所在地交与参议院议长。参议院议长应于参众两院全体议员之前，开拆所有来件，然后计算票数。得票最多者，如其所得票数超过全体选举人的半数，即当选为总统；如同时不止一人得票过半数，且又得同等票数，则众议院应立即投票表决，选举其中一人为总统；如无人得票过半数，则众议院应自得票最多之前五名中用同样方法选举总统。但依此法选举总统时，应以州为单位，每州之代表共有一票；如全国三分之二的州各有一名或多名众议员出席，即构成选举总统的法定人数；当选总统者需获全部州的过半数票。在每次这样的选举中，丁总统选出后，其获得选举人所投票数最多者，即为副总统。但如有二人或二人以上得票相等时，则应由参议院投票表决，选举其中一人为副总统。

国会得决定各州选出选举人的时期以及他们投票的日子；投票日期全国一律。

只有出生时为合众国公民，或在本宪法实施时已为合众国公民者，可被选为总统；凡年龄未满三十五岁，或居住合众国境内未满十四年者，不得被选为总统。

如遇总统被免职，或因死亡、辞职或丧失能力而不能执行其权力及职务时，总统职权应由副总统执行之。国会得以法律规定，在总统及副总统均被免职，或死亡、辞职或丧失能力时，由何人代理总统职务，该人应即遵此视事，至总统能力恢复，或新总统被选出时为止。

总统得因其服务而在规定的时间内接受俸给，在其任期之内，俸金数额不得增加或减低，他亦不得在此任期内，自合众国政府和任何州政府接受其他报酬。

在他就职之前，他应宣誓或誓愿如下：——"我郑重宣誓（或矢言）我必忠诚地执行合众国总统的职务，并尽我最大的能力，维持、保护和捍卫合众国宪法。"

第二款　总统为合众国陆海军的总司令，并在各州民团奉召为合众国执行任务时担任统帅；他可以要求每个行政部门的主管官员提出有关他们职务的任何事件的书面意见，除了弹劾案之外，他有权对于违犯合众国法律者颁赐缓刑和特赦。

总统有权缔订条约，但须争取参议院的意见和同意，并须出席的参议员中三分之二的人赞成；他有权提名，并于取得参议院的意见和同意后，任命大使、公使及领事、最高法院的法官，以及一切其他在本宪法中未经明定、但以后将依法律的规定而设置之合众国官员；国会可以制定法律，酌情把这些较低级官员的任命权，授予总统本人，授予法院，或授予各行政部门的首长。

在参议院休会期间，如遇有职位出缺，总统有权任命官员补充缺额，任期于参议院下届会议结束时终结。

第三款　总统应经常向国会报告联邦的情况，并向国会提出他认为必要和适当的措施，供其考虑；在特殊情况下，他得召集两院或其中一院开会，并得于两院对于休会时间意见不一致时，命令两院休会到他认为适当的时期为止；他应接见大使和公使；他应注意使法律切实执行，并任命所有合众国的军官。

第四款　合众国总统、副总统及其他所有文官，因叛国、贿赂或其他重罪和轻罪，被弹劾而判罪者，均应免职。

第三条

第一款　合众国的司法权属于一个最高法院以及由国会随时下令设立的低级法院。最高法院和低级法院的法官，如果尽忠职守，应继续任职，并按期接受俸给作为其服务之报酬,在其继续任职期间,该项俸给不得削减。

第二款　司法权适用的范围,应包括在本宪法、合众国法律、和合众国已订的及将订的条约之下发生的一切涉及普通法及衡平法的案件;一切有关大使、公使及领事的案件;一切有关海上裁判权及海事裁判权的案件;合众国为当事一方的诉讼;州与州之间的诉讼,州与另一州的公民之间的诉讼,一州公民与另一州公民之间的诉讼,同州公民之间为不同之州所让与之土地而争执的诉讼,以及一州或其公民与外国政府、公民或其属民之间的诉讼。

在一切有关大使、公使、领事以及州为当事一方的案件中,最高法院有最初审理权。在上述所有其他案件中,最高法院有关于法律和事实的受理上诉权,但由国会规定为例外及另有处理条例者,不在此限。

对一切罪行的审判,除了弹劾案以外,均应由陪审团裁定,并且该审判应在罪案发生的州内举行;但如罪案发生地点并不在任何一州之内,该项审判应在国会按法律指定之地点或几个地点举行。

第三款　只有对合众国发动战争,或投向它的敌人,予敌人以协助及方便者,方构成叛国罪。无论何人,如非经由两个证人证明他的公然的叛国行为,或经由本人在公开法庭认罪者,均不得被判叛国罪。

国会有权宣布对于叛国罪的惩处,但因叛国罪而被褫夺公权者,其后人之继承权不受影响,叛国者之财产亦只能在其本人生存期间被没收。

第四条

第一款　各州对其他各州的公共法案、记录、和司法程序,应给予完全的信赖和尊重。国会得制定一般法律,用以规定这种法案、记录、和司法程序如何证明以及具有何等效力。

第二款　每州公民应享受各州公民所有之一切特权及豁免。

凡在任何一州被控犯有叛国罪、重罪或其他罪行者，逃出法外而在另一州被缉获时，该州应即依照该罪犯所逃出之州的行政当局之请求，将该罪犯交出，以便移交至对该犯罪案件有管辖权之州。

凡根据一州之法律应在该州服役或服劳役者，逃往另一州时，不得因另一州之任何法律或条例，解除其服役或劳役，而应依照有权要求该项服役或劳役之当事一方的要求，把人交出。

第三款 国会得准许新州加入联邦；如无有关各州之州议会及国会之同意，不得于任何州之管辖区域内建立新州；亦不得合并两州或数州或数州之一部分而成立新州。

国会有权处置合众国之属地及其他产业，并制定有关这些属地及产业的一切必要的法规和章则；本宪法中任何条文，不得作有损于合众国或任何一州之权利的解释。

第四款 合众国保证联邦中的每一州皆为共和政体，保障它们不受外来的侵略；并且根据各州州议会或行政部门（当州议会不能召集时）的请求，平定其内部的暴乱。

第五条

举凡两院议员各以三分之二的多数认为必要时，国会应提出对本宪法的修正案；或者，当现有诸州三分之二的州议会提出请求时，国会应召集修宪大会，以上两种修正案，如经诸州四分之三的州议会或四分之三的州修宪大会批准时，即成为本宪法之一部分而发生全部效力，至于采用哪一种批准方式，则由国会议决；但一八〇八年以前可能制定之修正案，在任何情形下，不得影响本宪法第一条第九款之第一、第四两项；任何一州，没有它的同意，不得被剥夺它在参议院中的平等投票权。

第六条

合众国政府于本宪法被批准之前所积欠之债务及所签订之条约,于本宪法通过后,具有和在邦联政府时同等的效力。

本宪法及依本宪法所制定之合众国法律;以及合众国已经缔结及将要缔结的一切条约,皆为全国之最高法律;每个州的法官都应受其约束,任何一州宪法或法律中的任何内容与之抵触时,均不得有违这一规定。

前述之参议员及众议员,各州州议会议员,合众国政府及各州政府之一切行政及司法官员,均应宣誓或誓愿拥护本宪法;但合众国政府之任何职位或公职,皆不得以任何宗教标准作为任职的必要条件。

第七条

本宪法经过九个州的制宪大会批准后,即在批准本宪法的各州之间开始生效。

权利法案

第一条修正案

国会不得制定有关下列事项的法律:确立一种宗教或禁止信教自由;剥夺言论自由或出版自由;或剥夺人民和平集会及向政府要求申冤的权利。

第二条修正案

纪律良好的民兵队伍,对于一个自由国家的安全实属必要;故人民持有和携带武器的权利,不得予以侵犯。

第三条修正案

任何兵士,在和平时期,未得屋主的许可,不得居住民房;在战争时期，除非照法律规定行事，亦一概不得自行占住。

第四条修正案

人人具有保障人身、住所、文件及财物的安全，不受无理之搜索和拘捕的权利；此项权利，不得侵犯；除非有可成立的理由，加上宣誓或誓愿保证，并具体指明必须搜索的地点，必须拘捕的人，或必须扣押的物品，否则一概不得颁发搜捕状。

第五条修正案

非经大陪审团提起公诉，人民不应受判处死罪或会因重罪而被剥夺部分公权之审判；惟于战争或社会动乱时期中，正在服役的陆海军或民兵中发生的案件，不在此例；人民不得为同一罪行而两次被置于危及生命或肢体之处境；不得被强迫在任何刑事案件中自证其罪，不得不经过适当法律程序而被剥夺生命、自由或财产；人民私有产业，如无合理赔偿，不得被征为公用。

第六条修正案

在所有刑事案中，被告人应有权提出下列要求：要求由罪案发生地之州及区的公正的陪审团予以迅速及公开之审判，并由法律确定其应属何区；要求获悉被控的罪名和理由；要求与原告的证人对质；要求以强制手段促使对被告有利的证人出庭作证；并要求由律师协助辩护。

第七条修正案

在引用习惯法的诉讼中，其争执所涉及者价值超过二十元，则当事人有权要求陪审团审判；任何业经陪审团审判之事实，除依照习惯法之规定外，不得在合众国任何法院中重审。

第八条修正案

不得要求过重的保释金，不得课以过高的罚款，不得施予残酷的、逾常的刑罚。

第九条修正案

宪法中列举的某些权利，不得被解释为否认或轻视人民所拥有的其他权利。

第十条修正案

举凡宪法未授予合众国政府行使，而又不禁止各州行使的各种权力，均保留给各州政府或人民行使之。

其他宪法修正案

第十一条修正案（一七九八年）

合众国的司法权，不得被解释为适用于由任何一州的公民或任何外国公民或国民依普通法或衡平法对合众国一州提出或起诉的任何诉讼。

第十二条修正案（一八〇四年）

各选举人应在其本身所属的州内集会，投票选举总统和副总统，其中至少应有一人不属本州居民。选举人应在选票上写明被选为总统之人的姓名，并在另一选票上写明被选为副总统之人的姓名。选举人应将所有被选为总统之人和所有被选为副总统之人，分别开列名单，写明每人所得票数；他们应在该名单上签名作证，并将封印后的名单送至合众国政府所在地，交与参议院议长。参议院议长应在参众两院全体议员面前开拆所有来件，然后计算票数。获得总统选票最多的人，如所得票数超过所选派选举人总数的半数，即当选为总统。如无人获得过半数票，众议院应立即从被选为总统之名单中得票最多但不超过三人之中进行投票选举总统。但以此法选举总统时，投票应以州为单位，即每州代表共有一票。如全国三分之二的州各有一名或多名众议员出席，即构成选举总统的法定人数，当选总统者需获全部州的过半数票。如选举总统的权利转移到众议院，而该院在次年三月四日前尚未选出总统时，则由副总统代理总统，与总统死亡或宪法规定的其他丧失任职能力的情况相同。得副总统选票最多的人，如所得票数超过所选派选举人总数的半数，即当选为副总统。如无人得过半数票，参议院应从名单上两个得票最多的人中选举副总统。选举副总统的法定人数为参议员总数的三分之二，当选副总统者需获参议员总数的过半数票。但依宪法无资格担任总统的人，也无资格担任合众国副总统。

第十三条修正案（一八六五年）

第一款　苦役或强迫劳役，除用以惩罚依法判刑的罪犯之外，不得在合众国境内或受合众国管辖之任何地方存在。

第二款　国会有权以适当立法实施本条。

第十四条修正案（一八六八年）

第一款　任何人，凡在合众国出生或归化合众国并受其管辖者，均为合众国及所居住之州的公民。任何州不得制定或执行任何剥夺合众国公民特权或豁免权的法律。任何州，如未经适当法律程序，均不得剥夺任何人的生命、自由或财产；亦不得对任何在其管辖下的人，拒绝给予平等的法律保护。

第二款　各州众议员的数目，应按照各该州的人口数目分配；此项人口，除了不纳税的印第安人以外，包括各该州全体人口的总数。但如果一个州拒绝任何年满二十一岁的合众国男性公民，参加对于美国总统及副总统选举人、国会众议员、本州行政及司法官员或本州州议会议员等各项选举，或以其他方法剥夺其上述各项选举权（除非是因参加叛变或因其他罪行而被剥夺），则该州在众议院议席的数目，应按照该州这类男性公民的数目对该州年满二十一岁男性公民总数的比例加以削减。

第三款　任何人，凡是曾经以国会议员、合众国政府官员、州议会议员或任何州的行政或司法官员的身份，宣誓拥护合众国宪法，而后来从事于颠覆或反叛国家的行为，或给予国家的敌人以协助或方便者，均不得为国会的参议员、众议员、总统与副总统选举人，或合众国政府或任何州政府的任何文职或军职官员。但国会可由参议院与众议院各以三分之二的多数表决，撤消该项限制。

第四款　对于法律批准的合众国公共债务，包括因支付平定作乱或反叛有功人员的年金和奖金而产生的债务，其效力不得有所怀疑。但无论合众国或任何一州，都不得承担或偿付因援助对合众国的作乱或反叛而产生的任何债务或义务，或因丧失或解放任何奴隶而提出的任何赔偿要求；所有这类债务、义务和要求，都应被视为非法和无效。

第五款　国会有权以适当立法实施本条规定。

第十五条修正案（一八七〇年）

第一款　合众国政府或任何州政府，不得因种族、肤色，或以前曾服劳役而拒绝给予或剥夺合众国公民的选举权。

第二款　国会有权以适当立法实施本条。

第十六条修正案（一九一三年）

国会有权对任何来源的收入课征所得税，无须在各州按比例进行分配，也无须考虑任何人口普查或人口统计数。

第十七条修正案（一九一三年）

第一款　合众国参议院由每州人民各选参议员二人组成，任期六年；每名参议员有一票的表决权。各州选举人，应具有该州议会中人数最多一院所必需之选举人资格。

第二款　当任何一州有参议员出缺时，该州行政当局应颁布选举令，以便补充空额。各州州议会得授权该州行政当局任命临时参议员，其任期至该州人民依照州议会的指示进行选举补缺为止。

第三款　对本条修正案所作之解释，不得影响在此修正案作为宪法的一部分而生效以前当选的任何参议员的选举或任期。

第十八条修正案（一九一九年）

第一款　本条批准一年后，禁止在合众国及其管辖下的所有领土内酿造、出售和运送作为饮料的致醉酒类；禁止此等酒类输入或输出合众国及其管辖下的所有领土。

第二款　国会和各州同样有权以适当立法实施本条。

第三款　本条除非在国会将其提交各州之日起七年以内，由各州议会按本宪法规定批准为宪法修正案，否则不发生效力。

第十九条修正案（一九二〇年）

第一款　合众国公民的选举权，不得因性别缘故而被合众国或任何一州加以否定或剥夺。

第二款　国会有权以适当立法实施本条。

第二十条修正案（一九三三年）

第一款　如本条未获批准，总统和副总统的任期应在原定任期届满之年的一月二十日正午结束，参议员和众议员的任期应在原定任期届满之年的一月三日正午结束，他们的继任人的任期应在同时开始。

第二款　国会每年至少应开会一次，除国会依法另订日期外，此种会议应在一月三日正午开始。

第三款　如当选总统在规定总统任期开始之时已经死亡，当选副总统应即成为总统。如在规定总统任期开始的时间以前，总统尚未选出，或当选总统不合资格，当选副总统应在有合乎资格的总统之前代理总统职务。倘当选总统或当选副总统均不合乎资格时，国会得依法做出规定，宣布何人代理总统，或宣布遴选代理总统的方法。此人在有合乎资格的总统或副总统前，应代行总统职务。

第四款　在选举总统的权利交到众议院，而可选为总统的人中有人死亡时；在选举副总统的权利交到参议院，而可选为副总统的人中有人死亡时；国会得依法对这些情况做出决定。

第五款　第一款和第二款应在紧接本条批准以后的十月十五日生效。

第六款　本条除非在其提交各州之日起七年以内，由四分之三的州议会批准为宪法修正案，否则不发生效力。

第二十一条修正案（一九三三年）

第一款　美利坚合众国宪法修正案第十八条现予废除。

第二款　禁止在合众国任何州、准州或属地，违反当地法律，为发货或使用而运送或输入致醉酒类。

第三款　本条除非在国会将其提交各州之日起七年以内，由各州修宪会议依照本宪法规定批准为宪法修正案，否则不发生效力。

第二十二条修正案（一九五一年）

第一款　无论何人，当选担任总统职务不得超过两次；无论何人，于他人当选总统任期内担任总统职务或代理总统两年以上者，不得当选担任总统职务超过一次。但本条不适用于在国会提出本条时正在担任总统职务的任何人；也不妨碍在本条开始生效时正在担任总统职务或代行总统职务的任何人，在此届任期届满前继续担任总统职务或代行总统职务。

第二款 本条除非在国会将其提交各州之日起七年以内，由四分之三州议会批准为宪法修正案，否则不发生效力。

第二十三条修正案（一九六一年）

第一款 合众国政府所在地的特区，应依国会规定方式选派：一定数目的总统和副总统选举人，特区如同州一样，其选举人的数目等于它有权在国会拥有的参议员和众议员人数的总和，但决不得超过人口最少之州的选举人数目。他们是各州所选派的选举人以外另行增添的选举人，但为选举总统和副总统目的，应被视为一个州选派的选举人；他们应在特区集会，履行第十二条修正案所规定的职责。

第二款 国会有权以适当立法实施本条。

第二十四条修正案（一九六四年）

合众国公民在总统或副总统、总统或副总统选举人，或国会参议员或众议员的任何预选或其他选举中的选举权，不得因未交纳任何人头税或其他税而被合众国或任何一州加以否定或剥夺。

第二十五条修正案（一九六七年）

第一款 如遇总统免职、死亡或辞职时，副总统应成为总统。

第二款 当副总统职位出缺时，总统应提名一名副总统，在国会两院均以过半数票批准后就职。

第三款 当总统向参议院临时议长和众议院议长提交书面声明，声称他不能够履行其职务的权力和责任时,在他再向他们提交一份内容相反的书面声明前,此种权力和责任应由副总统以代总统身份履行。

第四款 当副总统和行政各部或国会一类的其他机构的多数长官,依法律规定向参议院临时议长和众议院议长提交书面声明,声称总统不能够履行总统职务的权力和责任时,副总统应立即以代总统身份承受总统职务的权力和责任。此后,当总统向参议院临时议长和众议院议长提交书面声明,声称丧失能力的情况并不存在时,他应恢复总统职务的权力和责任,除非副总统和行政各部或国会一类的其他机构的多数长官依法在四天内向参议院临时议长和众议院议长提交书面声明,声称总统不能够履行其职务的权力和责任。在此种情况下,国会应对此问题做出决定;如国会正在休会期间,应为此目的在四十八小时内召集会议。如国会在收到后一书面声明后的二十一天以内,或如适逢休会期间,在国会按照要求召集会议以后的二十一天以内,以两院的三分之二多数票决定总统不能够履行其职务的权力和责任时,副总统应继续代理总统职务;否则总统应恢复其职务的权力和责任。

第二十六条修正案(一九七一年)

第一款 已满十八岁和十八岁以上的合众国公民的选举权,不得因为年龄关系而被合众国或任何一州加以否定或剥夺。

第二款 国会有权以适当立法实施本条。

第二十七条修正案(一九九二年)

非经一次众议院选举,改变参议员和众议员服务薪酬之任何法律均不得生效。

* 译文选自《美国历史文献选集》，美国驻华大使馆新闻文化处，1985 年。

美国形成的特点是先有州后有国，独立后的美国人仍然首先与自己的州认同，普遍缺乏国家概念。他们对一个强大的中央政府抱有极大疑虑，唯恐它来限制州和个人的权利。1781 年，13 州通过《邦联条例》建立了邦联政府，它基本上是个"友谊之盟"，没有行政首脑，没有司法部门，国会只有一院，而且无征税征兵之权，很难行使一个国家的权力。在它实行的七年间，其缺陷暴露无遗，美国史上称之为"危机时期"，华盛顿等有识之士深感改变之必要。

1787 年 5 至 9 月，制宪会议在费城举行。在华盛顿的主持下，富兰克林、麦迪逊、汉密尔顿等 55 名代表进行了连续三个多月的闭门会议，经过反复磋商、辩论和妥协，终于拿出一部宪法供各州通过。其间联邦党人与反联邦党人展开了激烈辩论，汉密尔顿、麦迪逊和杰伊三人在纽约报刊上连续发表了 85 篇文章为宪法辩护，后统称为《联邦党人文集》，它全面充分地阐述了美国的立国理念。1788 年，法定要求的 9 州通过，宪法生效。1789 年，华盛顿毫无悬念地当选为美国首位总统。

与《邦联条例》的权力来自各州不同，《合众国宪法》开头就是"我们，合众国的人民"，这意味着国家权力的来源和对象从原先的州直接改为全国人民。宪法本质上就是一个契约，是全体美国公民订立的契约，它明确了联邦、州和个人各自的职责和权利，为的是组织"一个更完善的联邦"，增进全民福祉。

宪法制定之难除了各方的利益纠结，更因为它要达到两个看似矛盾的目的：一是建立一个统一而强大的政府，足以有效地治理这个国家；二是要限制这个政府的权力，防止它专制腐败、祸害人民。在人类历史上，强大政府的先例有的是，但如何限制政府权力则是一个新的政治学课题。

《合众国宪法》设计了一整套巧妙的规定来达到两者的平衡，核心就是分权制衡。

分权是将联邦政府的权力划分成立法、行政和司法三大部门：立法权归国会，行政权归总统，司法权归最高法院和国会随时规定和设立的下级法院。各部门权力不同，人员组成不同，各自具有宪法上和政治上的独立性，但相互牵制，致使任何决定不能由一方单独做出。任何个人只能在其中一个部门任职，各部门成员通过不同的方式在不同的时间和范围内产生，因此具体的负责对象各不相同。

分权是防止权力过于集中而导致滥用的有效机制。也只有分权后，才能实施对权力各方的制衡。美国是典型的总统制，总统握有实权，但他受到国会与法院的监督与限制。总统有权否决国会的立法，但国会又能以三分之二多数否定总统的否决。总统有权提名联邦法官和部长候选人以及缔结条约，但都必须经过参议院的批准。同时，国会可以通过弹劾将总统免职，但必须达到三分之二多数。最高法院还有权宣布国会通过、总统签署的法律为违宪而非法，总统和国会都必须服从法院的判决。这些措施都使总统很难成为独裁者。

国会两院的彼此制衡形成又一个保险机制，参议院和众议院互有否决权，任何立法必须由两院同时多数通过。一切征税案均由众议院提出，但法官和官员的任命均由参议院批准。众议院独操弹劾权，参议院独操审判弹劾案之权。从当时的情况看，立法仍将是联邦政府最大的权力部门，所以制宪者们唯恐一院的国会草率行事或被煽动家控制，分成两院可以形成一种平衡。众议员由民众直选，年龄较轻，而参议员由各州议会推举，年龄较长、资历较深。参众两院的关系曾被比喻为杯盘，烫手的杯子需要一个盘子垫着才安全。也许有人会问，既然如此，又何必还要众议院呢？答案是，这是共和制所决定的，制宪者们对人民主权坚信不疑，政府只能来自人民，这是首位的，对公权力慎而又慎也是为了防止共和制蜕变，而防止多数暴政和防止个人暴君同样重要。

司法和其他两部门之间也是彼此制衡。总统任命最高法院法官，但法官上任后只要忠于职守，便可任职终身，薪俸不减，这是为了保证他们独立做出公正的判决，不必受到权力或私利的牵制。但法官们并非不受监督，国会可以对玩忽职守或犯罪的法官提出弹劾。最高法院虽然有权对包括宪法在内的一切法律做出解释，监督政府的行为和法规，但无权否定宪法修正案。国会若要否定最高法院对于某项法律的违宪判决，可以通过宪法修正案，这样便与法院无关。

还有两个重要的平衡机制也在发挥作用：一是联邦制。联邦和州各有自己的政府班子和立法。州政府的官员由各州自行选举产生，联邦政府无权任命州长或州级官员。州的立法虽然必须合宪，但是宪法保证州的领土与主权不受侵犯。两套平行的政府分别选举产生，州和联邦之间构成了又一种制衡。

二是政府和人民间的平衡。人民掌握选举、监督和罢免官员的权力。对政府来说最重要的钱袋主要由民选的众议院来掌管，表达自由的权利保证了舆论监督的实施。总统虽然由选举团产生，但选举人不得由议员或官员兼任。

可见，宪法创立的是一个十分精致的国家机器，它的顺利运转依赖于联邦、州和公民的共同努力。它设计的种种关卡体现了制宪者们的政治智慧和谨慎，而贯穿其中的是对权力和人性的深刻认识。

为了国家根本大法的持久有效，制宪者们规定了修宪的办法。由于政府本身就是宪法产生的，所以政府的三大部门均无修宪之权，修宪必须召开专门的修宪会议，以示契约的重建。宪法修正案前十条是与宪法同时通过的，统称"权利法案"，重申了州权和公民不受侵犯的权利，最主要的是宗教、言论、出版与和平集会的自由；持有和携带武器的权利；住房不受侵犯的权利；人身、住所、文件、财物与安全的保障；不受无理搜索拘留的权利；犯法时有受陪审团公开审判的权利等。迄今为止，一共通过了27条修正案，总的趋势无疑是以合法的方式和平推动美国的民主化，如内战后的第13、14、15条废除奴隶制，保障黑人的公民身份及选举权；第17条将参议员改为直选；第19条保障妇女选举权。在过去的二百多年里，美国经历了各种不可预料的时代变迁——内战、工业化、大萧条、两次世界大战、民权运动等，宪法是这个国家延续的根本保证。

唯独有了法，一个国家才有了准则，有了根基。也唯独一个法治国家，才能保证人民福祉，避免国家陷入混乱。从人治到法治，是现代政治最重大的进步，故制宪者们在美国被称为"国父"。

制宪者们的观点和利益也许各不相同，但对法治的信念是完全一致的。他们认真对待法律的态度使美国宪法没有停留在纸上，它是成功的活的宪法。这个世界上使用时间最长的宪法仍在有效实施，其权威不容置疑。总统的就职宣誓就是尽其所能去维持、保护和捍卫《合众国宪法》，在美国，倘若一个总统胆敢不把宪法当回事，那么也就不要指望选民把他当回事。

（钱满素）

詹姆斯·麦迪逊

联邦党人文集（第十篇）
（1787）

　　一个结构完善的联邦所具有的许多优点中，没有哪一项能比下述优点更值得正确地加以发展的了，那就是，它能使派别斗争的暴力趋于消灭和得到控制。

　　所谓派别，我的理解是：部分公民，无论在整体中属于多数还是少数，在共同的欲望或利益的推动下联合行动，但却与其他公民的权利或这个社会的长远和整体利益背道而驰。

　　防止派别的危害有两个办法：一是清除其根源，二是控制其影响。

　　清除派别的根源也有两种办法：一是取缔派别赖以生存的自由，二是使每个公民具有相同的见解、欲望和利益。

　　第一个办法比疾病更可怕，这样说最确切了。自由之对于派别正如同空气之对于火苗，少了它火苗就会立即熄灭。但是自由是政治生活必不可少的，如果由于自由培植了派别，就要废除自由，那是愚蠢的，这与由于空气使火具有破坏力量，便希望除去动物赖以生存的空气一样愚蠢。

　　如果说第一个办法是不明智的，那么第二个办法就是不切实际的。只要人的理智仍会犯错，而且有表达的自由，就会形成不同的见解。只要他的理智和自爱之间仍保持联系，他的见解和欲望就会互相影响，而前者往往是后者的依据。对财产的所有权，源于人们才能的差异，这种差异必然成为无法跨越的障碍，妨碍人们具有一致的利益。保护人的才能是政府的首要任务。人们挣钱敛财的才能不同，也不相等，因而保护这种才能的直接后果是人们占有不同程度和种类的财产。由于这些后果对各个产业主的情绪和见解所起的影响，使社会分成了代表不同利益的集团和党派。

因而在人的本性中埋下了派别的根源。我们可以看到，它们到处起作用，而且在文明社会的不同环境里，其所起作用的程度也各不相同。人们对宗教、政府和其他许多问题的不同见解（无论是推测的或实际的）所表现的激烈情绪，对那些野心勃勃、沽名钓誉、争权夺利的各种领袖人物的依附，或对其他形形色色的人的巴结（这些人的财富已引起人们的兴趣），都已经促使人类社会分成各个派别，煽起派别间的仇视，使其更热衷于互相烦扰、互相压制，而不是为了共同的利益携手合作。这种已成为人类嗜好的互相敌视是如此强烈，以至于在没有实际原因的情况下，一些极其微不足道的想象出来的差异，就足以煽起他们之间的敌对情绪并导致极为激烈的冲突。但是产生派别的最普遍和长期的根源是各种各样的和不平均的财富分配。那些拥有财产和没有财产的人在社会上形成了截然不同的势力。哪些是债权人，哪些是债务人，也同样分得清清楚楚。文明国家内，由于需要而产生了地产、制造业、商业、金融和其他方面的利益集团，并把他们分成受不同情绪和观点支配的不同阶级。现代立法的主要任务就是对这些互相干扰的利益加以调节，因而使政府的日常必要工作中包含了党争的因素。

任何人都不能充当法官来裁决自己的事情，因为他的利益必然影响他的判断，从而可能有损他的廉正。根据同样的、毋须更深一层的理由，一群人不适于在同一时候既是法官又是当事人；但是大部分最重要的立法，尽管确实不涉及个人权益，而只涉及广大公民的权益，却无非是一堆司法裁决而已，此外它们还能是什么呢？那些属于不同阶层的议员们除了身为他们所裁决的事项的鼓吹者和当事人之外，又能是什么呢？有没有草拟过一项有关私人债务的法律？这是涉及债权人为一方，债务人为另一方的问题。法官对当事双方应不偏不倚。现在当事人本身是法官，而且必须是法官；而为数最多的一方，即最有势力的一派必定可望取胜。应否通过对外国制造商的限制来鼓励发展本地工业？这种鼓励又能达到什么程度？对这些问题，土地所有者和制造商将会做出不同的决定，而且双方很可能都无视公正原则和公众利益。对不同类型的财产分摊赋税似乎需要一项非常公正的法令；然而，或许还没有一项法律条文能够像现有法令那样，赋予占优势一方以更大的机会和诱惑来践踏公正的准则了。他们迫使处于劣势一方负担的每一文钱，就是他们自己腰包里省下的一文钱。

有人说，开明的政治家将能够调节这些对抗的利益并使其服从公众利益，这是不可能的。开明的政治家并非永远处于领导地位。在许多情况下，在进行这种调节时不考虑那些间接和长远的因素是不可能的。但间接和长远的因素很难胜过当前的利益，一方为了当前利益可能漠视另一方的权利或整个社会的利益。

我们得出的结论是：产生派别的根源是不能消除的，只能通过控制其影响来减轻其危害。

如果一个派别是由少数派组成的，可以运用共和制原则来缓和这个派别带来的危害，即由多数派通过正常的投票击败另一派的恶念。派别活动能够妨碍政府工作，能够引起社会骚动，但是它不能在宪法掩护下制造暴力。如果一个派别占有多数，多数派便可利用民选政府的形式，为着它的占支配地位的欲望或利益，而牺牲公众的利益和其他公民的权利。因此，如何保障公众利益和个人权利不受多数派的损害，而同时又维护民选政府的精神和形式，成了我们探讨的主要目的。……

应通过什么办法来达到这个目的呢？很明显，只有在下列两个办法中取其一：防止多数派同时具备同一的欲望和利益，或者利用他们的人数和当地局势使同时具有这种欲望和利益的多数派不能够协调和实施其欺压计划。我们将明白，如果听任冲动和机会同时出现，就无法靠道义和宗教力量来进行充分的控制。没有看到道义或宗教精神制约过这些人的非正义和暴力行为，而这样的人越多，道义和宗教精神的制约力量就越弱；换句话说，越需要这种力量，便越找不到这种力量。

根据这个观点，或许可以得出这样的结论：纯粹的民主是无法防止派别的危害的。我所说的纯粹民主，是指人数不多的社会里，公民都集合起来参加管理政府。在几乎所有情况下，多数人都感到有共同欲望和利益；政府本身的形式也可以带来沟通和协调；但牺牲弱方或不合心意的人的现象却无法制止。因此，这样的民主实际上只是动乱和竞争的场所，它无法保障个人的安全或财产权。这样的民主一般说来都短命，在寿终正寝之前必有暴乱。支持这类政府的政治理论家的错误假设，认为只要人民在政治权利方面享受真正的平等，他们就会在财产、见解和欲望方面达到完全平等和协调一致。

实行代表制政府的共和政体开创了新的前景，并可望提供我们所寻求的节制派别危害的途径。让我们研究一下它在哪些方面有别于纯粹的民主，我们便会理解这种途径的性质和成立联邦所必能产生的效果。

民主和共和政体的两个主要区别是：第一，共和政体是由群众选出少数公民组成政府；第二，共和政体可随着公民人数的增加和国家疆界的延伸而不断扩大。

第一个区别的作用是：一方面，公众的意见经过一个由选举产生的公民团体的归纳提炼而更全面了，因为这些人具有最能理解自己国家的真正利益的才智，他们的爱国精神和正义感使他们绝不轻易屈从于暂时的和局部的利益。在这种民选代表制下，可能会出现这样的情况：人民的代表发表的公众意见将比公众自己在为此而召集的会议上发表的意见更符合公众的利益。但在另一方面，也可能产生适得其反的作用。有些怀有派性、地区性偏见或别有用心的人可能通过阴谋诡计、贿赂或其他办法先在选举中取胜，然后背叛人民的利益。随之而产生的问题是：为了使民选政府能切实保护公众的利益，共和国的管辖范围究竟是小一点好，还是大一点好呢？很清楚，我认为大一点好……

……共和政体可以比民主政体容纳更多的公民和领域。正是由于这种情况，派别联合在前种政体内要比在后种政体内威胁较小。社会越小，互相对立的、代表某种利益的党派可能也少一些；对立的党派和利害矛盾越少，在同一党派里出现多数派的情况就更普遍。组成多数派的人数越少以及这些人所属的范围越小，他们就更易于配合起来，实施一派压迫另一派的计划。疆域扩大了，不同的党派和利益也就增多，因而多数派越不大可能怀着共同的目的去侵犯其他公民的权益。如果确实存在这样的共同目的，那些有共同目的的人将更难于发现自己的力量并彼此配合行动。除了别的障碍外，我们可以这样说，一旦意识到存在不公正和不光彩的图谋，那些需要协同配合的人员之间的互不信任，往往成为互相沟通的障碍，这样的人越多，互不信任感越强烈。

因此，事情很清楚，在控制派别的影响上，共和制比民主制优越，而大共和国比小共和国具有更大的优越性，联邦比组成联邦的各州也具有更大的优越性。这种优越性是否在于采用了代表制，而这些代表的开明观点和高尚情操使他们克服了地区性偏见和不公正的图谋呢？不能否认，联邦的代表制极可能具备这些必要的优点。这种优越性是否还在于党派的数量增多，安全程度也就越大，而不致产生一派在数量上超过并压制其他各派的情况呢？联邦内部党派数量增多，安全程度也同样增加了。最后是否可以认为，优越性在于不公正的和既得利益的多数派在策划和实现某项阴谋时将会遇到更多的困难呢？这又是联邦的规模所体现的最为明显的优越性。

党派领袖的影响力可以在自己的州里燃起火焰，但是不可能将大火烧到别的州里去。一个教派组织可能在联邦某处变质成为一个政治派别。但是散布在联邦各处的形形色色教派，却必能确保全国教会免受来自那个教派的威胁。人们对于诸如发行纸币，废除债务，平均分配财产或者实行其他不当或险恶的计划的强烈愿望，较易在联邦的某个州传播开来，而不易在整个联邦蔓延。同样，一种歪风邪气更易败坏某个市镇或地区，而不易败坏整个州。

所以我们看到，联邦的规模和完善的结构是治理共和政府最易产生的弊病的良方。作为共和制政体的拥护者，我们感到愉快和骄傲，为此我们必须以同样的热情来爱护联邦主义者的精神并支持他们的主张。

普布利厄斯

* 译文选自《美国历史文献选集》，美国驻华大使馆新闻文化处，1985 年。

宪法制定后，需要各州通过。新宪法规定，九个州通过后即在该九州内生效。但在各州批准过程中，产生了意见分歧。争论焦点是强大的中央政府是否会蜕变为独裁者，侵犯州权、侵害民权。为了说服反对派，为宪法辩护释疑，汉密尔顿、麦迪逊和杰伊三人以普布利厄斯为笔名撰写了85篇文章，对美国政治思想和体制进行了一次总体论述。除了舆论劝导，制宪者还允诺在通过宪法的同时通过《权利法案》，最终化解了反联邦党人的疑虑和不安——强大的联邦政府只会保护而不会损害各州的利益和人民的权利，更不会成为美洲人民人皆厌之的专制暴政。

这部史称《联邦党人文集》的政治思考之作，因对国家制度的定义性评注和宪法条文的逐一解释而具备了重大的理论价值和政治地位。如果说宪法是开国先贤们用智慧为新政府所架构的骨骼，那么文集无疑让宪法变得有血有肉。有人认为宪法要与文集比照着看才更有意义，最高法院也将其作为宪法来源加以引证。杰斐逊在给麦迪逊的信中称之为"关于政府原则所写出的最好评论"。作者们在其位、谋其政、立其言，用平静的劝导语气，富于技巧地从人性的本质、历史的真实、理性的启蒙等角度阐释了宪法的基本思想、统一的中央政府的必要性、代议制联邦共和国之优越，以及三权分立、权力制衡等立国和治国原则。

作为"宪法之父"，麦迪逊对文集的贡献在数量上并非最大，而质量却相当出色。由他写就的第十篇堪称翘楚。针对"如何保障公众利益和个人权利不受多数派的损害，而同时又维护民选政府的精神和形式"这一目标，麦迪逊分析了未来美国政治的社会基础。他所着重讨论的"派别"，套用当今话语，就是"既得利益群体"或"弱势群体"中的"群体"。麦迪逊对人性和政治认识清醒，并不预设新生共和国能免于派别。若要从根源上消灭之，唯有二法：通过消灭自由而消灭派别——此法之不明智犹如以除去空气来灭火，在灭火的同时也隔断了人赖以生存的空气，无异以大恶治小恶；或让不同人等具有完全一致的观念、欲望和利益——这种不切实际的想法自然无法实现。

麦迪逊指出，派别根植于人之本性。人生来在才能、智力等方面就各不相同，而得以发挥这些才智的自由和天性中的自利，直接导致各人所获财产不均等。此乃产生派别最普遍而又最持久的根源。人类一旦结成群体，必然出现派别，且从根源上无法消除，也无法依靠个人自我裁决——好比裁判官又当运动员，不能保证比赛结果的公平合理。有人寄望于某个开明政治家来调节不同利益和派别，然而每个人都会有当下立场和自身利益出发点。即便有人能摒弃一时之私，也不能保证其永保公心或长期在位。只有客观认识到人性的弱点，承认派别是某种合理性存在，且伴随着人类社会的全部过程，才能制定出一套可行的游戏规则。

纵观人类社会发展，惨烈的派别斗争不可谓不多。得胜者往往将战利品尽数揽为己有，独家支配政府，主宰其他所有派系。而要避免一派独大，唯一可行之道是尽可能遏制派别影响，从而减轻其对社会和公众利益的危害。该思路的前提是，不仅承认人性之恶，而且承认在利益和欲望面前，信仰和道义的力量微不足道。事实是，两者之间会成反比：机会和诱惑越大，宗教和道德力量就越弱。既如此，只能诉诸制度，建立代议制联邦共和国。

麦迪逊认为新宪法下的联邦制可以防止某单一派别占尽上风。且共和国疆域规模越大，范围越广，党派数量越多，彼此间的制约就越多，既得利益群体实施阴谋的困难就会增大，得逞的可能性也就会变小，从而在一定程度上保障社会安全。早在伏尔泰流亡英伦之际，就在那个"自由最多或不自由最少"（恩格斯语）的国度发现了一个奥秘：英国教派团体有三十多种，却能"和平共处"，那是多元化带来的益处。麦迪逊深信多元化能确保美国眼前有自由，未来也有自由。因此，容许党派多元化且尽其发展，便可稀释派别肆虐带来的暴力和危害。在麦迪逊看来，这是"联邦的规模所体现的最为明显的优越性"。

除了联邦制，代议制也有助于克服派别之弊。麦迪逊认为古老的纯粹民主有一定的风险。处死苏格拉底的雅典五百人公民大会就是一种原始的、不经任何修饰的本能性群众民主，难免会因未经教化的粗鲁激情造成悲剧。代议制则以间接参政弥补了直接民主的缺陷。在州一级，不同派别的不同代表想要当选，必然要在各派系之间权衡协调；进入立法机构后，不大会一派主宰全局。联邦制另有与生俱来的优势：两级政府功能分开。因此，即便个别地区难免派系勾当，也只能滋扰本地，不易扩展到全国。到了联邦这层，即便当选议员带有地方性派系痕迹，也未必能在全国性议题中起负面影响；而且全国性议题亦非各派系事先所能预测。此外，宪法设定的众议院两年一选从时间上保证了它不会被一派长期盘踞；参议院则更着眼于全国性议题；还有总统的否决权。这些距离和心理上的因素使得代议制就像过滤器，有效地解除了派系政治中的有害成分。如此，优选出的"人民的代表发表的公众意见将比公众自己在为此而召集的会议上发表的意见更符合公众的利益"。

有人称《联邦党人文集》第十篇是美国政治心灵的窗户。制宪者深知，权力不受制约，就会无限增长，而宪法的最大作用就是制约政府权力。从宪法和文集中，后人得以一窥西方启蒙运动末期特有的时代之音。依据牛顿宇宙观，所有天体都因万有引力和彼此制约而各自安居其位。宇宙间的这套自我调节的合作系统与辉格主义政治家对社会、政治以及宪法的设计有着完美的契合度。各族群和利益集团皆可自由结派，形成诸多复杂因素间的相互制约和平衡。他们竞相推挤争先，看似一片乱象，内里则生出某种系统平衡。精心设置的三权分立和权力制衡，使得任何一个决策都是由各部门共同参与发力而成，决策非哪一个部门垄断而出，因而才具备正当性。就这样，立宪主义传统和立宪政府的艺术植根到美国国民性中。就连1861年南方宣布退出合众国，也在第一时间立了部同盟国宪法——正是他们刚刚宣布脱离的合众国宪法的翻版。

麦迪逊（1751—1836）出生于弗吉尼亚富裕之家，天性善良，是革命领导人之一，参加过大陆会议，且为新宪法殚精竭虑。曾任国务卿、总统、最高法院法官。与杰斐逊共创民主共和党，并保持终身友情。在开国先贤中，在世时间较长，终其一生扶助合众国成长。晚年光阴里，门前访客络绎不绝：来人不仅是为了求教治国方略，更为一睹贤人风采。

（秦文华）

亚历山大·汉密尔顿
关于制造业的报告
（1791）

现在再深入进行探讨，来列举一些有关制造业的主要特征。从这些特征中可以看出，制造业的建立不只是能一般性地提高整个社会的生产和收入水平，它所带来的提高幅度之大是在制造业兴起之前无法实现的。这些特征主要如下：

一、对劳动进行分工。

二、推广机器的使用。

三、为社会上一般不从事职业的阶层新增就业机会。

四、吸引外来移民。

五、为不同才能和气质的人提供更大施展空间，此乃人相异之根本。

六、为人的开拓进取提供更充分、更多样化的发挥空间。

七、确保剩余农产品稳定的市场需求，有些情况下是创造出新的需求。

制造业的每一特征都对一个社区的全部工作努力产生相当大的影响；加在一起，则更将增添难以想象的动力和效率。按照以上顺序对这些特征再一一加以阐述，可以更好地说明它们的重要性。

一、关于对劳动进行分工

合理的劳动分工对一个国家的经济来说几乎是最重要的,这种说法合乎情理。劳动的细分能使其完成得更完美,这是细分之前所不能达到的。主要有以下三个原因:

第一,不断地、专心致志地投入某一单个工作中能自然提高劳动者的技能和熟练程度。显而易见,这些素质的提高与劳动细分及注意力的持久形成正比,而与劳动的复杂性及注意力的分散程度成反比。

第二,由于避免了在不同工种之间的转换而造成的时间浪费,劳动细分带来了时间上的节省。造成耗时过长的原因很多:工种之间的转换本身;严格按规章操作器具、机器和收拾用过的材料;为了开始新的任务而需要做的准备工作;在大脑中消除某种与特定工作相关的思维定式;以及从一种劳动转到另一种劳动时的分神、犹豫和不情愿心理。

第三,推广机器的使用。在简化劳动使之高效时,只有从事单一劳动任务的工人才能更加集中注意力,更容易展开想象,这是兼顾彼此独立、互不关联的多种劳动任务的工人无法比拟的。另外,在很多情况下机器制造已成为一个独立行业,那些专门致力于此的技师可以利用以上列出的各种优势,来改进相关技术。这样,机器的发明和运用都能得到进一步加强。

基于以上原因,仅仅土地耕种者和技师的分工就能够提高劳动效率,进而提高整个国家的产出和收入。因此,仅就这一方面来说,由技师或制造商们的出现而带来的产出增加是显而易见的。

二、关于机器使用的推广，这一观点虽被部分人接受，仍需再作一两点补充说明

在整个民族工业中，机器的使用具有非常重要的地位。它是一种人造的力量，是对人的自然力量的补充。在所有工种中，它都能起到相当于增加人手和人力的功效，且免去了支付正常劳动力的费用。因此，能充分发挥这种机器辅助作用的行业最具备发展潜力，也能为提高产出做出最大贡献，这不是顺理成章的结论吗？

基于以上分析，从很大程度来说，在制造业和农业之间，机器的优势显然更能在前者得到发挥。因此，如果一个国家没有自己的制造业而是从外国进口相关必需品，那么这一区别就不存在了。以外国制造业替代本国制造业就是将使用机器的优势转移到外国，而使用机器所能带来的效率提高是无比巨大的。

英国发明的棉纺厂在过去 20 年中的表现最能证明以上观点。这些工厂建成后，纺织棉花的各种程序都由机器来进行，水力驱动机器，看管机器的主要是妇女和儿童。从整体上说，所需劳工人数跟普通棉纺方式相比明显减少。而且工厂可以日夜运转，这是一个非常重要的进步。像这样使用机器所带来的效率是可想而知的，英国在棉纺业突然取得的巨大发展主要得益于机器的发明。

三、关于为社会上一般不从事某项职业的阶层新增就业机会

这一点在制造业为增加整个社会生产总量所做出的贡献不容忽视。在制造业占优势的地方，除了普通就业者，还为那些勤劳的个人及其家庭成员提供额外的、零散的兼职机会，这些人愿意利用日常工作之余的闲暇来

兼职以提高收入、丰富生活。附近工厂对工人的需求给家中妻女提供了劳动机会，农夫从中获得一种新的经济补充和支持。

制造业除了以上提到的能给从事不同职业的人提供兼职机会外，还能带来另一个与此相似的好处，即能给那些本来无所事事、经常成为社会负担的人提供就业。这些人由于脾气、行为习惯及健康状况不尽如人意或其他一些原因，丧失了在农村劳动的愿望和能力。特别值得一提的是，总的来说，制造业的兴起为妇女和儿童提供了用武之地，特别是儿童比以前更早地发挥作用了。据统计，在英国棉纺业的雇员中，将近七分之四为妇女和儿童，其中绝大部分为儿童，且是年龄很小的儿童。

因此制造业一个不可小觑的特征和效应就是，在它占优势之处能够提供更大的劳动量，即使雇员数量不变。

四、关于吸引外来移民

除非受到近在眼前并有把握得到的利益之驱动，人们一般不会丢弃现有的职业和生活去重新开始。那些愿意跨越国门的人们如果能够继续他们所学职业而获利更多时，通常不会想到去改行，另谋生路。因此，欧洲的制造商们如果知道美国有以下那么多吸引力，就会从欧洲蜂拥而至，到美国来发挥自己的专长、开拓自己的事业。这些吸引力包括：更高的产品销售价格和劳动报酬；更低的原材料及设备价格；摆脱旧大陆的大量税项、负担及限制；在一个更为公平的政府下，享受更大的个人独立和成果；而且远比宗教宽容更为宝贵的是，享有宗教信仰的完全平等。一旦他们发现能享有那么多优势，并对就业前景胸有成竹，就会顶住困难跨出国门做异国的劳动者。

果真如此的话，开辟一切途径来吸引外来移民是符合美国利益的，这为鼓励制造业又提供了一个重要理由，如上所述，制造业将有力地使吸引移民的诱惑倍增。

移民是非常重要的资源，不但可以扩大人口，增加国家有用有效的劳动力，而且能在不占用农业劳动力的基础上发展制造业，甚至还会由于某些移民的改行而给农业带来人力资源的补充，很多看好制造业前景而移民的人以后有可能被美国农业某些特殊的优势吸引过去。虽然农业在其他方面将从制造业发展中获得许多显而易见的利益，但从事农业的人数是增是减还很难说。

五、关于为不同才能和气质的人提供更大施展空间，此乃人相异之根本

制造业的这一特点能出人意料地提高国家的工业积累。如果让那些在适合他们的行业中表现得头脑一流、活力充沛的人去干不适合他们的职业，结果会落得不如平庸之材，毫无效率。因此，职业的多样化能将人们的努力转为更大的成就。当社会中有不同产业并存时，每个人都能找到适合自己的位置，并全力以赴。这样由于人尽其才，整个社会终将受益匪浅。

有一种观点是，我国国民的才干中具备一种特有的善于改良机器的天赋。如果真是这样，就应该推广机器的使用，让他们的才能得以充分发挥。

六、关于为人的开拓进取提供更充分、更多样化的发挥空间

这种特点也能积极推动全社会的人们加强努力，其推动程度远大于初看之下的预测，带来的效果也与第五点相类似。将人们的创业精神引导到不同行业中，从而发挥和激发大脑的工作效率，这不失为扩大国家财富的重要措施之一。甚至一些原本并不有利的事只要能激发人们的努力也能变

成好事。每一件能调动人类忙碌的天性、激发其努力的事都是在为国家的整体发展做贡献。

创业精神富于功效和创新，但其张弛必与社会中存在的职业及生产门类的易简程度相适应。一个纯农业的国家对它的需要不如一个农商并存的国家那么强，而一个农商并存的国家又没有一个农业、商业和技术制造业并存的国家那么强。

七、关于确保剩余农产品稳定的市场需求，有些情况下是创造出新的需求

这是制造业最重要的特征之一。制造业主要通过这一手段来提高整个国家的产出和岁收，它对促进农业的兴旺能起到立竿见影的作用。

很明显，农民生产的剩余农产品只有通过市场才能得以销售。农民付出努力的程度大小时而稳定时而波动，时高时低，这都与市场的稳定与波动，充足与非充足成正比，而农产品剩余的多少也同样如此。

就剩余农产品的出路而言，国内市场远比国外市场可取，因为它无疑更加可靠。

（刘旭东 译）

---

* 译自 Alexander Hamilton, "On Manufactures", *A More Perfect Union: Documents in U.S. History, Volume I: to 1877*, Paul F. Boller, Jr. and Ronald Story, Houghton Mifflin Company, Boston, 1984

1791年12月5日，时任美国财政部长的汉密尔顿应国会要求提交《关于制造业的报告》，旨在说明新共和国如何能够发展制造业，刺激经济，

"使其在基本需求,特别是军事需求上不再依赖别国"。这篇文字被称为"美国工业化的宪章",也被认为是美国国家主义的宣言,其描绘的图景在美国内战后得到了实现。

1789年4月,华盛顿总统组建第一任内阁,任命亚历山大·汉密尔顿为财政部长。当时摆在国父们面前的,是一个已经破产的政府。如何解决债务、发展经济以及维护国家独立是最紧迫的任务,也是最严峻的考验。在1790—1791年,汉密尔顿先后提出四个有关财政和经济的报告,建议偿还国债、恢复公共信用、建立税收制度保障国库收入来源、并论证了建立国家银行的迫切性。

《关于制造业的报告》是汉密尔顿对于美国未来发展道路的设想,也是他四份报告中最具分量的。在他的蓝图中,这是美国成为一个繁荣、安全、幸福国家的最重要一步。为了准备这份报告,精力旺盛的汉密尔顿联系了大量制造业从业者和税收人员,询问各个地区的生产情况。为了得到有关"美国制造"的第一手信息,他甚至让税收官员收集了大量样品——康涅狄格州的羊毛,马萨诸塞州的地毯——并将它们陈列在众议院的会议室,作为一种全新的游说手段。

《报告》分为两个部分:第一部分是有关制造业的理论和展望;第二部分是对当时美国制造业所做的详尽调查。我们这里的译文选自第一部分,主要从理论上分析了制造业能够提高产出的七点理由以及它会给美国社会带来的益处。

在当时的美国,很多人信奉法国重农学派的观点。他们认为,土地,或者说农业,是所有财富的来源。他们认为,只有农业才能在投入生产成本之后获得净收益,而除农业之外的所有劳动都是"无效的",因为这些劳动只是改变了土地出产品的形式,使得它们可供消费,但不增添任何其他价值。因此,汉密尔顿在《报告》中必须回应以下问题:制造业是否能增加社会的财富和税收,还是仅仅会分散国家对农业的投入?

在《报告》中，汉密尔顿首先肯定，制造业像农业一样，可以增加物质财富，并且从七个方面详尽地分析了制造业的特征，阐述由于制造业可以将劳动细分为更简单的操作，减低难度，并实现机械化，因此能更大幅度地提高效率和产出。他同时强调，他并没有计划用工厂取代农场；与其他行业相比，农业具有无可争议的重要地位；制造业不仅不会伤害农业，反而会给多余的农产品提供稳定的国内市场，并且可以为农民提供额外的工作机会。

汉密尔顿的政敌一贯指责他想实现的是一个阶级分化的僵化社会。但他在《报告》中描绘的未来社会却与此大相径庭。他构想的美国，是一个多样化的社会，吸引着来自各个国家、各种背景的人，是一个凭借自己才能实现梦想的国家。虽然文中没有任何字眼提到奴隶制，但他理想中的经济模式显然不存在南方种植园的封建奴役。这个国家矿产、水利资源丰富，森林广布，税收政策优惠，制造业从业者和工匠将会蜂拥而至。

汉密尔顿对"多样化"的强调，对现代人来说非常自然。但对"妇女和童工"的强调，就显得刺耳多了。他在文中提到"在英国棉纺业的雇员中，将近七分之四为妇女和儿童，其中绝大部分为儿童，且年龄很小的儿童。"这听起来显得非常冷酷，而且他确实没有预见到十九世纪纺织厂中女工和童工的悲惨境地。但从另一方面来说，在那个时代，农场和工厂中的童工现象非常普遍。且从他自身经历看，他九岁即被父亲遗弃，他和哥哥一直是靠母亲开小杂货店养活。母亲死后，他十一岁便到商店做店员。汉密尔顿并没有把使用妇女和儿童看作是剥削，而是看作给他们一个挣取体面工资的机会。他说："当社会中有不同产业并存时，每个人都能找到适合自己的位置，并全力以赴。这样由于人尽其才，整个社会终将受益匪浅。"对他来说，工作是崇高的，能使一个人变得有尊严。

汉密尔顿对工商业的推动，遭到了强烈的反对。这些反对者认为工厂会伤害农业，并威胁到共和政府。而且，美国拥有大量土地，但人口稀少，资金短缺，这些因素都决定了美国应该是一个农业民主国家。其中的代表人物就是杰斐逊。在他看来，美国民主就应该永远和农业划等号。由于缺乏强有力的支持，汉密尔顿《关于制造业的报告》最终并未转化为法律。国会搁置了这份报告，而汉密尔顿本人似乎也没有做多少努力来挽救它的命运。但这份预言性的文件终究是不会被遗忘的。1810年4月，麦迪逊总统的财政部长艾尔伯特·加勒廷应国会要求，提出了一个详尽的《关于制造业的报告》，这个报告继承了汉密尔顿的主要主张。事实证明，杰斐逊的拥护者们最终还是接受了当年对手的基本主张。

18世纪末的北美社会仍是带有殖民地时期深刻烙印的农业社会，国民90%以上都是耕种者。在华盛顿总统的就职典礼上，他穿戴的是康涅狄格州生产的绒面呢制服，以表示对本土制造业的支持。但事实上，当时所谓的制造业少得可怜。即使是在城市里，从事商业的人也远远多于从事制造业的工匠。但汉密尔顿清醒地看到了近代西欧工商业的兴起，以及英国在工业革命开始后工商业加速发展的趋势。在他生活的时代，英国工业革命刚刚起步，但他凭借其敏锐的观察力，已经注意到了这一历史大趋势。在这份报告中，汉密尔顿参照英国工业革命的实践，规划了美国经济的发展前景，将美国置于世界经济体系之中。当美国的工业革命开始迅速发展时，它成为美国资本主义现代化的蓝本。

亚历山大·汉密尔顿（约1757—1804）出生于英属西印度群岛，于1772年来到美国；1776年参加美国独立革命，并成为华盛顿将军的副官；建国后，被任命为第一任财政部长；坚定的国家主义者，致力于使松散的各州真正凝聚成一个强大的国家，并显示出对美国未来的政治、军事和经济惊人的洞察力；被认为是美国财政金融大厦的第一个奠基人；1804年死于与副总统伯尔的决斗。

（王帆）

乔治·华盛顿
告别辞
（1796）

各位朋友和同胞：

我们重新选举一位公民来主持美国政府的行政工作，已为期不远。此时此刻，大家必须运用思想来考虑把这一重任付托给谁。因此，我觉得我现在应当向大家声明，尤其是因为这样做有助于使公众意见获得更为明确的表达，那就是我已下定决心，谢绝将我列为候选人……

关于我最初负起这个艰巨职责时的感想，我已经在适当的场合说过了。现在辞掉这一职责时，我要说的仅仅是，我已诚心诚意地为这个政府的组织和行政，贡献了我这个判断力不足的人的最大力量。就任之初，我并非不知我的能力薄弱，而且我自己的经历更使我缺乏自信，这在别人看来，恐怕更是如此。年事日增，使我越来越认为，退休是必要的，而且是会受欢迎的。我确信，如果有任何情况促使我的服务具有特别价值，那种情况也只是暂时的；所以我相信，按照我的选择并经慎重考虑，我应当退出政坛，而且，爱国心也容许我这样做，这是我引以为慰的……

讲到这里，我似乎应当结束讲话。但我对你们幸福的关切，虽于九泉之下也难以割舍。由于关切，自然对威胁你们幸福的危险忧心忡忡。这种心情，促使我在今天这样的场合，提出一些看法供你们严肃思考，并建议你们经常重温。这是我深思熟虑和仔细观察的结论，而且在我看来，对整个民族的永久幸福有着十分重要的意义……

你们的心弦与自由丝丝相扣，因此用不着我来增强或坚定你们对自由的热爱。

政府的统一，使大家结成一个民族，现在这种统一也为你们所珍视。这是理所当然的，因为你们真正的独立，仿佛一座大厦，而政府的统一，乃是这座大厦的主要柱石；它支持你们国内的安定，国外的和平；支持你们的安全，你们的繁荣，以及你们如此重视的真正自由。然而不难预见，会有某些力量试图削弱大家心里对于这种真理的信念，这些力量的起因不一，来源各异，但均将煞费苦心，千方百计地产生作用；其所以如此，乃因统一是你们政治堡垒中一个重点，内外敌人的炮火，会最持续不断地和加紧地（虽然常是秘密地与阴险地）进行轰击。因此，最重要的乃是大家应当正确估计这个民族团结对于集体和个人幸福所具有的重大价值；大家应当对它抱着诚挚的、经常的和坚定不移的忠心；你们在思想和言语中要习惯于把它当作大家政治安全和繁荣的保障；要小心翼翼地守护它。如果有人提到这种信念在某种情况下可以抛弃，即使那只是猜想，也不应当表示支持。如果有人企图使我国的一部分脱离其余部分，或想削弱现在联系各部分的神圣纽带，在其最初出现时，就应当严加指责。

对于此点，你们有种种理由加以同情和关怀。既然你们因出生或归化而成为同一国家的公民，这个国家就有权集中你们的情感。美国人这个名称来自你们的国民身份，它是属于你们的；这个名号，一定会经常提高你们爱国的光荣感，远胜任何地方性的名称。在你们之间，除了极细微的差别外，有相同的宗教、礼仪、习俗与政治原则。你们曾为同一目标而共同奋斗，并且共同获得胜利。你们所得到的独立和自由，乃是你们群策群力，同甘苦，共患难的成果。

尽管这些理由是多么强烈地激发了你们的感情，但终究远不及那些对你们有更直接利害关系的理由。全国各地都可以看到强烈的愿望，要求精心维护和保持联邦制。

北方在与受同一政府的平等法律保护的南方自由交往中，发现南方的产品为航海业和商业提供了极其丰富的资源，为制造业提供了十分宝贵的原料。与此相同，南方在与北方交往时，也从北方所起的作用中获益不浅，农业得到了发展，商业得到了扩大。南方将部分北方海员转入自己的航道，使南方的航运业兴旺了起来。尽管南方在各方面都对全国航运业的繁荣和发展有所贡献，但它期望得到海上力量的保护，目前它的海上力量相对说来太薄弱了。东部在与西部进行类似的交往中，发现西部是东部自国外输入商品和在国内制造的商品的重要通道，而这个通道将随着内地水陆交通的不断改善而日趋重要。西部则从东部得到发展和改善生活所必不可少的物资供应；也许更重要的是，西部要确保其产品出口的必要渠道，必须靠联邦的大西洋一侧的势力、影响和未来的海上力量，而这需要把东西部看成一个国家，有着不可分割的利害关系。西部如要靠其他任何方式来保持这种重要的优越地位，无论是单靠自己一方的力量，或是靠与外国建立背叛原则和不正常的关系，从本质上来看都是不牢靠的。

由此可见，我国各部分都从联合一致中感觉到直接的和特殊的好处，而把所有各部分联合在一起，人们会从手段和力量之大规模结合中，找到更大力量和更多资源，在抵御外患方面将相应地更为安全，而外国对它们和平的破坏也会减少。具有无可估量的价值的是，联合一致必然会防止它们自身之间发生战争。这种战争不断地折磨着相互邻接的国家，因为没有同一的政府把它们联成一气。这种战事，仅由于它们彼此之间的互相竞争，即可发生，如果与外国有同盟、依附和阴谋串通的关系，则更会进一步激发和加剧这种对抗。因此，同样地，它们可以避免过分发展军事力量，这种军事力量，在任何形式的政府之下，都是对自由不利的，而对共和国的自由，则应视为尤具敌意。就这个意义而言，应把你们的联合一致看作是你们自由的支柱，如果你们珍惜其中一个，也就应当保存另一个……

你们是否怀疑一个共同的政府能够管辖这么大的范围？把这个问题留

待经验来解决吧。对付这样一个问题单纯听信猜测是错误的。在这种情况下，非常值得进行一次公平和全面的实验。要求全国各地组成联邦的愿望是如此强烈和明显，因此，在实践尚未表明联邦制行不通时，试图在任何方面削弱联邦纽带的人，我们总是有理由怀疑他们的爱国心的。

在研究那些可能扰乱我们联邦的种种原因时，使人想到一件至关重要的事，那就是以地域差别——北方与南方、大西洋与西部——为根据来建立各种党派；因为那些心怀不轨的人可能力图借此造成一种信念，以为地方间真的存在着利益和观点的差异。一个党派想在某些地区赢得影响力而采取的策略之一，是歪曲其他地区的观点和目标。这种歪曲引起的妒忌和不满，是防不胜防的；使那些本应亲如兄弟的人变得互不相容……

为了使你们的联合保持效力和持久，一个代表全体的政府是不可少的。各地区结成联盟，不论怎样严密，都不能充分代替这样的政府。这种联盟一定会经历古往今来所有联盟的遭遇，即背约和中断。由于明白这个重要的事实，所以大家把最初的文件加以改进，通过了一部胜过从前的政府宪法，以期密切联合，更有效地管理大家的共同事务。这个政府，是我们自己选择的，不曾受人影响，不曾受人威胁，是经过全盘研究和缜密考虑而建立的，它的原则和它的权力的分配，是完全自由的，它把安全和力量结合起来，而其本身则包含着修正其自身的规定。这样一个政府有充分理由要求你们的信任和支持。尊重它的权力，服从它的法律，遵守它的措施，这些都是真正自由的基本准则所责成的义务。我们政府体制的基础，乃是人民有权制定和变更他们政府的宪法。可是宪法在经全民采取明确和正式的行动加以修改以前，任何人对之都负有神圣的义务。人民有建立政府的权力与权利，这一观念乃是以每人有责任服从所建立的政府为前提的……

要保存你们的政府，要永久维持你们现在的幸福状态，你们不仅不应支持那些不时发生的跟公认的政府权力相敌对的行为，而且对那种要改革政府原则的风气，即使其借口似若有理，亦应予以谨慎的抵制。他们进攻的方法之一，可能是采取改变宪法的形式，以损害这种体制的活力，从而把不能直接推翻的东西，暗中加以破坏。在你们可能被邀参与的所有变革中，你们应当记住，要确定政府的真正性质，正如确定人类其他体制一样，时间和习惯至少是同样重要的；应当记住，要检验一国现存政体的真正趋势，经验是最可靠的标准；应当记住，仅凭假设和意见便轻易变更，将因假设和意见之无穷变化而招致无穷的变更；还要特别记住，在我们这样辽阔的国度里，要想有效地管理大家的共同利益，一个活力充沛的并且能充分保障自由的政府是必不可少的。在这样一个权力得到适当分配和调节的政府里，自由本身将会从中找到它最可靠的保护者。如果一个政府力量过弱，经不住朋党派系之争，不能使社会每一分子守法，不能维持全体人民安全而平静地享受其人身和财产权利，那么，这个政府只是徒有虚名而已。

我已经提醒你们，在美国存在着党派分立的危险，并特别提到按地域差别来分立党派的危险。现在让我从更全面的角度，以最严肃的态度概略地告诫你们警惕党派思想的恶劣影响。

不幸的是，这种思想与我们的本性是不可分割的，并扎根于人类脑海里最强烈的欲望之中。它以各种不同的形式存在于所有政府机构里，尽管多少受到抑制、控制或约束。但那些常见的党派思想的形式，往往是最令人讨厌的，并且确实是政府最危险的敌人……

它往往干扰公众会议的进行，并削弱行政管理能力。它在民众中引起无根据的猜忌和莫须有的惊恐；挑拨派系对立；有时还煽起骚动和叛乱。它为外国影响和腐蚀打开方便之门。外国影响和腐蚀可以轻易地通过派系倾向的渠道深入到政府机构中来。这样，一个国家的政策和意志就会受到另一个国家政策和意志的影响。

有一种意见，认为自由国家中的政党，是对政府施政的有效牵制，有助于发扬自由精神。在某种限度内，这大概是对的；在君主制的政府下，人民基于爱国心，对于政党精神即使不加袒护，亦会颇为宽容。但在民主性质的纯属选任的政府下,这种精神是不应予以鼓励的。从其自然趋势看来,可以肯定,在每一种有益的目标上,总是不乏这种精神的。但这种精神常有趋于过度的危险,因此应当用舆论的力量使之减轻及缓和。它是一团火,我们不要熄灭它,但要一致警惕,以防它火焰大发,变成不是供人取暖,而是贻害于人。

还有一项同样重要的事,就是一个自由国家的思想习惯,应当做到使那些负责行政的人保持警惕,把各自的权力局限于宪法规定的范围内,在行使一个部门的权力时,应避免侵犯别一个部门的权限。这种越权精神倾向于把所有各部门的权力集中于某一部门,因而造成一种真正的专制主义,姑不论其政府的形式如何……如果民意认为,宪法上的权限之分配或修改,在某方面是不对的,我们应当照宪法所规定的办法予以修改。但我们不可用篡权的方式予以更改;因为这种方法,可能在某一件事上是有效的手段,但自由政府也常会被这种手段毁灭。所以使用这种方法,有时虽然可以得到局部的或一时的好处,但此例一开,一定抵不过它所引起的永久性危害的。

在导致昌明政治的各种精神意识和风俗习惯中,宗教和道德是不可缺少的支柱。一个竭力破坏人类幸福的伟大支柱——人类与公民职责的最坚强支柱——的人,却妄想别人赞他爱国,必然是白费心机的。政治家应当同虔诚的人一样,尊敬和爱护宗教与道德。宗教与道德同个人福利以及公共福利的关系,即使写一本书也说不完。我们只要简单地问,如果宗教责任感不存在于法院赖以调查事件的宣誓中,那么,哪能谈得上财产、名誉和生命的安全呢?而且我们也不可耽于幻想,以为道德可不靠宗教而维持下去。高尚的教育,对于特殊构造的心灵,尽管可能有所影响,但根据理智和经验,不容许我们期望,在排除宗教原则的情况下,道德观念仍能普遍存在。

有一句话大体上是不错的,那就是:道德是民意所归的政府所必需的原动力。这条准则可或多或少地适用于每一种类型的自由政府。凡是自由政府的忠实朋友，对于足以动摇它组织基础的企图，谁能熟视无睹呢？因此，请大家把普遍传播知识的机构当作最重要的目标来加以充实提高。政府组织给舆论以力量，舆论也应相应地表现得更有见地，这是很重要的。

我们应当珍视国家的财力，因为这是力量和安全的极为重要的源泉。保存财力的办法之一是尽量少动用它，并维护和平以避免意外开支；但也要记住，为了防患于未然而及时拨款，往往可以避免支付更大的款项来消弭灾祸。同样，我们要避免债台高筑，为此，不仅要节约开支，而且在和平时期还要尽力去偿还不可避免的战争所带来的债务，不要将我们自己应该承受的负担无情地留给后代……

我们要对所有国家遵守信约和正义，同所有国家促进和平与和睦。宗教和道德要求我们这样做。难道明智的政策不是一样要求这样做吗？如果我们能够成为一个总是遵奉崇高的正义和仁爱精神的民族，为人类树立高尚而崭新的典范，那我们便不愧为一个自由的、开明的，而且会在不久的将来变得伟大的国家。如果我们始终如一地坚持这种方针，可能会损失一些暂时的利益，但是谁会怀疑，随着时间的推移和事物的变迁，收获将远远超过损失呢？难道苍天没有将一个民族的永久幸福和它的品德联系在一起吗？至少，每一种使人性变得崇高的情操都甘愿接受这种考验的。万一考验失败，这是否由人的恶行造成的呢？

在实行这种方针时，最要紧的，乃是不要对某些国家抱着永久而固执的厌恶心理，而对另一些国家则热爱不已；应当对所有国家都培养公正而友善的感情。一个国家，如果习于对其他国家恶此喜彼，这个国家便会在某种程度上沦为奴隶；或为敌意的奴隶，或为友情的奴隶，随便哪一种都足以将它引离自己的责任和自己的利益。一国对于另一国心存厌恶，两国便更易于彼此侮辱和互相伤害，更易于因小故而记恨，并且在发生偶然或细琐的争执时，也易于变得骄狂不羁和难以理喻。

一国对他国怀着热烈的喜爱，也一样能产生种种弊端。由于对所喜爱的国家抱同情，遂幻想彼此有共同的利益，实则所谓共同利益仅是想象的，而非真实的；再者，把他国的仇恨也灌注给自己，结果当他国与别国发生争执或战争，自己也会在没有充分原因和理由的情况下陷身其中。此外，还会把不给与他国的特权给与所喜爱的国家；于是，这个做出让步的国家，便会蒙受双重损害，一是无端损失本身应当保留的利益，一是激起未曾得到这种利益的国家的嫉妒、恶感和报复心理；这给那些有野心的、腐化的或受蒙蔽的公民（他们投靠自己所喜爱的国家）提供了方便，使他们在背叛或牺牲自己国家的利益时不但不遭人憎恨，有时甚至还受到欢迎，并把由于野心、腐化或糊涂而卑鄙愚蠢地屈服的人粉饰成有正直的责任感、顺乎民意，或是热心公益而值得赞扬的人……

一个自由民族应当经常警觉，提防外国势力的阴谋诡计（同胞们，我恳求你们相信我），因为历史和经验证明，外国势力乃是共和政府最致命的敌人之一。不过这种提防，要想做到有效，必须不偏不倚，否则它会成为我们所要摆脱的势力的工具，而不是抵御那种势力的工事。对某国过度偏爱，对另外一个过度偏恶，会使受到这种影响的国家只看到一方面的危险，却掩盖甚至纵容另一方所施的诡计。当我们所喜欢的那个国家的爪牙和受他们蒙蔽的人，利用人民的赞赏和信任，诱骗人民放弃本身的利益时，那些可能抵制该国诡计的真正爱国志士，反而极易成为怀疑与憎恶的对象。

我们处理外国事务的最重要原则，就是在与它们发展商务关系时，尽量避免涉及政治。我们已订的条约，必须忠实履行。但以此为限，不再增加。

欧洲有一套基本利益，它对于我们毫无或甚少关系。欧洲经常发生争执，其原因基本上与我们毫不相干。所以，如果我们卷进欧洲事务，与他们的政治兴衰人为地联系在一起，或与他们友好而结成同盟，或与他们敌对而发生冲突，都是不明智的。

我国独处一方，远离他国，这种地理位置允许并促使我们奉行一条不同的政策路线。如果我们在一个称职的政府领导下保持团结，在不久的将来，我们就可以不怕外来干扰造成的物质破坏；我们就可以采取一种姿态，使我们在任何时候决心保持中立时，都可得到他国严正的尊重；好战国家不能从我们这里获得好处时，也不敢轻易冒险向我们挑衅；我们可以在正义的指引下依照自己的利益，在和战问题上做出抉择。

我们为什么要摒弃这种特殊环境带来的优越条件呢？为什么要放弃我们自己的立场而站到外国的立场上去呢？为什么要把我们的命运同欧洲任何一部分的命运交织一起，以致把我们的和平与繁荣，陷入欧洲的野心、竞争、利益关系、古怪念头，或反复无常的罗网之中呢？

我们真正的政策，乃是避免同任何外国订立永久的同盟，我的意思是我们现在可自由处理这种问题；但请不要误会，以为我赞成不履行现有的条约。我认为，诚实是最好的政策，这句格言不仅适用于私事，亦适用于公务。所以我再重复说一句，那些条约应按其原意加以履行。但我觉得延长那些条约是不必要，也是不明智的。

我们应当经常警惕，建立适量的军队以保持可观的防御姿态，这样，在非常紧急时期中，我们才可以安全地依靠暂时性的同盟。

无论就政策而言，就人道而言，就利害而言，我们都应当跟一切国家保持和睦相处与自由来往。但是甚至我们的商业政策也应当采取平等和公平的立场，即不向他国要求特权或特惠，亦不给与他国以特权或特惠；一切要顺事物之自然而行；要用温和的手段扩展商业途径并作多种经营，绝不强求；与有此意向的国家订立有关交往的习用条例，俾使贸易有稳定的方向，我国商人的权利得以明确，政府对他们的扶助得以实现，这种条例应为现时情势和彼此意见所容许的最合理的条例，但也只是暂时的，得根据经验与情势随时予以废弃或改变；须时时谨记，一国向他国索求无私的恩惠是愚蠢的；要记住，为了得到这种性质的恩惠，它必须付出它的一部分独立为代价；要记住，接受此类恩惠，会使本身处于这样的境地：自己已为那微小的恩惠付出同等的代价，但仍被谴责为忘恩负义，认为付得不够。期待或指望国与国之间有真正的恩惠，实乃最严重的错误。这是一种幻想，而经验必可将其治愈，正直的自尊心必然会将其摈弃……

虽然在检讨本人任期内的施政时，我未发觉有故意的错误，但是我很明白我的缺点，并不以为我没有犯过很多错误。不管这些错误是什么，我恳切地祈求上帝免除或减轻这些错误所可能产生的恶果。而且我也将怀着一种希望，愿我的国家永远宽恕这些错误；我秉持正直的热忱，献身为国家服务，已经四十五年，希望我因为能力薄弱而犯的过失，会随着我不久以后长眠地下而湮没无闻。

我在这方面和在其他方面一样，均须仰赖祖国的仁慈，我热爱祖国，并受到爱国之情的激励，这种感情，对于一个视祖国为自己及历代祖先的故土的人来说，是很自然的。因此，我以欢欣的期待心情，指望在我切盼实现的退休之后，我将与我的同胞们愉快地分享自由政府下完善的法律的温暖——这是我一直衷心向往的目标，并且我相信，这也是我们相互关怀、共同努力和赴汤蹈火的优厚酬报。

* 译文选自《美国历史文献选集》，美国驻华大使馆新闻文化处，1985年。

美国人喜欢对总统进行排名，试图以不同的标准评价总统的成就，大多数情况下，总统的声誉时升时降，但乔治·华盛顿总是名列前茅。人们常说，华盛顿是独立战争中最棒的将军、和平时期最好的总统。作为将军，华盛顿最让世人震惊的举动是在革命胜利后，立即放弃手中的军权，解散部队，和士兵们一起解甲归田。不久，缺乏统一管理的新生共和国危机四起，为挽救联邦，华盛顿再次出马，主持1787年制宪会议，并任第一届美国总统。作为总统，华盛顿最著名的作品不是他的就职演说，而是他的告别辞。华盛顿的一生似乎总是在"退让"之际取得最高的成就，他的退让不仅塑造了美国历史，在美国民众心中树立了永久的丰碑，而且在世界政治史上留下了浓墨重彩的一笔。

美国在1787年制定的宪法为一个大国建立共和制规定了相应的原则，但如何将这些原则应用于政治实践，则需要政治家们发挥各自的聪明才智。第一届政府的实际运作可谓举足轻重，而华盛顿的榜样作用更是不言而喻。他的告别辞为美国政治树立了总统连任两届的传统，这一传统直到20世纪30年代才被富兰克林·罗斯福打破，但随后，美国宪法第二十二条修正案明文规定总统连任不超过两届。华盛顿的退休为总统职位的轮替创造了先例，为共和制的建立奠定了重要基础。如果说美国的共和制与欧洲的君主制有什么区别，最重要的就是避免了个人独裁，政府职位不再是终身制，各职能部门在宪法的规范下各司其职。再者，经过华盛顿两届任期的努力，联邦政府逐渐步入正轨。在华盛顿执政的八年中，他是国家的舵手、稳定的核心，当他看到初次试水的共和国航船终于能够扬帆远航时，他心安理得地退出舵手的位置并以公开信的方式告诉民众，接下来要由他们自己掌握命运的航向。为帮助民众理解当时的国内外形势，华盛顿在告别辞中详细阐述了自己的观点，他是在告诉美国民众，他离去后的共和国如何保持安定和独立。

当时的美国社会普遍重视州权和个人权利，殖民地人经过八年战争才甩掉大西洋彼岸的统治，没有人愿意用血的代价换取另一个国王来干涉自己的生活，因此美国人从一开始就对远方的集权者有着天然的警惕，甚至对"中央政府""最高法院"这类词语都非常敏感。然而，缺乏统一管理的新生共和国问题丛生，华盛顿深知人民幸福的基础是国家的实力，而国家强大的必要条件则是建立统一的联邦。"政府的统一，使大家结成一个民族，……它支持你们国内的安定，国外的和平；支持你们的安全，你们的繁荣，以及你们如此重视的真正自由。"由十三个殖民地组成的新国家缺乏统一管理的传统，这种形势决定了自由诚可贵，统一价更高，缺乏统一的自由是沙上之塔、水中之月。若想建立统一的联邦，一个代表全体的政府必不可少，"尊重它的权力，服从它的法律，遵守它的措施，这些都是真正自由的基本准则所构成的义务。"自由绝非随心所欲，享受自由的前提是遵从公认的法则。既然政府的基本原则与权力分配都由宪法做出规定，大家应当遵守宪法，若宪法出现问题，则要依照一定的程序修改宪法。服从合法政府的统一管理，这是法治社会的根本原则，也是人民自由与幸福的重要保障。论及政府如何从事管理时，华盛顿强调"要检验一国现存政体的真正趋势，经验是最可靠的标准，应当记住，仅凭假设和意见便轻易变更，将因假设和意见之无穷变化而招致无穷的变更。"依照政治实践中积累的经验才能找到未来的发展之路，若按假设的理论或推导的思想去建设社会，则会因观念的不确定性而招致失败。华盛顿虽然受到启蒙思想的影响，但他在政治实践中从不会为理念而放弃现实。对于华盛顿来说，历史经验与现实需要是最重要的管理指南。

18世纪90年代，美国的政治形势不容乐观。内政方面，初现端倪的党派之争对当时脆弱的联邦形成潜在威胁，华盛顿认为党派分立与地方利益会削弱政府的行政能力，在民众中引起猜忌和对立，甚至会导致骚动和叛乱。由于党争的原因部分植根于人性，且政党思想常有趋于过度的危险，因此党派不易根除，却可用舆论的力量使之减轻或缓和。在华盛顿看来，不同党派之间互相牵制，虽在一定程度上有助于发扬自由精神，但总体却是弊大于利，要建立昌明的政治风气，宗教和道德是不可缺少的支柱。"道德是民意所归的政府所必需的原动力，"道德是信誉的基础，而信誉则是政府的立身之本。

外交方面，这一时期英国和法国在全世界扩大势力范围，两国矛盾时常升级为战争，美国在对外交往中稍有不慎就可能被拖入战争的泥潭。华盛顿采取中立态度，主张公正平等的外交原则，不卷入列强纷争，独立处理外交和国际事务。华盛顿一直坚持国家利益高于感情偏见、现实目标高于政治幻想，在他的影响下，美国外交政策以经济贸易为导向，避免政治或军事结盟，充分发挥地理位置的优越性，为美国日后的崛起打下基础。华盛顿倡导的外交原则以孤立主义为核心，对后来的美国外交及国民心理产生深远的影响。"门罗主义"（1823年）将拉丁美洲划入美国的势力范围，美西战争（1898年）后占领波多黎各、菲律宾，20世纪初实行"胡萝卜加大棒"的外交政策，虽然这些措施更具扩张性，但19世纪和20世纪上半叶的美国外交始终以不结盟、不介入欧洲事务、不为他国利益服务的孤立主义为宗旨。直到第二次世界大战后，美国才真正转向多边合作的国际主义外交。

华盛顿早在1792年就请詹姆斯·麦迪逊起草了告别辞，但因时局所迫，他只能暂搁退休计划，继续担任总统。1796年初，华盛顿决心不再参加第三次总统选举，他请亚历山大·汉密尔顿帮他修改封存了四年的告别辞，双方多次通信后，确定了告别辞的主要内容。华盛顿据此写出《致美利坚合众国人民》，1796年9月19日发表于费城的主要报纸《美国广告日报》（American Daily Advertiser），此后美国的各大报纸都转载该文，《新罕布什尔快报》（Courier of New Hampshire）给这篇声明加上标题《华盛顿告别词》，该标题遂沿用至今。

（魏燕）

托马斯·杰斐逊
总统就职演说
（1801）

朋友们，同胞们：

我听从召唤出任我国最高行政职务，谨向在此集会的我国部分同胞当面表达我的由衷谢意，感谢同胞们所一直欣悦地寄予我的厚爱和期望。我还要诚恳地奉告各位，我业已意识到这项任务非我的才干所能胜任，责任的重大和能力的欠缺，使我在赴任之时心中自然产生了焦虑和敬畏交织的感受。我国是一个新兴的国家，地域辽阔，土地肥沃；各行各业的产品十分丰富，而且行销世界各地，与那些自视强大和不顾他人权利的国家开展商业贸易；它正向着肉眼凡胎无法想见的命运迅猛前进。每当我想到这些超凡卓越的事情，看到我们这个可爱的国家从今天的局面和吉兆中所显示的荣誉、幸福和种种希望，我就不由得收住自己的思绪，并且因为面对如此宏伟的事业而自惭形秽。的确，倘若不是今天在场的许多人使我意识到，我可以从宪法所设立的其他几个最高政府部门找到智慧、美德和热情的源泉，帮助我渡过一切难关，我真会彻底丧失信心。因此，从你们这些负责行使立法主权的先生们以及各位共事者那里，我充满勇气地期待能得到指导和支持，从而使我们能够把稳我们共同乘坐的这艘航船的舵柄，安然行驶在这个冲突四起、扰攘不宁的世界。

在最近这次观点的交锋中，我们大家都热烈讨论和积极奔走，这种局面不免使那些不习惯于自由思考和自由表达、写出自己想法的人感到很不自在；但现在这已由全国人民做出了决断，并且根据宪法的规定公之于众，相信大家都会按照法律的意志对自己做出安排，为了我们共同的利益而团结一致和协同奋斗。同样，大家也会在心中牢记一条神圣的原则：虽然多数人的意志在一切情况下都应占据主导地位，但这种意志既要正当就必须首先合理；少数派也应拥有平等的权利，公平的法律必须对此加以保护，如若侵犯即是压迫。那么，同胞们，就让我们同心同德地团结起来吧！让我们在社会交往中恢复和睦和友情，如没有和睦和友情，自由乃至生活本身就都成了毫无意趣的东西。让我们再想一想，那种曾长期使人类流血受难的宗教不宽容，早已从我们的国土上废除；但政治不宽容在横暴、无耻和能够造成的血腥、残酷迫害方面，都不逊于宗教不宽容，如果对这种现象加以鼓励，我们仍然会所获无多。历史悠久的旧世界处于剧痛和痉挛当中，发怒的人们在痛苦地挣扎，借助流血和杀戮来寻找自己失落已久的自由，这股滔天狂潮的冲击所至，连我们这遥远而宁静的海岸也在所难免，而不同的人对此的感受和惧怕也不尽相同，于是在有关安全的措施方面引发意见分歧，这原本不足为怪。但是，每一种意见的分歧都不是原则性的分歧。我们曾用不同的名称称呼信奉相同原则的兄弟。我们都是共和党人，我们都是联邦党人。如果我们当中有什么人想要解散我们的联盟，或者想要改变其共和形式，那也不要去触动他们，从而显示他们也能安然无恙。有了这种安全，错误的意见也就能得到宽容，而任凭理性来自由地与之较量。我也确实知道，有些诚实的人担心一个共和制的政府不可能变得很强大，而且现在这个政府就不够强大；可是，一个诚实的爱国者，难道会根据这个作为世界最美好希望的政府体制有可能需要活力以图自存这样一种理论和幻想中的担忧，而在这一成功实验的高潮中将一种迄今一直保证我们享有自由和坚定立场的政府体制弃之如敝屣吗？我相信不会如此。相反，我认为这种政府乃是世界上最强大的政府。我认为唯有在这种体制下，每个人才会一旦听到法律的召唤，便飞快地奔向法律的旗帜之下，把对公共秩序的侵害看成与自己切身利害相关的事情而加以迎头痛击。有时可以听到一种说法，认为人类是不能委以自治之责的。那么，难道他们就能被托以治理他人的重任吗？难道我们从国王堆里找到过天使来统治他们吗？这一问题就留待历史来回答吧！

那么，就让我们鼓足勇气和满怀信心，奉行我们自己的联邦和共和的各项原则，深情地拥护联盟和代议制政府吧！大自然和辽阔的海洋仁慈地把我们隔开，使我们没有牵累于地球上四分之一的地区所发生的那场毁灭性浩劫。我们心灵十分高尚，难以容忍别人的可耻行径；我们拥有天赐的国土，地域之广袤足以供千秋万代的子孙享用；我们对自己的平等权利有着适当的意识，这些权利包括运用自己的才能，占有自己的劳动所得，获得同胞们给予的荣誉和信任，这种荣誉和信任并非得自出生门第，而是源于我们的行为及同胞们对此的看法；我们受到一种仁慈的宗教的教化，虽然实际信仰的方式各不相同，但均教人以诚实、忠信、节制、感恩和人类之爱；我们承认并崇拜那主宰万物的上帝，他以全部的神意显示，他为人类在此获得的幸福和将要得到的更大幸福而深感欣悦；我们享有所有这些福佑，还另外需要什么东西才能使我们成为一群幸福而繁荣的人民吗？同胞们，确实还需要一种东西，那就是一个明智而节俭的政府。这个政府可以阻止人们自相残杀，另一方面则任凭他们自由地处理劳动谋生和改善处境的活动，而且也不会从劳动者手中夺走他们挣来的面包。这乃是良好政府的要旨所在，也是使我们的吉祥好运臻于完善所不可或缺的东西。

同胞们，我即将履行我的各项职责，由于这些职责包含你们所珍视、所认为宝贵的一切，因而，对我所理解的我国政府的各项基本原则，以及与之相应的那些确定行政活动的规章，你们都应当有所了解。我将把话压缩到最简短的限度，只阐明那些一般性的原则，而不将其所有的限制都囊括无遗。这些原则包括：对所有人都平等相待和严守公正，而不问其宗教和政治上的地位与信仰如何；与世界各国和平相处、通商往来和友诚相待，但不与任何一国结成同盟；拥护各州政府的一切权利，以此作为处理我国内部利益的最有效能的方式和对付反共和制倾向的最坚实屏障；维护联邦政府的全部宪政活力，以此作为保证我国国内太平和国外安全的可靠手段；谨慎细心地爱护人民的选举权利，这是一种匡正流弊的温和而安全的方法，而一旦没有和平的补救措施可供采用时，就得用革命之剑斩除弊端；绝对承认多数人做出的决定，这是所有共和国的一项关键性原则，反之则不会诉诸舆论而只有强制，此乃专制主义的关键原则和直接根源；建立一支纪律严明、训练有素的民兵，这乃是我们在和平时期最好的保障，一旦战争爆发，他们也可应急，直到正规军来替代他们；文官政府的权威高于军方；节约政府开支以减轻劳工的负担；诚实地偿还我国的债务，神圣地维护公众的信心；鼓励农业和商业，并把商业作为农业的辅助；传播知识，把一切流弊都交由大众理智的法庭进行裁断；宗教信仰自由；出版自由；按照人身保护法保证个人人身自由，并由公正选出的陪审团审理案件。这些原则构成了明亮的指路星辰，一直在我们前头闪耀，曾引导我们经历了一个革命和改革的时代。我们贤智之士的智慧和英雄们的热血，一直都倾注于实现这些原则。这些原则应当成为我们政治信仰的信条，成为教导我国民众的课本，成为检验那些我们所信赖者的工作的试金石。倘若我们因一时糊涂或惊慌失措而偏离了这些原则，那就让我们迅速调转脚步，重新走上这条通向和平、自由和安全的唯一道路。

　　同胞们，我就要担任你们委诸我的职务。我过去曾出任许多较低的职务，从这种经历中我业已见识了这一最伟大的职务所遇到的种种困难，因而我也懂得，一个并不完美的人在退休时很难获得那种曾把他推向这一职位的声望和好感。你们曾对我国那位首屈一指的伟大革命人物给予极大的信任，因为他为国家做出了卓越的贡献，赢得了全国人民最衷心的爱戴，而且注定要在一部可信的历史中占有最光辉的一页。我无意奢求你们对我如此信任，我所有求于各位的信任，只要足以保证我坚定而有效地对你们的事务进行合法治理，便于愿足矣。我可能会由于判断的缺失而经常犯下错误。即便我是正确的，也可能被那些由于立场局限而无法看到全局的人认为是错误的。我请求你们谅解我个人的失误，因为我永远不会有意犯下这些错误；同时我也请求你们支持我反对他人的错误，这些人若能全面地看问题则不会对我横加指责。投票的结果显示你们对我过去的作为有所称许，这令我深感欣慰。我今后的热切希望则是，能够保持那些事先给予我厚爱的人们的好评，并且获得另外那些人的称道，因为我会尽我所能为他们谋利益。总之，我要成为一个对所有人的幸福和自由有所帮助的人。

承蒙各位给予善意的爱护，我现在谨遵各位之命走向工作岗位。不论你们何时觉得自己有力量做出更好的选择，我随时都准备辞去这一职位。愿主宰万物的全能上帝，给我们指引一条最好的治国道路，使它通向美好的目的地，为你们带来和平与繁荣。

（陈亚丽 译，李剑鸣 校）

---

* 译文选自《美利坚合众国总统就职演说全集》，李剑鸣、章彤编，天津人民出版社，1996年。

1801年3月4日，美国第三任总统托马斯·杰斐逊在新首都华盛顿宣誓就职。这是"1800年革命"的成果，继1776年后的又一场革命，只不过"不是由刀枪，而是通过理性与平和的改革方法，由民众投票来实现的"。一个当权的政党承认并接受了选举的失败，把政府和平地交给了它的反对者，真正实现了人民用自身权力和手里选票改变政府的民主共和原则。

此前，联邦党人和民主共和党人的竞争不可谓不激烈。早在华盛顿第一届内阁，国务卿杰斐逊和财政部长汉密尔顿就龃龉见增。汉密尔顿对大众持怀疑态度，主张强大的中央政府，重视工商业，推行国家主义和精英统治，甚至建议过总统终身制。而杰斐逊相信人的基本美德，捍卫农业社会价值，热爱民主政体，反对权力过度集中。杰斐逊认为"汉密尔顿的金融政策超越了宪法所授予中央政府的权力，违背了大多数人的意见，是对共和制度的一种威胁。"1792年，杰斐逊辞职返乡，与麦迪逊等人创建共和党，后改称"民主共和党"，与联邦党分庭抗礼，两党制度就此初现。

激烈的竞选之后，两党实现了权力的和平过渡，主因还在于他们之间并无原则性的分歧，更无巨大的私利冲突。杰斐逊的人格也深为竞争对手所敬重。关键时刻，正是汉密尔顿为他的当选做了贡献。而前任总统亚当斯所移交的行政机构和国库也井然有序，并未留下多少需要清理的烂摊子。正如杰斐逊所言，"我们都是共和党人，我们都是联邦党人"。经过现实政治洗礼，杰斐逊充分表述了18世纪的理想主义，亦称"杰斐逊主义"或"杰斐逊神话"，其间"既包含了他自己和他的政治追随者的思想，也往往包括他的政敌的思想。"

杰斐逊着眼于弥合分歧，一来重申共和原则，二来吁请联邦党人的共鸣。务实的新总统上任后并没有大举整改，只逐步推行了一些更为健全的原则，大体仍是延续联邦党人的经济政策，也认可了工商业发展的必要性。既然汉密尔顿的政策已融入国家运行机制，且全国经济状况良好，就不必过激扩大阶层裂痕，使国家产生动荡。他在政治上采取和解策略；经济上采取妥协策略；外交则秉承华盛顿的中立原则，对外友好但不结盟。杰斐逊在赢得了政治斗争胜利的同时，也实现了对手的政治经济宏图。

杰斐逊的就职演说不仅包含了消除与联邦党人分野的努力，还有其政治信仰的表述，也是他政治生涯的写照。或许，杰斐逊的伟大不在于他的政治家才能，而在于他对政府和人民的基本态度。杰斐逊憧憬并致力于建立一个容许其成员享有最大程度自由和自治的社会——"自由自在的羊群比在豺狼照看之下愉快"。他笃信"每一个人、每一群人，都有自治的权利"。倘若人类不能"委以自治之职"，那又如何"被托以治理他人的重任"？他最著名的政治主张是"管得最少的政府就是最好的政府"。他希望限制政府权力，因为权力具有腐蚀性，若无限增大，必会腐蚀掌权者。对有权力和野心的人，他始终持怀疑态度，认定那些"以献媚于人民起家，始为群首，终为暴君"的人是破坏共和、破坏自由的人。

在杰斐逊的现实和理想世界中，政府要做的只是维护国家和平与安全，不得干预私人生产活动，更不能与民争利，"从劳动者手中夺走他们挣来的面包"。而远离欧洲纷争和困顿的人民则耕者有其田，独立自强，追求进步，不盲从、不盲动，在"这个可爱的国家"享有"幸福和自由""和平与繁荣"。杰斐逊念兹在兹的是自由、民主、人权。制宪会议召开之际，他身在法国，心系民权，对宪法扩大中央政府权力、收缩州权，以及总统可以当选不止一届，深为疑虑，并积极行动，也因此被看成是争取《权利法案》的精神领袖。

这位亲历美国独立战争和法国大革命两次划时代历史事件的伟人，早在1774年就写出《独立宣言》的先声版《英属美洲权利概论》；后又执笔《弗吉尼亚宗教自由法令》——"文学史上最卓越犀利的一份争取思想自由的呼吁书"。在这份政教分离的早期文本中，他声称，"宗教在它成为国家的工具时，就成为对于自由的威胁"；强制信教的结果"只不过是把世人一半变成了傻瓜，一半变成了口是心非的伪君子"。杰斐逊强调，"只有谬论才需要政府撑腰，真理是能够独自屹立的。"由此，他雄辩地宣告人类思想活动神圣不可侵犯，其涉及范围不只是宗教信仰，而是最广泛的心智活动。在就职演说中，他以旧世界为鉴，重申宗教宽容和政治宽容原则，提出对反对派要理性地予以自由，使他们安然无恙；一旦"有了这种安全，错误的意见也就能得到宽容，而任凭理性来自由地与之较量"。

杰斐逊相信自由的人民具有理性的判断力，他的当选就源于"全国人民做出了决断"。他承诺将一如既往地按照建国初衷来追求国家的伟大幸福。在杰斐逊看来，教育是保证人民富于良知以及追求幸福的条件，只有教育才能使个人发挥才智，获得机会，提高判断力、加强自治力、行使并保护自己的权利，从而遏制政府权力蜕变。他将传播知识列入所要阐明的一般性原则，希望把一切流弊都交由大众理智的法庭进行裁断。杰斐逊重视教育的程度超过同时代其他所有政治家，他极为珍视晚年创建弗吉尼亚大学这一成就，并亲自将之写入墓志铭，却只字未提他曾达到的权力高峰。

在演说中，杰斐逊也表露了对权力的态度：从赴任时"焦虑和敬畏交织的感受"到"随时都准备辞去这一职位"，只要美国人民"何时觉得自己有力量做出更好的选择"。这绝非政治家蛊惑民众的谎言，如果说是华盛顿首开自动隐退先例，那么杰斐逊则是第一个仿效而自动告退的总统。两届任期将满之际，面对声浪渐高的连选连任吁求甚至压力，杰斐逊坚持"在适当的时候放弃他的职务，同他忠诚地担负起这个职务一样，都是他的职责。"正是杰斐逊进一步确立并巩固了美国的总统选举和任期制度。不同于"我觉得自己正在成为神"的罗马皇帝们，杰斐逊视自己为受人民之托的公仆。结束办公的前一天，他说，"解除镣铐的囚犯也绝不会像我摆脱权力的桎梏那样轻松。"

托马斯·杰斐逊，1743年出生于弗吉尼亚西部，当过农场主、律师；历任州长、国务卿、副总统、总统；《独立宣言》撰稿人，《英属美洲权利概论》《弗吉尼亚自由法案》《弗吉尼亚纪事》作者；民主党鼻祖、美元之父；弗吉尼亚大学和国会图书馆创建者。此外，他还是个十足的"杂家"，被誉为"天资最高、最多才多艺的美国总统"。1826年去世时，人们称他为"启蒙运动最完美启蒙的一人"。

作为政治家，杰斐逊实践了"建立一个明智而节俭的政府"的承诺，扩大了国家版图，耐住了英、法强国的无理挑衅，回避暴力，诉诸理性，宁缓而不急，留下了团结和平的执政理念。作为思想家，他完善了自然法则、天赋人权、主权在民等思想；作为美国文明的代表人物，他那振聋发聩的一呼——"一切都可以变，唯有人类固有的不可剥夺的权利不变"——

早已载入人类的光辉史册;作为美利坚合众国这只"经历了种种考验、行驶在共和航线上"的大船英明才干的造船者和行船者,杰斐逊不食其言,不虚其名。

(秦文华)

约翰·马歇尔

马伯里诉麦迪逊

（1803）

法院审理这一案件时，按顺序斟酌并解决了下列问题：

1. 申诉人是否有权要求获得委任状？

2. 如果他有这个权利，且此项权利受到侵害，国家的法律是否为其提供了救济手段？

3. 如果法律确实为他提供了救济，这种救济是否即指本法院下达的颁发委任状的命令？……

首先要调查的是第一个问题：申诉人是否有权要求获得委任状？

法院认为：当总统签发了委任状时，即意味着做出了任命；国务卿在委任状上加盖美国国玺，委任即已完成……

因此，马伯里先生已被任命，因为总统已经在委任状上签字，并且国务卿也加盖了国玺；由于法律设置了治安法官这一职位，并赋予该法官可以行使为期五年、独立于行政机构的权利，因此这个委任状不可撤销，它授予该法官受国家法律保护的法定权利。

因此，法院认为，扣留委任状的行为无法律依据，而且是对法定权利的侵犯。

这就引出了需要调查的第二个问题：如果他有这项权利，而且其权利被侵犯，法律是否为其提供了救济？……

我们强调美国政府是法治政府而非人治政府。但是，如果我们的法律不能为受到侵害的法定权利提供救济，那么我们当然不能认为自己无愧于"法治政府"这一崇高称号。

根据美国宪法，总统被授予某些重要的政治权力，在行使这些权力的过程中，他可以使用自由裁量权，同时仅以其政治人格对国家及自己的良心负责。为使其更好地履行职责，宪法授权总统任命某些官员，这些官员服从并执行他的命令。

在这类案件中，官员们的行为被视为总统的行为；而且，不管对行政裁量行为的方式持何种意见，都不存在也不能存在某种权力来控制它……

上述推理得出的结论是，当部门首脑作为行政机构的政治代表或其所信任的代表时，他们仅仅是执行总统的意愿，或者更确切地说，是行使行政机构所拥有的由宪法或法律赋予的自由裁量权。对这些行为只能进行政治性审查。但是，只要法律赋予其特定的职责，而且个人权利的实现有赖于这些职责的实施，同样很清楚的是，当事人认为其权利受到侵害时有权诉诸国家法律请求救济……

以下是法院的观点：

1.通过签署对马伯里先生的任命，美国总统任命其为哥伦比亚特区的治安法官；同时国务卿所加盖的国玺也毫无争议地证明了签字的效力以及任命的完成，该任命授予其为期五年的法定任职权利。

2.拥有任职的法定头衔，他就获得了任命所带来的相应的权利；拒绝交付任命状显然是对上述权利的侵害，为此国家的法律应当为其提供救济……

因此，这是一个关于命令状的普通案件，无论这命令状是要求送达委任状，还是要求送达委任状的副件。现在需要的仅仅是调查本法院是否有权发布这样的令状。

建立美国司法法院的条例授权最高法院"有权在法律原则和法律惯例许可的案件中，对以合众国名义任命的法院或公职人员发布令状。"

国务卿，作为以合众国名义担任公职的人员，正处于上述法院管辖的范围之内；如果本法院无权对这样一位官员发布令状，那么必定是因为司法条例这一法律是违宪的，因而绝对无权授予法院这种权威，也无权赋予法院其条款所声称赋予的职责。

宪法将美国的全部司法权授予最高法院，以及国会随时下令设立的下级法院。这一司法权显然适用于根据美国法律提起的所有诉讼；因此，这种司法可以以某种形式适用于眼前这一案件，因为当事人主张的权利是美国法律所赋予的。

在这种权力的分配中，宪法规定"在一切有关大使、公使、领事以及以州为当事一方的案件中，最高法院有最初审理权；而在所有其他案件中，最高法院有受理上诉权。"

在法庭上，有人坚决主张，将最初审理权授予最高法院及其下级法院是概括式授权，而且授权最高法院最初审理权的具体条款中并不包含任何否定性或限制性措辞。因此，只要法律条文没有具体列举的案件属于美国司法管辖范围的案件，那么，这些案件的最初受理权授予最高法院就由国会来决定。

如果宪法的意图是将分配给最高法院与下级法院之间管辖权的权力留待立法机关根据其意愿来处理，那么，除了界定司法权以及应赋予司法权的法庭，宪法作进一步规定肯定是没有意义的。如果我们作这样的假设，那么该条款的其余规定纯粹是多此一举、毫无意义。如果国会可以自由赋予本法院受理上诉权，而宪法又宣布这一受理权是最初审理权；或者说，国会赋予的最初审理权在宪法上又被称为受理上诉权，那么，宪法所规定的管辖权的分配就仅仅是不具有实质内容的形式而已。

一般说来，肯定性的词语在使用过程中，与其说它意在肯定的内容，不如说它要否定其他的东西。因此，在本案中，我们必须在否定性或排他性的含义上来解释这些肯定性术语，否则这些肯定性术语就没有发挥作用。

我们不能假定宪法任何条款的意图是让它没有效力；因此，我们也无法认可司法管辖权的分配留给议会这种解释，除非宪法中有这样的明文规定……

由此看来，建立美国法院体系的司法条例赋予最高法院的对行政官员发布令状的权力，显然并没有得到宪法的授权；因此有必要探讨的是，司法条例赋予的管辖权能否被行使。

一部与宪法相抵触的法案是否能成为国家的法律？对美国来讲，这是一个具有深远意义的问题；但幸运的是，它虽然很重要，但并不复杂，只需承认某些长期以来已经确立的原则，并据此原则做出判断即可。

人们享有初始权利来为他们未来的政府确定其认为最有利于自身幸福的原则。正是基于这些原则，整个美国的架构才得以确立。这种初始权利的行使需要仔细考量；它不能也不应该经常地被重复行使。所以，如此确立起来的原则是根本性的。由这些原则所产生的权威是至高无上的，也是很少实际使用的，因而，这些原则被设立为永恒不变的。

这些原始的、至高无上的意志组织起政府，并授予不同部门各自的权力。它可能到此为止，也可能进一步确立起各部门不得逾越的某些规则。

美国政府属于后一种情况，立法机关的权力被界定并受到限制；而且，由于是成文宪法，这些限制是不应当被弄错或被遗忘的。如果这些限制随时可能被它们所要限制的人超越，那么对权力加以限制的目的是什么呢？对这些限制予以明文规定的目的又是什么呢？如果这些限制无法控制他们想要加以限制的人，如果被禁止的行为和被允许的行为对政府来说，都必须承担同样的责任，那么，有限政府与无限政府之间就没有什么区别了。由此推出一个显而易见的结论：要么，宪法制约着任何与其抵触的立法行为；要么，立法机关可以通过普通法案来修改宪法。

在这两种选择中没有中间道路可走。宪法要么是一种优先的、至高无上的法律，不能被一般法律所改变；要么与一般法案处于同一层次，并与其他法律一样，立法机关可以随时加以修改。

如果前种方式是正确的，那么与宪法相违背的立法法案就不能成为法律；如果后种方式是正确的，那么成文宪法以人民的名义限制这种本质上无法限制的权力则只能成为一种荒唐的企图。

显然，那些成文宪法的制定者们将宪法视为国家根本的、最重要的法律，因此，这种政府所坚持的理论是：与宪法相抵触的法律都是无效的。

这种理论在本质上与成文宪法息息相关，同时在法院看来，它也是我们社会的基本原则之一。因此，它是进一步研究时不可忽视的问题。

如果立法法案违宪即无效，那么，尽管无效，法院却仍有责任使它生效吗？换言之，虽然它不是法律，却还要像法律一样执行吗？这样做在事实上推翻了理论所确定的，一看便知荒诞不经，无法坚持，然而对此还应加以更多思考。

需要强调的是，司法机关的职责范围是确定法律到底是什么。那些将规则适用于具体案件的人，必须详细说明并阐释该规则。如果在两个法律之间存在冲突，法院必须决定适用其中哪一个来作出判决。

因此，当某个法律与宪法相违背时，当宪法和法律都适用于同一个具体案件时，法院必须决定案件适用法律而不顾宪法，或者适用宪法而不顾法律，法院必须在相抵触的规则中选择一个来解决这个案件。这就是司法职责的实质。如果法院尊重宪法，认为宪法高于立法机关制定的其他普通法律，则应适用宪法而不是普通法案来解决这两者都可以适用的案件。

而那些反对法院将宪法视为最高法律这一原则的人，却认为法院必须忽视宪法，而将目光仅仅集中到法律上。

这一说法将颠覆所有成文宪法的基石。它宣称，一个根据我们的政府原则和理论来讲是完全无效的法案，在实践中却具有完全的效力。它还宣称，如果立法机关通过一个法案，尽管这一法案被明令禁止，但在实践中却是生效的。这一说法在将立法机关的权限限制在极小的范围内的同时，又赋予其实际的、真正的权威。它一方面规定了限制，另一方面又宣称立法机关可以随意地逾越这些限制。

这种说法将使我们对政治制度的最大改进变得毫无意义，成文宪法本身便足以拒绝这种解释。成文宪法在美国备受尊重，而美国宪法的独特表述为拒绝这种解释提供了进一步的论据。

美国的司法权适用于所有依据宪法提起的案件。在司法权的行使过程中可以不考虑宪法，这难道是赋予这种司法权的人的本意吗？对根据宪法提起的某个案件，难道也可以不审查宪法文件而直接作出裁决？

这是不可理喻的，我们无法予以支持。

因此，在某些案件中，法官必须考虑宪法。如果他们翻开宪法，难道其中有什么部分是禁止阅读或遵守的吗？

宪法的许多地方都可以说明这一问题。例如，它规定："对各州输出之货物，不能课税。"如果对出口的棉花、烟草或面粉征税；并且因此而提起请求返回之诉，法院是否应对此案作出判决？法官是否可以不顾宪法的规定而只适用法律？

宪法规定："不得通过任何褫夺公权的法案或者追溯既往的法律。"然而，如果通过了这样一个法案，而且有人根据它而被起诉，那么，法院必须对该法案受害者判处死刑吗？而这些人正是宪法所着力保护的。

宪法还规定："无论何人，如非经由两个证人证明他的公然的叛国行为，或经由本人在公开法庭认罪者，均不得被判叛国罪。"宪法的这一规定就是针对法院的，它直接为法院规定了一条不可背离的证据规则。如果立法机关要改变这一规则，例如规定只要一个证人或只要在法庭外的招供，即足够定罪，那么，宪法原则必须屈服于立法行为吗？

从这些规定以及还可能有的许多其他规定看来，很明显，宪法制定者们都把宪法当作控制法院同时也控制立法机关的规则。

否则，宪法为什么要规定法官必须宣誓效忠于它呢？这个誓言当然是以某种特定的方式适用其职务行为。如果法官仅仅被当作工具来利用，而其本身又知道这一点，强迫他们违背宣誓效忠的对象是何等不道德！

同样，立法机关规定的职务宣誓，也完全说明了立法机关的观点。誓词是："我庄严宣誓，我将恪守公理，不分贵贱；我将根据我的最大能力和理解，忠诚无私地执行一切符合合众国宪法及法律的职责。"

如果合众国宪法没有形成控制政府的规则；如果法官看不到宪法、不能查阅宪法，那么，为什么一个法官必须宣誓对宪法尽责呢？如果事情真是这样，这种嘲弄就是对神圣的亵渎。无论是规定这种仪式，或是进行这样的宣誓都是一种罪过。

还值得一提的是，当我们宣布何谓国家的法律时，首先提到的是宪法。并且，不是所有合众国的法律，而是只有符合宪法的法律才能进入法律行列。

因此，合众国宪法的表述方式确认并强调了这一原则，而且它被看作是所有成文宪法的本质所在，即所有与宪法相抵触的法律都是无效的；法院与其他机构一样，都必须受宪法的限制。

这一规则必须得到执行。

（黄浴宇　译）

* 译自 Richard D. Heffner, *A Documentary History of the United States*, New American Library, a division of Penguin Putnam Inc., New York, 1999。

杰斐逊将1800年总统选举称为一次革命，这倒不仅仅因为他本人赢得大选，从历史上看我们也能赞同他的说法。这次大选是美国的政治权力第一次在不同党派间交接，其和平方式具有示范意义。

华盛顿是以超党派立场执政的，在两届任期将满之际，他通过告别辞表达了对党争的不满和忧虑。然而，政治观点的不同是民主政治中无法避免的，以汉密尔顿为首的联邦党人和杰斐逊领导的共和党人彼此疑惧，都将对方视为威胁新生共和国的因素。在第二位总统亚当斯任内，党争不仅没有缓解，且愈演愈烈。1800年亚当斯连选失败，联邦党人颇有大势已去之感，对共和党的即将执政忧心忡忡，唯一的对策是赶紧利用最后的机会延续自己的政治影响，那就是充分使用总统任命法官之权。

于是，在杰斐逊3月4日就职之前，参议院赶着通过了亚当斯任命的总共59名法官，都是清一色的联邦党人，马伯里便是其中42名哥伦比亚特区治安法官之一。3日夜晚，国务卿马歇尔通宵忙于在委任状上加盖国玺，成堆地交给自己的弟弟去颁发。匆忙之中，留有17份委任状未能发出。杰斐逊闻知这一"午夜任命"后极为愤怒，命令国务卿麦迪逊扣押这批委任状。马伯里不服，联合其他3名未获委任状的联邦党人将麦迪逊告到最高法院，要求法院发令状命令麦迪逊发委任状。由于新一届政府的刻意安排，最高法院一直到1803年才得以开庭处理此案。

接手此案的最高法院首席大法官正是前国务卿马歇尔，他也是亚当斯的午夜任命之一，且无疑是最重要的一位。马歇尔当然很清楚此案的政治含义，而且他也不是没有自己的政治立场，然而作为大法官，他的判断唯有以法律为依据。他很明白，如果法院发令状，麦迪逊几乎肯定不会照办，而法院也无强制能力。但如果不发令状，法院则威信无存。睿智的马歇尔在两难之间作抉择，写出法院的一致意见，其中由表及里可分为三个层次。

就案件本身而言，法院认为，依据美国宪法，马伯里的任命由总统签发，国务卿加盖了国玺，因此这一任命已经完成，具有法律效力。同时，国会通过的《1789年司法条例》第13条授权最高法院"有权在法律原则和法律惯例许可的案件中，对以合众国名义任命的法院或公职人员发布令状"，因此法院也确实有权发令状，命令国务卿颁发委任状。

但是，条例的此项授权却不能在《合众国宪法》中找到依据。宪法对各级法院都有明确授权，最高法院的初审权仅限于"一切有关大使、公使、领事以及以州为当事一方的案件"，在此外所有案件中，最高法院只有受理上诉权，第13条显然越出了宪法的授权范围。

至此，马歇尔深入到司法的一个基本原则——当宪法与立法机构所制法律矛盾时，必须坚决维护宪法的至高无上性，凡是违背宪法的法律均属无效。因此，《1789年司法条例》中发布令状的部分是违宪而无效的，最高法院无权命令国务卿给马伯里等颁发委任状，原告应该向相关的下级法院去上告。

表面看来，裁决的结果是法院输了，法院主动否定了条例赋予自己的权力，但实际上却赢得了一个重大的司法胜利。法院不仅巧妙地避开了与总统的对抗，而且通过宣布国会立法违宪而无效，明确了法院的"司法复审权"。诚然，立法机构在立法时也必须考虑宪法授权，但是众所周知，凡是一份文件被视为无上权威，就会产生对该文件的解释权问题，《圣经》就是一例。在美国的三权分立中，行政部门握有强制执行之权，立法部门代表民意并掌控财权，司法部门则如汉密尔顿所言，"既无强制，又无意志，而只有判断；而且为实施其判断亦需借助于行政部门的力量"。司法复审权明确了法院拥有宪法的最终解释权，从而使最弱的司法部门强大到足以限制行政与立法部门的地位，对实施宪法规定的分权制衡意义重大。

当然，马歇尔对宪法的诠释并不是出于政治目的的任意而为。宪法虽然没有明文规定司法复审权，但其文本和精神所指十分清楚。在《联邦党人文集》中，汉密尔顿撰写的司法部分也早就清晰地表达了马歇尔的意见：第一，解释法律是法院的正当而特有的职责，宪法以及立法机关制定的任何法律的解释权属于法院；第二，宪法是一国的根本大法，如果宪法与立法法律之间出现不可调和的分歧，自以宪法为准。个中道理非常简单：国会的立法权本身就是宪法授予的，国会自然无权制定宪法未曾授权的法律。宪法代表的是人民意志，国会则是人民的代议机构，人民代表的权力不能大于人民本身，汉密尔顿的推理无可辩驳。正是这个人民与其代表的根本关系，决定了宪法必须由制宪会议直接产生，修宪必须按照宪法规定进行，均非国会所能干预。

美国的宪法是限权宪法，其目的就是为立法机构规定一定的限制，而此类限制正需要法院来执行。如果立法机构可以制定与宪法相违背的法律，并且将它们置于宪法之上，那么宪法还能限制什么权力呢？制定宪法还有什么意义呢？美国又怎么能自称法治政府、法治社会呢？

马伯里诉麦迪逊一案是美国最高法院首次宣布国会立法违宪而无效，由此奠定了法院的司法复审权。通过对国家重大问题的司法表态和引导，最高法院实施对行政和立法的干预，从而影响美国的政治和社会生活。杰斐逊认为这将造成司法的暴虐，他曾试图撤换反对他的大法官，但未获成功。幸运的是，美国的立国者们虽然政见不同，却大多出于公心而非私利，他们具有丰富的政治智慧和经验，懂得克制和妥协，法治传统更是他们共同尊重和珍惜的。君子之争，大局为重，杰斐逊所惧怕的噩梦并未发生——马歇尔没有再次动用司法复审权，更没有将司法作为党争的工具。

马歇尔（1755—1835）来自弗吉尼亚，是坚定的联邦主义者。他并未受过多少正规教育，却精通司法，担任最高法院首席大法官长达34年之久。最高法院在建国之初并不受重视，办公室设在国会大厦一间小小的地下室里，据说是城市规划时忘了给它留地方。大法官虽可任职终身，但马歇尔的前任们宁可辞职去州法院任职。首任首席大法官约翰·杰伊在辞职时抱怨最高法院既无权力又得不到尊重，然而马歇尔改变了这一机构的形象和地位，使之独立强大，为它今日的无上权威铺平了道路。在美国幼年尚易塑造之时，经马歇尔之手处理的一系列重要案件维护了联邦的权威，为美国的司法制度打下基础，马伯里诉麦迪逊一案正是其中的代表，一篇了解美国司法的必读经典。

（钱满素）

詹姆斯·门罗
门罗主义
（1823）

作为涉及美国权利与利益的一项原则，中、南、北美洲，由于它们业已实现并保持自由和独立的地位，今后不得再被欧洲任何国家视作未来殖民的目标。现在已是维护这一原则的恰当时刻了……

地球上那一部分地区（欧洲）与我们交往频繁，而且是我们的原籍所在地，我们对那里发生的事件，一直以不安与关怀的心情注视着。

美国的公民对于大西洋彼岸的人民，怀着最友好的心情，希望他们自由和安乐。欧洲各国为它们本身的事而从事的历次战争，我们从来没有参加；如果参加，便与我们的国策不符。唯有当我们的权利受到侵犯或受到严重威胁时，我们才对受到的损害愤懑不平，或准备自卫。但对于本半球的事，我们必然与之有较直接的关系，其原因肯定为一切明白公正人士所共见。各盟国的政治制度在这一方面与美洲的政治制度根本不同。这种区别的根源存在于各个政府之内。我们全国一致拥护和保卫我们自己的政治制度，这个制度是在流了大量鲜血，耗了大量的财富后才建立起来的，而它的成长，有赖于那些最有见识的公民的智慧，而且在这种政治制度之下，我们享受了史无前例的幸福。

我们是开诚布公的，并且鉴于我们同那些国家间存在着友好关系，因此我们宣告：如果它们企图把它们的制度扩展到这个半球的任何区域来，我们便把它看作是危及我们的和平与安全。对任何欧洲国家现有的殖民地或属地，我们不曾干涉过，而且也不会干涉。但是，有些政府已经宣布独立并且维护其独立，而我们基于伟大的动机和公正的原则，已予以承认；如果欧洲任何国家，为了进行压迫而干涉它们，或用其他方法控制它们的命运，那么，我们就认为这是对美国不友好的表现。

当这些新政府和西班牙进行战争期间，我们在承认它们时就宣告中立；对于这项原则，我们一直坚守，将来如果情势不变，也会坚守，但如情势改变，届时经由我国政府当局的判断，为了它们安全的需要，美国方面亦将做出相应的改变。

西班牙和葡萄牙近来的事件，说明欧洲尚未安定。这一重要事实，最有力地证明盟国曾想根据它们所称心的原则，用武力干涉西班牙的内政。根据该类原则，这种干涉可以进行到何种程度呢？这一问题，凡是政府性质与之不同的一切独立国家，即使隔离很远，都甚为关切，尤以美国为最。

当地球上那个区域长年为战争所困扰的初期，我们对于欧洲的政策即已制定，至今仍然不变，那就是：不干涉欧洲任何一国的内政；承认事实上的政府为合法政府，同该政府培植友好关系，并用坦诚、坚定和果断的政策来保持那种关系；对于任何国家的正当要求，都予以满足，对于任何危害，则绝不屈服。但是关于中、南、北美洲，情况是明显地截然不同的。各盟国如果要把它们的政治制度扩展到中、南、北美洲的任何一部分区域，而不危及我们的和平幸福，那是不可能的；而且任何人也不会相信，我们南方的弟兄们，如果听其自行处理，它们会自动采用欧洲的那种政治制度。因此，我们对于这种干涉，不论其采取何种方式，都不能熟视无睹。如果我们比较西班牙和那些新政府的力量与资源以及相互间的距离，西班牙显然是不能降服它们的。美国的既定政策是对它们不加干涉，希望其他国家亦采取同样的政策……

* 译文选自《美国历史文献选集》，美国驻华大使馆新闻文化处，1985年。

门罗主义是19世纪初美国提出的一项重要的外交政策，它被认为是美国对外事务的转折点。

詹姆斯·门罗于1817年至1825年担任美国总统，在他任期内美国政坛消除了因杰斐逊和汉密尔顿分歧导致的党派纷争，国内空前团结，被称为"和睦时期"。但是国外形势正在悄然发生变化，尤其是美国的近邻拉丁美洲各国开始了争取独立的斗争。西班牙在拿破仑战争中的失败导致了其对拉美控制地位的丧失，1815年以后的五年间，阿根廷、智利、秘鲁等国相继独立，哥伦比亚的独立战争也在西蒙·玻利瓦尔的领导下如火如荼地进行。拉美诸国的独立运动引起了欧洲列强的不满，最大的反对来自这些独立国家的宗主国西班牙，由于利益受到严重损失，西班牙主张对拉美国家进行严厉镇压。俄罗斯和法国在拉美都有扩张意图和经济往来，他们也不愿意看到一个独立的拉美。至于英国则想借在拉美的扩张遏制不断发展的美国，从而在两者的斗争中处于有利地位。作为新兴的资本主义国家，美国并不甘心欧洲强国在美洲指手画脚，她也开始谋求自己应有的国际地位。正是在这种错综复杂的国际形势下，时任总统门罗以国情咨文的形式向世界表明了美国在美洲事务中的立场。

谈到门罗主义，有一个人是不能忽视的，他就是担任门罗内阁国务卿的约翰·昆西·亚当斯，他是一位出身名门的政治家，其父约翰·亚当斯是赫赫有名的独立战争领导者，后担任美国第二任总统。昆西自小便随父出使欧洲，担任过华盛顿内阁的驻荷兰、葡萄牙大使，亚当斯内阁的驻德国大使和麦迪逊内阁的驻俄国大使，他对欧洲各国的情形非常熟悉，是一位不折不扣的资深外交家。由于具有丰富的外交经验，昆西在担任门罗内阁国务卿时,对美国周边的国际形势表现出了极大的关注。当时,法国与西班牙结成盟友,试图干涉拉美的独立运动,以俄罗斯为首的"神圣同盟"也准备插手美洲甚至美国的事务。在这种背景下,英国外交大臣乔治·坎宁建议英美两国联手发表声明,反对他国在拉美恢复殖民统治。坎宁的建议在美国引起了激烈的争论,人们对此反应不一。当时年事已高的杰斐逊写信给门罗,认为与英国合作对美国有利,有了英国的支持,欧洲列强会对美国有所忌惮。但是,作为主管外交事务的国务卿,昆西很清楚英国的目的。1812年对英战争的惨痛结果仍然历历在目,如果完全接受英国的提议,那么美国势必很快沦为其附属国,成为其推行扩张政策的工具。正是出于这种担忧,昆西力主撇开英国,由美国单方面来阐述对拉美独立运动以及外交政策的态度。

于是,在他的构思与主持之下,一项有关美国与美洲国家关系的政策逐渐形成。以此为蓝本,1823年12月2日,门罗总统向国会发表国情咨文,系统阐述了美国在美洲事务中的立场,史称"门罗主义"。门罗主义的内容主要有三点:其一,美国承认美洲各国的独立地位,在交往中将他们视为独立国家;其二,欧洲各国不能再在美洲进行殖民扩张,对于任何企图将势力包括制度扩展至美洲的行为,美国都将其视为危及和平与安全的行为。其三,美国不会介入欧洲各国之间的战争和冲突,也不干涉任何一国的内政。这三点归纳起来实际上就是"美洲是美洲人的美洲"之意,也就是说任何外来的国家都不能插手美洲事务。承认拉美各国的独立地位,就可以防止已经摆脱殖民统治的国家再次沦为殖民地。为了将欧洲殖民强国彻底排除在美洲之外,门罗进一步提出了禁止他们在美洲的殖民行为,并把他们的殖民行为当作是对美国安全的威胁。而声明美国不干涉欧洲各国之间的关系则表明,一方面美国不愿卷入到战争的漩涡中,另一方面又向欧洲列强表明互不侵犯的态度,从而为美国的发展赢得了足够的时间。

门罗主义展现的是正在崛起的美国维护本地区事务的决心,是在清楚地估计了自身实力之后做出的正确决策。18世纪到19世纪是君主政体占主流的时代，欧洲的强国大部分实行的都是该政体。而美国经过独立战争，建立起了较为完善的民主共和政体，并且一直以来，美国都以自己这种体制而自豪，认为它是人类历史上最完美的制度，值得他国仿效。门罗宣言中写道，"我们全国一致拥护和保卫我们自己的政治制度……在这种政治制度之下，我们享受了史无前例的幸福。"这也许是清教徒建立"山巅之城"宏伟计划的初步体现。然而尽管美国取得了一定的成绩，国力也有了增强，但她毕竟是一个年轻的国家，与欧洲列强相比，毫无优势可言。如何在他们之间找到自己合适的位置，而不是唯他人马首是瞻，成为摆在门罗这一代美国领导人面前的问题。按照当时的形势，如果美国贸然将矛头指向某一个列强，如法国或是俄国，那势必会造成与他们之间的直接对垒，甚至会产生军事冲突。以美国当时的实力，是无法与他们相抗衡的。为此，《门罗宣言》淡化了针对的具体对象，这样既避免与列强的正面交锋，又明确地表明了美国对拉美各国独立运动的支持，得到了这些国家的普遍欢迎，可谓是一举两得。从此之后，美国逐渐成为美洲毫无争议的领导者，实现了从独立之初的小国，向地区乃至世界大国之间的转变。

"门罗主义"对美国的外交政策影响深远，它不仅在客观上促进了拉美地区的独立运动，也使得欧洲列强对美国刮目相看。它也是美国自建国以来长期奉行的孤立主义外交政策的延续和发展，在很长一段时间内主导着美国的外交事务。之后的美国历任总统对"门罗主义"都有借鉴，西奥多·罗斯福、约翰·肯尼迪、林登·约翰逊、罗纳德·里根等总统在任内都曾援引该条文作为制定外交政策的依据。尤其是在1960年代的古巴导弹危机中，它成了美国政府反对苏联在古巴设立导弹基地的重要理论依据，迫使苏联最终放弃了计划。

詹姆斯·门罗（1758—1831）出生于弗吉尼亚一个富裕农场主的家庭，曾就读于威廉·玛丽学院，后因独立战争爆发而加入华盛顿领导的军队，并且由于表现英勇而被晋升为陆军上尉。退伍后积极参与政治，先后当选美国国会众议员和参议员，担任过美国驻法国大使。在1816年的大选中，他以高票当选美国第五任总统，并连任一届。门罗在任内除了提出"门罗主义"的外交政策以外，还修建了四通八达的公路体系，促进了工商业的快速发展。

（汪凯）

拉尔夫·华尔多·爱默生
美国学者
（1837）

  会长先生及诸位，谨向你们祝贺又一个文学年度的开始。我们年复一年的周年纪念活动，是以希望为主，可能没有足够的工作可做。我们的聚会，并非像古希腊人那样，仅仅是为了角力竞技，或者是表演史诗、悲剧与合唱；也不像中世纪的意大利浪漫诗人那样，为着爱情和诗兴而大张旗帜；甚至不像我们在英国与欧洲各国都会的同时代人，他们为了促进科学的发展，定期地开会聚首。迄今为止，我们的周年庆典仅仅是一种友善的象征而已，它表明我们这个民族虽然过分忙碌，无暇欣赏文艺，却仍然保留着对文艺的爱好。尽管如此，这个节日也是值得我们珍惜的，因为它说明文艺爱好是一种无法消除的本能。但是，这种本能理应更进一步，它将会变更一新——也许这变更的时刻已经到来。美洲大陆的懒散智力，将要睁开它惺忪的眼睑，去满足全世界对它多年的期望——美国人并非只能在机械技术方面有所成就，他们还应该有更好的东西奉献人类。我们依赖旁人的日子，我们师从他国的长期学徒时代即将结束。在我们四周，有成百上千万的青年正在走向生活，他们不能老是依赖外国学识的残余来获得营养。有些事件与行动发生了，它们必须受到歌颂，它们将会歌颂自身。谁能够怀疑我们的诗歌复兴？谁敢说它不会迈入一个新时代，就像天文学家宣布的那颗天琴星座中闪闪发亮的明星，终究有一天会变成光照千年的北极星？

怀抱着这一希望，我接受了讲演的题目——"美国学者"。而今天的题目不仅仅符合我们协会的习惯，也是由它的性质所限定了的。年复一年，我们来此相会，以便阅读"美国学者"传记中新的一章。让我们来探究，新的时代与新的事件是怎样改变他的性格，刷新他的追求。

有个从远古时期流传下来的寓言，它含带着意想不到的智慧。说是在创世阶段，众神把"人"分成了"人群"，以便人能更好地照料自己；这好比一只手分成五指之后，手的用处就会更大。

这条古老寓言中隐含着一个永远新颖而高尚的寓意。这就是：所谓"人"只是部分地存在于所有的个人之中，或是通过其中的一种禀赋得以体现；你必须观察整个社会，才能获得对完整的人的印象。所谓"人"并非只是指一个农夫，或一位教授，或一位工程师，而是他们全体的相加。"人"是神父、学者、政治家、生产者、士兵。在分裂的，或者说是社会的状况下，上述的职能被分派给每一个个人，而他们中的每一个都致力于完成共同工作中分派给他的定额；与此同时，人们又相互弥补着自己。这个寓言暗示，个人若要把握他自己，就必须时常从自己的分工职能中脱离出来，去了解一下其他劳动者的感受。然而不幸的是，这原初的统一体，这力量的源头，早已被众人所瓜分，并且被分割得细而又细，抛售无赖。就好像是泼洒开的水滴，再也无法汇拢。社会正是这样一种状态：其中每一个人都好比从躯体上锯下的一段，它们昂然行走，形同怪物——一截手指、一个头颈、一副肠胃、一只臂肘，但从来不是完整的人。

"人"于是演变成为某一样东西，或许多种东西，农夫很少感受到他职务的真正尊严，并为之欣喜，因为他不过是"人"分派到田里收集食物的一部分。他只看见他的箩筐与大车，此外一无所视，于是他降级为一个农夫，而不再是农场上的"人"。商人极少认为他的生意具有理想的价值，他被本行业的技艺所支配，灵魂也沦为金钱的仆役。牧师变成了仪式，律师变成了法典，机械师变成了机器，水手变成了船上的一根绳子。

在这种职能分配中，学者被指派去代表知识。正常状态下，他是所谓"思想着的人"。在糟糕的情况下，当他成为社会的牺牲品时，他就偏向于成为一个单纯的思想者，或者更糟一些，变为别人思想的鹦鹉学舌者。

以这种观点看待"思想着的人"，学者自身职能的道理就包含在其中了。大自然以它一切平和或教训的图画劝导他，人类的历史教育他，未来则邀请他。其实，每一个人岂不都是一个学生，天下万物不正是为了学生而存在的？而且，归根结底，真正的学者难道不正是掌握了自然奥秘的大师吗？然而，古谚语说得好，"万物皆有两端，当心错执一头"。生活中，学者往往也像其他人一样犯错误，并且有时背离他专有的职能。让我们看看他在学校里的情况，同时根据他所受到的主要影响来衡量他。

一

大自然之于人类心灵的影响，具有首位的重要性。白天有太阳的照耀，日落之后则是夜空与星星。风总是在吹，草不断地生长。每日每夜，世上的男人和女人都在谈话，观察，或被别人观察。所有的人里，学者最多地受到自然景象的吸引。他必须在自己心目中确定它的价值。大自然对于他来说是什么？这绵延不绝、无可解释的上帝之网，既无起点，亦无终点，却带着循环的力量，不断返回它自身。如此规律之中恰恰反映着学者本人的精神，他永远不可能找到自己心灵的端末——它包揽一切，宽广无限。大自然的光辉也是同样深远，它层层相迭，像光线一样蔓延，上下纵横，没有中心，没有周边——无论是以整体或是以零星的形式，大自然都急切地要向人类表白它自己。这就导致了分类的开始。对青年人来说，每样东西都是特别而独自存在的。渐渐地，他学会了把两件事情联系在一起，找出其间共有的性质；然后是3件事情，再往后是3000件；他因此被自己的综合本能所支配，继续扩展联系，除去不规则现象，发现潜在的关系网络，由此而聚拢各种相距甚远的事物，在一种理论基础上得出概括结论。不久，他又会知道，人类自有史以来就一直进行着积累与分类工作。而分类的意义何在？不过是要证明事物非杂乱无章，也不是怪异生疏的，它们都遵循一定的规律，这同时也正是人类心灵的规律。天文学家发现，几何学作为人类心灵的一种抽象物，可以用来测量行星的移动。化学家则发现一切物质中都含有比例和可以理解的原则。科学不是别的，它无非是在相距遥远的事物之间发现类比与共性。具有雄心壮志的人坐下来研究每一种困难的事实，将奇异构造和新颖力量逐一分门别类，并运用洞察力，赋予各种组织中的每一根纤维以生命活力，持续地考察着自然的边缘。

于是，这宇宙穹盖下的小学生便会感觉到，他与大自然是同根所生；一个是叶子，一个是花朵；联系与同情在每根血管中呼应着。这条共有的根是什么？它不正是他灵魂的灵魂吗？这个想法太大胆，这个梦想过于荒唐。然而，等到这精神之光照亮了自然的原始法则之后——或者当人学会了崇尚心灵并发现当今的自然哲学正是心灵第一次强有力的探索之后，人肯定会向前展望，以便寻找某种不断发展的知识，最终变成一个创造者。他将会见到，大自然是人类心灵的对应物，它从各个方面印证心灵的问题。一个是印鉴，另一个是印记。自然之美正是人类心灵之美。自然法则也就是人类心灵的法则。因此自然成为人度量自己成就的尺子。他对自然仍有多少无知，他对自身也就有多少无知。总之，古代那条箴言，"认识你自己"，与现代这条格言"研究大自然"，终于合并为一了。

二

第二条对于学者心灵具有重要意义的影响，是以往人类的思想——无论是以什么形式，也无论它是文学，艺术，或是某种制度，历史都会在今人的心灵上打下烙印。书籍是历史影响中最好的一种，或许我们应该抓住这一真理——即鉴于书籍的价值本身,也有助于了解它的巨大影响。

书籍的本意是崇高的。最早的学者感受并沉思他周围的世界,使之按照自己心灵的逻辑得到重新安排,再加以新的表述。进入他心灵时是生活,出来时却成了真理。短暂的行动经由他的心灵,便产生出不朽的思想。世俗事务穿越他而过,出来时却变成了诗歌。过去这只是僵死的事实,现在却变为活的思想,它能够站立,能够行走。它或停,或飞,或给人以启发,最初孕育它的心灵有多么深沉,它就会飞得有多么高,唱得有多么久——两者的比例十分精当。

或许我可以说,人的思想形成有赖于那种将人生转化为真理的深入程度。这蒸馏提纯越是彻底,制成品的纯净度越高。然而没有绝对的完美。正如没有一只抽气泵能够造成完全的真空,也没有一个艺术家能够在他的书里摒除所有传统的、地域的、过时即废的东西,或是写出一本纯粹思想的书,并使得它在各方面都适用于远久的后代,就像它适用于现代,或下一代人那样。我们发现,每一代人必须写出他们自己的书;或者不如说,每一代都为下一代人写书。远古时代的书籍并不适用于此时。

可是这便产生出一桩严重的玩笑。创作,即思想的行动,本身所特有的神圣性在此过程中被转换成为纪录文字。人们觉得吟唱时的诗人是神圣的;由此诗也被看作是神圣的了。作家有着公正而智慧的心灵;于是他的书也被公认是完美的了。这就像人们对英雄的热爱蜕变为对其塑像的盲目崇拜。结果,书籍变成了有害之物,精神导师竟沦为暴君。芸芸众生迟钝而遭受过扭曲的心智,在接纳理性感化时开启的速度很慢。但是它一旦开启,接受了书的教诲,就会执着于此,并在其信念遭受诋毁时大吵大闹,绝不让步。在这顽固信念的基础上,我们建立起大学,思想家们也为此写出著作——不是"思想着的人",而是那些虽有才能,出发点却错了的人。他们以公认的教条为据,而不是着眼于他们对原理的领悟。谦和温顺的青年在图书馆里长大,确信他们的责任是去接受西塞罗、洛克、培根早已阐发的观点。同时却忘记一点：当西赛罗、洛克与培根写下这些著作时，本身也不过是些图书馆里的年轻人。

因此，我们拥有的只是书呆子，而不是"思想着的人"。因此，我们所谓的书本知识阶级，他们爱书如命，却与自然和人类的天性相去甚远，反而在世界与灵魂之外建立起某种"第三类秩序"。于是便有了各种藏书家、校勘家和狂热的注释学者。

书籍使用得当时，它是最好的东西。将它滥用时候，则变成最坏的东西。怎样才叫作使用得当呢？那使用所有手段才可以达到的唯一目标究竟又是什么呢？它无非是要给人以启发。我宁可不读书，也不愿意任由书的引力把我拖出自己的轨道，以至于我从一个宇宙变成一颗卫星。世上唯一有价值的东西是活跃的心灵。这是每个人都有权享有的。每个人自身都包含有这颗心灵，尽管多数人的心灵受到了滞塞，有些人的心灵还没有诞生。活跃的心灵能看见绝对的真理，能表述真理，或者进行创造。在这种活动中，心灵确是一种天才。它不是少数几个人蒙上天垂赐的特权，而是人人都有的正当资产。心灵的本性是循序渐进的。书籍，学院，艺术流派和各类机构，都因天才的某一句过往言语而停滞不前。这样很好，人们说道——让我们坚持这一点吧。就这样他们把我限制起来。这些人总是向后回顾，而不是向前瞻望。然而天才是往前看的。人的眼睛永远长在前额上，而不长在脑后。常人怀抱希望，天才却去创造。无论一个人的天赋有多高，只要他不创造，他就不会拥有上帝智慧的清纯泉涌——或许已经有了煤块与烟雾，但却点不着火焰。世上既有创造性的举止，也有创造性的行为和言词。这些举止、行为和言词并不说明背后有任何习俗或权威的根据。它们仅仅是从心灵自身的良知中自然喷涌而出的。

从另一方面说，假如心灵不具备自明的能力，而是从另一颗心灵那里接受真理，即使这真理的光辉滔滔不绝，接受者却没有定期的反省、诘问和自我发现，结果仍然会是一种严重的错误。天才如果拥有过分的影响，他就足以成为自己的敌人。每个国家的文学都能证明我的这一论点。英国的诗剧作家至今已经历200年的莎士比亚"化"了。

毫无疑问，存在一种正确的读书方法，即严格地让书服从于读者。"思想着的人"绝不应该受制于他的工具。书籍是供学者用来消闲的。当他能够直接理解上帝的智慧时，他无须将宝贵的时间浪费在阅读他人的读书摘记上。但是总会有不时来临的混沌阶段，这是不可避免的——当阳光被遮盖，群星失掉了光彩——我们退回到油灯之下，凭借它微弱的光线，继续引导我们走向东方，那是黎明的所在。我们倾听，是为了让我们自己能够发言。有条阿拉伯谚语说，"一棵无花果树，看着另一棵无花果树，就结出果实来"。

我们从最优秀的书籍里获得的那种愉悦是值得一提的。它们使我们确信，作者与读者间充满着理解。当我们阅读英国的大诗人乔叟、马伏尔、德莱顿的诗章时，会感受到完全是现代的喜悦——我是说，那种快乐大半是由于他们的诗句凝缩了一切时间所造成的。我们的惊喜中含有混杂着的惊奇和欢乐，因为那个诗人尽管生活在过去的世界，距今两三百年之前，而他却说出了贴近我心灵的话，是我差一点没想到，或者没有说出来的。为了从哲学原理上提供证据，说明所有心灵的这种共同性，我们应当假设有某种预先设定的和谐，有某种尚未诞生的心灵的远见，以及为了将来的需要而预先进行储备的可能。这如同我们观察昆虫时所见到的那样，它们在死去之前为后代准备食物，而自己却根本看不到幼虫。

我不会因为对系统理论的偏爱，或在夸张了的本能驱使下，去贬低书籍的价值。人所共知，人类的身体可以从任何食物中摄取营养，哪怕是吃煮熟的草，喝皮鞋炖出的汤。同样，人的心灵也可以从任何知识中获得营养。过去曾经有过一些英雄般的伟人，可对他们除去从书页上获得一些消息，几乎一无所知。我只想说，要经受这种饮食，须得有一个坚强的头脑。会读书的人应该是一个发明家。正如格言中说的，"若想得到印第安人的财富，就应该学会他们的技能与知识"。因此，既要有创造性的写作，也要有创造性的阅读。当心灵得到劳动与创造的支撑时，任何书籍都会页页生辉，意义倍增。每一个句子的含义都扩展了，作者的意识变得像世界一样宽广。然后我们就会看到一桩事实：即过去的智者圣贤在漫长的沉重的岁月里产生真知灼见的机会并不很多。同样，记录他灵感的文字可能仅仅占了他著作的一小部分。有鉴赏能力的读者在阅读柏拉图和莎士比亚时，只去读那份量最少而最有益的部分——即先知启示录中最具真实性的声音——而把其余的东西摈弃一空，好像它们不是世代相传的柏拉图或莎士比亚著作。

当然，对一个智慧的人来说，有一些必不可少的规定阅读。比如历史与精密科学，就必须通过细读熟记才能掌握。与此相仿，大学也有着它不可或缺的功用，即教给学生基础知识。但是如果要大学发挥更高的效用，它们就必须不仅仅依靠训练，而应当鼓励创造。它们必须从各处征集具备不同才华的学生，将他们聚集到大学温暖的校园里，再用强劲的知识火焰，点燃这些年轻人的心智。思想和知识是自然的产物，对于它们来说，器具和仪表并无帮助。学位礼服与教育基金（即使它足够建造黄金之城），也敌不过小小的一段至理名言。如果忘掉这一点，那我们美国的大学即使一年年富裕起来，也会逐渐降低它们在公众中的重要性。

三

有种世人公认的观念，以为学者应当是个幽居隐士，是个羸弱无为的人——不适于做任何手工或集体劳动，就如同一把铅笔刀无法当斧头使用。那些所谓的"务实者"讥笑成天冥思苦想的人，仿佛他们因为思考和观察，就什么事也不能做了。我曾听说，教士们过去往往被人当作女性谈话者，因为他们听不得粗鲁随意的男人言谈，而只能说一种造作和柔软的语言——其实与所有其他的阶级相比，这些教士们更能称得上是他们那个时代的学者。他们时常被剥夺了公民权,而且确实有人宣称他们应当始终独身。如果真有这种情况,它对于知识阶级是不公正和不明智的。行动对于学者来说是次要的,然而又是必须的能力。没有行动,他就称不上是个人。没有行动,思想也就永远不能发育为真理。当世界像美丽的云层浮动在眼前时,懒惰者连这也看不到。静止不动是一种怯懦。没有勇气的心灵造就不了一个学者。行动正是思想的序言。通过它,思想才从无意识过渡到意识。正因为我生活过,我才获得现有的知识。于是我们很快便能辨明,哪些词句里饱含着人生经验,而哪些言语里一无意义。

这世界——即心灵的影子,或另一个自我——广阔地环绕在我们四周。它的种种吸引力都像钥匙一样,开启我的思绪,引导我认识自己。我急不可耐地冲入这充满回声的热闹世界。我紧紧抓住身旁人的手,站到我在竞技场的位置上,去受苦,去奋斗,而我的本能告诫我:只有这样,那无声的深渊才会回荡起说话的声音。我冲破这深渊的约束,消除它的恐惧,我在自己不断扩展的生活范围里重新安置它。我从生活中获得多少经验,我就能开垦多少无知的荒野,或者说我就能扩大多少自我的领地。我无法理解,人怎样才舍得放弃他能够参加的活动,只是为了担心神经衰弱,或失去一场午觉。活动会给他的言谈增加珍贵的材料。劳累、灾难、激愤与贫困都会教给我们雄辩和智慧。真正的学者舍不得放过每一个行动的机会,他会觉得这如同是在放弃权力。

行动正是一种原料,智力用它制做出璀璨夺目的产品。这也是一个奇异的过程,它将经验转化为思想,宛如把桑叶变成了锦缎。而这种生产过程每时每刻都在进行着。

我们童年和青年时代的行动与事件,现在成了我们平静回顾的对象。它们像漂亮的图画在空中展现。而我们新近的行动,以及我们手中正在处理的事务,就并非如此。对这些事情,我们还无法仔细地进行反思。我们的情感仍在其中循环缠绕。我们对它的感觉和认识,就如同对自己的脚、手或头脑那样不自觉。新的行为还只是生活里的一个部分，它需要一段时间继续沉浸在我们无意识的生活中。等到某个回顾的时刻，它将会像熟透的果实一样脱落下来，变为心灵中的一个想法。一刹那间，它被提升了高度，改变了形状，短暂平庸的事物被赋予了不朽的性质。于是它成为一件美的东西，不论它原先的根源和环境是多么低下。我们也应当注意到，要想让这件事提前发生也是不可能的。一只彩蛾在它依旧是虫蛹的阶段，它是既不会飞，也没有光彩的。可是突然之间，正在我们察觉到变化之前，同一个生命就展开美丽的双翼，变成智慧的天使了。所以，在我们的个人经历中，没有哪一桩事不会迟早失掉它依附于人生的枯燥形式，从我们身上升入云空，令我们大吃一惊。摇篮，童年，学校和操场，让人害怕的大男孩、狗与戒尺，可爱的小姑娘和草莓，以及许许多多别的事实，它们曾经是天大的事情，可现在都过去了。而朋友与亲戚，职业与党派，城镇与乡村，民族与世界，这些事情却必然会升腾起来，欢声歌唱。

当然，那种将全部精力都投入健康的行动的人，无疑会获得最丰富的智慧的回报。我不愿使自己隔绝于这个充满着行动的世界；不愿把一棵橡树移植到花盆里，让它在那里挨饿并枯萎；也不愿意偏重某种自己特有的才能，像萨伏依人那样耗尽它的储备。那些萨伏依人靠着雕刻牧羊童、牧羊女和吸烟的荷兰人的木像维持生计，并向整个欧洲兜售小玩意。有一天他们上山寻找木料，却发现已经用尽了最后一棵松树。我们有些作家已经写尽了他们的积累。出于可贵的谋虑，他们乘船前往希腊或巴勒斯坦，跟随猎人深入草原，或者去漫游阿尔及利亚，以便补充一些易销的货物。

一个学者，即便是为了寻找一个词，他也应当急于行动。生活是我们的字典。生活是美好的，无论你是在乡间劳动中度过，还是在城镇，深入地观察各种商业与制造业，与那里的众多男女开诚布公地交往，或是从事科学与艺术——这些都很有意义。唯一的目的是要从各方面掌握语言，用它来描绘和反映我们的见解。从一个人的言谈上我可以立刻了解，他是否充分地生活过。生活就像一座采石场，我们从中采集砖瓦石料，用在今天的建筑里。这正是学习语法的途径。而那些大学与书籍仅仅是抄录由田野和工厂创造的语言。

然而与图书一样，行动的最后一桩好处（它比图书更好）在于：它本身是一种资源。大自然在各种现象里体现出它的起伏不定的运动规律，比如人的呼吸，欲望与厌倦，海洋潮汐，日与夜，热与冷，以及那种包含在每种物质里的所谓"磁场引力"——即牛顿称之为"间歇性的自由传输与反射"的现象。这些正是大自然的定律，因为它们也是心灵的定律。

人的心灵时而思考，时而行动，如此反复更迭，相互引发。艺术家有时用尽了自己的素材，不能再依赖狂想作画，此时他思想枯竭，书本也令其生厌——可是他总是拥有生活这一不尽的资源。个性比才智更重要。思想是一种机能，而生活则是这机能的执行者。溪流总可以追溯到它的源头。伟大的灵魂不仅在思想上坚定不移，而且它敢于面对生活。他是否缺少表达真理的器官或手段呢？即便是这样，他仍然可以依赖生活的基本力量达至目标。这是一套完整的行动。而思想只是行动的一部分。让正义的光辉在他的事务中发光吧。让仁爱的温暖改变他的陋室吧。那些卑贱无闻的邻居与伙伴将会在日常相处过程中感受到他那种个性的魅力，这种感召要比任何公开或预谋的表演来得可靠。时光会教给他，一个学者不应该浪费人生中的任何光阴。在生活中，他得以舒展本能的神圣幼芽，又保护它不受传统势力的侵袭。他在表面的损失，将会因获取力量而得以补偿。那些有助于破旧立新的巨人，并非由那种耗尽了文化活力的教育制度培养出来。他们出自尚未开化的原始自然环境，出自可怕的德鲁伊人和伯塞格尔人。阿尔弗雷德与莎士比亚正是从中产生的巨人。

于是，当我开始听到人们谈论劳动的尊严与必要性时，我便感到喜悦。对于有知识或无知识的人来说，锄头与铁锹里也是藏有美德的。而劳动是人人欢迎的，我们不断被邀请去工作。其中只有一个局限需要注意，即一个人不应为了参加更多的活动而牺牲自己的主见，去迁就公众的看法与行为方式。

我已谈过学者所受的自然教育，书本教育与行动的教育。下面还应该说说他的责任。

学者理应成为"思想的人"。其责任可以归纳为"自信"。学者的职责是去鼓舞、提高和指引众人，使他们看到表象之下的事实。学者从事迟缓、无名而又没有报偿的观察工作。天文学家弗莱姆斯蒂德和赫歇尔在他们镶玻璃的天文台里工作，一面编录星座，一面受到人们的赞扬。他们的成果既是光彩有益的，又肯定能博得声誉。然而，假使有个人在自己的观象台中记录人类心灵中模糊难测的星云（迄今尚无人想到这一点），他日以继夜，成年累月，有时为了个别数据，而不放弃修改过去的记录——这种人就必须忍受公众的忽视，也不会有及时的名望。在他长期的工作准备时期，他肯定会经常表现出对于流行艺术的无知和生疏，并招致那些能人的鄙视，将他冷落一番。他必定有长时间的言语迟钝迹象，常常为了无用的东西而舍弃该做之事。更糟糕的是，他必须接受贫穷与孤独——往往如此！他本可轻易而愉快地选择旧路，接受时尚、教育以及世人的宗教，可他宁可背起十字架，历经苦难去寻求自己的出路，当然，也为此谴责自己，经受软弱与忧郁的折磨。感到自己在虚耗光阴——这些都是自信自助者前进道路上必定要碰到的磨难。他还会遭遇到一种仿佛是他自己同社会敌对的痛苦处境，尤其是与受教育阶层的不和。什么东西才能抵消这一切的损失与受人轻视？仅在一点上他尚可得到慰藉：他正在发挥人性中最高尚的机能。他是一个将自己从私心杂念中提高升华的人，他依靠民众生动的思想去呼吸，去生活。他是这世界的眼睛。他是这世界的心脏。他要保存和传播英勇的情操，高尚的传记，优美的诗章与历史的结论，以此抵抗那种不断向着野蛮倒退的粗俗的繁荣。人类的心灵在一切紧要或庄严时刻，无论它对这行动的世界发表何种评判意见——我们的学者都应该切记于心，并且予以传达。无论理性在它权威的宝座上发布何种对于古今人事的判断，他都应该倾听和宣扬。

有了这样的职责，他就应当完全地拥有自信心，绝不迁就公众的喧嚣。他，唯有他自己了解这个世界。变动中的世界仅仅给人以表面的印象。人类往往分两个阵营，一半的人拥护某种隆重礼仪，或对政府的崇拜，或短暂的通商贸易，或是某场战争、某个人，而另一半人则对此加以反对和攻击——好像一切都取决于这种由拥护或反对形成的波动。然而最有可能的是，这整个问题还抵不上学者在倾听争论时漏掉的一个小小念头重要。听到一声气枪的呼响，他就应当相信自己听见的是气枪，不管世上那些老朽尊贵之士如何声称它是世界末日的霹雳。他应当沉静稳重，超然于世事之上，坚守自己的信念，不断地认真观察，杜绝焦躁，不畏谗言，坐守时机——只要他使自己满意，感到今天确有所得，这便很幸福了。每个正确的步骤都导向成功。因为他有可靠的直觉，这促使他与同胞分享自己的思想。随后他发现，当他深入了解自己心灵的隐秘时，他也在发掘所有心灵的秘密。他认识到，一旦能够掌握自己思想的规律，他就能够掌握所有说着与他相同语言的人的思想，以及那些有种不同语言、但是可以翻译成为他的语言的人的想法。诗人在极度孤独中回忆并记录他那些自发的念头。可我们发现他的诗句对喧闹都市里的人群也同样是真实的。演说家在开始时怀疑自己的坦告是否切合时宜，也担心他对听众的了解不够，——随后他看出他颇受听众的欢迎，他们如饥似渴地聆听他的言语，因为他替听众满足了共同的天性。他越是深入涉及个人的隐秘念头，就越会惊奇地看到，它非常容易引起共鸣，具有普遍的真实意义，人们乐于倾听这些，他们的良知使他们感到：这是我的心声，这就是我自己。

自我信赖包含着所有的美德。学者应当是自由的——自由并且勇敢。甚至在给自由下定义时也表现出他的自由："一无障碍，除非是他自身造成的束缚。"他必须勇敢,因为学者的职能要求他把恐惧这东西置于脑后。恐惧永远是由无知愚昧而来。假如他在危险时保持镇静,仅仅是由于自以为能像妇孺一样受到保护,那便是可耻的。如果他为了求得心灵平静,有意回避政治或令人烦恼的问题,像鸵鸟一样埋头花丛,苟且地进行科学实验或写诗作赋,那也如同一个胆小的孩子,靠吹口哨来鼓舞自己。危险总是越躲越险,恐惧也是越怕越厉害。此时他应该面对危险,像个男子汉。他应当迎难而进,探查性质,检索来源,以便了解这头大狮子原有的幼小形象。而这并非十分遥远的事实。继而,他会发现自己完全了解了它的性质与程度,并以两手环抱,测量出它的尺码。从此他便可以藐视它,从它身旁扬长而过。一个人如果能看穿这世界的虚饰外表,他就能拥有世界。你所耳闻目睹的种种蒙昧、陋习与蔓延不绝的错误,皆因人们的容忍,以及你的纵容。一旦你把它看成是谎言,这就已经给了它致命的打击。

确实,我们都很胆小怯懦,而且缺乏信心。有种聪明又刻薄的说法,它声称我们入世过迟,早已无事可做——世上的一切已经定型。当初在上帝手中,这世界是柔软易塑的。现在和将来它亦是如此,可以任由我们改造。其实,愚昧与罪恶丝毫改变不了这个坚硬无比的世界,只是尽力逢迎适应它而已。然而,人的内心圣洁的成分愈多,世界就愈容易为其所软化,并且让人在它身上打下烙印,或改变它的形状。这并非由于此人伟大非凡,而是因为他是个能够改变别人的观念的人。主宰世界的人是那些把自然和艺术统统染上自己思想色彩的人。他们从容不迫,以其愉快而平静的处事态度令众人信服,并承认他们的作为是大家久已盼望、终于成功的好事,值得邀请所有民族共同分享。伟人造就了伟业。无论麦克唐纳坐在何处,人们总以他的位置作为首席。李耐使得植物学成为最具吸引力的学科之一,并从农夫与采药女手中接过了这门技艺。戴维之于化学,居维尔之于生物化石,也是如此。一个人如果在某一天内怀抱伟大目标工作,那么这一天便是为他而设的。众人的评价时有纷纭,但每遇到一位拥有真理的天才,大家则会众口一词，蜂拥而至，就像大西洋的波浪，层层相伴，追随着月亮的轨迹。

为什么要求大家信赖自己？其中的理由非常深邃，难以轻易地阐明。在我陈述自己的意见时，也许没有引起各位听众的同感。但我已表明这希望可能实现，原因就在于刚才我提到的"一切人都是一个人"的理论中。我相信人是被误解了，他损害了自己。他几乎已失掉那种引导他恢复天赋权利的智慧之光。如今的人变得无足轻重。过去和现在，人都贱若虫豸蚁卵，他们被称作是"芸芸众生"或"放牧的羊群"。一百年、一千年之中，只出现过一两个还算像样的人。就是说，只有个把接近于完整的人。某余的全都处在幼稚原始状态，从一个英雄或诗人身上便可看到他们所有的影子。的确，他们情愿身居末位，显出自己蒙昧稚气，以便让那个高大的人尽量伸展，臻于完善。那些可怜的部落小民与普通党徒，为了酋长或党魁的荣耀而欢呼雀跃。这正证明他们本身天性里的要求——多么悲壮而令人叹息的证明啊！贫贱的民众在政治上、社会上甘拜下风，却为自己宽宏的道德心理取得了某种补偿。他们宁愿像苍蝇一样被大人物随手拂去，好让那伟人去发展人类共同的天性，而这种天性正是所有人殷切盼望加以发扬光大的。他们在伟人的光辉里温暖自己，觉得这温暖来自他们本身。他们从饱受践踏的身上卸下人的尊严，将它披到伟人的肩上。为了能让那伟人的心脏获得新血并重新跳荡，为了让他的筋骨获得力量去继续征战，他们宁愿牺牲自己的生命。伟人为我们活着，我们则活在他的生命里。

这样的民众自然要去寻求金钱或权势。他们要权势，因为权势就是金钱，即所谓的"官职战利品"。为什么不要？他们雄心勃勃，连睡梦里也梦见最高的权势。唤醒他们，他们将会放弃这种伪善，奔向真实，并把政府留给那些文书与写字台。这场革命只有通过文化观念的逐渐培养才能达到。世上一切伟大光辉事业，都比不上人的教育。这里在座的都是教育的可造之才。与历史上所有的王国相比，一个人的私生活更像是个庄严的君主政体。它对于敌人来说是可畏的,对于朋友却甜蜜安静。因为按照正确的观点,一个人身上即包含了所有人的特殊性格。每一个哲学家、诗人或演员都像是我的代理人,为我做了将来有一天我也能自己做的事。那些一度极为我们珍视的书籍,如今已经被读得烂熟。这就是说,我们这些读者都已采纳了作者观察事物的常人观点。我们都变成了那位作者,并且超过他继续前进。就这样一个接着一个,我们喝光了所有水槽里的水,逐渐长大成人,而我们却渴望能有更好、更丰盛的食品。没有人能够永远地活着并喂养我们。人类心灵也不能在一个自我封闭的人的心目中被供奉起来。这心灵的轴心之火时而从埃特纳火山喷涌而出,照亮西西里海岬,时而它又在维苏威火山点燃火炬,映红了那不勒斯的尖塔与葡萄园。它是一千个星辰发出的光芒。它是激动所有人的唯一灵魂。

也许我在有关学者的抽象观念上耽搁得太久了。我不应当继续拖延下去,最好是迅速补充几句与本国和现在有关的话。

历史学家通常认为,不同时代的主导性思想各有差异。有资料表明,古典时期、浪漫时期以及现在的反思或哲学时期,都产生了独特的天才类型。刚才我强调了人类心灵的同一与近似性质。出于同样观点,我也不注重它们的差异。事实上,我相信每个人都要经历三个时期,即男孩的希腊时期,青年的浪漫时期,以及成年的反思时期。然而,我并不否认,我们可以清楚地回顾那些曾经在主导思想领域发生的革命。

有人哀叹说我们这个时代是内向的时代。难道内向自省就一定是有害的吗?看上去我们相当挑剔,又容易一反挑剔批评的眼光,自感惭愧不安。我们不能安心享受,因为太急于了解这享乐的根由。我们身上长满了眼睛,甚至用脚去观察事物。这时代染上了哈姆雷特的忧郁——

"思想的黯淡阴影,令他憔悴。"

至于这么糟吗?有洞察力绝不是值得怜悯的事。难道我们宁可当盲人吗？难道我们害怕自己看得太远，超过大自然与上帝，并且把真理穷尽一空？我认为文学界的不满只代表了一个事实：他们发现自己与前辈的心境不同，又抱憾未来的情形不及体验。这就像个孩子在学会游泳之前一个劲地怕水。假如人可以选择他诞生于其中的时代，他难道不会去选择革命时代吗？那是个新旧交替和并列的时代，它容许人们比较鉴别，它迫使所有的人因为恐惧和希望而施展精力，而且由于新时代即将实现的丰富可能性，旧时代的历史光荣也自会得到补偿。这种时代，只要我们知道如何去面对它，它就像所有时代一样十分美好。

我欣喜地观察未来岁月的明显特征，这些特征已经在诗歌与艺术中闪烁着光彩，在哲学与科学中显现轮廓，在教会与政体中凝结成形。

特征之一，是那种致力于提高国内所谓下等阶层的运动，已经在文学作品中得到了显著而有益的反映。作家们不再讴歌崇高与美的事物，而转向开采与加工那些卑下而普通的眼前生活。一度被急于远赴他国的作家踩在脚下、不屑一顾的材料，如今突然被重新发现，并且被认为是远比异国风情更加丰富多彩的素材。穷人的文学，儿童的情感，街头哲学，以及家庭生活的意趣，这些全都成了当前的话题。这是巨大的进步。这是个象征——难道不是吗？它预示着新的精力，注入各种生活的角落，令其活跃起来；它把生命的热流输入每只手脚。我不要求伟大、古远或浪漫题材，例如意大利或阿拉伯世界的事件，希腊艺术真谛，或是法国普罗温卡尔的吟游诗歌。我喜爱平凡，我探索并且崇拜我熟知与卑微的一切。我只想拥有对今天的洞察力，让别人去占有古代和未来吧。我们究竟需要了解的是何种事物的真谛？是盘中餐的意义。是杯中奶的含义。是有关街头小调，船载新闻，眼神的一瞥，以及人们的体形与步态的内涵——让我看看这些事物的原本理由，让我看看高悬于这些自然景象之上的永恒规则，让我看看所有受到万有引力支配而活跃不已的琐事吧。比如那商店、犁铧、账簿，它们都与自然定律有关，而依据同样的定律，光线变换着亮度，诗人发出歌声——于是这个世界不再像一间堆满杂物的单调仓房，它变成了条理明晰、整洁有序的空间，除去了杂乱与迷惑，统一安排和推动着所有高低不等的设施。

这种观念曾经激发了戈德斯密、彭斯、考柏等人的艺术天才，后来又启发了歌德、华尔华兹与卡莱尔的创作灵感。他们以不同的方式遵循这一观念，并获得各自特有的成功。与他们的创作相比，蒲伯、约翰生、吉本的风格则显得冷酷而又说教过多。前一种作品令人温暖。人们惊喜地发现身边的事物与遥远的传说同样地美丽神奇。眼前的现实解释了古老悠远的故事。一滴水也是小小的海洋。人与自然界的一切都相互关联。这种重视凡俗价值的观念，往往带来丰富的发现。歌德在此问题上的态度是所有现代作家最具现代眼光的。他以前人未有的努力向我们展示了古人的天才。

有一位天才对这种人生哲学贡献良多，他的文学价值一直未曾得到正确评价——我说的是伊曼纽·斯威登堡。他极富想象力，却又以数学家式的精确进行写作。他曾经尝试把一种纯粹的哲学伦理嫁接到他生活的那个基督教社会中去。这样的尝试自然非常困难，什么样的天才也难以克服的困难。然而他看到和指出自然与心灵情感之间的联系，揭示出这个看得见、听得到、摸得着的物质世界所具有的象征性、精神性特征。他那偏爱阴暗色彩的冥思尤其会活跃地诠释自然界的低下现象。他显示出那种将道德邪恶与恶劣物质形式联结在一起的神秘纽带，并且用史诗般的寓言提出了一种关于疯狂、野兽以及肮脏可怖事物的理论。

我们时代的又一个象征（它以一场同类政治运动为标记），是它给予个人的崭新意义。有种种迹象表明，这个时代要把人单独隔离开来——比如用大自然带有敬意的栅栏将他包围起来，让他感到世界归其所有，而人与人之间像主权国家一样彼此交往。与此同时，也有种种迹象要将人与自然结合起来，使他变得伟大。忧郁的佩斯塔罗西说，"我发现天下之大，竟无人愿意或能够帮助别人"。这种帮助只能是从心底发出的。学者必须学会把现在的一切能力、过去的一切贡献、未来的一切希望都集于一身。他本人应当是一座知识的宝库。如果有什么重要教训值得他记取的话，这教训便是：世界微不足道，而人才是一切。自然界的所有定律都体现在你的身上，而你就连气体上升的道理也不明白。整个理性都在你心中沉睡，你需要去了解它们，大胆地唤醒它们。会长先生及诸位，所有的动机，所有的预言，所有的准备都已证明，这种对于人类潜在能力的信心，属于美国的学者。我们倾听欧洲典雅的艺术女神的声音，已经为时过久。人们已经怀疑，美国自由人的精神是否是胆怯、模仿或温驯的代名词。公众和私人的贪欲，把我们呼吸的空气变得浊重而油腻。而学者则讲究体面、悠闲与恭谦。这已经造成一种悲惨的后果。这个民族为自己的心智定出低下的标准，因此它不断地损害自己。任何人都难以找到工作，除非他学会循规蹈矩，柔顺驯服。那些最有希望的年轻人在这片国土上开始生活，山风吹拂着他们，上帝的星辰照耀着他们。然而他们却发现脚下的土地与此不相协调。他们的行动受到阻碍，而这阻碍来自经商原则造成的憎恨。于是这些年轻人沦为苦力，或因不堪困苦而死亡——有一些自杀。补救的药方在哪里？他们尚未觉悟——上千个充满同样希望的年轻人，挤到开始职业的栅栏前，也没有觉悟到这一点：要是他顽固地坚守本能，寸步不让，那么偌大的世界便会自动地过来迁就他。要忍耐，再忍耐——忍耐中你沐浴着一切善良人和伟人的余荫，而你的安慰是你本人无限宽广的生活远景，你的工作是研究和传播原理，使得人的本能普及开来，并且感化全世界。人生在世，如若不能兀自独立，被人当作有个性的汉子看待，或者不能结出应有的果实，反而与众人混为一体，被人成千上万地笼统评估，以我们所属的政党或地域人口来计算，以地理分布来预测我们的意见，称我们为北方或南方——这岂不是莫大的耻辱？不能这样，兄弟们和朋友们——上天作证，我们不希望这样。我们要用自己的脚走路；我们要用自己的手来工作；我们要发表自己的意见。文学研究将不再是个令人怜悯、令人怀疑，或仅仅代表着放纵情感的一个名词。人的恐惧，人的仁爱，将构成一堵防护墙，构成一只围绕大家的花环。一个由真正的人组成的国家将要首次出现，因为其中的每个人都相信他受到神灵的启示，而神灵也将感召所有人。

（蒲隆 译）

*译文选自《爱默生集：论文与讲演录》，吉欧·波尔泰编，赵一凡等译，三联书店，1993年。

1837年8月31日，爱默生对着哈佛学院全体荣誉毕业生发表了题为《美国学者》的演讲。这篇持续了一小时零一刻钟的演讲，尽管后来被霍姆斯誉为"我们思想史上的独立宣言"，其实在当时效果并不理想——他的友人梭罗（恰好是那一年的哈佛毕业生）甚至都记不起自己是否聆听了这场演讲。但若干年以后，爱默生的另一位朋友洛威尔却以这样诗化的语言颂扬了它的历史功绩："清教徒的反抗使我们在教会上独立了，革命使我们在政治上独立了；但我们在社会思想上仍然受到英国思潮的牵制，直到爱默生割断这根巨缆，而让我们在碧海的险恶和荣耀间驰骋。"

演讲一开始，爱默生便不无自豪地预言"我们依赖旁人的日子，我们师从他国的长期学徒时代即将结束"。处在这样的变革时期，美国学者自然肩负着继往开来的历史使命。时代要求他们必须抛弃以往的陈旧观念，去发现一条新路，使得美国这个民族不仅在政治上取得独立，而且在文化上也要有崭新的面貌，塑造出美国的"国民性"。

为了实现这样的目标，作为代表的美国学者，这些"思想着的人"（Man thinking），就必须善于学习。而首要的对象，即在于向大自然学习，了解"大自然之于人类心灵的影响"，因为"大自然是人类心灵的对应物，它从各个方面印证心灵的问题。"针对着经济迅猛发展而出现的物欲横流、道德沦丧的社会现象,爱默生一针见血地指出"对于那些因劳累过度或人情险恶而导致身心残破的人来说,大自然如同一剂良药,能使他们恢复健康。"很显然,爱默生坚信只有在大自然那种永恒的肃穆宁静之中,人才能见出自身的渺小,才能重新发现自己,找回自己。

当然,大自然这种可以感知的美只是它最起码的部分,因为"对于自然美来说,它的完满充分取决于一种更高度的精神因素。"这种纯粹的自然之美,实际上是"美与人类意志的混合物",或简而言之"是上帝赋予美德的标记"。在这里,明显地,爱默生走上了康德、黑格尔的老路,甚至暗地里还有些中国道家思想的影子。

除了上述这两层因素,爱默生接着又将自然美同思想联结在一起,即将大自然变成一种"智力的对象":大自然的美,"需要智力的理解与追索"。只有在这个层面上,才会产生"艺术"——这种美的创造。由此可见,自然美是与道德、思想及艺术美紧密相连的。

除了大自然,作为人类文明之火的传承者,爱默生也没有忽略人类文化遗产的作用。"第二条对于学者心灵具有重要意义的影响",他说,"就是以往人类的思想"。无论其为文学、艺术或宪章、制度,而其中历史影响最大、最好的一种,无疑是书籍——这"人类进步的阶梯"。"书籍的本意是崇高的",照爱默生的说法,"因为世界进入他心灵时是生活,出来时却成了真理"。因此作为真理载体的书籍自然是崇高而值得敬畏的。事实上,不仅是真理,人们从人类最优秀的文化遗产——最优秀的书籍——如英国大诗人乔叟、马伏尔、德莱顿等人的诗作中,获得的那种相互理解与阅读的愉悦也是无与伦比的。

当然,在对待书籍的问题上,爱默生保持着一位正直而审慎的学者应有的清醒和良知,全然不似对自然一般一味地推崇。因为,在他看来,这世上有着功能各异、千差万别的书籍,学者必须首先加以甄别,去粗取精,才能真正达到学习的目的。"书籍使用得当时,它是最好的东西,将它滥用的时候,则变成最坏的东西",而他所指"使用得当"显然是指明智地、创造性地使用,不然的话,则如他曾引用的孟子所言,"尽信书不如无书"。他还宣称,"谦和温顺的青年在图书馆里长大,确信他们的责任是去接受西塞罗、洛克、培根早已阐发的观点。同时却忘记了一点:当西塞罗、洛克、培根写作这些著作时,本身也不过是图书馆里的年轻人。"

爱默生曾经感慨父母赐给他一副羸弱的身体和敏锐的目光,导致他自己成为生活高明的观察者,却不是同样高明的行动者,但这丝毫不妨碍他本人成为行动的鼓吹和倡导者。他在《美国学者》中最具创造性的贡献,无疑在于首先提出了"行动"相对于学习的重要性。尽管它对学者来说可能是次要的,爱默生指出,但它却是必要的能力。因为,"没有行动,他就称不上是个人。没有行动,思想就永远不能发育为真理。"这样一来,行动就成了爱默生所说的"思想的序言",也正是通过它,"思想才从无意识过渡到意识,正因为我生活过,我才获得现有的知识。"爱默生在这里所用的比喻"它(行动)将经验转化为思想,宛如把桑叶变成了锦缎"是他文章中少见的清新自然而意象丰满的比喻之一。他在此处提出的"生活是我们的字典"这一名言也被后人广为引用。

爱默生(1803—1882)出生于牧师世家,毕业于哈佛神学院。后舍弃教职,以演讲、著述为生。他精研包括中国儒家在内的中西方文化,融会贯通,锻铸出新型的美利坚民族精神与文化特质,被誉为"美国的孔子""康科德圣人"。他所倡导的超验主义哲学在思想方面吸收了德国唯心主义理论精髓,在宗教方面反对日益僵化保守的加尔文教,在社会生活方面提倡"轻物质,重精神",强调社会改进与个人道德完善的有机结合。这一场鼎盛时期不过十余年的哲学思潮将人从中古以来的神学桎梏以及一切威权压迫中彻底解放出来,转而将目光投向或专注于当下的世俗生活(美国人确实也是这样做了),对美国国民性的影响至为深远——劳伦斯·布依尔在最近出版的《爱默生传》里宣称:爱默生与他的学说,是美国最重要的世俗宗教。而爱默生本人,也堪称美国精神的完美化身。

(杨靖)

塞尼卡福尔斯女权大会
情感与决心宣言
（1848）

在历史的发展过程中，当人类大家庭的部分成员有必要依照自然的法则和上帝的意旨在世上以与过去不同的新姿态出现时，出于对公共舆论的尊重，她们必须把被迫采取这一行动的原因予以公布。

我们认为这些真理是不言而喻的：所有男子和妇女生而平等；造物主赋予他们若干不可剥夺的权利，其中包括生命、自由和追求幸福的权利；为了保障这些权利，政府才得以建立，而政府的正当权力是经由被治理者同意而产生的。当任何形式的政府有碍于实现这些目标时，受其影响者便有权拒绝效忠于它，并要求建立一个以这些原则为基础的新政府，它分配权力的方式务必使被治理者认为唯有这样才最可能获得他们的安全与幸福。为了慎重起见，成立已久的政府不得由于轻微和短暂的原因变更；以往的一切经验也都表明，任何苦难，只要尚能忍受，人类都宁愿忍受，而不愿为了重获自己的权益便废除久已习惯了的政府。但是，如果一个政府始终如一地为追逐同一目标而不断滥用职权、巧取豪夺，证明它企图把人民置于专制统治之下，人民就有责任摆脱这样的政府，并为自己未来的安全设立新的保障。这就是在现政府治理下的妇女历来逆来顺受的情况，这就是迫使她们现在要求得到她们应有的平等地位的原因。

人类的历史是男子为了对妇女实行专制的暴政统治而对她一再侵犯和伤害的历史。为证明所言属实，特向公正的世界公布下列事实。

他从不准许她行使她不可剥夺的权利——选举权。

他强迫她服从她从来没有参与制定的法律。

他拒绝给予她连最无知、最卑下的男子——本地人和外来者——也享有的权利。

他处处以她为敌，剥夺她最基本的公民权和选举权，使她在立法机关没有代表。

他使她婚后在法律上不享有任何公民权利。

他夺取她的财产权，甚至她保有所挣工资的权利。

他使她在道德上成为不负责任的人，如果她犯有很多罪行，只要作案时丈夫在场，她就不会被治罪。她在婚约中被迫允诺服从丈夫，他成了可以任意处置她的主人，法律使他有权剥夺她的自由并决定对她的惩处。

他制订的离婚法规定了什么是离婚的正当理由，规定了婚约解除后谁将获得孩子的监护权。这法律全然不顾妇女的幸福，它在任何方面都是基于一条错误的前提：男子的优越性，并使他握有一切权力。

他剥夺已婚妇女的一切权利，如果她是独身的，并拥有财产，他就向她征收赋税，用以支持一个当她的财产对其有用的时候才承认她的政府。

他垄断几乎任何有利可图的职业，在她被允许从事的工作中，她只得到微薄的报酬。他对她关闭一切通向财富和名誉之路，而他自己却把财富和名誉看得无比光荣。她从来没有当过神学、医学或法律方面的导师。

他拒绝给予她接受优秀教育的机会，一切学院之门都对她关闭。

他声称自从使徒的时代以来她就不得担任教职，他准许她进入教会以及州政府，但处于从属的地位。除了个别情况以外，她还不得公开参与教务。

他给男子和妇女在世界上确立不同的道德规范，从而使公众产生错误的感觉，他们不仅宽容把妇女隔绝于社会的不道德行为，还认为男子这样做并无过失。

他篡夺了耶和华本人的特权，自称有权规定她的活动范围。只有她的良知和她的上帝才有权这样做。

他竭尽全力摧毁她对自己的能力的信心，挫伤她的自尊，使她心甘情愿地过一种依附于人的凄惨生活。

考虑到这个国家半数居民的公民权被完全剥夺，而她们在社会上和宗教上的地位又如此低下；考虑到上述的不公正法律，更由于妇女为自己遭受的苦难和压迫以及被欺骗性地剥夺最神圣的权利深感不平，我们坚持，妇女必须立刻获准得到她们作为美国公民应有的权利。

我们在从事这项伟大的事业之初就充分意识到，我们的主张会被误解、歪曲和嘲弄，但是我们将不遗余力地调动一切手段达到我们的目的。我们将聘请代理机构，传发文告，并向州和联邦立法机构请愿，还将力求得到宗教和报界的支持。我们希望这次大会后还将举行一系列由社会各界人士参加的大会。

决 议

人们承认，自然界的伟大法则就是"人追求自身真正而充实的幸福"。布莱克斯通[①]在他的《述评》中写道，自然界的这条法则来自上帝本人的意旨，与人同在，必然是至高无上的。它放之四海而皆准，如果人类的法律与这一法则相违就完全无效，一切有效的法律都是直接地或间接地从这一基本原则出发而有其约束力、合法性和权威性。有鉴于此，大会通过下列决议：

因为自然界的伟大法则"必然是至高无上的"，任何不利于妇女的真正和充实的幸福的法律都违背了这条法则，因而无效。

---

① 威廉·布莱克斯通（1723—1780）英国法理学家，著有四卷本《英国法律述评》（1765—1769）。——译注

任何法律，凡是阻止妇女听由良知的指使在社会上占有合适的地位，或使她处于男子之下，都违背了自然界的伟大法则，因而不具约束力或权威性。

妇女和男子生而平等——这是造物主的意愿。人类至尊的善要求她的地位得到认可。

这个国家的妇女应该熟悉治理她们的法律，她们不必再宣称满足于目前的处境，从而自取其辱；她们也不必断言她们已经得到了所需的一切权利，从而暴露自己的无知。

只要男子声称自己有智力上的优越而妇女则在道德上优越，他更应该鼓励妇女在所有宗教集会上宣讲布道，如果她有适当的机会。

要求于妇女在社会上应具的美德、体贴和优雅的举止也应要求于男子；同一罪行，不问所犯者为男子或妇女，应以同样的宽严标准予以惩治。

常有人说妇女向公众演讲有失体统，他们自己却乐于观赏并以此鼓励妇女在戏院、音乐会或马戏团的表演上登台亮相。这样的人指责妇女公开演讲实在是有失风度。

陈腐的习俗和对《圣经》的乖谬解释给妇女圈定了她的生活界限，长期以来她对此没有怨言。现在她应该进入一个她的伟大创造者赋予她的更广阔的天地。

这个国家的妇女有责任为自己谋取她们的神圣的公民选举权。

平等的人权必然来自人类具有同等的能力和责任这一事实。

造物主赋予妇女同等的能力，她同样地意识到发挥这些能力的责任。显然，她和男子一样有权利和义务以一切正当途径弘扬一切正当的事业；特别是在道德和宗教这样伟大的领域里，她不言而喻地有权和她的兄弟一样在私下或公共场所，以写作和演讲或任何合适的方式，在任何合适的集会上参与宣讲。这是不言而喻的真理，源自人性中神授的原则。任何与这真理相违的习俗或权威，不论是现代的还是由来已久的，都将被视为不言自明的谬误，并与人类为敌。

（陆建德 译）

* 译文选自《我，生为女人》，钱满素选编，河北教育出版社，1995年。

1848 年 7 月 18 日，在美国纽约州一个名为滑铁卢的村子里，伊丽莎白·卡迪·斯丹顿在同事的协助下，起草了旨在为美国妇女争取同男子平等权利的《情感与决心宣言》。三天后，这份文件在美国第一届女权大会上成为鼓动人心的呐喊。

《宣言》几乎就是《独立宣言》的女权主义翻版，它宣称女人和男人生来就是平等的。开篇第二段便切入正题："我们认为下面这些真理是不言而喻的：所有男子和妇女生而平等；造物主赋予他们若干不可剥夺的权利，其中包括生命、自由和追求幸福的权利；为了保障这些权利，政府才得以建立，而政府的正当权力是经由被治理者同意而产生的。"

对于美国妇女来说，她们认为，对她们的统治没有得到她们的同意。而以男性为绝大多数的美国政界，毫无疑问，想把现状延续下去。《宣言》的出现，让他们万分惊愕。

美国社会改革家弗雷德里克·道格拉斯在他的报纸《北方之星》里写道：在这块土地上的仁人志士眼中，讨论动物的权利远比讨论妇女的权利更让他们有满足感。他们觉得女人和男人平等，这事想想都有一种罪恶感。很多人最后都觉得黑人多少应该同人类大家庭里的其他成员一样享有一些权利，但仍然没觉得这些权利女人也该享有。

应该说，《情感与决心宣言》的出现，在美国社会掀起了轩然大波。多少年来延续下来的社会习俗是很难改变的。很多报纸对此发文章进行抨击。

在这些人看来,《宣言》就好似一个反叛,是女性历史上一种令人惊愕、可怕且是违背人性的反叛。如果女性都放弃了自己的本分,都成了议员、律师、医生、牧师,那谁给男人们生火做饭缝缝补补呢。毋庸置疑,这些都是错的。但凡有妇女追求平等方面的活动,就会遭到一大批男人的指责和嘲讽,因为妇女同男人平等,势必要改变这些人多少年来所熟悉的一切。这些男人的逻辑是,如果这一切都是错误的,是要改变的,那它怎么会存在这么多年呢。它存在了这么多年,说明它是对的,没有必要改变。

在美国建国后的一百多年里,美国的妇女没有多少权利可言。无论婚否,她们无权投票,不能靠竞选取得公职,不能接受高等教育,不能单独谋生。作为已婚的美国妇女,她们不能签署有法律效力的合同,不能同虐待自己的丈夫离婚,不能获得自己孩子的监护权。在今天看来天经地义应该拥有的权利,很难想象就在一百多年前妇女根本没有。而且也很难想象,在她们为自己争取权利的道路上,每走一步,都要遭受大男子主义势力的嘲讽、挖苦和阻拦。丑化为此而斗争的女性的文字、漫画不断地见诸报端。除了来自男人的阻力,也有部分美国女性认为这是愚蠢的行为。

当然,舆论不会是一边倒的。社会就是在不同立场的各种势力的斗争中前进的。《宣言》的背后还是有不少舆论力量的。《民族改革者》对保守势力进行了反击。这个报纸认为,世界将会天翻地覆。保守势力认为女人不该有什么文化,写那么多信。该报用不无嘲讽的口吻说,那些"创造世界的主们"应该制定法律,要像对待同其他奴隶一样,不允许女人学文化,否则她们到头来会比她们的主人强。如果这些"创造世界的主们"无法垄断这"识文断字的行当",那他们就完蛋了。

身为男人,他们不知道女人的感受。越来越多的美国妇女已经对自己低下的社会地位感到无法忍受,要采取行动了。

北美妇女为自己争权利的意识应该说在美国尚未建国时就有了。1776年,当约翰·亚当斯还在起草《独立宣言》的时候,他的夫人阿比盖儿·亚当斯提醒他"别忘了女士们"。很遗憾，这样小小的提醒是没有用的，最后《独立宣言》里还是用了个含糊其词的措辞："all men are created equal."这里 men 既可以理解成所有的人，也可以理解成所有的男人。但美国妇女为自己争取平等权利的努力从来没有停止过，自 19 世纪起，在 E.维拉德、L.莫特、P.戴维斯、E.莫里斯等妇女界杰出人物的努力下，教育、医疗、法律等领域开始逐步对女性开放。

在美国人权斗争的历程中，很多妇女都参与了早期的废奴运动和为黑人争取权利的斗争。美国 1866 年人权法案就给予黑人男人所有美国白人男人享有的公民权，包括投票权。在这种情况下，当美国妇女后来发现美国法律把投票权这样的基本人权给了黑人男人而自己却被挡在外面的时候，自然是无比愤怒。

争取同男人一样的权利，从来都不是一句空话，其中投票权是至关重要的。有了投票权，才有自己的意志主张和利益得以保护和体现的可能。然而这个历程跨越了半个多世纪，最早为妇女投票权而奔走呼吁的人都没能看到她们努力的结局。早在 1878 年，苏珊·安东尼和伊丽莎白·斯丹顿就起草了为女性争取投票权的议案，然而对这样的议案各州议会通常是置之不理的。在像她们这样的女权主义者不断地宣传、游说、和请愿下，直到 41 年后的 1919 年，此议案才由美国国会交由各州进行表决，次年才成为著名的宪法第 19 条修正案。

时隔一百多年再读《情感与决心宣言》，我们仍然能够感受到那种不畏强势的反抗力量。如果之前已经熟悉《独立宣言》，那就能感受出这里英国乔治三世变成了"他"。就像乔治三世压迫北美殖民地一样，"他"也使"她"在社会上毫无地位尊严可言，婚后一切社会义务权利全部由丈夫掌控，她自己跟死人没什么两样（civilly dead）。而今天，在美国社会，妇女不仅仅是 alive（活着），更是 active（活跃着）。《情感与决心宣言》中的决议部分中很多内容已经成为现实。从政坛风云人物奥尔布赖特、赖斯、希拉里·克林顿，我们不禁要感慨这一个多世纪来美国社会的变迁。

（邵珊）

霍勒斯·曼
马萨诸塞州教育年度报告
（1848）

先生们：

马萨诸塞既是一个独立的州，也是日益壮大的伟大联邦中的一员。在其前项职能中，她拥有着重要且持久的利益，这主要取决于她自身的内务；而在后项关系中，她的命运则取决于联邦中其他同盟者的意愿……

现在，政治家和立法者以及那些言行足以影响甚至改变公众舆论的人们必须承担起特殊的职责：探求有助于凝聚民力、开启民智、倡导民义的亘古法则，为此，需热情澎湃如勘矿探宝，需殚精竭虑似难中求生，最终形成与这些法则一致的公共机构。此外，有些人算不上是政治家，不配被尊为立法者或人民领袖。这些人要么资质愚钝，要么自私褊狭，无法冥思关于知识、公正、自律以及遵从上帝律法的伟大思想——人类的幸福安康正是建立在遵从上帝律法这唯一的基础之上；这些人无法将这些思想梳理清晰，形成体系，更无法像机械师开动机器那样将这体系付诸实践。而只有如此，才具备了真正政治家的条件……

在毫不低估世界上其他任何机构所具价值的前提下，这一点是毋庸置疑的：公共学校，因其易于改进和充满活力的特点，极有可能成为所有推动文明发展的动力中最有效和最有益的一支力量。这一论断可以用两点原因加以解释。首先，它在管理上具有一种普遍性，这是其他任何机构无法比拟的。在公平正义与和睦团结精神的指导下，年轻的一代将会潜移默化地受到感化，在陶冶情操的氛围中成长。其次，它采用灵活多变的教材，所以更易于创造出多种多样的教学形式，这是上帝的其他任何世俗杰作都无法实现的。用大橡树的坚韧粗壮和幼枝的柔软、胚芽的纤弱来比喻成人的执拗放纵和孩子的乖巧温顺是远远不够的。正是因为具备了这些与生俱来的优势，公共学校在本州才得以在不完善的体系和薄弱的管理之下逐渐取得显著的成就。通过教授盲人和聋哑人知识技能，通过点燃蛰伏在智障儿脑中的点点智力星火，通过改造弃儿和流浪儿这一更加神圣的工作，教育——通过这些伟大的实验——向世人证明了其所能做到的一切。今时纵然经验匮乏且只是初具雏形，成果已经不容小觑；他日，当设施齐全、万事俱备之时，当它释放出巨大能量同侵扰破坏社会正义的大邪大恶——纵欲、贪婪、战争、贩奴、褊狭、贫困之苦、滥用之恶——斗争之时，就没有它攻克不下的敌堡，斩杀不了的巨人了。

接着，我将竭力向各位阐述学校教育的作用是如何同社会利益紧密联系、并最终保持一致的。前者表明这些利益仍处于尚不成熟的幼儿阶段，后者则是发育完全的成熟阶段。"参天巨木始于幼树，七尺男儿出自稚童"，希望学校教育也能发展成为本州深入人心的制度，成为人人拥有的财富。

体 育

人类的繁荣离不开健康和强壮……

即使考虑到目前的话题，暂且抛开恶疾之苦和丧亲之痛不谈，有一个重要的事实是大家不得不接受的，那就是，恶疾和早夭仍是政治家和政治经济学家们必须应对的既存祸患。地球仿若病人的天然医院，它不久即会耗尽对生命的最后一丝热爱；而且，即使世上只有二分之一的人卧病在床，全世界的人也会很快因为不事生产而受到饥饿的威胁。

如今，现代科学已经证实，身体健康与否主要取决于人类自身，即，一个民族的健康状况取决于这个民族自身的行为方式。个人的健康首先由其父母决定,其次是他本人。无论是健康强壮、灵活敏捷、耐力持久、长命百岁,还是五短矮小、笨拙迟缓、虚弱乏力、英年早逝,都遵循着一些不可改变的规律。这些规律虽由天定,但只要我们孜孜以求,就可获知其内容;只要采用灵活的方法,就可遵守它们。

那么,在此标题下我得出了一个普遍结论:社会上的每个有识之士——无论是否担任公职——都应承担起在全州每个角落传播这些有益的生命定律的责任。他们应使之普及,成为大众掌握的常识,然后,通过教育和风俗习惯,代代相传,成为子孙后代共享的财富。唯有如此,那些在遵守定律中养成的良好健康习惯才能深植于人们的思想中,能够为个人卫生规则树立典范,并且融入日常的家庭生活中去。这些习惯,无论是在私人宅邸、公共场所,还是在资本家所建的工人的集体宿舍或穷人的廉价租房中,都应随处可见。同时,通过铺设人行道,完善城市供排水系统,修建公共浴室、市民广场、乡间墓地,以及采取其他任何有利于净化空气的措施,使人们像遵守宗教法规那样遵守现代科学为世人带来的全部卫生规则。

卫生知识广泛传播的唯一途径便是普及学校教育,它也足以胜任此职……

智育——摆脱贫困,获得财富的途径

欧洲人认为,人分为不同等级——有人生来受苦受难,辛苦谋生;有人生来荣华富贵,享乐不尽。相反,马萨诸塞人相信每个人都应有劳动和享用劳动果实的平等权利。后者宣扬阶级平等,前者则鼓吹恶名昭著的不平等理论……

然而,马萨诸塞人在某些方面不也正渐渐远离自己的信仰,转而追随欧洲人的邪说吗？贫富的差距不但没有一步步缩小，反而在不断扩大。社会在创造出越来越多财富的同时，越来越多的人也坠入了贫困的深渊。这令人费解的历史在每一代人身上反复上演。我们同样也逐渐陷入这种极度繁荣与极度贫困对立的窘境，而无论何种情形都背离了人性。长期仅求温饱而不可得会使人变得如虎狼般残忍。在看尽饥饿与贫穷的痛苦之后，贪婪将蒙蔽人的心智，慈悲与爱心化为泡影，徒留对金钱的狂热之情。

我认为，每个以仁爱之心来看待政治经济的人都怀有一个共同的想法，那就是，不可胜数的巨额私人财富是危及共和国人民幸福生活的最大祸患之一。这些财富可能会导致一种新型的封建制度。这种封建制度比中世纪时期的封建制度更无情、更压迫人。与现在大部分外国制造商和资本家对待工人相比，英国和欧洲大陆的封建地主从未将农奴置于如此悲惨的境地。尽管不同历史阶段的剥削者采用的方法截然不同，但结果却惊人地相似。以往是暴力说话，现在是金钱当家。在中世纪，除非农奴得到善心主人的赏赐，否则他们无法拥有一块属于自己的安身立命的土地。现在，同样地，除非资本家愿意接受雇工的"服务"，购买他们的劳力，否则，他们就会失业，无法生存。农奴没有房舍，只有主人提供的遮风避雨之所；在英国，每五千劳工中也无一人拥有属于自己的陋室，因此不得不靠租房度日。大地主们专横地给农奴规定了强制的劳役期限，农奴要么俯首遵从，要么坐以待毙；英国制造商和农场主给工人定下工资标准，并不时随心所欲地利用借口加以克扣，工人除了听命服从或忍饥挨饿别无他途。比起地位相当的农奴，这些现代依附者的境况在某些方面甚至更加凄惨。在封建制度下，地主和农奴之间确实存在着一种类似于封建家长制的关系。这种关系有利于缓解两个阶级之间的尖锐矛盾。主人会担负起家长的责任，如帮助仆从照管孩子，延医治病，并使他们老有所养、老有所终。然而，英国资本家为改善紧张的劳资关系做出的努力相对来说却寥寥无几。工人子女的生活没有保障，命运全凭天定。这些孩子缺衣少食，饱受苦难，接受教育对他们来说更是天方夜谭。当工人不幸疾病缠身，卧床不起，当辛劳和年岁终于耗尽他们最后一丝气力，那一生注定要去的济贫院就成了他们生命的归宿……

现在，我可以确定地说，除了全民教育，其他任何方法都无法改变这种"出资者治人，劳力者治于人"的状况。如果社会中的某个阶级掌握了全部的财富和教育，而余下的人全都愚昧无知，穷困潦倒，那么要如何称呼这种关系倒显得微不足道了，因为，上天可鉴，这余下的大部分人实际上已沦为前一小撮人卑微的附庸和奴隶。但是，如果教育能够得到广泛普及，那么情况将会完全不同。它将展现出最最诱人的魅力，吸引财富长伴左右。永世贫困的厄运从没降临、也决不会降临到勤劳智慧的人身上。不同阶级间的财富和分工本质上是对立的；同一阶级内的财富和分工本质上却是亲密友爱的。马萨诸塞人已在一定程度上意识到了这一真理的价值：本州空前的繁荣兴盛——生活舒适，金钱无虞，人民聪慧、富有美德——皆应归功于体系趋于完善的全民教育。然而，不知他们是否也意识到一个同样重要的事实，即三分之二的州民应由衷感激他们所受的教育。因为，正是教育使他们在今日免受资本这个残酷暴君的奴役，摆脱了欧洲下层民众遭受野蛮暴力宰割的命运？

教育超越了人类从古至今的其他一切手段，它是人类阶级差异的平衡器，是社会机器正常运转的恒定轮。在这里，我并不是要告诉诸位教育可以促使人的道德感提升到无与伦比的境界，以至于人们憎恶压迫，鄙视那些剥削自己的同胞——这是另外一个相关问题。我想要说明的是教育使人独立，使人掌握同周围的自私自利进行斗争的手段。它比想方设法消弭穷人对富人满腹敌意要强得多。事实上，它杜绝了穷人的出现。重农主义是贫穷对富裕的报复。对他人财产的恣意破坏——焚烧成堆的干草和庄稼，捣毁抢夺工人饭碗的机器，向华美的衣饰泼硫酸——不过是重农主义者达到了疯狂。而教育完全可以同时阻止报复与疯狂。从另一方面来说，只要一个人不是自私到只关心个人和家庭利益的程度,他都具有同情关爱本阶级或阶层同胞的普遍天性。教育的普及和有知识、有文化阶级(或阶层)的壮大将会给社会关爱之情打开一个更为广阔的空间。如果可能更进一步实现全民教育和全面教育的梦想,它将会为彻底消除人为划分阶级的社会现象做出无可比拟的贡献……

那么,根据这一事实,一个长期困扰研究人员的难题便可迎刃而解了。为何机械与实用技能——这些技能为人类的文明进步做出了巨大贡献,为现今的普通民众带来了舒适与奢华,这一切是三个世纪之前的国王和王后也享受不到的——长久以来没有任何进步,直到最近才勉强有了一个开端?它的原因就是:世界上所有的劳动都是由愚昧无知的人们完成的。这些劳动者一旦开启鸿蒙,获得一定的智慧,他们的工作随即就会取得相应的进步。起初,智慧只为少数人掌握,因此进步不但少之又少,而且速度极其缓慢。它们都发生在最有智慧的国度和阶级里。英国中产阶级以及荷兰和苏格兰劳动者取得的成就超过了整个东半球的一百倍。反之,又有哪项技术进步和科学发现是产生在西班牙和沙俄帝国辽阔的土地上的?只有当智慧——也就是教育——磨锋、激活越来越多的头脑,神奇的发明发现才会越来越多,它们的更新速度才会越来越快。此时,这种进步是以几何的而不是算术的速度递增的。根据自然规律,情形也确该如此。如果十个受过良好教育的孩子中至少有一人将会在技术上有所创新和发展,或在科学定律及其应用上有所发现,那么,同理可证,一百个受过良好教育的孩子里一定有超过十个这样的创新者和发明家。这是因为人脑的运动规律同火焰的燃烧规律是相同的。一根木棍即使是经过日晒风吹,干燥无比,并且放在风口点燃,它也很难独自燃烧殆尽。可是,十根木棍在一起却可以熊熊燃烧。一百根木棍的火焰将会百倍猛烈。它能自燃成风,助焰高涨,甚至吞噬青葱的草木。

由此可见,智慧是创造财富——为了人民的富裕和国家的富强——的重要条件。知识选民——请允许我这样称呼他们——的增加必将促进改进者人数的上升。在历史上，甚至在当今世界的许多地方，只有不到百万分之一的人有幸得以发展智慧，成为艺术和科学的贡献者。就让这智慧在前引路，无数无价的成就必将随后而行。因此，政治经济学只顾忙于关心资本劳力、商品供求、利息租金、逆差顺差，而不重视民众智力发展所需，不得不说是极其愚蠢的。它应采取的首要策略是将消费者变为生产者，其次是提高生产者的生产力——只需提高他们的才智，这一目标即可实现。如果一个人愚昧到只知挖泥掘坑的话，他比一头肥猪也强不了多少。他和肥猪一样贪多嘴馋，却比它更会惹是生非……

政治教育

普及民智的必要性——也就是普及教育的必要性，（我把这两个词作为同义词来用，因为如果没有教育的普及，民智的普及便不存在，而教育的普及则一定会带来民智的普及）——在共和政府里谈论普及民智的重要性就像谈论许多其他伟大的真理一样，早已是陈腔滥调。它的确是老生常谈，过分的熟悉已使其力量大大削弱。几乎所有的教育拥护者都会首先抓住这个论题，因为它浅显易懂——无知的人也能够理解，并且雄辩有力——多疑的人也可以被说服。作家们从逻辑、历史和事件性质的角度阐述自己的观点：缺乏民智的共和政府相当于一所大规模的没有监督管家的疯人院——少数人的专政导致彻底的无政府状态，无政府状态又导致专政，一切势必变得越来越糟……

无论选民的道德品质有多么高尚，无论他们多么精通历史和科学，只要是共和国的公民，他们就必须了解自己政府的本质和职能。如果有人宣扬，任何打算成年后参与政府工作的人都无须事先了解他即将管理的政府的本质和职能的话，这一定是个政治谎言。在所有的国家里，包括那些最粗俗、最野蛮的国度，未来的统治者都必须接受训练，以保证他在预期的职位上能恰当地行使权力，承担责任。如果继承人根据法律在未成年时便被授予了统治权，那么，指定的摄政政府或其他机构就会暂代职权，直到继承人成年。在此期间，继承人必须接受一系列的学习和训练，为在指定年龄按当时当地的政治情况接掌统治权作好准备。无论在英国，还是在欧洲的其他文明国度，对王储的成长放任自流，不进行任何有关职责的教育，被视为是野蛮死灰复燃的明证，——而又有谁会质疑这个有力的例证呢？——那么，毫无疑问，赋予每个人选举权而又不为他接受如此重大的信任做准备，同样证明了我们的野蛮，甚至从未开化，因此，合众国和本州的宪法必须被定为公立学校的必修课程。政府立法、行政和司法三权分立，各自分工明确，相互协调；选民理性地选举或委任官员；特别是在法治国家里，每个公民都应通过上诉，而不是以暴力的方法纠正可能的冤屈，维护自己的权利；以及，在人民当家作主的政府，法律法规的更改应通过全民公决而不是武力反抗——这一切都应当教授给孩子们，直到他们完全理解为止。

假如我们早已坚持不懈地给共和国的孩子们灌输公民责任的思想，爱国志士还需要为许许多多的无知事件悲叹万分吗？有些选民无法通过投票表决的方式达到自己的目的，于是选择了暴力；有些人虽然向同胞起誓绝对坚持投票表决的方式，但又暗下决心，一旦全民表决这架机器不按自己的意愿转动，他就砸碎捣毁它。如果选民都对选举权负责，都正确认识到它的价值，那么，我们全州和全国的选举日将会是历书上最庄严、最神圣的日子。在这一天，人们不仅准备充分，心情殷切，而且会像谨言慎行的虔诚教徒在面对生死存亡时那般沉着冷静，庄重肃穆。他不会因为反复无常或恣意放纵而丢弃选票，就像他不会抛家弃宅或售妻卖儿；他也不会因为心存怨恨或意图报复而投下选票，就像优秀的医生不会害人截肢断足，经验丰富的领航员不会引人穿越险湾——即使他们也心存怨恨，意欲报复。

但是，可能也有人会反对。他们或者强调宪法可以有不同的解读方式，或者声称历届政府的不同政策会成为党派纠纷的内容，因此，只要有丝毫的宪法和政治法规被带入课堂，那么就会出现根据党派归属来选择教师或者教师在陈述自己的党派关系时弄虚作假，以求录用的危险。长此以往，课堂就会成为政治俱乐部的缩影：一群乳臭未干的毛头小子们要么为了政治议案争得面红耳赤，要么慷慨激昂地大声朗读自己撰写的字迹难辨、错误连篇的演讲辞。

我思虑再三后认为，这种担心完全是毫无根据的。宪法有不同的解读方式，这是事实。也确实存在令全国人民恼火的党争现象。但是，同他们许多看法一致的情况比起来，这些争论根本是九牛一毛。而且，除非他原先甚为精通的只是那些无争议的问题，否则，没人、也不可能有人具备足够的资格谈论尚无定论的问题。我们只有在广为大众所知、并为大众接受的术语和原则中才能找到党派相互理解的共同语言和思想；也只有这些术语和原则才是辩论者论据来源的共同基础……

……因此，但愿共和国所有的孩子都能学习到政治知识的全部伟大精髓——没有这些基础知识，他们将无法探索更加深奥、尚存争议的问题；因此，一定要采用这唯一切实可行的方法，去发现真理，澄清谬误；因此，让那帮邪恶偏执的狂热之徒消失吧。他们的信仰只需两句话即可道尽——自己的永远绝对正确，持异议者的永远绝对错误。为了他们的消失，我们无须诉诸暴力，无须褫夺公权，只需让更多的真理之光放射光芒。

德　育

德育是社会存在的首要条件。人类放纵的激情不仅能够伤人，还会害己。是非不分、善恶不辨的社会很快就会自行消亡。何况即使具备了良好的天性，邪恶不也常常战胜善良吗！自从混沌初开，万物伊始，善恶便如影随形……

但是在人类发展中的怀疑者、不信者和绝望者看来，还有一个试验是从未尝试过的。这个试验甚至在未现端倪之时便已为其最后的胜利树立了至高的权威。它的规则浅显易懂，它本身也似满天繁星般明亮清晰。它的表述简洁明了："育儿自小有道，长大方不失道。"这种说法无疑是有理有据的。如果再加上条件充分，失败定无立足之本。虽然事关道德，但只要坚持方向，遵守规则，它的结果会同光学和化学试验般显而易见。

但是，这个试验至今尚未尝试过。在对孩子天性的熏陶培养上，教育从未发挥出哪怕只是百分之一的潜力，更何谈它对成人乃至民族性格的影响。有史以来，在所有试图革新人类的努力中，无论是改变政府结构，加重或减轻刑罚，还是以政府创立的宗教替代上帝创立的宗教——在所有这些努力中，人们几乎完全没有意识到婴幼儿和青少年的思想，没有意识到他们的思想容易受到影响，也没有意识到这种影响是持久和自控的。现在有一种新的方法。它的力量刚刚开始为人们认识，它的巨大活力至今只得到零星释放。但是，我们从有限且残缺的经验中认识到，它胜过世上其他任何手段，具有明显的广泛性和决定性……

……就人类的各种手段而言，我们有足够的资本使本州的每个孩子都被引人向善的道德影响所围绕。这些影响广泛而且有效。如今我们勤劳热心、品德高尚的社会成员就是在同样广泛有效的影响下长大的。至于我们直接赖以依存的神恩，我们不是已经得到上帝明确绝对的承诺了吗？——只要你的孩子从小按照将行之路抚养教育，他将永不会偏离此路。但人们忽视了一点：这句话并不仅仅是对父母的承诺，而是对所有人的宣告，无论是父母、社会、国家，还是全人类……

宗教教育

一定有人会说，我们伟大实用的道德财富是上帝最大的赐予，没有虔诚之心则无法获得，而缺少宗教教育的社会是绝不会有虔诚之心的。这两种说法我都视为永恒不变的真理。没有宗教原则和宗教热情的民族只会比现在更加堕落；反之，受过它们感召和洗礼的民族则会得到更大的救赎。同样，人类盼望获得真理，但却从未受过真理的教育，盼望掌握真理，但却从未像认识宗教那样拓展人类在其他领域识别真理，理解真理的能力，这难道不算是一种僭越吗？……

……我们的公立学校并非神学院，这一点已达成共识。无论是向学生灌输我们中某个教派的独特教义，还是告诉学生他们传授的已经是全部的宗教内容或理解宗教、获得救赎的全部必要知识，都是法律明令禁止的。但是，我们的体系热切地传播所有的基督教义，它以宗教道德为基础，信奉《圣经》之言，并在领受《圣经》教义的过程中，赋予它在其他体系中所没有的权力——不辩自明。但它的任务也就到此为止了。不是因为它宣称已获得全部真理，而是因为它不愿为众多敌对教义充当仲裁。

"公立学校"和"公共学校"的字面意思是：向全社会所有孩子开放的学校。每个不属于赤贫之列的人都要纳税提供帮助。但是这项税收并非出自特殊的宗教律令：如果这样的话，那么，从广义上说，无异于建立了一所所宗教学校。纳税帮助学校是为了采取预防措施，反对欺骗、压榨和暴力，就像纳税帮助法庭采取刑罚手段打击这些罪恶一样；纳税帮助学校就像纳税帮助贫民一样——因为没受教育的孩子比没钱吃饭的人更可怜，更悲惨；纳税帮助学校就像纳税保卫国家免于别国侵犯，外敌豪夺一样——因为普遍的愚昧、迷信和邪恶将在国内造就出比"哥特人"和"汪达儿人"[①]

---

① 古希腊和罗马人眼中的蛮族、"化外之民"，属于中世纪时期的日耳曼部族。——译注

更野蛮、更会威胁社会安康的"哥特人"和"汪达儿人";最后,纳税帮助学校是因为学校教育是培养、锻炼孩子才能和技能的最有效手段。只有通过学习,他长大成人后才可能知道什么是他最大的兴趣和最高的责任,才可能成为真正的、而不是名义上的"自由人"。让孩子们在校接受政治教育并不是为了教他们在达到法定年龄后投这个或那个党派的选票,而是为了让他们有能力自主选择拥护的党派;同样,让孩子们在校接受宗教教育并不是为了让他们在成年后加入这个或那个教派,而是让他们能够听从自己的理性和良心,判断什么是自己的宗教责任,以及它们将何去何从……

我认为马萨诸塞的体系表现出了一种优势,一种美德。大地上有这么一块地方,所有不同教派的孩子在一起接受教育,允许《圣经》不辩自明;在这个地方,孩子们在共同的圣坛前祈祷,感到他们拥有同一个父亲。宗教礼拜使他们亲如兄弟,永远不至沦落为以实玛利们[①]……

……就要正式告别长期以来与我息息相关的教育体系了。为了它,我献出了自己的财富、精力、健康、十二年的宝贵时间,而这十二年原本可以是我人生的两个十二年。在这临别之际,我感到有责任提出这些简短的看法为我所奋斗的事业辩护……

以上是从宗教方面谈及马萨诸塞的公学体系。它无比虔敬地承认并肯定了上帝至高无上的权威,庄严不懈地保卫了人类的宗教权利。同时,它试图清除所有的阻碍,提供所有的发展所需,以求在造物主与人类之间建立亲如父子的深厚感情。从社会和政治角度来看,它是一个自由的学校体系。它不辨贫富,不问贵贱,也不知那些在暗淡的日光下踯躅而行于不同道路上寻求天堂之门的人有何差别。无需金钱,也无需代价,它敞开大门,慷慨地为全州所有的孩子准备好宴席。它犹如阳光,不仅照耀着良善,也感化着邪恶,这样,邪恶才会变为良善;它犹如雨水,不仅滋润着公正,

---

[①] 出自《旧约·创世纪》。撒莱不育,将使女夏甲送与丈夫亚伯拉罕为妾,生子以实玛利,后撒莱生子,遂将夏甲和以实玛利逐出家门。因此,以实玛利又指流浪者或居无定所之人。——译注

也荡涤着不义,这样,不义才会远离,消逝无踪。

让我们怀着子女对父母般的崇敬和热爱审视那些伟大的"公学之父"吧。在荒凉贫瘠的土地上,在物质极度匮乏的情况下,他们毫不吝惜地将自己无比简陋的生活舒适品,甚至必需品用于对它的支持。虽然他们白天要付出劳动,征服荒野,晚上又要守护营地,站岗放哨,但是,他们仍抽出时间一丝不苟地监督管理仍处于孱弱婴儿期的学校。为了建立这一制度,他们献出了自己的财富和气力,最终,又将成绩传给了我们。如果没有它,我们的生活和命运该有多么不同啊!它赐福于我们,使我们免受原本命中注定的无数痛苦和危险——摆脱连体力劳动都无力摆脱的体力之苦;避免智力上的黑暗,使漫游于光明之后的智力不致陷入更加黑暗的深渊;使我们免于道德的堕落,不以邪恶和罪过为乐。它使无穷的幸福和安乐环绕着我们,这画面即使是最富诗意的想象原也勾勒不出的。它发现的不是神话传说中的女神,而是各行各业中队伍庞大、不知疲倦的劳动大军;不是邪恶和复仇之心,而是万物之间的仁爱和互助。它用学者们难以想象的深奥炼金术将采石场和冻土变成了金矿。它赠予技工灵巧的双手,赠予工匠敏锐的眼睛,它使贫瘠的土地在农夫的耕种下获得可喜的丰收。因此,我们的人民将不再贫穷,每个人都丰衣足食。智力将会提高,道德将会进步,生活将会太平安逸、充满尊严。这是迄今为止世界上从未实现过的美丽梦想,这是广袤大地上无处可寻的幸福家园……

(王萍 译)

* 译自 Daniel. J. Boorstin, *An American Primer*, Penguin Books USA Inc., New York, 1995。

美国革命不仅仅是政治革命,而且也是教育革命。革命领袖本杰明·拉什说：我们已经改变了政府的形式，但我们还需要在原则、观点和行为上来一场革命，从而适应我们业已接受的政府形式。拉什所期待的这一场革命，很快就由贺勒斯·曼在马萨诸塞州发起并推广到全国，这就是美国教育史上1830至1860年代轰轰烈烈的公共教育运动。曼本人因此被誉为"美国公立学校之父"。

曼所主张的公共教育主要是通过设立公立学校来实现的。他所理想的是一种平等自由的、免费的、不分教派的、由税收支持并由国家控制的学校。只有这样的学校，在他看来，才最适合培养合格的共和国公民。

和杰斐逊一样，曼首先是一位民主思想家。他认为根据美国宪法的精神，共和国公民应当平等享有教育权，而国家也有责任和义务提供人人平等接受教育的机会。虽然托克维尔在《美国的民主》一书中认为美国是一个几乎完全消除了阶级差异、人人平等的国家，但曼还是清醒地意识到了社会严重的贫富分化必将限制部分公民的经济自由，并进而限制其政治自由。因此，他倡导的公共教育就是要创造人人平等接受教育，从而平等获取经济和政治自由的机会——只有这样，自由民主的政体才得以维护，社会稳定和谐的理想才得以实现。

在他担任马萨诸塞州教育秘书的12年时间里，曼通过发布一年一度的教育报告推进公共教育运动。在他离任之前发布的这最后一份报告则集中体现了他的公共教育思想：教育的强大功能可以从政治角度、经济角度、和社会发展等方面体现出来。首先，从政治角度看，教育是共和国赖以保存的唯一基础，是国家安定和繁荣的生命线。美国的民主政体决定了它的政治领袖必须从受教育的公民中选举产生，因此公民的普遍素质实际上也决定了领导者所能达到的高度，无能平庸的政治领袖也会很快被民众识破而遭唾弃。在他看来，共和国若想长治久安，必须在人民中间广泛地培养正直的品性和高尚的情操，达到这个目的的首要工具就是学校。

作为民主国家，美国宪法规定公民享有宗教信仰自由。从前由各个教派所控制的学校教育在曼眼中实际上束缚并剥夺了公民的宗教信仰自由。保证教育机会的平等和提供不分教派的教育是政府义不容辞的责任。另外，美国还是个移民众多、民族差异明显的国家，各种不同文化背景的人思想意识悬殊，此时唯有通过公立学校发挥民族大熔炉的功能，才能将美利坚合众国熔铸为各民族和平共处、具有共同价值观和民族意识的一个整体。他坚信：教育是人类诞生以来最伟大的发明，教育是对人类环境有着最大稳定作用的平衡器，是社会机器的平衡轮。公立学校是共和国继续存在的不可缺少的条件。

其次，从经济角度看，教育不仅是促进经济繁荣的必要手段，而且还可以在很大程度上消除劳资之间的紧张关系。曼认为在欧洲旧大陆，资本与劳动过去往往分属于不同的阶级。前者永远处于主动地位，垄断社会财富，后者则只能被动接受奴役的命运，一贫如洗，产业工人的悲惨命运甚至还不如农奴。而现在，除公共教育以外，没有什么力量能与这种资本垄断和劳动奴役相抗衡。教育可以通过灌输知识、训练智力，创造出更多的价值，从而改变个人的命运并提高社会的整体福利。所以政府不仅要注意开发丰富的矿藏资源，更要注意开发蕴藏在人民头脑中的智力资源。教育的投资在很大程度上也就成了一种人力资本的投资，于个人、社会和国家都大有裨益。

另外，从社会发展的角度看，曼认为教育——包括道德、宗教教育和智力、体力教育——能够提升公民的整体素质，使得整个社会和谐安定，进入良性发展的轨道。他早年勤苦自立的经历坚定了他的信念：通过教育，人人都可以改变自己的命运，获得新生。酗酒、凶杀、暴乱这样一些罪恶，不仅会毁坏个人及家庭的幸福，也会导致社会动荡，破坏人类的幸福；而不断地致力于个人和社会改革的生活才是有意义的生活。只有通过公立学校教育才能引导人类走上正轨，造福于社会。他也一直坚信：多一所学校就少一所监狱。

总而言之，曼公共教育思想的核心是以公立学校为手段进行全方位的社会改造和革新，以维护美国的民主政体并保持经济的繁荣和社会的稳定。这一思想既继承了欧洲教育传统，又富于美利坚民族特色。首先，这一思想实际建立在教育万能这一信念之上，将教育视为解决一切社会问题的灵丹妙药；其次，它丰富并发展了富兰克林的实用性教育思想，将教育与经济发展紧密结合，非常适合美国人的口味；另外，他还试图铸造出一个具有美利坚民族精神的大熔炉，使得美国社会和谐稳定、欣欣向荣，也体现了美国教育一贯的创新精神。

曼1796年出生于马萨诸塞州富兰克林小镇上的一个贫苦家庭，只受过断断续续的学校教育。18岁时，通过刻苦自学，考取布朗大学，直接成为二年级学生。由于成绩优异，他获得担任毕业典礼演讲者的殊荣。"教育将像一架从地球到天国的梯子"这一句著名的演讲辞似乎预示了他的人生道路："公立学校曾是我的第一个爱好，它们也将是我的最后一个爱好。"——他将毕生精力奉献给了教育事业。

除了一年一度的教育报告，曼的公共教育思想还体现在他的《教育演讲集》(1848)、《关于青年人的几点建议》(1850)、《论妇女的权利和义务》(1853)等文章中。美国教育史家克雷明曾引《爱丁堡评论》对曼《年度报告》的赞语说：这卷报告实乃文明人类的一座高尚丰碑。即使美国陆沉于万顷波涛之下，它将仍是载于史籍的那个理想共和国的最为出色的描绘。

巧合的是，曼关于教育有助于缓和阶级冲突和社会矛盾的观点发表于1848年第12个年度报告。同一年，马克思和恩格斯发表了《资本论》。

(杨靖)

亨利·戴维·梭罗
论公民的不服从
（1849）

　　我从心底里接受这句箴言："管事最少的政府是最好的政府，"并且我也希望看到它更快更系统地得到执行。如果这一原则可以得到实施，我相信它最终会达到"一事不管的政府是最好的政府"；而只有当人们对这样的政府有所准备的时候，他们才可能得到这样一个政府。因为最好的政府也不过是权宜之计，而大部分政府通常都碍手碍脚，实际上所有的政府有时候都是如此。一直以来有关反对常备军的意见很多，有分量，值得推广，而这些意见最终也会导致对常备政府的反对，因为常备军不过是常备政府的臂膀而已。虽然政府本身只不过是人民选择来执行自我意志的一种方式，但在人民通过它采取行动之前，政府同样很容易被滥用或误用。请看当前的墨西哥战争，它就是一个少数人利用常备政府作工具的例子，因为从一开始，人民就不会同意采取这种手段。

　　这样的美国政府，当它努力把自己一成不变地传给下一代，但同时又每一瞬间都在丧失自我完整性的时候，它除了是一个传统，虽说是最近才形成的传统，又能是什么呢？它不具有一个活人的生命力和力量，因为一个人可以根据自己的意志来支配这些力量，而政府却不能，它对人民来说不过是一种木头枪之类的玩意儿。但它却并不因此而减少其必要性，因为人们必须有一些这样或那样的复杂机器，要听到它们运转的噪声才能满足他们对政府的观念。因此，政府的存在显示出人们多么容易被置于强制之下，甚至于自我强制，只是为了自身的利益。我们不得不承认，这真是妙极了。但问题是这个政府除了极善于偏离自己的职能之外，却从未促进过任何事业：它未能使国家保持自由，它未能安定西部，它也未能提供教育。所有的成就都得自于美国人民的固有性格，并且如果不是政府时不时地妨碍了它，本来还可以取得更大的成就。因为政府不过是个权宜之计，要是通过它人们可以互不拘束，大家都会高兴的，如前所述，一个政府管得最少的时候正是它最合宜的时候。就拿商业和贸易来说，如果不是他们像橡皮一样富有弹性，简直不可能跳过那些立法委员们不断设置的障碍。老实说，如果完全从这些人行为的后果来判断，而不是部分考虑到他们的动机的话，这些人简直应该和那些在火车路轨上乱设障碍的捣乱分子一样受到惩罚。

但现实一点来说，作为一个公民而不像那些自称为无政府主义者的人，我所要求的并不是立刻取消政府，而是现在就有一个好一点的政府。要让每个人都清楚什么样的政府才能博得他的尊重，因为这是建立这样一个政府的第一步。

毕竟，当权力一旦落入人民手中，多数人的意志得以长期成为统治意志的最现实的原因不是因为他们代表着真理，也不是因为这对于少数人显得最公正，而是因为他们在力量上最强大。然而，即便是一个所有事务都由多数派说了算的政府也不可能是基于正义，哪怕是人们通常理解的正义。难道就不能有政府不是靠多数，而是用良知来判断是非，多数只决定政府该管还是不该管的问题？难道一个公民就必须每时每刻毫无保留地让自己的良知听从立法机构？果真如此，那每个人何必还要有自己的良知呢？我认为我们首先是人，然后才是国民，我们对法律的尊重不应超过对正义的尊重，我们有权承担的唯一义务就是在任何时候都做自己认为正确的事情。要说一个社团本身没有良知，这是事实，但是一个由有良知的人组成的社团就是一个有良知的社团。法律从未使人更公正，相反，正是通过人们对法律的遵从，甚至那些善意的人也在每天充当不公正的实施者。对法律过度遵从的一个常见而自然的结果就是你会看到一队士兵、陆军少校、海军少校、陆军下士、下等兵、火药兵等等之类，列队整齐地走过山坡和山谷，违背自己的意志，走上战场。是的，这的确有违他们的常识和良知，这使得行军真是强人所难，并使人内心不安，他们很清楚他们从事的是一项可恶的工作，因为他们都是生性和平的人。但是现在他们在干什么？他们还算人吗？还是一座座移动的碉堡和弹药库，只为了给一些大权在握的无耻小人服务？看看海军基地的士兵吧，他正是一种美国政府造就的人，或者不如说是它用妖术蛊惑的人——那不过是一具行尸走肉，一个人模人样的影子罢了，简直可以说他已经带着他的随葬品，全副武装地被埋葬了。……

因此，这些人并非作为人去为国效力，而是作为肉体机器为政府服务。他们组成常备军、民兵、狱卒、警察、地方武装团队等等，在大部分情况下，他们自己的判断力和道德感没有发挥任何作用，他们把自己置于木头、土块或是石头一样的水平，相应的，适应于这种目的的木头人也可以被大批地制造出来。这种人就像稻草人或是一堆垃圾一样不能使人产生任何敬意，他们的价值和狗或马相当，但哪怕是这样的人通常也被认为是好公民。其他人主要用头脑为政府服务——比如大部分的立法者、政客、律师、部长，还有那些公务员们，由于他们极少做出任何道德判断，他们完全可能不带任何主观色彩，像服务上帝一样为魔鬼服役。只有很少人用他们的良知为政府服务——比如英雄、爱国者、烈士、大部分改革者和真正的人，但正因为如此，通常他们必然会抵制政府，所以常常被政府当作敌人。一个明智的人只有作为一个"人"才是有用的，他决不能忍受成为他人手中一团任人摆弄的"黏土"。……

那些毫无保留把自己完全奉献给同胞的人对他们来说显得毫无用处，还很自私；而那些只是部分地奉献自己的人反而被称为大恩人和慈善家。

那么，作为一个人，他应该对今日的美国政府作何反应呢？我只能回答，和它联系在一起，不能不让人感到羞耻，我简直一刻也不能承认那个政治组织是我的政府，因为它也是奴隶的政府。

革命的权力得到一致公认，也就是说当政府的暴虐或无能达到令人无法忍受的程度，则人民有权拒绝向它效忠，并抵制这个政府。但是几乎所有人都说现在还没那么严重，而他们却认为1775年革命的情形就足够严重了。如果有人告诉我说这个政府不好，是因为它向运抵它港口的某些货物征税，很可能我是不会为此无事生非的，因为我完全可以不用那些商品。所有的机器运转都会产生摩擦，而这也许恰到好处地平衡了该机器本身的邪恶，而这种邪恶在任何情况下，都不应受到鼓励。但相反来说，如果这种摩擦太大以至于控制了整个机器，压迫和掠夺成为有组织的行为，我认为就应该废弃这个机器。换句话说，当一个声称要成为自由庇护所的国家却有六分之一的人口是奴隶，或是整个国家被外国军队不公正地侵略和占领，屈从于军事管制的时候，我认为诚实的人们就应该立刻起来反抗和革命。如果这个被践踏的国家并非我们的祖国，而恰恰是我们的军队做出如此的暴行，这样的事实只应使反抗的责任变得更为急迫。……

实际地说，在马萨诸塞，改革的反对者并非南部成百上千的政客们，而是本地成百上千的商人和农民，他们对贸易和农业比对人类更感兴趣，不论代价为何，他们都不准备公平对待奴隶和墨西哥。我要与之争论的并不是远处的敌人，而是那些近在家门口的人，他们和那些远处的敌人合作，按他们的意志行事，没有他们，那些远处的敌人简直可以说是无害的。我们习惯于说人民大众还没有准备好，但进步是缓慢的，因为少数人并不比大多数人更聪明、更好。重要的不是大多数人和你一样好，而是在某个地方存在着真正的善，因为这善将会影响整个集体。成千上万的人思想上是反对奴隶制和这场战争的，但他们却没有采取任何实际行动来结束这一切。这些人还自认为是华盛顿和富兰克林的子孙，他们坐在那里袖手旁观，说他们不知该干什么，实际什么也没干，他们甚至把自由置于自由贸易之后，他们在晚饭后闲适地读着当日行情和墨西哥的最新战况，完全可能对二者同样感到昏昏欲睡。如今一个诚实的人，一个爱国者价值如何？他们犹豫不决，他们懊恼不已，有时候他们也向当局请愿，但是从未郑重而有效地干成一件事。他们会满怀善意地等待别人去矫正邪恶，这样他们就没什么可懊恼的了，最多他们也只是投出半心半意的一票，对正义做出一点虚弱的支持，当它从他们面前经过时祝它一路顺风。一千个人里头，有九百九十九个对美德呐喊助威，只有一个是真正具有美德的人，不过和一件物品的真实拥有者打交道要比和它的暂时代管人打交道容易得多。

所有的投票都不过是某种形式的游戏，就像国际象棋或是双陆棋戏，道德色彩微乎其微，玩弄着对与错等等道德观念，自然而然带有博彩性质，投票人的品格却并未作为赌注。我投出一票，也许是因为我认为这是正确的，但是我却并不真的关心这件正确的事情能否得到推广，我愿意把这件事留给多数来决定，因此投票的责任和义务从未超过其便利之处。哪怕就是为正义投上一票也于事无补，这只不过是微弱地表示你希望它得以推广。一个明智的人不会把正义留待机会的施舍，也不会奢望通过多数的力量来推广它，多数的行为少有美德可言。最后，当多数终于投票废除奴隶制时，往往只是因为他们对奴隶制漠不关心，或是因为根本已经没有剩下多少奴隶需要他们的投票来解放了。到那时，他们才是唯一的奴隶，因为只有那些为了维护自身的自由而投票的人才可能促进奴隶制的废除。

我听说在巴尔的摩或是别的什么地方要召开一次大会来选举总统候选人，与会者大多数是编辑或是职业政客。但是我想，这些人的决定对任何一个独立、有才智、值得尊敬的人来说算得了什么呢？然而，难道我们就不能利用后者的智慧和诚实？难道我们就不能指望一些独立的选票？在这个国家不是有很多人都没有参加这些大会吗？但是并不，我发现那些所谓值得尊敬的人，马上就从自己的位置上漂走了，对国家毫无信心，当然国家有更多的理由对他感到绝望。他立刻接受了候选人中的一个作为唯一可能的人选，这就证明在他身上煽动家的任何目的都很容易得逞，他的投票和那些可以用钱收买的无原则的外国人或是受雇的当地人的票一样毫无价值。噢，关于那些真正的人，正如我的邻居所说，那些有脊梁骨的人，那些宁折不弯的人，我们的数据是不正确的，数字报得太高了。在这个国家，一千平方英里上有多少真正的"人"呢？几乎一个也没有。难道美国就没有什么能吸引真正的人去那里定居吗？美国人已经萎缩成了一种怪物——这一点可以从群居机构的大发展辨认出来，说明他明显缺乏智力和令人愉快的自立精神；他在这个世上最关心的就是看到济贫院状况良好；还有就是甚至在他还没有正式地穿上雄赳赳的制服以前，为他未来的寡妇和孤儿们筹集一笔资金来供养他们；总之，他可能冒着完全依赖互助保险公司的资助过日子的危险，不管怎样，这个公司保证会体面地安葬他。

当然，献身于消灭任何错误，哪怕是极大的错误也并不是个人的义务，他完全可以关注其他事情；但是，至少他不能使自己沾上这种错误，这就是他的义务了；如果他不能对此进一步思考，起码他不能实际上支持这些错误。如果我致力于其他工作和打算，我必须首先要弄清楚，我不是坐在他人的肩膀上去干这件事的，不是建立在他人的痛苦之上的，我必须先把他解放出来，让他也能有自己的打算。我们可以看到，再大的不一致也可以容忍。我曾听我的同乡们说："我倒宁可让他们来命令我去镇压一次奴隶起义或是开拔到墨西哥去——看我会不会去。"但就是这些人，或是直接出于他们对国家的忠诚，或是至少间接地为了钱，个个都准备了另一套做法。拒绝参与非正义战争的士兵受到并不反对维护一个推行非正义战争的非正义政府的人的赞赏，受到那些他无视和蔑视其行为和权威的人的赞许；就像是政府后悔到了一定程度，它雇佣一个人在它犯罪时鞭笞它，但是它的后悔还没有达到可以使它停止犯罪的程度，哪怕一刻也好。这样，以秩序和国民政府的名义，我们最后都被迫支持我们自己的卑鄙并向它致敬。人们一开始还因为罪恶而报颜，然后也就习以为常了，从不道德变为无所谓道德不道德，要继续过我们所造成的这种无耻生活也真得要这样麻木不仁才行。

最广泛最常见的谬误需要最公正无私的美德来维持，爱国这种美德常常遭受轻微的谴责，这正是那些高贵的人最容易遭致的责难。那些对政府的特性和策略并不赞同的人，却又对政府本身忠心耿耿，坚决支持，他们无疑是它最尽职的支持者，因此也常常是改革最严重的障碍。一些人请愿要求州政府不顾总统的要求，从联邦退出，可为什么他们自己不退出——从自己与州的联盟中退出——为什么不拒付税金？难道他们与州政府之间的关系不是和州政府与联邦之间的关系一样吗？难道不正是那些阻止州政府抵制联邦的原因阻止了他们去抵制州政府？

一个人怎么可能仅仅满足于持有一个观念就沾沾自喜？如果他的观点就是他受到了侵害，那他还有什么可乐的呢？如果你被邻居骗了哪怕一块钱，你肯定不会满足于仅仅知道你被骗了，或是说说"我被骗了"，或者甚至是要求他还你的钱就算了，而是马上会采取一些有效手段把自己的钱拿回来，并确保以后再也不会上当受骗了。按原则行事，对正义的认识和正义的行动会改变事务和关系；它本质上是革命的，它不完全是由那些已经存在的东西组成；它不仅会使教会与国家分离，它还使家庭分裂，是的，它甚至使个体分离，它使人性中的善与恶判然而立。

不公正的法律依然存在：我们是乐于服从它，还是努力去修正它？是直到我们成功之前都服从它，还是立刻就违反它？在当前这样一个政府统治下，人们一般会认为应该等到他们劝服大多数来修正这些法律。他们认为如果他们现在就抵制，这种补救方法比罪恶本身还坏。但是，如果说补救方法比罪恶本身还坏，这完全是政府本身的问题，是它使得补救措施变得更坏。为什么它就不能更乐于接受和提供改革呢？为什么不珍惜它明智的少数派呢？为什么在它未受伤害之前就大喊大叫并且抗拒呢？为什么不鼓励它的公民们时刻警惕并指出它的错误，并且比它允许的干得更好呢？

它为什么总是要把基督钉上十字架，把哥白尼和路德赶出教会，并宣布华盛顿和富兰克林为叛国者呢？

人们不禁会认为，一种深思熟虑并切实可行的对政府权威的否认是政府唯一从未料到的对它的触犯，不然的话，为什么它没有指定对此明确、适当和相应的惩罚呢？如果一个没有财产的人，哪怕只有一次拒绝缴纳给政府九个先令，他就会被投入监狱，据我所知，监禁期限完全是由那些逮捕他的人决定，除此之外，没有任何法律限定。但如果他从政府偷窃九先令的九十倍，他很快就能逍遥法外。

如果不公正是政府机器运转必要摩擦的一部分，那么就随它去吧：也许会运转顺利——当然，这个机器将会损耗殆尽。如果不公正有一个弹簧、滑轮、绳子，或是曲柄仅供它自己使用来减少摩擦，这样的话也许你会考虑是否补救措施会比罪恶更糟；但如果它是这样一种性质，要求你成为对另一个人不公正的工具，那么我说，就违法吧，让你的生命成为阻止机器运转的反摩擦力。我必须做到的是，确保在任何情况下都不会成为自己所谴责错误的帮凶。

至于说采用一些政府为修正罪恶提供的方法，据我所知，根本没有。那些所谓的方法要花太长的时间，简直是浪费人的生命。我还有其他的事情要做，我到这个世上来，主要不是为了把它变成一个适合生活的地方，而是要来生活的，不论好坏。一个人不能什么事都干，他能干的事情有限，正因为他不能什么事都干，所以他也不一定非得干一些错误的事情。我向州长或立法机关请愿的责任并不比他们向我请愿的责任更多；再说，如果他们不理睬我的请愿，我又能怎么样呢？在这样的情况下，政府没有提供任何途径：它的宪法本身就有问题。这样说也许太刺耳、太顽固、太不通情理了，但唯有这种精神才是我们对待宪法的态度，它含有很大程度的善和最深刻的思考。这和任何向善的改进一样，正如生和死，会震撼人的生命。

我毫不犹豫地说，那些自称废奴主义者的人必须立即真正地收回无论个人还是财产方面对马萨诸塞州政府的支持，不要等到形成多数后再执行正义。我认为他们只要知道上帝站在他们这边就够了，不用等到另一个支持者。再说，一个人只要做得比他的邻居更正确，他就已然构成了多数。

我每年仅有一次机会面对面地直接和美国政府或是它的代表——州政府打交道，那就是通过税收员。这是像我这样地位的人和政府打交道的唯一方式，也是政府明确承认我这个公民的方式。因此，对我来说，在目前的事态下，最简单、有效而责无旁贷地对政府不满和爱的表达方式就是拒付税款。因此，我的公民邻居，税收员先生就是我不得不对付的人了，毕竟，我只能和人而不是和政府公文去争论，而税收员先生自然就成了政府的代表。要不是他不得不考虑他是该把我，他的邻居，他所尊敬的人，作为一个邻居，一个友善的人来对待呢，还是作为一个疯子，一个和平的破坏者对待，并考虑他是否能够不用采取更粗野更鲁莽的思想或语言就能跨过这个障碍而恢复睦邻关系，如果他不是被迫这样干的话，他怎么能知道他作为一个政府官员，或是作为一个人究竟是什么，又干了些什么呢？我很清楚，哪怕只有一千，一百，甚至只要有十个我能叫出名字来的诚实的人——只要有十个诚实的人——是啊，哪怕在马萨诸塞州有一个诚实的人不再蓄奴，只要他们切实地从这项制度中退出并因此被关进当地监狱，奴隶制在美国就会被废除。因为不管开端看上去多小，只要完成的事情就永不会更改，但我们却更喜欢夸夸其谈，我们的言论是我们的使命，有几十家报纸为改革服务，却没有一个"人"为此奔走。如果我尊敬的邻居，本州的代表，肯把时间花在议会办公室解决人权的问题，而不是受卡罗来纳监狱的威胁，这会使马萨诸塞的囚犯们大为安心。这个州很想蒙骗她的姐妹接受奴隶制的罪恶——虽然目前她发现别人和她争吵的唯一根据只是一项冷漠的决议——但立法机构不会完全放弃明年冬天的该议题。

如果政府会把人不公正地投入监狱，那么监狱就是正直的人应该待的地方。今天，马萨诸塞为她那些更自由、更有斗志的灵魂提供的唯一合适的地方也是监狱，这些人不仅被她的决议驱逐到州外，并且他们根据自己的原则也不愿和这个州扯上关系。正是在那里，那些逃亡奴隶，假释中的墨西哥罪犯和那些为自己的民族所受到的不公正待遇来申诉的印第安人才能找到他们；政府把那些反对它的人置于一个分离的，但是更自由、更正直的境地：监狱——那是自由人在一个奴隶制国家唯一可以有尊严地待下去的地方。如果有人认为进了监狱会丧失影响力，在那里，他们的声音将不再骚扰政府的耳朵，在高墙之内，他们不再是可怕的敌人，那只能说明，他们还不知道真理比谬误强大得多，那些自己亲身经历过不公正的人可以更加雄辩而有效地抗拒不公正。要以你的全部影响投出一票，而不仅仅是投出一张小纸片。少数如果屈从于多数则软弱无力，甚至都算不上少数，但如果全力抵制，却将势不可挡。如果要在把所有正直的人投入监狱与弃绝战争和奴隶制二者之间做一选择，政府是不会犹豫的。如果今年一千人拒付税款，比起支付这笔钱，这算不上是暴力或血腥的手段，因为如果支付这笔钱，政府就可以实施暴虐，而洒下无辜者的鲜血。所以，事实上，如果和平革命是可能的话，这就是它的定义。如果一个税收官或是任何别的政府官员来问我，就像有人问过的那样："那我又该怎么办呢？"我的回答是："如果你真的想干点什么，就辞职吧。"当国民拒绝效忠，官员辞去职务，那时革命就成功了。但是就算会流血，难道良心受到伤害就不会流血吗？正是从良心的伤口，真正的人性和不朽会流洒，他会因此血尽而亡，我看见这样的鲜血正在流淌。

我注意到把反抗者投入监狱比查封他的家产要有效——虽然二者都是为了相同的目的——因为那些主张完全正义的人，因此对腐败的政府来说最危险的人，往往不会花太多时间去积累财富。对这些人政府提供的服务相对较少，哪怕一小笔税金也常常显得过分了，特别是当他们不得不通过自己的双手进行特殊劳动才能获得它的时候。如果有人生活完全不用钱，

231

政府恐怕也不好向他收税吧。但是富有的人——我倒不是想做什么令人不快的对比——却总是得为那个使他富裕的机构卖命。所以很明显，钱越多美德越少，因为钱隔在人和物之间，并为他去获取物，当然这种攫取并非善行。它把许多他不得不面对的问题抛在一边，而它提出的唯一新问题生硬而纯属多余：钱怎么花？这样，他的道德底线就从他的脚下被抽走了，随着所谓"财富"的增加，生活的机会却按比例缩小了。一个富人为他的文化能做的最好的事就是努力实现那些当他还贫困时所热衷的计划。根据他们的情况，耶稣回答希律王的追随者们："给我看你们的贡金，"——然后有人从口袋里掏出了一个便士——如果你使用的钱币上印有恺撒的形象，是他使这钱币流通而有价值，那就是说，如果你是政府的人，安享着恺撒政府的好处，那么当他要求时，你必须回付他原属于他的东西。"因此把恺撒的还给恺撒，把上帝的还给上帝，"——这样耶稣就离开了，并未告诉他们哪些属于上帝，哪些属于恺撒，因为他们并不想知道，而他们也并没有变得更聪慧。

当我和邻居中最自由的人交谈时，我发现不管他们对这个问题的重要性和严重性说些什么，不管他们对公共安宁有多关心，说到底，他们怎么也不能摆脱政府的保护，他们对因不服从它而给自己的家庭和财产带来的后果感到恐惧。从我自己来说，我不愿去想什么时候得依靠政府的保护。但是，当它出示税票的时候，如果我拒不承认政府的权威，它就会立刻拿走并糟蹋我的财产，并让我和我的孩子永无宁日，这样可就惨了。这使一个人不可能既诚实地生活，同时又得到大家的尊敬，生活得舒适。真不值得去积累财富，因为它肯定会被拿走。你只好租用或擅自占用一小块地，种点庄稼，然后立刻把它吃掉，你必须自给自足，完全靠自己，随时准备打铺盖卷赶路，不能有太多累赘。一个人要是能在各方面都成为土耳其政府的好臣民，他甚至在土耳其也能富裕起来。孔子说："邦有道，贫且贱焉，耻也；邦无道，富且贵焉，耻也。"不，除非马萨诸塞的保护能一直延伸到遥远的南部，在那儿，我的自由受到了威胁，或是直到我一心只想通过和平的事业在家乡置办一份产业，我还承受得了拒不效忠于马萨诸塞，拒不承认它对我的财产和生命的权力。从各个意义上说不服从这个政府都比服从它对我的惩罚来得要轻，因为如果我屈从于它，我会认为贬低了自己。

许多年前，政府为了教会的利益和我打过交道，要求我支付一笔神职人员的费用，此人的布道我父亲倒是听过，我本人可从未参加过。"给钱，"他说，"不然就把你关进监狱。"我拒绝了。但不幸的是，其他人却认为应该支付这笔费用。我不明白为什么向教师收税来支付教士的开支，正如教士也不应被征税来支付教师的开支；因为我并不是政府的教员，我的收入是由自愿捐赠而来的。我不明白为什么学校不能自己开出税单，然后请求政府的支持，教会也一样。但是应行政委员的要求，我不得不做出以下书面陈诉——"在场诸君为证，本人亨利·梭罗不希望被当作任何我未参加的社团的成员"，我把这个声明交给了乡镇办事员，由他保管。这样，政府就已获悉我不愿意被当作那个教会的成员，因此再没有向我收过任何相关的费用；虽然那时它说它必须坚持最初的推定。如果我知道名称的话，我真应该那时候就详细地签名否认所有那些我从未参加过的社团，可惜我不知道到哪里去找一份完整的名单。

我已经六年没交人头税了，因此我曾经被投入监狱一次，关了一夜。但是当我站在那里，打量那些两三英尺厚的坚固石墙，一尺厚的木头和铁做的门，还有透过光线的铁栅栏，我忍不住觉得那个把我关起来的机构实在是太愚蠢了。它对待我的方式就好像我只是一堆骨头和血肉，可以被轻易地关起来。我怀疑最后它的结论是，这就是我最大的用处，而从未想过以任何方式获得我的服务。我意识到，如果说在我和我的乡亲们之间有一堵石墙，那么，在他们变得和我一样自由之前，在我们之间还有一堵更难攀越、更难摧毁的石墙。我一刻也没有觉得被禁锢，因此，那些墙只不过是浪费石头和水泥。我觉得在所有乡亲中，只有我一人付了税。他们只是不知道该如何对待我，而表现得像没有教养的人。不论威胁还是恭维他们都搞错了：因为他们认为我最大的愿望就是站在石墙的另一边。我无话可说，只能微笑地看着他们徒劳地想对我的思想锁上大门，而我的思想却毫无阻碍地跟着他们出门去了，而真正危险的只有这些思想而已。因为他们逮不到我，所以决定惩罚我的肉体；就像那些小男孩，他们如果无法向他们讨厌的人泄愤，就只能去欺负他的狗。我看政府如此缺乏智慧，简直像一个拿着银汤匙的孤独妇人一样脆弱，分不清敌我，因此我对它失去了仅余的敬意，我可怜它。

因此，政府从未能有效地针对一个人的判断力，智力，或是道德，而只是触及他的肉体和感官，它不是由更高的智慧和诚实武装起来的，只不过有更强的武力罢了。我可不是生来被人强迫的，我会按自己的方式生活，让我们看看究竟谁是强者。就算暴力拥有大多数又怎么样呢？只有那些遵从于更高准则的人才能强迫我，他们可以迫使我变得和他们一样去遵从更高准则。我从未听说过人们仅仅因为他人人数众多而被迫这样或那样地生活。那种生活会是怎么样的呢？当我面对的是这样一个政府，它说："要钱还是要命？"我又何必急着把自己的钱交给它呢？它也许正处于极大的困难之中而不知道该怎么办：对此我无能为力，它必须自助，就像我一样。不值得为它而哭泣，我不能为社会机器成功运作负责，我又不是机械师的儿子。我观察到当一粒橡实和一粒栗子并排掉在一起，一粒并不为另一粒让路，而是遵从自己的法则，生根发芽，尽力地生长，直到其中的一棵也许会被另一棵遮蔽而死亡。如果一棵植物不能按其天性生长就会死亡；人也是如此。

……当我从监狱中出来——因为有人介入并帮我交了税——我没觉得其他人有什么变化，和那些被关进监狱还很年轻而被放出来的时候却步履蹒跚，满头银发的人看到的不同；但是，在我眼中，城镇、政府和国家却起了极大的变化，比那些仅仅因为时间的流逝而导致的变化更大。我对我所生活于其间的政府看得更清了，我也认清了我生活于其间的人们在多大程度上可以信任他们是好邻居和朋友；因为他们的友谊往往只能在顺境中获得；而他们也并不一心向善；因为他们的偏见和迷信，他们和我简直不是同一种族的人，就像中国人和马来人一样；在他们对人类的奉献中，他们不肯冒任何的险，哪怕是他们的财产；毕竟他们算不上高尚，他们对待小偷正如小偷对待他们一样，并且指望通过一种特定的外在仪式，或是几句祷告，或是时不时地通过走一条直接而无用的道路来拯救他们的灵魂。这样判定我的邻居们也许太苛刻了，因为我相信他们中的很多人并未意识到在他们村里还有监狱这样一个机构。

在我们村以前有这样一个风俗，当一个可怜的负债者从监狱出来的时候，熟人们都去向他致意，他们用手交叉地放在眼睛前用来代表监狱窗户栅栏，从那里往外看："你好吗？"我的邻居们没有这样欢迎我，而是先看看我，再相互看一眼，好像我刚从长途旅行回来。我是在去鞋匠那里取一只修好的鞋的路上被投入监狱的，第二天早上一放出来，我就继续完成我的使命，穿上修好的鞋子，参加了一个越橘果欢会，人们迫不及待地听从我的指挥。这样，过了不到半个小时——因为马很快就被抓住了——在一片越橘果地里，在一座最高的山丘上，也就是两英里以外，我们把政府抛到了脑后。

这就是"我的监狱"的故事。

……哪怕是那些连我都愿意遵从的政府权威——因为我很乐于遵从那些思想和行为都优于我的人，在很多情况下甚至遵从那些思想和行为不那么好的人——仍然是不纯正的，因为要做到严格的公正，政府必须得到被统治者的认可和同意。除非得到我的承认，它不能拥有对我的人身和财产的绝对权力。从绝对君主制发展到有限君主制，从有限君主制发展到民主制，是向个人真正尊敬的一种进步。甚至连中国的哲人也有足够的才智把个人当作帝国的基石，我们所知道的民主制是否是可能的最好政府形式呢？是否还能更好地承认并组织人民的权力呢？只有政府切实认识到个人才是更高并且独立的力量，政府的所有力量和权威都来自个人，并且给予个人相应的对待，才会出现真正自由和开明的政府。我以想象这样一个政府来自娱：它对所有人都公正，对待个人就像尊重自己的邻居，如果有那么少数几个人远离它而生活，既不和它捣乱，也不为它所接受，只是完成作为邻居和公民的义务，它甚至也不会觉得这打扰了它的宁静。一个结出了此种果实，并且当果实一成熟就容许它离开枝头的政府将会成就一个更加完善、更加荣耀的政府，我也曾想象过，但是，迄今为止还没有在任何地方见过这种政府。

（张媛 译）

---

* 译自 Loren Baritz, *Sources of the American Mind: A Collection of Documents and Texts in American Intellectual History*, Vol. I, John Wiley & Sons, Inc., New York, 1966。

"论公民的不服从"是美国思想史上的一篇"异文"，它对民主制的基础——多数统治的原则提出了异议，对守法的必要性提出了质疑，它以个人良知作为终极标准，用以衡量政府的合法性，可以说是对自由思想和自由制度最负责任的警世良言。

亨利·戴维·梭罗（1817—1862），是美国超验主义运动的主要代表之一。梭罗是一个职业思想家，因为他拒绝从事任何固定的职业来赚钱，他通过自己的简单劳动赚取基本的生活费用，而把其他所有时间用于思考、学习和过自己选择的亲近自然的简朴生活。因此，梭罗的思想非常庞杂深刻，涉及人类社会和自然性灵的方方面面。20世纪以来，在环境保护主义和生态主义方面，梭罗都成为公认的先行者和实践哲学家。而"论公民的不服从"中非暴力反抗的思想更启发了圣雄甘地和民权运动领袖马丁·路德·金，既引导了革命性的实践，更在世界各地的各个时代启发和引导了关于公民责任、个人良知和政治制度关系的深刻思考。

"不服从"一文写作的契机是一件"小事"，梭罗因为反对美国对墨西哥的战争和奴隶制而拒绝纳税，被关进了监狱，虽然第二天由朋友出钱缴纳了税金，梭罗也被释放，但是他仔细思考整个事件的法律和道德含义，撰写了这篇文章。

文章首先确立了政府的性质：它是习惯了强制的人们为了自身利益而不得不忍受的权宜之计。但梭罗不是无政府主义者，他说："我所要求的并不是立刻取消政府，而是现在就有一个好一点的政府。"究竟什么样的政府才是"好一点的政府"是全文的核心，因为梭罗的目的是"要让每个人都清楚什么样的政府才能博得他的尊重，因为这是建立这样一个政府的第一步"。

梭罗讨论了多数和少数的问题。他认为多数的原则也是一种权宜之计，因为多数只代表其力量最大，并不意味着就一定正确。美国是人类历史上第一个长时间、大范围实施民主制的国家，一直以来都有人提出"多数的暴政"可能是民主制的痼疾。从美国历史上来看，针对禁酒的两条宪法修正案说明多数有可能犯愚蠢的错误，而关于枪支和医疗改革等问题久久无法达成决议则表明了多数原则的另一个毛病——迟缓。梭罗认为解决问题的核心是个人，因为一个团体是没有良知的，只有由有良知的个人组织的团体才能做出符合道德的决定。关于"多数暴政"的问题，他的回答是——"重要的不是大多数人和你一样好，而是在某个地方存在着真正的善，因为这善将会影响整个集体"，重要的是个人的道德判断，只要认定了什么是正确的，就应该坚持自己的立场，"少数如果屈从于多数则软弱无力，甚至都算不上少数，但如果全力抵制，却将势不可挡"。而针对迟缓的问题，梭罗仍然认为决定权在每个公民自己的手中，他说：不要等到形成多数后再执行正义；一个人只要做得比他的邻居更正确，他就已然构成了多数；"一个明智的人不会把正义留待机会的施舍，也不会奢望通过多数的力量来推广它，多数的行为少有美德可言"。

关于个人或少数与多数的意见相左时该怎么办，梭罗讨论了守法和犯法的问题，因为多数的意志在民主国家就是法律。在美国，守法的传统根深蒂固，在梭罗看来，甚至正是因为守法使得一些很善良的人也在每天充当不公正的实施者。但同样是在美国的传统中，"革命的权力得到一致公认，也就是说当政府的暴虐或无能达到令人无法忍受的程度，则人民有权拒绝向它效忠，并抵制这个政府"。这是写入独立宣言的原则，那么究竟什么样的政府行为才算是达到令人无法忍受的程度呢？梭罗认为入侵墨西哥和容忍奴隶制就是，但显然也有很多人不这样认为，那么这个判断权又在谁的手上呢？梭罗认为是个人的良知。他说："我认为我们首先是人，然后才是国民，我们对法律的尊重不应超过对正义的尊重，我们有权承担的唯一义务就是在任何时候都做自己认为正确的事情。"在梭罗的论点中，个人良知是终极和唯一的标准，他对此极为认真，而一旦根据个人的良知判断，如果不公正的法律依然存在，是乐于服从它，还是努力去修正它？是直到成功之前都服从它，还是立刻就违反它？梭罗的回答是："如果不公正……（只是）减少摩擦，这样的话也许你会考虑是否补救措施会比罪恶更糟；但如果它是这样一种性质，要求你成为对另一个人不公正的工具，那么我说，就违法吧，让你的生命成为阻止机器运转的反摩擦力。"而违法的方式是什么呢？梭罗说得很清楚："如果政府会把人不公正地投入监狱，那么监狱就是正直的人应该待的地方"。在梭罗看来，革命成功的定义是"国民拒绝效忠，官员辞去职务"，他所期望的革命是全民的良知觉醒，通过个人决定以和平的方式迫使政府改弦更张。

最后，梭罗描述了一个理想的政府：只有政府切实认识到个人才是更高并且独立的力量，政府的所有力量和权威都来自个人，并且给予个人相应的对待，才会出现真正自由和开明的政府。

显然"公民的不服从"起码要有两个条件：一个是公民社会，一个是不服从。公民社会是有法治传统的社会，其成员被当作公民来对待，否则，提出不服从的理论无异于是自杀行为。不服从则强调的是个人判断不屈从于多数意见，甚至法律规定，通过和平手段唤醒他人的良知来改良社会，这对个人的公民责任意识要求极高，如果事不关己高高挂起，也就谈不上服从或不服从了。

读"论公民的不服从"一文，觉得梭罗天真到不可救药的地步，也只有像他这样没有家庭、没有财产、特立独行、身强体壮的怪人才相信个人良知可以对抗强大的政府机器。但平心静气地想一想，除此之外，还有什么是人类社会改良的动力和保障呢？如果我们相信人类社会可以改良，那么个人良知就是其终极的动力和方向。梭罗以想象一个更好的政府来自娱，但更多的人是在更急迫地希望能有更多制度的保障，使有良知的公民能合法地表达个人对社会改良的意见，以此促进社会的进步和更快实现"好一点的政府"。

（张媛）

卡尔·舒尔茨
自由与平等权利
（1859）

  几天前，我站在你们州议会大厦的顶楼小阁里，生平第一次俯瞰这座庄严的城市（波士顿）和周围的乡村。四周的街道和山山水水引起我对往事的回忆。这是一段全人类都感到亲切的历史，一种自豪感从我胸中油然升起，因此我对自己说，我也是个美国公民。那里是朋克山；那里不远处是查尔斯顿、列克星顿和罗切斯特高地；那儿是港口，是倾倒英国茶叶入海的地方；那里长着一棵古老的自由树；那里是约翰·汉考克的寓所；那里是富兰克林的诞生地……此时此刻，光辉的往事不断浮现在我的脑际，我也想谈谈我的往昔……

  ……我第一次听说美国还是在童年时代，在当时的想象中，那里的土地一部分被挺拔的树木覆盖，一部分是开满鲜花的原野，一望无际。源远流长的江河纵横交错，宽阔的湖泊星罗棋布。在那块土地上，人人可以按照自己最好的意愿去干，那里谁都不会贫困，因为人人都是自由的。

  后来，我长大到能看书时，便得到介绍这个国家及其历史的书籍，而我那想象的图像也增添了现实的色彩，我便运用脑筋思考：人一旦享有充分的自由，会是怎么样或变成怎么样。若干年以后，我长大成人，我不再埋头阅读学校的课本，而开始观察这个动荡和喧嚣的世界。人类战斗的号声震荡了我的耳膜，激动了我的心胸。我看到我的祖国挣扎着企图砸碎身上的锁链，我听到争取自由的普遍呼声震耳欲聋，响彻云霄。经过一场英勇的搏斗，祖国的大地浸透了千万个志士的鲜血，我目睹我的国家最后又遭镇压，镇压它的不单是一支强大的军队，还有多少世纪以来凌驾我们头上的习俗、制度、观念和偏见的重负。一时的热情，无论多么崇高，都无法摧毁这一切。于是我盼望有一种年轻的人民，一种能为人的理想天性无限发展去开辟道路的新颖制度，以此来安抚那几乎消沉的心。我接着本能地把目光转向大西洋彼岸。在我的想象中，美国和美国方式似乎是所有真正维护人性的人最后希望之所在。

……当我们想到人类有能力获得自由和管理自己时，这难道是不切实际的幻想吗？我们奋斗不已，我们时刻准备牺牲，难道只是为一个幽灵，只是为了一种胡思乱想的产物吗？受压制的人类大声地向世界提出这个问题，并指望从这个国家得到答案。

我是作为它的鼓吹者在对你们讲话。我认为美国方式是改革时代的杰出代表，是人性尊严的伟大捍卫者，是受苦人类最后希望的主要寄托。我要讲讲这个国家和人民的理想使命……

先生们，"人人生而自由和平等，并被赋予若干不可剥夺的权利"，我希望《独立宣言》中的这句名言铭刻在共和国领土内每一根门柱上。革命元勋们从这个原则出发，提出争取独立的要求；他们遵循这个原则，建立了国家体制；而整个结构应该是这种思想的生动体现。这项原则包含了我们政治生存的纲领。这是最进步的同时也是最保守的原则。说它最进步，因为它把人类大家庭最卑贱的成员从恶化的处境中拯救出来，并以平等的人类尊严那种令人振奋的意识激励他们；说它最保守，则因它把个人的权利当成共同的事业……一个人的权利受到侵犯必然引起所有其他人起而捍卫，他们在捍卫自己权利的同时也捍卫了他的权利；这时，也只有这时，所有人的权利才不会被政府当局所剥夺。

要我指出偏离这一原则的后果吗？请看蓄奴各州。那里有一个阶级的人被剥夺了天赋权利。但是在那个特殊的社会结构中，这还算不上唯一可悲的特征；同样可悲的是另一个阶级的人奴役着前者。有奴隶是糟糕的，但是几乎更糟糕的是那里还有奴隶主。奴隶主不是自由人吗？不是的，先生们！他们的新闻自由在哪里？他们的言论自由在哪里？他们当中有谁胆敢公开鼓吹一些与统治制度不严格一致的原则？他们侈谈共和制政府，他们阔论民主，但是奴隶制度和奴隶主统治的暴虐风气像毒汁般浸透了他们的整个政治生命。他们害怕自由，唯恐自由的精神感染他人。蓄奴制奴役了奴隶也奴役了奴隶主。这一切的根源是什么呢？原因在于你们不可能在否定社会上一个阶级享受充分天赋权利之时，又不致使自己的自由受到限制。如果你们想自由，道路只有一条：保证你们所有的邻居享有充分的同等自由。此外别无他法……

缺乏自己管理自己的经验的人不适宜实行自治，他们必须首先在上级当局的统治下接受教育，这都是世界上鼓吹专制主义者的惯常托词。与此同时，鼓吹专制主义者从未给予他们任何机会来获得自治的经验，唯恐他们突然具备行使自治的能力。针对这种狡诈的诡辩，共和国的元勋们提出了崇高的理论：自由便是学习自由的最好学校；自治无从学习，仅靠实践。先生们，这是真正的美国思想，这是货真价实的美国方式，对此我要衷心赞扬……

至于宗教狂热，压制使它兴旺，迫害使它扎根，排斥使它强盛，可是一遇真正民主，它就不堪一击。它可能陶醉于短暂的颓废感情或奸诈的阴谋中；但它会自行灭亡，因为它的肺不适应呼吸自由的空气。正像海里的鲨鱼，把它拖上岸来，这个怪物可能会张牙舞爪，摇晃那有力的尾巴，露出可怕的尖齿，吓唬胆小的人，但是让它安安静静地死去，它就会死的。但即使在那时跟它搏斗，它最后的挣扎也会给你那鲁莽的企图以致命痛击的。对付狂热主义，真正的民主手中有着不可抗拒的武器，那就是容忍。容忍并不将狂热打翻在地，只是详静而温和地解除它的武装。若是以狂热的方式对付狂热，你就会使它故态复萌，依然如旧……

我已经提请各位注意蓄奴制的专制倾向。我无须再加详述,我不必描述南部奴隶制度是怎样影响甚至败坏各自由州的政治生活;不必描述他们是怎样利用那可恶的法令,企图迫使我们,包括你们和我本人,加入捕捉奴隶的行列,而那条法令与处理外侨和叛乱法相比,真是有过之而无不及,至今仍使我们的法令全书蒙受耻辱;也不必描述那个执政党如何为专制势力的利益费尽心机,对于践踏真诚信念,歪曲宪法条例,侵犯天赋权利,背弃基本原则,从来都不缩手。我毫不迟疑地预言,如果听任蓄奴制的理论任意传播,从而压倒与其势均力敌的真正民主的倾向,那么,过不了多久,维护统治利益的法律和措施就会把美国这个共和国压垮,美国这个名字将列入那份可悲地记载人类厄运残梦的编目册中。

但是祸害不仅来自那方面,还来自那些开始时不显眼但一经发展却十分可怕的事情。每当人们纠正短暂的弊病时,却会对基本原则熟视无睹,这种倾向就是其中之一。

那些经历了最严酷的斗争而赢得自由的国家,对于一般自治实践中必然产生的小小麻烦和暂时的困难却如此动辄难忍,这不是很奇怪的吗?权力会被滥用,但仍然是不可剥夺的,对于这一点,它们又是多么轻易地置诸脑后?欧洲曾多次尝试建立民主制度,有些起初已获成功,人们争得了自由,但是与自由相联的弊病和麻烦随之而来。那个社会的统治阶级为了消除弊病便限制自由,他们确确实实消除了弊病,但同时也取消了自由。你们听到那儿的自由政府侈谈保护和调节新闻自由;为了防止有人滥用新闻自由,他们采取了一些措施,起先显然没有害处,最终却变成严厉的新闻检查制度。假如我们承认人类行使自治的权利,同时又限制选举权,以保证票箱的纯洁,那样难道会更好吗?……

一些政党和知名人士普遍习惯于采用权宜之计,为了局部和暂时的成功而牺牲原则。这是对我们制度安全的另一威胁,可能也是最难抵御的威胁。先生们,我在这里发出严正的呼吁,唤醒那些反对人类奴役的人士的良心；与他们并肩战斗，我是引以为荣的。

你们痛恨君主统治的权术。你们为了防止它在这块共和国的土地上滋生，会不惜舍弃财富和生命。但是我要告诉你们，为了权宜之计而抛弃原则的政党统治，其危险性、灾难性、侵略性和专制性与君主统治相比，是毫不逊色的。不要存有幻想，以为只要是经选举产生的政府便是公正和自由的。一个执政党，无论它的纲领多么主张自由，一旦不是采用投票的方式而是运用打击的手段来压倒反对派，那么正义和平等权利就寿终正寝了……

大家还记得，堪萨斯边境的暴徒们把自由州的选民从投票站驱赶出来并且禁止他们参加选举，激起了北部各州的声讨。这种愤慨是正义的，这不仅因为这些被胁迫的人是自由州的公民，是自由的朋友，也因为他们被剥夺了投票权利，更因为那地方的政府不是凭平等权利而是靠暴力建立起来的。先生们，任何时候自由的政党如果运用它们在地方上的优势采取压服而不是说服的手段对付反对派，他们与堪萨斯的暴徒就是一丘之貉，虽然比起左轮手枪和猎刀，立法机构颁布法令可能是较为温和的武器。他们也许会取得地方上的某些小成就，或许会得到某些微薄的暂时利益，但是他们带入我们政治生活的一整套行动会逐渐破坏我们共和国这座大厦赖以建立的地基。

以那些困扰我们的各种危险和困难而论，最可怕的莫过于那个叫作"观点不同互相排斥"的丑恶的怪物。我是个废奴者，在马萨诸塞州和南卡罗来纳州，都有权阐述我的观点。我的邻居赞成蓄奴，对此我表示遗憾，但是我郑重地承认，他在南卡罗来纳州跟在马萨诸塞州一样，都有权表达他的看法。你说我在南卡罗来纳州发表我的观点时会遭到围攻？先生们，这就是南卡罗来纳州和马萨诸塞州的不同之处。这就是废奴者和蓄奴者的区别，因为前者是自由人，后者本身也是奴隶。

眼前的问题将会过去。奴隶制问题会获得解决，自由终究会取胜。其他问题上的分歧还会造成这个国家政党的分裂。在反对奴隶制的斗争中，如果我们抛弃了赖以和平解决新分歧的坚实基础——平等权利，那将会出现什么结果呢？……

你们一旦用暴力取代权利，特权取代平等，权术取代原则，并以此作为政策的主要动力，那么就没有力量制止这股潮流。新的弊病需要矫正，新的麻烦需要解决，新的可能出现的威胁需要铲除，新的同样艰巨的目标需要助其实现；你们侵犯了反对派的天赋之权，这将为今后政党相互倾轧树立求之不得的先例。执政党一旦明知故犯，漠视平等权利的原则，那么每当基本原则处于存亡关头时，他们就会习惯于只顾自己的利益。那些把我们引入这条路的人就像掌握变蟒法术的巫师。他变出一条大蟒后，却忘了再将它毁掉的咒语，结果大蟒紧紧缠住巫师，这个可怜的人竟被自己变出来的怪物憋死了……

在这面（美国）国旗下，任何文明人类的语言都可以使用，各种信仰都受到保护，每一种权利都神圣不可侵犯。在那里，西方社会的每一个成员都昂首挺立，对伟大的事业充满热情，相互信任，自尊自敬。从阿勒格尼山脉西麓延伸到落基山脉的光荣的谷地上，飘扬着这面旗帜……旗帜上写的并不是"反对民主党把一伙新的政客塞入政府"，因为投机家这样呐喊，并没有打动我们的心弦。旗帜上写的也绝不是"限制奴隶制和限制选举权"，我恳求你们相信我的话，这样写就标志着失败，自作自受、无法避免和丢脸的失败。旗帜上写着的是："自由和平等权利，像空气一样为人类所共有——自由和平等权利，统一而不可分割！"

我们高举这面旗帜挺立在世界前列。旗帜上只写那些字，没有别的，这样我们就必然胜利。先生们，我们旨在实现美国赖以生存的伟大的世界主义理想；我们旨在履行真正美国方式这一伟大使命；我们旨在回答被践踏人类的迫切问题："人类有能力获得自由并且自己管理自己吗？"答复是令人鼓舞的："当然有！人就是享有自由和权利的人。"它震撼着旧世界专制君主们的耳膜；它向被压迫的人们宣告，他们是被狡诈的手段所统治的；它以抚慰和新的信念振奋着那些沮丧的朋友。

这是真正的美国方式，它伟大的心胸拥抱着全人类。我们在这面旗帜下前进，让全世界步我们的后尘吧。

---

* 译文选自《美国历史文献选集》，美国驻华大使馆新闻文化处，1985 年。

《自由与平等权利》是美国内战前夕一次具有重要历史意义的演讲，卡尔·舒尔茨为反对奴隶制，争取各种族、各民族的自由平等权利呐喊疾呼，有力地推动了美国民众，尤其是德裔移民在关键时刻对共和党的支持，维护了他所信仰的"真正的美国精神"。

共和党在建党之初带有一定的本土主义色彩，它的支持者大多是来自东北部的新教徒，其中有相当数量的"一无所知"党成员。"一无所知"党反对奴隶制，但同时也仇视外国移民，它在外国移民的归化入籍、选举权以及饮酒等方面竭力设置种种障碍。此举无疑是将数量庞大的德裔选民推向民主党一方。虽然一些共和党领袖意识到了德裔移民在选举中的重要作用，并在中西部较为成功地划清了与本土主义者的界限，但争取到对民主党抱有好感的德裔移民的支持实非易事。

1859 年马萨诸塞州的修宪事件进一步恶化了双方的关系。该年年初，马萨诸塞州的本土主义者提出了一条州宪法修正案，规定凡在国外出生的男性移民在正式归化入籍之后的两年内不得行使选举权和担任公职。此提案遭到了包括部分共和党人在内的民主人士的强烈批评和反对，但由于保守的本土主义者势力深厚，它最终在议会通过，等待全民公决。在此期间，民主党利用时机，大肆攻击共和党，将共和党人描绘成褊狭呆板的顽固分子，借此巩固本党在新移民中的影响力。

舒尔茨意识到，一旦修正案正式生效，新生的共和党极有可能失去包括中西部在内的德裔移民的选票，这势必令其在1860年的总统大选中遭遇重挫。在此关头，他接受共和党领袖的邀请，于4月18日在波士顿的法尼尔厅发表演说，呼唤民众坚守以自由平等思想为核心的美国精神，同时也明确了共和党反对本土主义的立场。他将重点放在了以下两个方面。

首先，剥夺移民的选举权无异于鼓吹奴隶制，二者都违背了美国的立国之本——自由平等的原则，理应遭到抵制。舒尔茨指出，人类自由的充分实现是以平等为前提的，一方以任何借口限制另一方的自由和平等权利，为了局部和暂时的成功而牺牲原则，最终也会损害自己的利益。奴隶制如此，宗教狂热如此，剥夺移民的选举权亦是如此。他认为，人类历史就是在普世的自由思想不断战胜陋习和糟粕中获得发展和进步的，美国已经摆脱了封建君主专制，实现了宗教自由，现在应该割除奴隶制和本土主义这两颗毒瘤了。

其次，实现自由的手段是赋予每个人平等的公民权。他在演说中指出，公民权作为一个整体是不可分割的，没有所谓的全部公民权和部分公民权之分，它不以人们的种族、民族、信仰或其他任何条件而改变。限制选举权实际上是对公民权的否定，它在一个号称自由平等的国度造就了一批二等公民。如果承认外国人和本土人有高低之分，那么白人和黑人有贵贱之别也是理所当然了。这显然与"人生而平等"的自由主义理念背道而驰。他提醒选民，自由和平等权利统一不可分割，这是每个公民享有的权利，也是美国赖以生存的基本原则。

舒尔茨在演说中从自身经历出发，情感真挚，言辞恳切，在激发人们感性的爱国之情的同时，又引经据典，以其雄辩有力的口才理性论证了奴隶制和限制选举权于国于民的危害，因而取得了巨大的成功。演说稿被全文刊登在当时的许多主流报纸上，并广受好评。舒尔茨本人也凭借此次演说声名鹊起，以改革家和知识分子的身份登上国家政治舞台。虽然由于诸多原因，该修正案在之后的全民公决中获得通过，但是舒尔茨的努力在德裔移民中产生了极大的反响。据统计，在1860年的大选中，过半的德裔移民投票支持林肯，为共和党锁定胜局奠定了基础。

舒尔茨在德裔移民中的影响力与其身份有直接关系。舒尔茨出生于德国，信奉自由、平等和民主思想，他参与了1848年德国反对封建王权的自由主义革命，在革命失败后移民美国寻求政治避难，是历史上著名的"1848年志士"之一。他把美国视为争取民主和自由斗争的理想场所，是真正维护人性最后希望之所在，积极投身于反对奴隶制和捍卫人民主权的斗争之中。此外，精通德语和英语也帮助他在德国同胞与美国废奴精英之间游刃有余。可以说，舒尔茨充分利用自己德裔移民的优势，为维护和推动美国民主政治的发展做出了杰出的贡献。

德裔移民对民主和自由观念的认同和渴望也是让他们抛开民族嫌隙，转而支持以废奴为己任的共和党的关键因素。19世纪中叶德国人大规模移居美国，究其根源，除了经济利益之外，对德国国内独裁政治的失望也是重要原因。而且，他们也意识到，如果奴隶制无限制地扩张，将直接威胁到他们在美国的生存和发展，因此，《堪萨斯－内布拉斯加法案》一出台，德裔移民首先站出来表示反对。及至内战爆发，以舒尔茨为代表的德裔移民积极加入联邦军队，为保卫自由和民主浴血奋战。

1859年8月27日，共和党在其党纲中宣称，"我们不会因一个人的宗教和出生地而拒绝给予公民权；我们反对删减法律所赋予移民的归化权，以及对本土公民和归化公民进行区别对待……"① 这份宣言保障了归化移民的公民权，最终为共和党赢得了德裔选民的信任。

《自由与平等权利》的演说虽然没能阻止州宪法修正案的通过，但它对

---

① Johnson, Hildegard Binder, "The Election of 1860 and the Germans in Minnesota", *Minnesota History*, Vol.28, No.1 (Mar., 1947), p.26.

自由和平等权利的精辟论述使之无可争议地成为美国自由史诗中的经典篇章。它对奴隶制和排外主义的有力驳斥和对自由平等的高度赞誉将所有族群的美国人团结起来，为实现真正的民主共和而努力奋斗。

舒尔茨（1829—1906）是德裔美籍政治家和改革家，1852年移居美国，曾任美国驻西班牙大使，内战时期的联邦军队将领，内政部部长，也是首位德裔参议员。同时，他也是一位杰出的新闻记者、报纸编辑和演说家。他在波士顿的这次演讲原题为《真正的美国主义》，篇幅较长，此为节选。

（王萍）

亚伯拉罕·林肯
总统就职演说
（1861）

美国公民们：

遵循自我国政府诞生之日起即有的惯例，我在此向各位发表简短的讲话，并在"总统就任和行使职权"之前，当着你们的面宣读美国宪法所规定的誓词。

我并不以为目前有必要在此探讨执政的各种事务，因为那些既非当务之急，也不激动人心。

在南部各州的人民中间，似乎存在忧虑的情绪，人们担心在共和党执政以后，他们的安宁和人身保障将会受到威胁。然而，引起这种担忧的正当原因却是从来都不曾存在的。其实，与此相反的至为充分的证据倒是俯拾即是，并且可供他们查验。从此刻正向你们发表讲话的本人几乎所有的公开演说里，都可以找到这样的证据。我只从其中一篇演说中摘引一小段。我在这段话里声明：

> 对于各蓄奴州内存在的奴隶制度，我无意进行直接或间接的干涉。我认为我既无这样做的合法权力，也没有这样做的意向。

那些提名并投票选举我的人，在这样做时完全知道，我确曾发表过这一声明及其他许多诸如此类的声明，而且从未宣布撤回。不仅如此，他们还在党纲中加入了一项为我所接受的明确而有力的决议，作为他们自己和我本人所要遵守的共同法则。现在我宣读一下这个决议：

> 兹决议：维护各州的各种权利不受侵犯，尤其是维护每个州根据自己独有的判断来确定并掌握其内部制度的权利不受侵犯，对于权力平衡有着至关重要的意义，而我国政治结构的完善与持久性则有赖于这种权力平衡。因此，无论以何种借口采用武力非法侵入任何一个州或领地的土地，我们都加以谴责，视之为一种严重的犯罪。

我现在重申这些观点，其唯一目的在于，提请公众注意有关这一敏感事件的至为确实的证据：任何地域的财产、和平与安全，都不会受到现在开始执政的新政府的危害。此外，我还要补充一点：所有各州无论基于何种情由提出合法要求，政府不仅可以，而且将十分高兴地根据宪法和法律提供一切保护，并对所有地域都愉快地一视同仁。

有关逃避服役和劳役者的引渡问题，存在很大的争议。我下面要宣读的条款，和其他任何条款一样清清楚楚地写在宪法当中：

> 凡根据一州法律应在该州服兵役或劳役者逃往他州时，不得因他州之任何法律或条例解除其该项兵役或劳役，而应因其所服役之当事者的正当要求予以引渡。

毋庸置疑，这一条款的制定者打算借助此条款归还我们所说的逃奴，可是立法者的意图即是法律。既然国会的全体成员都宣誓拥护整部宪法，也就是像拥护其他任何条款一样拥护这一条款。那么，对于将涉及该条款的在逃奴隶"予以引渡"的提议，他们也是一致宣誓表示支持的。现在，如果他们愿意心平气和地做出努力，难道就不能以几乎同样的一致来拟定并通过一项法律，藉以恪守那条一致立下的誓言吗？

关于这一条款应由联邦政府抑或由州政府予以实施，人们存有某种分歧，但这种分歧绝对无关宏旨。如果奴隶须被遣还，究竟由谁来负责此事，这不论对奴隶本人或是对其他人都没有太大的关系。在任何情况下，难道会有人仅仅由于在如何恪守誓言的问题上发生无关紧要的争议，就甘愿违背誓言吗？

再者，在一切有关这一问题的法律当中，难道不应当写上文明而人道的法学中所有保障自由的条款，从而保证一个自由人在任何情况下都不会被作为奴隶遣还吗？难道与此同时就不能依法实施宪法关于保障"每州公民得享受各州公民之一切特权与特免"的条款吗？

我今天正式宣誓之际，在思想上并无保留，也丝毫无意于根据任何苛刻的原则来解释宪法和法律。我虽然不想选择现在来详细说明国会的某项具体法令是否宜于实施，但我却要建议，处于公、私职位上的一切人，都应当遵守和服从所有那些未被明令废除的法令，较之违反其中某一法令而指望使该法令被宣布违宪以免于惩罚，这样做要保险得多。

自从根据我国宪法首次举行总统就职仪式以来，已有七十二年过去。在此期间，有十五位极其杰出的公民相继主持过政府行政部门的工作。他们领导政府克服了重重艰难险阻，大都获得了巨大的成功。虽然有如此之多的先例供我借鉴，但现在轮到我出任按宪法规定只有短短四年任期的同一职务时，却正遇上了巨大而特殊的困难。在此以前，联邦的分裂还只是一种威胁，而现在却成了可怕的尝试。

我认为，无论是从普遍法则还是宪法的角度来考虑，这些州所组成的联盟乃是永久的。在各个国家政府的基本法之中，即使未对这种永久性做出明确规定，那也是将它暗含其中的。完全可以断言，从来没有哪个正规的政府曾在组成政府的法律中列入终结自身的条款。只要继续执行我国宪法所有的明文条款，我们的联盟就会永世长存，除非采取宪法本身未予规定的某种行动，否则这一联盟是不可能被摧毁的。

再者，假设美国不是一个正规的政府，而不过是一个由各州组成的仅具有契约性质的团体，难道作为一种契约，就可以由少于全体缔约各方的少数人轻松平静地加以废止吗？缔约的某一方有可能违约，或者说毁约，但要合法地取消契约，难道不需要全体缔约者参与其事吗？

我们从这些一般原则进行推演，就得出了这样的主张，即联盟具有永久性，这一点已为联盟本身的历史所证实。联盟的历史要比宪法更为久远。它实际上是根据1774年的《联合条款》而组成的，1776年的《独立宣言》使之臻于成熟和得以延续。1778年的《邦联条例》则使它进一步走向成熟，当时的所有十三个州都信心十足地明确宣誓和担保，应当使之永久存在下去。最后在1787年制定了宪法，当时所宣布的目标之一，就是"建立一个更为完善的联盟"。

然而，倘若仅凭一个或某几个州就可以合法地毁掉联盟，那么这个联盟就还不如制宪前完善，因方它业已失去了"永久性"这个至为关键的因素。

根据这些观点可以看出，任何一州都不能单凭自己的动议即可合法地脱离联邦；凡为此目的而做出的任何决议和法令，在法律上均属无效；而且任何一州或数州以暴力行动反对美国政府，都应视其具体情形定为叛乱或革命。

因此我认为，根据宪法和法律，联盟乃是不可分裂的。我将按照宪法对我的明确授权，竭尽全力保证联盟的法律在所有各州都得到忠实执行。我觉得这样做仅是尽我分内的一份简单的职责，只要切实可行，我就决不罢手，除非我的合法主人，也就是美国人民拒绝给予我必要的手段，或是以权威的方式指示我反其道而行之。我确信这不会被看成是一种威胁，而不过是联盟早已申明的目标：它必定要按照宪法来捍卫和维护自身。

这样做并不需要流血和暴力，除非有人将此强加于联邦政府，否则绝不会有这类事情发生。赋予我的权力将用以保证联邦政府掌管、占有和支配属于它的财产和土地，以及征收关税和其他税款；除了达到这些目标所必需的措施之外，决不会侵犯人民的权益，而且无论在何处都不会使用武力对付人民或在人民中间挑起战争。不论国内什么地区出现严重而普遍的敌视联邦的情绪，以至于妨碍当地有能力的人担任联邦公职，我们都不会试图强迫令那里的人民反感的外地人去担任那些职务。尽管政府或许有严格而合法的权利强行使这些职位运转起来，但这样做的企图不仅招致怨愤，而且窒碍难通，因而我认为最好还是暂时放弃这类官职。

邮件只要不遭拒收就会继续投递到联邦各地。各地人民应当尽可能拥有那种绝对的安全感，这将极大地有利于人们进行冷静的思考和反省。我们将一直执行在此指明的方针，倘若事态和经验表明进行某种修改和变动乃为得宜，则又另当别论；而且，在任何情况下，在一切紧要关头，我都将根据实际情形采取最佳对策，期望能够和平解决国家的困难，恢复兄弟般的友爱和感情。

在某些地区是否有人千方百计地谋求摧毁联盟，并乐于采用各种借口以逞其志，对此我既不肯定也不想否认；但如果真有这种人，我也不必对他们再说什么；不过，对于那些真心热爱联盟的人，我能不说点什么吗？

把我们的国家大厦连同它所能带来的裨益、它的历史以及它的希望一起毁灭，这是一桩极其严峻的事情，在着手进行之前，明确地确定我们何以这样做的缘故，难道不是明智之举吗？如果你避之犹恐不及的那些祸患其实根本就不存在，难道你还会不顾一切地孤注一掷吗？如果确实摆脱了某些祸患，可是同时又要陷入更大的灾难，难道你还会冒险犯下如此可怕的错误吗？

大家都表示，只要所有宪法权利均能得到维护，就乐意留在联盟之内。那么请问，又有哪一项宪法明文规定的权利遭到了践踏？我认为没有。值得庆幸的是，人类所具有的正常理智，使任何一方都没有达到这种冒天下之大不韪的地步。如果你能，请试举一例，看看宪法的哪一条明文条款曾经遭到过践踏？如果某一多数派仅凭数目上的力量竟然剥夺某一少数派由明文规定的宪政权利，从道德的立场来看就有理由发动一场革命；如果遭到剥夺的乃是一项关键性的权利，那么进行革命就更是理所当然。但我们的情况并非如此。所有少数派和个人的一切关键性的权利，都在宪法中以肯定和否定、保证和禁止的形式获得十分明确的保障，以致从未发生过有关争议。但是，从来没有哪一部基本法在制定时就写进一项条款，可以具体适用于其实施过程中所出现的每一问题。人们既难以在事先预见到所有可能出现的问题，也不可能在一份长短适中的文件中包罗涉及所有这些问题的明文条款。例如，逃奴应由联邦当局抑或应由州政府遣还？宪法对此未作明确规定。又如，国会可以在各个领地禁止奴隶制吗？宪法对此未作明确规定。再如，国会应当保护各领地的奴隶制吗？宪法对此也未作明确规定。

诸如此类的问题引发了我们所有的宪法之争，在这些问题上我们分成了多数派和少数派。如果少数派不能赞同多数派，则多数派必须赞同少数派，否则政府就会停止运转。只有一方赞同另一方，政府才能继续存在下去，舍此别无他途。如果某一少数派在这种情况下宁可脱离联邦也不愿赞同对方，那么他们开创的这一先例将反过来分裂甚至毁灭他们自己，因为一旦他们内部的某一多数派拒绝接受这种少数派的控制时，他们中的少数派也会脱离他们。譬如说，某一个新的联盟组成一两年以后，其中的某一部分难道就不会再度任意退出，正如目前我们联邦的某一部分现在声称要退出一样？一切抱有分裂联盟情绪的人，现在正受到养成这样做的倾向的熏陶。

难道那些打算组成新联盟的各州之间，真有绝对一致的利益，以至于唯独产生和谐而不会发生重新退出联盟的事情吗？

脱离联邦行为的核心观念，实质上乃是无政府主义。一个不超越宪法的约束与限制，并且总是随公众舆论和情绪的审慎变化而顺利转变的多数派，乃是自由人民唯一的真正主宰。无论何人一旦拒绝接受其统治，就必定走向无政府主义或专制主义。意见完全一致固然毫无可能，但使少数派统治成为一种永久的状态则是绝对不容许的。因此，如果拒不接受多数派统治的原则，其结局只能是某种形式的无政府状态或者专制统治。

我没有忘记，有人曾建议把有关宪法的问题交由最高法院判决；我也不否认，这种判决虽然在所有相同情况下同样也值得政府其他部门予以高度尊重和考虑，但在任何情况下都必须得到诉讼对象及诉讼各方的遵守。就某一特定的案件而言，这种判决显然有可能出现错误，但由于它所产生的恶劣影响只限于这一具体案件，而且还有可能被推翻，绝不会成为可供其他案件援引的先例，因而其后果较之另一种不同的措施所产生的恶果，要更易于承担。但与此同时，正直的公民们应当承认，如果政府在影响全体人民的关键性问题上的政策，也由最高法院通过判决来做出不可更改的决定，那么一旦在个人诉讼的普通案件当事各方之间出现这种判决，人民即不复是自己的统治者，而实际上已将他们的政府交于那个显赫的法庭手中。这种看法丝毫没有攻击法庭和法官的意思。他们应当责无旁贷地以正当方式就交付他们审判的案件进行判决，如果有人企图用他们的裁决服务于政治目的，那也不是他们的过失。

我国一个地域的人们认为奴隶制是正当的，应当任其扩展；而另一地域的人们则认为它是不正当的，因而不应任其扩展。这就是唯一的实质性争议所在。宪法有关逃奴的条款以及禁止国外奴隶贸易的法律，两者都应予以严格执行，这与在人们的道德观念尚未完全支持法律本身的社会里任何法律都须强制执行的情形，或许没有二致。绝大多数人在两种情形下都能遵守无情的法律义务，也有少数人不是触犯这一项，就是违反那一项。我认为这种现象难以完全杜绝，而且在两大地域彼此分离之后，情况会比从前更坏。现在尚未完全禁绝的外国奴隶贸易就会最终在其中一个地域毫无限制地恢复起来，而现在尚能部分遣还的逃奴，到那时就根本不会为另一地域所遣还。

就自然条件而言，我们是不能彼此分离的。我们既无法把各个地域相互挪开，也不能在他们中间筑起一堵无法逾越的墙垣。一对夫妻可以离婚，彼此不再见面，也不再有任何接触，但我们国家的各个部分却不能这样做。它们不得不一直面对面地相处，相互的交往无论是友好还是敌对，都要在他们之间持续下去。然则在分离以后，双方的交往是否有可能比以前更为有利和更令人满意呢？外人之间订立条约难道比朋友之间制定法律更为容易吗？外人之间执行条约难道会比朋友之间执行法律更加忠实吗？假设你们走上疆场，但你们不可能永远打下去，当交战双方两败俱伤而一无所获的时候，你们就会停止作战，那时，诸如交往条件之类的老问题，同样还会在等着你们。

这个国家连同其各项制度，均属于居住在这片土地上的人民。只要他们对现行政府感到厌倦，他们无论何时都可以行使宪法赋予的权利，对政府进行改组；或行使革命的权利，解散或者推翻政府。许多知名的爱国公民渴望对国家的宪法进行修改，对这个事实我绝不可能毫不知情。虽然我并未提出有关宪法修正案的建议，但我完全承认，人民在整个问题上拥有的合法权利，可以通过采用宪法本身规定的两种修改方式中的某一种而得以行使；因而在目前这种形势下，我宁可赞成而不是反对为人民提供一次就此采取行动的良好机会。我还想大胆地补充一点，我认为采取会议的方式进行修改似乎更为可取，因为这样可以让人民自己提出修正案，而不是仅让他们采纳或反对由别人提出的方案，况且那些人并非专为了这项工作而推选，而且提出的建议也可能并非正好是他们所想要接受或拒绝的那种方案。据我所知，有一项拟议的宪法修正案已获国会通过，具体是哪一项修正案，我目前尚未见到，但略知其大意为：联邦政府永远不得干涉各州的内部体制，包括强迫某些人服劳役的制度。为了避免对我所说的话产生误解，我姑且违背我不打算谈论具体某项修正案的初衷，而想说明一点：既然这一条款现在有可能成为宪政法令，我便不反对使其更为明确和不可更改。

最高首脑的一切权力都来自人民，而人民并未授与他为各州的分离确定条件的任何权力，人民倘若有意于此，他们自己就能做到这一点，但经人民授权的总统却与此事毫无瓜葛。他的职责乃是管理交予他手中的这一届政府，保持其原样不变，并将它完整无损地移交于其继任者。

为什么不应对人民最终的公正抱有一种更有耐心的信心呢？除此之外，难道世界上还有更好或者同样的希望吗？在我们目前的分歧中，难道任何一方都缺乏站在正确的一边的信念吗？如果世界各国的全能主宰以其永恒的真理和正义站在你们北部一方，或者站在你们南部一边，那么，那种真理和正义必将通过美国人民这个伟大法官的裁决而取得胜利。

就是这些美国人民，在创建现在领导我们的这一政府体制时，十分明智地仅只赋予其公仆一点小小的权力以防酿成祸害，而且他们还以同样的明智做出规定，在短时期以后又把这点小小的权力收回到他们自己手里。只要人民保持美德和提高警惕，任何一届政府无论怎样无耻和愚蠢，在短短四年的时间内都不可能对政府体制造成十分严重的损害。

我的同胞们，请大家都对整个问题进行冷静而仔细的思考吧。任何有价值的东西都不会因为从容不迫而失去。假如某件事情催促你们中的任何一位迅速采取绝无可能进行仔细思量的步骤，此时如果仍然从容不迫，就会使事情受挫。但任何美好的事情都不会因为从容不迫而受挫。你们当中那些现在感到不满的人，仍然拥有过去那部完好无损的宪法；而且在那个敏感的问题上，你们也拥有由你们自己根据这部宪法所制定的各种法律；新一届政府即便想要改变其中的任何一项法令，也没有这样做的直接权力。即使我们承认那些不满者在这场争端中属于正确的一方，但仍然没有任何一点充分的理由去采取仓促行动。智慧、爱国精神、基督教义和对从未抛弃这片受其恩惠的国土的上帝的坚定信赖，依然能够用最佳方式化解我们眼下所有的难题。

感到不满的同胞们，内战这个重大的问题乃是掌握在你们的手中，而不是掌握在我的手中。政府不会对你们发动攻击。你们固然没有对天发誓要摧毁政府，而我却要立下最庄严的誓言以"坚持、维护和捍卫之"。

我不想就此结束我的演讲。我还要说，我们不是敌人，而是朋友，我们千万不可成为敌人。尽管情绪已经绷得很紧，但它绝不能断裂我们之间友爱的纽带。在这片广袤的土地上，记忆的奇妙琴弦从每一个战场和爱国志士的坟茔延伸到每一颗跳动的心脏和每一个家庭，必将再度为我们天性中的主善天使所拨响，到那时，联邦大团结的合唱仍会响彻云霄。

（陈亚丽 译，李剑鸣 校）

* 译文选自《美利坚合众国总统就职演说全集》，李剑鸣、章彤编，天津人民出版社，1996年。

亚伯拉罕·林肯（1809—1865），美国首位共和党总统，也是首位遇刺身亡的总统。林肯出身寒微，从小随家从肯塔基迁移到印第安纳再到伊利诺伊，经历了典型的西部拓荒者的生活。身材高大、手持斧头的林肯成为拓荒者的象征，是因为他通过个人的诚实和努力终至美国总统的高位，实在是美国梦的成功范例。林肯相信，检验一个民主国家的重要标准就是看它是否能为出身寒微的人提供改善社会地位的机会。毕其一生，林肯的追求一以贯之——"我们要使国家在上帝福佑下得到自由的新生，要使这个民有、民治、民享的政府永世长存"。但是要达成这一目标，林肯面临极其困难的局面。

1860年，林肯以200万票当选为美国第16任总统，但在南方10个州，他没有得到一张选票。他尚未上任，南方各州就成立"美利坚同盟国"，制订宪法，选举总统，其敌意不言而喻。西北部的情况也不容乐观，虽然那里大多数白人认为奴隶制是道义错误，但他们并不主张废奴，也不接受黑人获得平等的政治和社会地位，甚至害怕和敌视黑人。林肯敏锐地感受到这种情绪："白人大众的感情也不允许如此，这种感情究竟是否符合正义和正确的见解，这不是唯一的问题，即便确实是问题的一部分。一种普遍的感情，无论是否有根据，都不能等闲视之。"正是在这样的背景下，林肯发表了他的第一次就职演说。

首先，针对南方各州的忧虑，林肯保证他无意改变奴隶制，理由是宪法规定各州有权决定自己的经济制度。他保证"任何地域的财产、和平与安全，都不会受到现在开始执政的新政府的危害"。

接着，林肯提出了在南北双方引起诸多争执的引渡逃奴的问题。逃亡到北方的奴隶受人同情，抓捕逃奴引起公愤。但如果北方拒绝引渡，南方认为是对州权的侵犯，从而找到脱离联邦的借口。林肯依据宪法得出结论，逃奴应该依法引渡回南方，但他也明确表示要保障自由黑人的权利，不能被错当作逃奴，失去"公民之一切特权与特免"。

林肯深知以上两条对激进的废奴主义者来说很难接受，于是对此做出解释。他认为当前国家面临分裂，不是讨论宪法条款是否正当合宜之时，建议"处于公、私职位上的一切人，都应当遵守和服从所有那些未被明令废除的法令，"因为"较之违反其中某一法令而指望使该法令被宣布违宪而免于惩罚，这样做要保险得多"。林肯是乡村律师出身，守法的意识可谓是他的第二天性。作为政府首脑，林肯绝不肯越雷池一步，他总是公开谴责以超出宪法范围的手段反对奴隶制的废奴主义者，告诫他们不遵守法律会毁了美国的自由体制，他希望遵纪守法"成为全民族的政治信仰"。

林肯用更多的篇幅来论证他演讲的核心内容：联邦的不可分裂及其永

久性。实际上，在演讲发表之时，南部同盟已经成立，分裂已经成为事实。林肯的演讲虽然是向南部各州伸出的橄榄枝，表明新政府的态度，但同样重要的是，他也必须向国际、国内的人士发出明确的信息，为即将到来的内战正名："任何一州或数州以武力行动反对美国政府，都应视其具体情形定为叛乱或革命"。

在论证了分裂联邦的行为属于非法后，林肯本着实用主义的精神，就可能采取的妥协方式——进行了分析，虽然从事后看来，傲慢的南方奴隶主们从一开始就没有打算妥协，但是林肯文中表述的基本政治思想仍值得我们仔细考较，因为正是这些思想哺育了卓越的政治家林肯，确立了美国立国的基础。也正是林肯对这些思想的坚定信念引导着他在内战中为美国人民导航，最终摆脱了奴隶制，保障了美国自由制度。

首先，他强调多数的原则。从殖民时代开始，多数的原则就是和人民主权论紧密结合在一起的。林肯认为"一个不超越宪法的约束与限制，并且总是随公众舆论和情绪的审慎变化而顺利转变的多数派，乃是自由人民唯一的真正主宰"。在这里，林肯强调的是守法、审慎、多数和自由，培育和信任这样的人民团体是自由体制最首要的任务和最基本的依靠，否则"就必定走向无政府主义或专制主义"。

第二，林肯否定了把宪法问题交由最高法院判决的可能性。在林肯看来，具体案件由法院判决是合情合理的，但是"如果政府在影响全体人民的关键性问题上的政策，也由最高法院通过判决来做出不可更改的决定，那么……人民即不复是自己的统治者，而实际上已将他们的政府交于那个显赫的法庭手中"。美国自由体制的基本思想在于制衡，在有的人看来，这样的制度未免不够高效，甚至以专制制度的高效率来论证其合理性。但是一个专制的政府越是高效，对人民权利的危害越大。林肯坚持的原则是，涉及全体人民基本权利的问题应该由全体人民自己决定，对权力保持警惕是美国自由制度得以保持的基本态度。

第三，既然最高法院不是最合适的解决宪法问题的机构，林肯提议人民可以利用自己的合法权利，为了修宪召开专门的会议，为了这一特定的目的来选举代表，从而可以更准确地反映民意。

第四，林肯再次强调要对人民最终的公正抱有耐心和信心。以杰斐逊为代表，美国的领袖总是特别强调人民最终的公正，人民总是有能力做出正确的选择。林肯更是在十分困难的情况下，顶着各方的压力，耐心地等待着民意朝自由的方向转变。独裁者最常用的借口是"国情落后"，似乎一个专制独裁的舵手高效地代替人民做出决定是对无知落后的人民的极大恩赐。

第五，林肯肯定了选举和职务轮换制度。人民权利最有力的保障莫过于人民拥有真实的选举权，可以在对某届政府不满的时候，通过合法、和平的方式替换其成员。这样的话，"任何一届政府无论怎样无耻和愚蠢，在短短四年的时间内都不可能对政府体制造成十分严重的损害"。

最后，林肯呼吁美国人民审慎地做出决定，南方各州不要贸然发动内战，他希望唤起南北双方的手足之情，让"联邦大团结的合唱……响彻云霄"。

内战是美国自由制度确立后来自内部最严重的冲击，林肯曾说："这场斗争的目的是在世界上维护一种政府的形式，这种政府的主导目标是改善人们的状况——搬除压在所有人肩上的人为重负，为所有人的可贵追求扫清道路，为所有人创造自由的开端，为人生的竞赛提供公平的机会……这就是我们力争维护的政府的主导目标。"如果说建设这种政府是一场实验，在内战开始前，这场实验已经完成，内战面临的考验是"成功地加以维护，使之不被内部的强大力量推翻"。林肯说："这是和平的重要一课：教育人们懂得，在选举中得不到的东西靠战争也同样得不到；教育人们发动战争是多么愚蠢的事。"

事实证明，战争的确是愚蠢的选择，南北双方都付出了惨重代价，超过62万人死于疆场，林肯本人随后遇刺身亡。但内战也确立了联邦的权威，解决了奴隶制问题，统一了市场，美国立国的基本原则得到重申和加强，民众得到教育，一个新型的大国即将崛起。

（张媛）

亚伯拉罕·林肯
解放奴隶公告
（1863）

我，亚伯拉罕·林肯，合众国总统，今依宪法授予的权力，在现今武装反叛政府时期，担任合众国政府陆海军总司令；作为剿灭该叛乱而采取的适当和必要的军事措施，特于今天，一八六三年一月一日，即上述初告颁布一百天后，在符合本人意旨的情况下，指明那些今日正在背叛合众国的州和州内之区域及人民如后：

阿肯色、得克萨斯、路易斯安那（除圣伯纳德、普莱克明斯、杰菲逊、圣约翰、圣查尔斯、圣詹姆斯、阿森松、阿森姆松、特雷本、拉福煦、圣玛丽、圣马丁，以及奥尔良诸城镇教区及新奥尔良市外）、密西西比、亚拉巴马、佛罗里达、佐治亚、南卡罗来纳、北卡罗来纳及弗吉尼亚（除定名为西弗吉尼亚之四十八个县及伯克利、阿康马克、北安普顿、伊丽莎白市、约克、安妮公主市、诺福克、其中包括诺福克及朴次茅斯两市），对于上述各地以外的区域，本公告不发生效用，犹如并未颁布一样。

有鉴于上述权力及宗旨，我命令并宣布，在上述各州及区域内，所有被视作奴隶的人立获自由并于以后永保自由；合众国政府包括陆海军当局将承认和维护他们的自由。

我同时在此嘱咐上述获得自由的人们，除非为了必要的自卫，应当避免使用任何暴力；并劝告他们在任何可能情况下，为了合理的工资而忠诚地从事工作。

我特此宣告并希周知，凡条件适合者将被吸收为合众国的武装部队，参与守卫堡垒、据点、兵站和其他地点，并于上述部队各类船舰上服役。

我们大家确信这是一个正义的行动，它出于军事必要并为宪法所认可，我请求人类对之详加审鉴，上帝为之赐福。

＊译文选自《美国历史文献选集》，美国驻华大使馆新闻文化处，1985年。

《解放奴隶公告》是美国第16届总统亚伯拉罕·林肯在美国内战期间签署的一份战时文件。这份文件的签署和发布最终导致了奴隶制在美国的终结，使400万黑人奴隶看到了自由的曙光，在美国自由主义传统中具有里程碑的意义。

有关《解放奴隶公告》最需要了解的是政治的微妙和坚持真理的勇气。美国内战的起因很复杂，既有经济上的利益冲突、土地的争夺，也有南部各州和联邦的权力之争，而奴隶制始终是其中的核心问题。奴隶制的问题牵涉到美国人信奉的两个基本价值：自由和财产权。每个个人的人身自由是神圣不可侵犯的，而私有财产同样必须受到法律的保护，二者都是文明社会的基本价值。问题是，奴隶是一种特殊的财产，因为他们本身也是人。从现代的观念来看，人一开始就不应该被当作奴隶，可是从历史的角度来看，奴隶制有着很长的历史，而且曾经对人类文明的进程起到过推动的作用。从美国当时的情况来看，在南部，奴隶制还是活着的历史。就在内战前夕，1857年的德雷德·斯科特案，最高法院还裁决黑人不具有合众国公民的权利，甚至宣布遏制奴隶制向北部蔓延的密苏里妥协违宪，其理由正是因为宪法的第五条修正案否定国会有权未经适当的法律程序就剥夺私人财产。

这就是林肯面临的难题。私有财产神圣不可侵犯是文明社会的基本价值，如果利用一个高标的道德理由便可以随意剥夺和侵犯他人的私有财产，则社会的安定无法保障。而且，合众国宪法默认奴隶制，这就涉及一系列宪法问题。所以尽管奴隶是特殊的财产，奴隶制违反人性，但在宣布解放奴隶之时，林肯还是十分谨慎。早在1862年7月22日，林肯就已向其内阁宣读公告的初稿，由于当时还有一些蓄奴州留在联邦，而边界州的态度还不明朗，国务卿西沃德建议在取得一次军事胜利之前不宜发布该项公告，9月，联邦军队在安提坦的胜利给予林肯所期望的机会，9月22日他又向内阁宣读公告的另一草稿。在略加修改之后，发布了初稿，给所有南部反叛州100天的时间，任何脱离联邦的州只要在公告生效前重新加入联邦，或仅仅送他们的国会议员回华盛顿便具有等同边界州的地位，正式公告在1863年1月1日向全世界宣布。

公告随即受到多方诘难。一些人指责说，解放奴隶公告根本不合法。他们提出，美国宪法没有赋予总统侵犯公民私有财产的权力。林肯就此做出回答，他说:"我认为，宪法赋予了战时统帅特殊的权力。你最多只能说奴隶是财产。根据战时法令，任何财产——不论是敌方还是友方，在需要时都可以拿走。"而激进的废奴主义者当然不满公告中只废除了部分地区的奴隶制，国务卿威廉·西华德就曾不无嘲讽地说:"我们表达对奴隶制度的同情手法是解放那些我们管不着的奴隶以及奴役那些我们能解放的人们。"林肯对此的解释是，解放奴隶公告是战争之举，他行使的是战时统帅的权力，因此只对敌方领地有效。

从历史后果来看，公告的影响是决定性的。第一，公告标志着联邦政府终止奴隶制的决心。虽然公告本身只解放了部分奴隶，但是一旦联邦政府废除奴隶制的态度坚定，其他地区奴隶制问题的解决就只是时间的问题了。1865年第13条宪法修正案正式通过，禁止美国国土上任何的蓄奴行为，其时，只剩下肯塔基一个州还没有解放黑人奴隶。第二，公告成功地改变了美国内战的性质。内战最初的目的是保卫联邦，在公告发布之后，内战成为解放黑人奴隶的自由之战。这一转变在国内获得了大量黑人奴隶的支持，他们踊跃地参加与战争相关的各种劳动并积极参军，为自由而战。在国际上，这种转变更粉碎了南部同盟政府获取他国官方承认的希望，特别是当时已经准备出面帮助南方的英国，在公告发布之后完全转变了立场。正如亨利·亚当斯所言："《解放奴隶公告》比我们之前的胜仗与外交策略做得更多。"

虽然公告只是权宜之计，但在短短的文件中也可以看出林肯的良苦用心。在宣布南部各州的奴隶永获自由并保证合众国政府及军队将保障其自由之后，林肯告诫那些刚获自由的人"除非是必需的自卫，不得有违法行为；我劝告他们，在任何可能的情况下，他们应当忠实地为合理的工资而劳动。"这些设身处地的忠告带有典型的林肯作风，悲天悯人、心怀仁慈，总是在法律的框架之内考虑解决方案。文件充分地体现了林肯的政治智慧，它不仅考虑的是这个文件本身所达到的政治效果，更着眼于文件生效以后可能产生的政治影响和最终必然会导致的政治结果。在身居高位的人中，富于政治智慧的不乏其人，但是愿意把这种智慧用来造福于民，而不是孜孜计较于个人和小集团的利益，甚至像林肯这样，做出的决定是有悖于既得利益集团的，恐怕就不多了。

在文件最后，林肯再次重申："我真诚地相信这个举动是一个正义的举动，它出于军事必要并为宪法所认可，我请求人类对之详加审鉴，上帝为之赐福。"他首先强调的是其道德性（正义），然后才是其实用性（军事必要）和合法性（宪法所认可）。政治本身也许常常是妥协的结果，但是要建立一个正直的政府却必须要有坚持真理的勇气，建立一个良性且令人尊敬的传统：在任何情况下，努力做正确的事。林肯的伟大不仅是因为其高尚的个人品格，更是因为他勇于直面美国历史上最困难的政治错误，不回避、不饰非、不冒进，而是本着实事求是的精神，一步步引导美国人民做出正确的抉择。

　　时势造英雄，就算是林肯也不例外。林肯本人曾经谦逊地说："我并未左右事态，我坦率承认，正是事态支配了我。"有的历史学家甚至认为是美国的自由事业出色地赢得了林肯。

（张嫒）

亚伯拉罕·林肯
葛底斯堡演说
（1863）

　　八十七年以前，我们的祖先在这大陆上建立了一个新的国家，它孕育于自由，并且献身给一种理念，即所有人都是生来平等的。

　　当前，我们正在从事一次伟大的内战，我们在考验，究竟这个国家，或任何一个有这种主张和这种信仰的国家，是否能长久存在。我们在那次战争的一个伟大的战场上集会。我们来到这里，奉献那个战场上的一部分土地，作为在此地为那个国家的生存而牺牲了自己生命的人的永久眠息之所。我们这样做，是十分合情合理的。

　　可是，就更深一层意义而言，我们是无从奉献这片土地的——无从使它成为圣地——也不可能把它变为人们景仰之所。那些在这里战斗的勇士，活着的和死去的，已使这块土地神圣化了，远非我们的菲薄能力所能左右。世人会不大注意，更不会长久记得我们在此地所说的话，然而他们将永远忘不了这些人在这里所做的事。相反，我们活着的人应该献身于那些曾在此作战的人们所英勇推动而尚未完成的工作。我们应该在此献身于我们面前所留存的伟大工作——由于他们的光荣牺牲，我们要更坚定地致力于他们曾作最后全部贡献的那个事业——我们在此立志誓愿，不能让他们白白死去——要使这个国家在上帝庇佑之下，得到新生的自由——要使那民有、民治、民享的政府不致从地球上消失。

* 译文选自《美国历史文献选集》，美国驻华大使馆新闻文化处，1985年。

每年总统纪念日，美国人都要在林肯纪念堂台阶前举行纪念活动，活动的重要内容之一是朗诵《葛底斯堡演说》。林肯留下的重要文字很多，《就职演说》《解放奴隶公告》都是值得纪念的作品，为何《葛底斯堡演说》得到如此青睐？这篇演说是林肯在葛底斯堡国家公墓落成典礼（1863年11月19日）的献词，只有272个字，持续两分钟，当时并没有引起人们的注意，后来在报纸上刊出才得到关注。该演说之所以成为美国历史上最重要的文献之一，是因为它以简洁易懂的文字说出一个政府的理想。

首先，在国家危难之际，《葛底斯堡演说》重申美国人所信奉的基本价值观。演讲的开篇就说明"八十七年以前，我们的祖先在这大陆上建立了一个新的国家，它孕育于自由，并且献身给一种理念，即所有的人都是生来平等的。"此时的八十七年前指的是1776年，这一年英属13个北美殖民地在《独立宣言》中宣告脱离宗主国的控制，它们还没有成立自己的政府，还没有制定统一的宪法，准确地说，它们尚未建立一个真正的国家。林肯把1776年视为美国的建国之年，意在强调美国人的立国原则——自由与平等的理想，在具体实施的过程中这些理想和原则或多或少会受到客观条件的限制，美国1787年宪法就不得不默认奴隶制的存在。林肯在演讲中避而不谈现实——南北分裂、伤亡惨重、经济停滞、人心涣散，他从美国人共同的价值观入手，呼吁他们超越现实限制，实现建国理想。如果说《独立宣言》表明美国立国的基本原则，那么《葛底斯堡演说》旨在推动这些原则在新时代的重生。美国历史上唯一的大规模内战对这个孕育于自由，并奉行人人生而平等之原则的国家是极大的考验，倘若北方战败，合众国将被瓦解。战争开始的前两年，北方的战况一直比较被动，葛底斯堡战役虽然扭转了这一局面，但因双方伤亡过重，士气低落，依然有舆论支持南方独立。为了不让"分裂的房子"倒塌，林肯为葛底斯堡国家公墓献词时不提谁胜谁负，也不讲南北方的差异，而是用共同的理想与价值观引导美国民众，以同根生长的情义打动所有人。

其次，《葛底斯堡演说》勇于打破陈规，推动新思想的诞生。在托马斯·杰斐逊的时代，治国精英可以坐而论道，大谈"人人生而平等"，生命、自由、追求幸福乃人类不可剥夺的自然权利，这些并不影响他们在实际生活中蓄养奴隶，或者说，他们并没有把自由平等的理想与奴隶的无偿劳动联系起来。到了林肯的时代，人们的意识已经觉醒，共和制与奴隶制的矛盾已经成为公共舆论的中心议题，每个有良知的人都意识到剥夺奴隶的劳动成果至少是不道德的行为。林肯本人也很同情奴隶的遭遇，但他反复强调"我无意干扰奴隶制"，由于美国宪法默认了奴隶制的存在，作为总统，林肯尊重国家的根本大法，并没有因为现实需要或个人情感而轻易废止宪法。《解放奴隶公告》并非法律文本，它只是一项军事措施，即使在战时，林肯仍然谨守法律的边界。既然时代潮流已经推动社会的前进，林肯试图顺应这一潮流，并引领潮流的方向，他在《葛底斯堡演说》中提出"我们活着的人应该献身于那些曾在此作战的人们所英勇推动而尚未完成的工作。"究竟什么是"尚未完成的工作"？林肯没有明说，但我们可以推断这个工作是指将内战继续下去，直至分出胜负。我们还可以设想这个工作是指将自由平等的信念惠及所有人，不分种族、不分贵贱。林肯从未说过要赋予黑奴以选举权，他很清楚黑奴所受的教育还不足以让他们马上成为能够参政的公民，黑奴真正的解放还有待时日。即便如此，林肯仍然说，我们"要使这个国家在上帝庇佑之下，得到新生的自由——要使那民有、民治、民享的政府不致从地球上消失"。在林肯的时代很多人都反对让黑奴成为选民，但不会有人反对建立一个"民有、民治、民享"的政府。统一所有人的思想是不可能的，但可以设立一个共同的目标去凝聚人心、开拓未来。林肯以理想政府为目标，鼓励美国人维护联邦、重振自由。倘若一个政府真正做到为民所有、为民服务，它又怎会歧视人、奴役人呢？林肯的献词不仅纪念战争中牺牲的将士，也给所有美国人，乃至全世界人民指出未来的发展方向。

最后，《葛底斯堡演说》避开敏感的现实话题，以抽象的修辞探索未来之路。时常有美国论者批评林肯在关键问题上语意模糊，缺乏直抒胸臆的勇气。林肯一生确实不那么"坦率"，他从不轻易表态，有时让人捉摸不透，但在社会矛盾激化的时期，这样的表达方式避免了直接冲突，时常有助于问题的解决，也有益于引导大众的思考。假设《葛底斯堡演说》只是针对美国内战的具体问题，今天还会有多少读者对它感兴趣？该演说虽然是为纪念战争而发表的献词，但林肯在整个演讲中只字未提当时血腥的战场、纷乱的社会，他只是举重若轻地鼓励人们站在新的起点开始新的生活。林肯多次运用对照的修辞手法，"他们－我们""生者－死者""已有的－重建的""过去的－现在的－未来的"，从这些强烈的对比中读者不难发现美国社会的变化，不难理解美国文化需要重建。从某种意义上说，这篇演讲似乎更像一部文学作品，在关键之处总有留白，让读者自己去体悟、去阐释。

（魏燕）

叁 内战至今

自由的刻度 | 美国历史经典文献40篇

安德鲁·卡内基
论财富
（1889）

    我们这个时代的问题在于如何恰当地管理财富，以使穷人和富人之间的兄弟情谊依然能够维系，使我们能和睦相处。在过去的几百年中，人类的生存状况有了革命性的改变，在此以前，不论是住所、服装、食物还是生活环境，部族首领和他的扈从之间差距甚微。那时的文明人就像现在的印第安人，我曾参观过苏族①酋长的棚屋，从外观上看，它和部族中的其他棚屋别无二致，甚至其内部陈设也和族中最贫困的勇士的棚屋相差无几，今天百万富翁的豪宅和普通劳动者的小屋之间的反差正和文明带来的变化一样巨大。

    不过，我们不应为这一变化感到遗憾，而应该欢迎它，因为它是极为有利的。不仅如此，一些人的屋宇华美绝伦，极人类文明精致高雅之能事，这也是人类进步必不可少的，总比无一人拥有来得强，虽然贫富悬殊，却远胜于普遍的贫穷。没有财富就没有米西纳斯②，所谓"过去的好时光"日子并不好过，不管是主人还是仆人，过去的境况都不如现在。历史的倒退对双方都是灾难性的——对仆人而言也是如此——而且还会把文明也随之一扫而空。并且不管这种变化是好是坏，它已经发生了，我们无力改变它，

---

① 北美印第安人的一支。——译注
② 盖厄斯·米西纳斯，古罗马政治家，贺拉斯和维吉尔的文学赞助人，后成为文学、艺术的赞助人的代称。——译注

因此最好是接受它，并且好好利用它，对必然之事妄加评论不过是浪费时间。

要说明变化是如何发生的很简单。有一个例子可以说明变化的几乎每一个阶段，那就是产品制造，在产品制造中我们可以看到故事的全貌，它适用于所有受这个科学时代的各种发明鼓励和刺激的人类相关产业。以前，产品都是在小家庭的炉边，或是一些小作坊里生产出来的。这些小作坊是家庭的一部分，师父和学徒并肩工作，学徒住在师父家里，因此生活条件也一模一样。当这些学徒升做了师父，他们的生活方式几乎没有变化，他们也按部就班地教授他们自己的学徒。师徒之间存在着实实在在的社会平等，甚至是政治平等：因为当时从事制造业的人对国家政治只有很小的影响力，或者完全没有。

但是这样的生产模式所导致的必然结果是产品粗陋而价格昂贵。如今我们却能以低价购得一流质量的产品，这样的价格哪怕在只比我们年长一辈的人看来也是不可思议的。在商业界，类似的原因已经导致了类似的结果，人类因此而获益，穷人享受着以前连富人也负担不起的生活，曾经被视为奢侈品的东西如今成了生活必需品。劳工们享受的舒适远胜于几代以前的农夫；而如今的农夫比当年的地主还要奢侈，比他们穿得好，住得也好；如今的地主更是拥有连以前的国王也没有的珍贵书画、优雅的陈设和家具。

毫无疑问，我们为了这些有益的转变也付出了高昂的代价。在工厂、矿山和会计室里聚集了成千的工人，雇主对他们毫不了解，而在他们眼里，雇主也是一个谜，他们之间没有交流可言，严格的社会等级制度形成了。照例，相互不了解导致相互不信任，每个阶级对其他阶级都毫无同情心，并乐于相信任何贬低对方的事情。迫于竞争规律的压力，手下有好几千雇工的雇主不得不精打细算，而首当其冲的就是劳工的工资，因此雇主雇员、劳资双方、贫富之间多有摩擦，人类社会失去了同质性。

正如人类社会为低价舒适和奢侈品付出了极高代价一样，社会为竞争法则付出的代价也是高昂的。代价虽高，该法则带来的利益是更大的，拜它所赐，我们才得以发展了高度的物质文明，以及随之而来的生活条件的改善。但是，不论这个法则是好是坏，我们都必须这样看待它，就像我们已经谈及的人类生存条件的改善一样，它是客观存在的，我们无法绕过它：迄今为止，还没有发现任何可以取代它的东西。并且，虽然竞争法则有时对于个人来说是严酷的，但对于整个种族却是最好的，因为它可以保证"适者生存"这一原则在各领域的实现。因此，我们接受并欢迎那些我们不得不适应的情况，包括外部环境极大的不平等；商业、工业、贸易高度集中于几人之手；以及运行其间的竞争法则；认为它们不仅是有益的，而且对人类未来的进步是必不可少的。一俟接受了此观点，自然会得出结论：有特殊才能从事大规模生产和经营的商人与企业家必须有大显身手的空间。有个事实足以证明组织和管理天赋是很罕见的，那就是不论在任何地方、任何环境、按照任何法律，这样的天赋总是能给它的所有者带来极大收益。在选择合伙人时，商界老手首先考虑的是人，能胜任的人，而很少考虑他们是否有资金可以入股。因为这样的人很快就会创造财富，而如果缺少所需天赋，再多的资金也会不翼而飞。这样的人对那些操纵数百万资金的公司或企业感兴趣，哪怕对所投的资金只估算其单利[①]，他们的收入也必然会超过他们的支出，他们必然会积累财富。对于这样的人来说，没有什么中间地带可言，因为如果投入的资金不能带来利润，企业很快就会破产，不进则退，停留在原地是不可能的。一个企业成功运作的基本条件就是有利可图，不仅如此，投入的资金在赚回其利息的基础上，还应该获得其他利润。拥有这种特殊天赋的人在经济力量的自由作用下必然很快获得超出他们明智消费的财富，这是一种规律，这种规律和其他规律一样确

[①] 仅按本金计算的利息。——译注

定无疑，也和其他规律一样对人类是有益的。

反对当今社会存在的基础是不合时宜的，因为人类当前的状况比以前所尝试过的任何方式都好，何况我们对任何新的替代方式的效果都不能确定。社会主义者和无政府主义者想要推翻现行制度，他们应该被视为对文明基础的攻击，因为文明正是肇始于这样一天，当一个勤劳能干的工匠对无能懒惰的同伴说："没有播种，就没有收获。"从此，工蜂和公蜂分道扬镳，原始共产主义解体了。任何研究这个问题的人都会很快得出结论：文明本身有赖于私有财产神圣不可侵犯的原则——普通劳动者有权保有他在银行的一百块钱，百万富翁也应该有权保有他的百万家私。因此，对于那些建议用共产主义替代目前强烈个人主义的人，我们的回答是：人类已经尝试过共产主义了，实际上，所有从野蛮时代到当今社会的进步都得益于原始共产主义被取代。那些有能力有精力的人创造并积累了财富，这带给人类的不是罪恶而是利益。就算我们暂时承认人类如果抛弃目前的基础——个人主义——也许会更好，承认每个人劳动不只为自己，而是为大众福祉，并且有福同享，承认这样的理想更高尚——是实现了斯维登堡[①]对天堂的设想：如他所言，在天堂里天使们是在为他人而不是为自己的劳动中获取幸福的。但是哪怕承认了所有这些，我们也完全可以回答说：这是革命，不是进化。革命的前提是人性本身的改变，亦即万古长远之事，就算改变人性是件好事，虽然对此我们也不能肯定，起码在今天，在我们这个时代，这是不现实的，即便在理论上可取，那也将属于很久以后的另一个社会阶段了。我们的责任在于目前可行的方法，在于当前当代即可实行的下一步计划。在现存环境下，我们所能办到并对人类有益的只是把人类的整体之树向能产生善果的方向稍稍做点倾斜，此时若浪费精力拼命要将它连根拔起是有罪的。与其提倡毁灭个人主义、私有财产、财富积累规则

---

① 斯维登堡（1688—1772），瑞典科学家及神学家。——译注

和竞争法则，还不如提倡毁灭现存最优秀的人物，理由是他无法达到我们的理想，因为所有这些都是人类经验最有价值的部分，是人类社会迄今为止所产生的最好果实的土壤。这些规律在运作之时也许有时不够公平，不够平均，也许在理想主义者的眼里它们还不够完美，但是和那些最优秀的人一样，它们毕竟是人类迄今为止所创造的最好最有价值的东西。

因此，我们谈论的起点是，正是那些给人类带来最大利益的基本法则使财富不可避免地落到少数人手中。迄今为止，现存法则整体情况总的来说是不错的，这样，问题就产生了——如果接受以上一切论证，我们必须解决的问题就只剩下一个，那就是：既然文明所建构其上的法则已经将财富托付于少数人之手，那么什么才是管理财富的最好方式？我确信我正是对这个大问题提供了真正的解决方案……

对剩余财富的分配一共有三种方式：可以留给死者的家人；遗赠于公益事业；或所有者在世期间由他本人处置。时至今日，世界上聚集于少数人之手的财富大部分是以前两种方式处置的。现在，让我们逐一考量这三种不同的方式：第一种是最不明智的。在君主制国家，地产和其他财产中的大部分都被遗留给长子以满足父亲虚妄的念头——他以为这样一来他的姓氏和头衔就可以不受减损地传诸后代。在欧洲，这一阶级今天的状况说明这样的希望和野心是虚妄的，他们的后代要么因为自己的愚行，要么因为地价下跌终于落入贫困之中。甚至在英国，严格的限定继承地产的法律①也被证明无法维持一个世袭阶级的地位，他们的地产很快落入陌生人之手，在共和体制下，财产在子女之间的分割要公平得多。但这也促使各国的有识之士都思考同一个问题：为什么人们要把大笔财富留给自己的子女？如果说是因为爱，恐怕也是糊涂的爱吧。通过观察我们可以发现，一般来说遗产太多对孩子而言并不是件好事，这样做对国家也不好。除了为妻子和

---

① 在法律上限定地产的继承人，确保该继承人不能出让或出售该地产。——译注

女儿们留下适度的经济来源,对儿子们,如果要留,也只能留下极其有限的财产,超过这些,一个人就应该好好琢磨一下了,因为对于接受者而言,一大笔遗产往往弊大于利,这已不再有任何疑义了……

至于第二种方式,即在死后把财富用于公益事业,如果一个人宁可在死后才让自己的财富为世界做一点贡献的话,只能说是一个处理财富的办法。他只是想知道自己的遗产用于何处,而并不是计划着想要在死后使它发挥最好的作用。立遗嘱人的目的未能达成,或是他的真实愿望被阻挠而未能实现的例子比比皆是,在许多情形下,遗产被如此滥用,简直可以说是立遗嘱人愚行的纪念碑。应该记住,要使财富对社会真正有益,使用财富所需的能力并不比积累财富所需的能力少。不仅如此,一个人不应为他迫不得已而做的事情受到颂扬,因此他自然也不能仅仅因为在死后把财富留给社会而得到感激。我们完全有理由认为,那些以这种方式留下巨额财产的人如果能够将它带到坟墓里去的话,是绝不会将它留给社会的……

对死后留下的大笔遗产征税越来越重的倾向是公众意识向有益方向转变的令人鼓舞的迹象。宾夕法尼亚州目前采取的是十分之一的遗产税(也有一些例外情况),前些日子提交给英国国会的预算议案提议增加遗产税,最重要的是,新的税制将会是累进制的,在所有的税制中,这个看起来最明智。这样一来,那些终生敛财的人(这些财富如用于公益事业将对社会有利),起码可以被迫认识到社会以政府的形式有权得到它应得的一份。通过对遗产征收重税,政府也表明了对这些自私自利的百万富翁可耻生活的谴责,……这项政策将会有力地促使富人们在有生之年对自己的财产注意管理。这是社会一直应该怀有的目标,因为这样对人民最有利,也不用担心该政策将会伤及企业的根基,挫伤人们积累财富的积极性。因为对于那些想在死后留下大笔遗产并乐于被人谈论的人来说,这样做甚至会吸引更多的注意,因为政府将从他们的财产中获取大笔资金的事实的确使他们的抱负显得更加高尚了。

279

这样一来，就只剩下一种使用大笔财富的方法了，也正是在这点上，我们找到了对财富暂时分配不均的真正对策，提供了一个贫富和解的方式。真正的和谐将降临世间，它是另一种理想——和共产主义要推翻我们整个文明不同，它只要求在现存条件下继续进化。它的基础是现有的强烈的个人主义，而且只要乐意，人类已经准备好逐渐实施这一方法，在它的治下我们将会处于一种理想状态，少数人的剩余财富将会在最好的意义上成为多数人的财产，因为它将为了大众的利益而得到管理。而且，这些财富经由少数人之手，反而比分成一小块一小块分散到大众手中更能有力地推动人类进入一个更高的境地，甚至最贫困的人也可以被说服并且同意：那些由他的富人同胞聚集起来的财富，如果被用于公共目的，并由大众获得主要利益，比起经年累月地以微不足道的金额分散给穷人，对于穷人来说是更有价值……

富人的责任就是：首先，应该树立一个朴实、谦逊的生活榜样，避免炫耀或奢侈，有节制地向那些依靠他生活的人提供一些正当的必需品。除此之外，他应该认为，其余的所有剩余财富都是给予他的信托基金，他只是一个管理者而已，而且受到自身责任的严格约束，一定要运用自己的智慧和判断来管理这笔财富，以使其产生对于社会最有利的结果——这样，富人就只是他贫穷同胞的代理人或受托人而已。他的卓越智慧和经验，他的管理才干都是为了穷人服务的，他来管理这笔财富要比穷人自己管理更好……

我们已经说明了剩余财富可被派上的最佳用途。要明智地管理这些财富，必须要有真正的智慧，因为人类进步的一大障碍就是不加选择地滥施慈悲，与其把成百万的财富浪费在鼓励那些懒汉、酒鬼和卑鄙小人身上，还真不如直接扔到海里去算了。今天，在这种所谓慈善活动中，每1000美元中起码有950美元是被不明智地浪费掉的，这样做的实际后果是助长了那些本来打算要减少或铲除的罪恶。一个著名的哲学书籍作者承认，前两天他在去朋友家的路上给了一个走近他的乞丐25美分，他对这个乞丐的习惯一无所知，也不知道这笔钱将作何用，虽然他很有理由怀疑它会被用于不正当的用途。这位作家自称是赫伯特·斯宾塞的信徒，但是那晚他给出的25美分带来的负面影响很可能超过这位轻率的捐赠者在真心赈济中捐赠的所有款项起到的正面影响。他只是为了满足自己的感情需要，想避免烦恼，而这可能是他一生中干过的最自私、最糟糕的事情，因为从各方面来讲他都是一位令人尊敬的人。

在提供慈善救助的时候，首先应该考虑的是帮助那些能自助之人；提供一些途径使渴望提高的人可以提高；帮助渴望站起来的人使他们可以站起来；从旁协助，而很少或根本不要越俎代庖。从没有任何个人或是种族可以完全依赖救济而发展的，实际上，那些值得帮助的人，除了极罕见的情形，是很少会要求帮助的，而那些最优秀的人则几乎从不要求救济，除非是在意外事故或是突发变故之时。……对社会最有益的方式莫过于给那些有志向的人提供向上之阶梯——公园或是其他娱乐手段，这对于人们的身心均极有利；又如艺术品，既赏心悦目又能提高公众品位；以及各式各样可以普遍提高人民生活条件的公共事业机构；应当以这种方式把他们的剩余财富返还给大众，并确保其返还的形式将长期有利于大众。

这样即可解决贫富不均的问题。财富积累的原则不变，分配的原则不变，个人主义将延续，但百万富翁将成为穷人的受托人，在一段时期内受托管理社会的大部分增加的财富，比起任其自生自灭来，他们将远为成功地管理这些财富。在人类发展史上，那些最有头脑的人将会达到这样一个境界，即在那些拥有社会大量财富、深思而诚恳的人看来，除了把剩余财富年复一年地用于公众利益，其余的处置方式都不可取。这样的时代已经初露端倪，但就目前而言，虽然有的人未能得到同胞的谅解是因为其在大企业中投入的资金未及抽出或是不能抽回，而在去世时仍是大企业的股东，只能在死后将其财产主要用于公共用途，但还是有一些人身后留下了上百万的财富,而这些财富当他在世时原本可以被善加利用的。这样的人,不管死后将这些带不走的铜臭之物作何用途,都会死得"无人哀悼,不受尊敬,未被赞颂",对于这样的人,公众的评价无疑会是"一个死而富有的人死得丢脸"。

在我看来,这才是有关财富真正的福音,只要遵循它则贫富问题终将得到解决,必将带来"世间的平安和人间的良善"。

(张媛 译)

---

* 译自 Richard D. Heffner, *A Documentary History of the United States*, A Mentor Book by Penguin Putnam Inc., New York, 1999。

在自由竞争的环境下,商业发展的必然结果就是贫富分化,那些具有商业天赋、勤奋又幸运的人总能在商界脱颖而出,积聚大量财富。但若贫富差距过大,则社会容易动荡。19世纪后期,美国内战结束后,经济迅速发展的同时贫富悬殊逐渐加大,社会矛盾频发,安德鲁·卡内基于1889年发表《论财富》,说明贫富分化的原因,指出富人的社会责任,从富人的角度提出解决贫富分化问题的途径。

卡内基首先论证贫富分化的现象并非洪水猛兽,尽管现代人的收入差异悬殊,但与技术欠发达的古代相比,人们的生活水平普遍有所提高。然而,物质文明发展的同时,那些不适应竞争的人却日益落后于时代,最终堕入贫困。有两种方法缩小贫富差距,一是改善穷人的生活,二是降低富人的收入。在19世纪的美国,社会福利制度尚未建立,反垄断法案有待完善,均分社会财富的欧洲理论时有耳闻。卡内基认为,如果取消私有财产,让所有人共享劳动成果,这是一场意在改变人性的革命,因为人性往往以个人获益为劳动的出发点。也许随着时代的进步,人性终有一日可以发展到纯粹利他的程度,但没有人知道这完美的人性何时可以实现,而现实社会的问题却迫在眉睫,因此乌托邦的理想不适合作为现实改革的依据。改革应当寻求出路,应该找到切实可行的解决当下社会问题的方案。

贫富分化是现代社会普遍存在的问题,贫富悬殊会导致社会分层,不同层级之间很难跨越,容易滋生仇富笑贫的现象。在卡内基看来,三百六十行,行行出状元,有人擅长读书,有人擅长绘画,还有的人擅长挣钱。有钱人中也许不乏为富不仁者,但总的说来,富人,尤其是白手起家者,往往工作更加勤奋,承受更多压力,眼光更加长远,否则他们不可能积累起财富,更谈不上成为企业家。卡内基信奉"物竞天择、适者生存"的"社会达尔文主义",即优胜劣汰的原则,所以他认为竞争的环境有助于个人和社会的发展,而竞争的起点则要尽可能公平,在此思想基础上卡内基提出解决贫富问题的办法——保留自由竞争的机制,但同时让富人承担相应的社会责任。

富人应当保持低调,绝不可炫富或过奢侈的生活,除了留给自己和家人日常生活所需的基本费用,其他剩余财富都应当妥善处理。把财富留给子女是最不明智的选择,对于不善理财的人,金钱的腐蚀作用远远大于它的其他作用,而善于理财的人终将积累自己的财富,所以遗产不能或不必留给子女,卡内基赞同征收高额遗产税。若富人在去世后把遗产赠与社会公共基金,这种消极处理财富的方式同样为卡内基所不齿,他认为这些人只是没办法把钱带进棺材,别人没必要为他们迫不得已的行为而感恩。"要使财富对社会真正有益,使用财富所需的能力并不比积累财富所需的能力少。"富人不仅要能赚钱,还要会花钱,要善于寻找为公共目的而花钱的渠道。富人作为社会财富的受托人,要运用自己的智慧和判断来管理这笔财富,使其产生对社会最有利的结果。

卡内基的思想对后世的影响主要有三个方面。其一,他推动了慈善事业的发展,如果说此前的慈善(charity)是授人以鱼,那么卡内基所倡导的慈善（philanthropy）则是授人以渔。慈善不再是送钱送物，而是提供机会，使渴望提高的人可以提高，"是从旁协助，而很少或根本不要越俎代庖。"卡内基之所以受到后人尊敬，并不是因为他是白手起家的百万富翁，而是因为他在功成名就之后就把所有的精力投入社会公共事业。他捐建了纽约著名的卡内基音乐厅、匹兹堡的卡内基大学，还有遍布世界各地的卡内基图书馆。在他的影响下，类似的慈善事业在美国得以推广，洛克菲勒、比尔·盖茨、巴菲特等富豪都捐助了各自擅长的慈善项目。这样的慈善行为不是对弱者的施舍，也不会培养懒人，而是以市场的手段和效益来发展教育、医疗、科研等公共事业，为推动社会进步做出了贡献。

其二，承认收入需要进行再分配的现实，鼓励富人主动出手。贫富差距加大到一定的程度，必然需要进行收入再分配，如果个人不作为，政府就要干预；如果政府不干预，则民心思变。卡内基并没有一味坚持"社会达尔文主义"，他承认收入需要进行再分配，富人应当慎重对待自己的剩余财富。在收入再分配的过程中，若由政府通过政策调控，对富人而言，这是"被分配"，他们失去一部分支配自己收入的权利，只能被动接受政府的安排。卡内基鼓励富人主动出击，用自己的智慧为社会谋利。他提出的"受托人"理论，不问财富的来源，只说私产的公用，这既能调动富人的积极性，也相对提高了财富再分配的效益。毕竟，人在花自己挣的钱时，总是相对谨慎的。

其三，避免以革命的方式重新分配社会财富。革命固然可以迅速地进行资产重组，短期内能够有效地改善穷人的生活，但革命本身的代价太大，且以暴力方式分配社会财富从长远看有很大的风险，容易落入继续革命的窠臼。卡内基通过资助"自助"的人，给优秀的个人提供攀登社会阶梯的机会，把他们的注意力从革命引向自我奋斗，这不仅化解了一部分社会危机，还为社会未来的发展筛选出优秀人才，最终促进整个社会的良性运转。

安德鲁·卡内基（1835—1919）生于苏格兰，12岁时随父母移民美国。

家贫，自小当童工，然聪慧好思，自学成才，终于创业成功，一步步发展为美国的钢铁大王。他的思想成为美国人重要的精神财富，它是有产者提出的放弃财产世袭制，拿出自己的财产为公共事业服务，以此不断增进全社会的福祉。这一思想凝聚了美国民主的精髓——个人要靠自我奋斗取得成功，社会则尽可能为个人的奋斗提供平等、自由的环境。

（魏燕）

弗雷德里克·杰克逊·特纳
边疆在美国历史上的重要性
（1893）

在最近一份1890年度人口调查局局长的报告中有这样几句重要的话："直至1880年（包括1880年在内），我国曾经拥有一片新拓居地的边疆，但是，目前未开发的地区已经被各个相互独立的定居点占据，所以几乎不能说有边疆地带了。因此，人口调查报告中将不再就边疆的范围及其西进的发展等内容进行讨论。"这一简要的官方声明表明一个历史上伟大的运动已经结束。直至今日，美国历史大体上可以说是西部开拓殖民的历史。从一片自由土地的存在及其不断收缩，以及美国向西开拓殖民的进程便可以说明美国的发展。

在各种制度及宪法的制定和修正中，存在着赋予这些机制以生机并使其能够应对不断变化的情况的生命力。美国制度的特殊性就在于它不得不自我调整以适应其不断扩张的民族所发生的变化。这些变化是：跨越一个大陆，征服茫茫荒野，以及在所到之处把边疆的原始经济、政治条件发展成为复杂的城市生活。卡尔洪①在1817年宣称，"我们是伟大的，正在迅速地——我要说可怕地——发展着！"他的这句话谈到了美国生活的一个显著特点。各个民族都在发展进步，政治学起源理论已经强调得够多了。然而，在大多数国家，发展仅仅限于有限的领域。而如果这个国家领土扩张，

---

① 约翰·考德维尔·卡尔洪（John Caldwell Calhoun, 1782—1850），美国政治家，曾任副总统、国务卿。——译注

她就会遭遇被自己征服的其他发展中的民族。但是，美国的情况却截然不同。仅仅观察一下大西洋沿岸，我们会发现在一个有限的区域里体制的演进如此司空见惯。例如代议制政府的产生；由简单的殖民政府发展成复杂的政府机构；从没有劳动分工的原始工业社会进化成为工业文明社会。但是除此之外，在我们向西部扩张的进程中所能到达的每个地区，这种进化过程也在重复进行。这样说来，美国的发展不仅表现为沿着一条边线向前发展的过程，而且表现为在不断推进的边疆地带上退回原始状态的同时实现新的发展。美国社会的发展就是这样在边疆持续不断地、周而复始地进行着。美国生活这种不断的再生性和流动性，这种向西部扩张带来的新的机会以及与简单的原始社会不间断的接触为美国性格提供了主导力量。要真正理解美国的历史，观察的视点不在大西洋沿岸而在大西部。

边疆在这一进程中是向西部移民浪潮的前沿——是野蛮与文明的交汇点。从边界战争和围猎的角度论述边疆的著述颇多，但是作为经济学家和历史学家的一个领域而加以认真研究方面，边疆却被忽视了。

美国的边疆和欧洲的边疆截然不同。欧洲的边疆有一条贯穿人口稠密地区的、构筑了防御工事的边界线。美国边疆最为重要的是它处在自由土地这一边的边缘上。在1890年的这份人口调查报告中，美国边疆是指人口密度为一平方英里有两人或两人以上定居地的边缘地区。这个说法颇有弹性，而就我们的目的而言并不需要有明确定义。我们要讨论的是整个边疆地带，它既包括印第安人居住区，也包括人口调查报告中提到的"定居地"外的边缘地区。这篇论文不打算面面俱到地论述这一话题，目的仅在于提醒大家边疆是一个可以提供丰富内容的研究领域，同时提出与之相关的几个问题。

在美国的开拓中，我们必须注意到欧洲生活方式如何进入这个大陆，美国如何改变并发展了这种生活方式，同时又对欧洲产生了影响。我们早期的历史是有关欧洲的萌芽在美国环境中发展问题的研究。研究美国制度史的学生们把注意力过多地放在从日耳曼找寻源头，很少考虑美国本身的因素。边疆是美国化最为迅速和有效的前线。荒野完全主宰了殖民者……边疆的环境起初对于移民来说，影响过于强大，他必须顺其自然接受环境提供的一切，否则他就会灭亡。因此，他只有适应印第安人开辟出的林中空地，沿着印第安人的足迹行进，渐渐地他改变了这片荒野。但是，结果并非将这里变成旧欧洲，也并非单纯的日耳曼萌芽的成长……事实是，在这里诞生了一个新的产品——美国。开始时，边疆就是大西洋沿岸。准确地说，它是欧洲的边疆。随着向西部的迁移，这个边疆愈来愈成为美国的边疆。正如连续的冰川作用带来冰蚀现象，每一个边疆都留下了自己的痕迹。而当边疆一旦成为一片定居地后，那里仍带有几分边疆的特征。因而，边疆不断向西推进就意味着欧洲的影响不断远去，而美国边疆的独特性不断增强。研究这个进程，研究在这些状况下成长起来的人及其政治、经济和社会结果，就是研究我们历史中真正的美国部分……

从这些前后相继的边疆里，我们会发现已经成为标志，并且影响边疆特点的自然界线，它们是："瀑布线"；阿勒格尼山脉；密西西比河；大致呈南北流向的密苏里河；大约位于西经99度的干旱地带边界线；落基山脉。瀑布线标志了17世纪的边疆；阿勒格尼山脉标志了18世纪的边疆；密西西比河是19世纪前二十五年的边疆；密苏里河是19世纪中叶的边疆（加利福尼亚移民运动除外）；落基山脉和干旱地区则是现在的边疆。每个边疆都是通过一系列与印第安人的战争获得的。

从大西洋沿岸的边疆就可以研究重复演绎的边疆发展的起源问题。复杂的欧洲生活在茫茫荒野上突然陷入简单的原始生活状态。第一个边疆必须应对的是印第安人问题；公共土地的处理问题；与旧定居地的交流方式问题；政治组织的推广问题以及宗教和教育活动的开展问题。而这些及类似问题的解决又为下一个边境提供了指南。美国学生没有必要到"最初的小镇——斯列斯威克"去为发展和连续的规律寻找例证。例如，他可以通过对殖民地土地政策的研究发现我国土地政策的发源；他可以发现国家制度是如何经过各项法令与各个边疆的习俗相调适的过程而发展完备起来。他还会发现塞拉山区的矿山开采法律和威斯康星、伊利诺伊和爱荷华等主要矿区的采掘经验之间有怎样的联系，以及我国印第安人政策是如何经历过各个边疆地区一连串的试验。每个新成立的州都从旧的州那里找到了完备其政治制度的材料。每个边疆都对美国特点做出过类似的贡献……

但是，除了这些相似之处，还存在着由于时间和空间的原因而产生的根本差异……

将这些边疆地区一一标明出来，并进行详细的对比，这个工作值得历史学家来完成。这不仅有助于得出有关美国的发展和特征的更为恰当的概念，而且还将对社会历史做出十分宝贵的补充。

意大利经济学家洛里亚[①]极力提倡对殖民地生活进行研究，从而帮助人们更好地理解欧洲发展的各个阶段的问题。他认为，殖民拓居地对于经济科学的意义正如揭示原始地质成层现象的山脉对于地质学的意义。他说："欧洲花费了好几个世纪去寻找一把打开历史之谜的钥匙，却一无所获。可是，这把钥匙就在美国，这个没有历史的国家却明明白白地揭示了世界历史的发展过程。"这句话颇有道理。美国的情况正像是社会历史中巨大的一页。当我们逐行细读它横亘东西的书页时就会发现其中对社会进化过程的记载。开始时，是印第安人和白人猎手；接着，因为商人这文明探路者的进入导致野蛮的瓦解。我们读到对大牧场生活中畜牧生活的历史记录；在定居人口稀少的农庄上开垦土地，种植不必轮种的谷物和麦类作物的生产场景；人口比较稠密的农业定居地上精耕细作的生活场景；最后是建立起城市和工厂的工业组织。这样一页内容对于人口调查统计专业的学生来说并不陌生，但是，对这些内容历史学家却利用得太少。对于东部各州来说，

[①] 阿希尔·洛里亚（Achille Loria, 1857—1943），意大利政治经济学家。——译注

这一页已经被重新改写了。如今以工业为主的州在十多年前只是一个深耕细作的农业区。在这之前，这个地区是一个种麦区。而在更早些时候，这里是一片吸引着放牧人的"大牧场"。因此，如今正在发展制造业的威斯康星仍然拥有各种农业。但在早些时候，它像今天的北达科他一样，差不多完全是一个谷类种植区。

……对各类边疆做了大致概括之后，下面我们来探讨一下边疆对东部和旧世界有哪些影响……

首先，我们注意到边疆促进了美国人混杂的民族性的形成。起先，沿海一带主要是英国人，但是后来美洲大陆的移民浪潮涌向了自由的土地。自从早期殖民地时期开始，情况一直如此。苏格兰-爱尔兰人和来自帕拉蒂纳特的德国人，或称"宾夕法尼亚荷兰人"构成了殖民地边疆人群的主要成分。除这些人之外，还有获得自由的契约奴即用劳力抵偿债务的人，他们在服役期满之后就来到了边疆地区……一般来说，这些以劳力抵偿债务的人大都并非英国人，在边疆这个大熔炉里，这些移民都被美国化了，获得自由并融合成一个混合的民族。无论是其民族性还是其性格特征，这个民族都和英国人截然不同。这个过程从早期直至现在一直在持续着。十八世纪中叶的柏克①和其他作家都相信，"宾夕法尼亚在语言文学、生活方式甚至性格爱好等方面都面临着全面外国化的威胁"。在南方边疆，德国人和苏格兰-爱尔兰人的影响只是略次之。十九世纪中期，德国人在威斯康星的影响十分之大，一些重要政论家甚至期望通过让德国人集中拓居的方式，在美国建立一个德国人的州。这些事例提醒我们，不要因为美国存在英语这个共同的语言这一事实，就错误地认为其祖先也是英国人。

另一方面，边疆的推进减少了我们对英国的依赖。沿海地区，尤其是南部沿海地区缺乏多样性工业，因此产品依赖从英国进口。在南方甚至各

---

① 埃德蒙德·柏克（Edmund Burke，1729—1797），英国著名政治家和哲学家。——译注

种食品也依赖北方殖民地供应。……不久，边疆地区就出现了对商人的需求。随着边疆由沿海向西部推进，英国人越来越难以将物品直接送到消费者的码头，并将当地的主要农作物运走。因此，主要农作物一度让位于多种多样的农产品。只要看一看边疆的推进是如何激发了沿海城市，如纽约、巴尔的摩等加入华盛顿称之为"一个新兴的帝国广泛而重要的贸易"竞争的行列，我们就会了解边疆在这阶段对北部地区的影响之大。

边疆对于最大限度发展联邦政府权力、并在政府行为中发挥最大作用的立法起到了决定性作用。有作者曾对关税、土地及国内改革问题进行过讨论，认为这些问题从属于奴隶制问题……这是一种错误的看法。由于边疆开拓者需要沿海地区的产品，因此开始出现一系列重大的国内改革，制定铁路法规，这对于全国一体化产生了重大影响。关于国内改革曾经有过激烈争论，其中包括意义重大的宪法问题。在投票中出现了地方团体，这对于历史学家来说具有深远意义。在向西部移民过程中，宽泛解释宪法的情况增加了。但是，西部并不满足将农场带到工厂。在克莱①——"西部的哈里"领导下，通过了保护关税法，提出由农场办工厂。受边疆影响的国家立法的第三个重要主题是公共土地的处理问题。……

可以完全肯定地说，有关土地、关税及国内改革的立法——主张全国化的辉格党的美国体系——是以边疆的思想和需求为根据的。但是，不仅在立法方面边疆与大西洋沿岸的区域主义相对抗，而且在经济和社会特征方面，边疆与区域主义也是针锋相对的。边疆地区的人和中部地区的人比较相似，但不同于其他两个地区的人。宾夕法尼亚曾经是边疆人口迁移的发源地。尽管那里的定居者沿着大谷地进入弗吉尼亚西部和南北卡罗来纳，但和后来在整个南方发展其工业模式的南方潮水地区相比较，南方边疆居民的工业社会更接近中部地区。

---

① 亨利·克莱（Henry Clay，1777—1852），美国内战前重要政治家，辉格党领袖，曾任国务卿。——译注

中部地区是经由纽约港口面向整个欧洲的开放的通道。南方潮水地区是典型的英国人，但因为那里有温暖的气候和奴隶的劳作，他们在大庄园过着豪华的生活。新英格兰代表了英国的一种特殊的运动——清教主义。中部地区的英国色彩较之其他地区要淡薄，那里各种民族混杂，社会形态多样，地方政府采取城县混合制，经济差别很大，宗教派别众多。简而言之，中部地区是个介于新英格兰和南方之间、东部和西部之间的地区。它代表了现代美国所体现的混合的民族性，非英国人群之间彼此共容的情形。这些非英国人占据着一条河谷或是一小块定居地，他们种类很多就像是欧洲的版图呈现出多样性。中部地区的特征是民主的和非区域性的，如果不说它是全国性的话。那里居民"随和、宽容而自足"，物质繁荣信念根深蒂固。它是现代美国的典型代表。它的区域性最少，这不仅因为在地理位置上它处在南北之间，而且因为其边疆和定居地之间毫无屏障阻隔。同时，由于水利系统完备使它既能连接南北又能沟通东西。因此，中部地区成为典型的美国地区。即便以地域观念顽固的新英格兰人为例，中部地区的地理位置使他远离西部边疆，但在西进的过程中，他会因为在纽约或宾夕法尼亚停留而将强烈的区域主义丢在了半路上。

……这种全国化的趋势……将杰斐逊民主转变为门罗的国家共和与安德鲁·杰克逊的民主。1812年战争时期的西部以及克莱、本顿、哈里森和杰克逊时期的西部由于中部各州和群山的阻隔，与沿海地区联系隔绝，在全国化趋势上具有其一致性。南方和北方在密西西比河流域交汇并融合成了一个国家。各州之间的移民流动持续不断——这正是思想和制度相互交流的过程。即便各方就奴隶制问题在西部边疆发生了激烈的斗争，那也并不能削弱，反而证实了这句话的真理性。奴隶制有种不会自动消亡的区域性，但在西部，它就不再可能是区域性的了。那位伟大的边疆人曾经说过："我相信，我们的政府决不可能永远容忍半奴隶半自由的状况。她或是成为奴隶制国家，或是成为自由的国家。"国内的交流往来是促进民族主义的最有效因素。人口流动会打破地方主义，而西部边疆使人口流动现象无法阻挡。其影响源自边疆并深深波及大西洋沿岸，甚至旧世界。

但是，边疆最为重要的影响在于推动了美国和欧洲的民主。如前文指出的，边疆是容易产生个人主义的地方。由于殖民地的荒野状况，复杂的社会体制突然陷入了简单的以家庭为基础的原始组织。这个趋向是反社会的。它对控制，尤其是任何直接的控制产生反感，征税人被视为压迫的代表……殖民地盛行的边疆状况是解释美国革命的重要因素。当时，个人自由和缺乏完全有效的政府有时竟混为一谈。边疆的这一状况也有助于说明在邦联时期组建一个强有力政府之艰难。而边疆个人主义从一开始就促进了民主的发展。

合众国成立后的最初二十五年中加入联邦的边疆各州都实行民主选举的规定，这对原来联邦中的各州产生了重大影响。人们纷纷被吸引到那些边疆州去。选举权的扩大势在必行。西部纽约迫使纽约州在1821年的制宪大会上规定扩大选举权。西部弗吉尼亚迫使潮水地区在1830年制定的宪法中加入了更加广泛的选举权条款，并赋予边疆地区与"潮水地区"基本上相当的代表权。民主成为全国一支有效的力量是伴随着杰克逊和威廉·亨利·哈里森领导下的西部优势的出现而发展起来的，这意味着边疆的胜利——尽管其中既有好的成分也有坏的成分……

只要存在自由的土地，就存在发挥能力的机会，并且拥有经济权力保证了获得政治权力。但是，在自由土地中孕育出的民主具有强烈的自私自利和个人主义倾向，在行政管理和教育方面缺乏宽容，同时，对于个人自由的要求大大超越应有的限度。这种民主虽有其益处，也有其弊端。美国个人主义对于政府管理事务持漫不经心的放任态度，这使得党政分赃制和由于缺乏高度公民精神而产生的一切显而易见的罪恶都有可能产生。在这方面，也可以看到边疆环境纵容不严格的商业信誉、滥发纸币和银行欺诈所产生的影响。在殖民时期和革命时期，边疆地区是货币发行泛滥最为严重的地方。1812年战争时的西部重现了当时的边疆状况，而在新一轮边疆地带又重演了1837年危机时期的银行投机和欺诈现象。如此看来，金融制度不完善的各个时期与新一轮边疆社区的出现时期相吻合，同时，就地区而言，金融制度不完善的地区也绝大部分与这些边疆的分布相吻合。最近发生的平民主义运动就是一个例证。许多州现在都否认与平民主义思想有任何联系，但这些州本身在早期发展阶段恰恰曾经坚持过这些主张。人们很难期望一个原始社会对于一个发达社会复杂的商业利益会有任何明智的理解。这些地区一再出现的纸币风波又一次证明，边疆可以作为美国历史上具有重大意义的因素而单独加以研究……

边疆的生活状况孕育了一些极其重要的思想特征。在殖民地时期以来游历各个边疆的人所撰写的著作中可以看到对于某些共同特征的描述，虽然它们已经弱化，但即便发展到了一个较高的社会阶段，仍然在其诞生的地方保留了下来。结果就是，正是因为有了边疆才有了美国思想的突出特征。粗鲁和强壮加上敏感和好奇；讲求实际，富于创见，敏于发现对策；精通手工活，缺乏艺术性，但却勇于达成宏伟的目标；精力旺盛，生气勃勃；极端的个人主义，无论为善还是为恶都是全力以赴；此外，爱好自由，轻松乐观，富有活力——这些就是边疆的特征，或者说是因为有了边疆其他地方才会有的特征。自从哥伦布的船队驶进新世界的水域之日，美国就成了机会的同义词。美国人民在不断扩张中培养出了自己的气质，这种扩张对于他们来说不仅是开放的，甚至是强制性的。如果有人断言，美国生活中的这种扩张性业已停止，那么他一定是个轻率的预言家。运动是美国最显著的事实，除非这一经历对于这个民族没有影响，否则，美国必将寻找更加广阔的空间来释放自己旺盛的精力。但是，这种自由土地的馈赠是不会再有了。一度在边疆地区，习俗的约束被打破，为所欲为占了上风。世界上根本不存在白板。有的是难以驾驭的美国环境，强烈要求人们去顺应接受。还有的是传统的行为方式。然而，尽管这一环境恶劣，习俗顽固，每一个边疆都的的确确提供了一方机会的新天地，打开了一扇逃离历史枷锁的大门；边疆推进到哪里，哪里就会焕然一新、充满自信，哪里就会激发人们对旧社会的鄙视，人们不再会忍受旧社会的思想和限制，也不再关心旧社会的经验教训。如果说地中海对于希腊人的意义在于打破习俗的枷锁，提供崭新的经验，促成新的制度和活动，那么，不断向西退去的边疆也是如此，而且意义更大，这意义对于美国更为直接，对欧洲国家则较为间接。在发现美洲四百年、在宪法下生活一百年后的今天，边疆已经消失，同时也结束了美国历史的第一阶段。

（张骏 译）

* 译自 Richard D. Heffner, *A Documentary History of the United States*, A Mentor Book by Penguin Putnam lnc., U.S.A., 1999。

边疆（frontier）对每个国家来说都很重要，所谓"守疆卫土"，就是要划清国家的边界，保卫自身领土的安全。然而，在美语中"边疆"一词还被赋予另一层含义，它是定居地与未开发的自由土地（free land）之间的边缘地带，是"野蛮与文明的交汇点。"有了这一层含义，边疆就成了独特的美国文明的发源地，它在美国历史上的重要性自不待言。美国历史学家特纳在1893年的美国历史学年会上宣读自己的论文《论边疆在美国历史上的重要性》，首次提出"边疆假说"，他对边疆的探索拓展了美国历史研究的思路，该学说虽在学界褒贬不一，但其倡导的边疆史研究已经成为美国研究的重要分支。

特纳用"边疆假说"重建美国历史，他的理论成为美国追求文化独立的历史进程的组成部分。早在19世纪30年代，爱默生就提出美国学者要写自己的书，描绘美国的人和事，但美国文化的独立要比政治上的独立艰难得多，独立战争八年而止，文化独立却百年未竟。由于美国人大多是欧洲移民的后裔，因此早期的美国史研究往往把美国文明的源头追溯到欧洲，似乎美国文明只是欧洲文明的分支。特纳的研究围绕"边疆"的形成与发展，指出美国文明的特性。由于西部的自由土地吸引大批移民到那里开创新生活，这些人在开拓荒野的过程中逐步形成一些共同特征，因此特纳认为"边疆是美国化最为迅速和有效的前线。"美国人的性格特征、社会形态、经济制度、民主思想等都在拓荒的过程中逐步形成，"边疆不断向西推进就意味着欧洲的影响不断远去，而美国边疆的独特性不断增强。"

特纳把边疆对美国文化的影响概括为三个主要方面：增进民族统一、推动民主思想、增强个人主义。对于西部的拓荒者来说，生存大于一切，他们身上原有的生活习惯、宗教文化，甚至语言和饮食都不得不服从荒野生存的需要，艰苦的环境很快就把移民们塑造成实用的美国人，他们"讲求实际，富于创见，敏于发现对策；精通手工活，缺乏艺术性，但却勇于达成宏伟的目标；精力旺盛，生气勃勃。"东部的移民由于历史及环境因素形成了各自不同的民情和法律，早期的十三个州对地方的情感远远大于联邦，联邦政府甚至不得不容忍奴隶制这一隐患。西部的移民流动性强，边疆诱惑着他们不断向西开拓新的领地，因此他们大多不受地域观念和既有制度的限制，有着比较统一的民族感和美国化意识。此外，由于西部地广人稀，统一的行政管理难以实现，个人主义逐步发展起来，它重视个人自由，要求把政府对个人生活的干预控制在最小范围，因此推动了民主的发展。尽管这种生长于自由土地的民主不尽如人意，但总体来说，边疆生活推动了美国的民族融合、制度改革和经济发展，它是美国社会得以进步的助推器。特纳的"边疆假说"在19世纪末和20世纪初大受美国学界的追捧，部分原因在于它顺应了时代的潮流，用"边疆"这一概念总结出美国文化的核心竞争力。此后出现的各种"边疆"论，无论是海外拓殖的"新边疆"，还是肯尼迪的"太空边疆"，都表明"边疆"理论已经成为美国的主流思想。

然而，特纳的边疆论到1940年代却受到多方诟病，因为学界对这一核心竞争力的阐释有了不同的视角。特纳笔下的美国"边疆"是神奇的，它是美国得以不断发展的动力所在。"美国的发展不仅表现为沿着一条边线向前发展的过程，而且表现为在不断推进的边疆地带上退回原始状态的同时实现新的发展。美国社会的发展就是这样在边疆持续不断地、周而复始地进行着。美国生活这种不断的再生性和流动性，这种向西部扩张带来的新的机会以及与简单的原始社会不间断的接触为美国性格提供了主导力量。"特纳指出美国的边疆具有"再生性"和"流动性"两大特点。边疆的"再生性"是指总有新的自由土地需要开发，总能发现落后地区有待改造。特纳结合人口与移民进程统计图表及自然地理地形图等资料，宏观地考察了美国边疆再生的过程，如他所说，"每个边疆都是通过一系列与印第安人的战争获得的。"边疆的再生与驱赶、灭杀印第安人密不可分。边疆的"流动性"则指欧洲移民不畏艰难，不断"向西扩张"，"与简单的原始社会不间断的接触"。从欧洲移民的角度看，边疆的流动就是不断地用"文明"征服"野蛮"，而从印第安人的命运来说，流动的边疆就是他们不断被征服、被剥夺的见证，所谓的边疆文化也可以理解为赤裸裸的殖民文化。欧洲移民到达美洲之前，印第安人已经在这片土地上繁衍生息多年，但由于他们没有土地私有的概念，欧洲移民就把印第安人生活栖息的土地视为"自由土地"，也就是没有主人、可以随意处置的土地。于是，欧洲人就依照自己的制度和习惯来改造这片"自由土地"，使之成为他们的定居地，白人不断扩大自己的地盘，蚕食印第安人的生存之所，这种侵略行为在1940年代后受到广泛谴责。

弗雷德里克·杰克逊·特纳（1861—1932）生于美国威斯康星州，历史学教授，先后任教于威斯康星大学、哈佛大学。特纳倡导跨学科研究，培养了一批优秀的博士生，他们从历史、经济、文化等多方面深入考察美国边疆的特点和意义,共同建立并推动了边疆史学的研究。特纳在讲述美国"边疆"之重要性时并没有考虑殖民之害,所以他在提到美国人的扩张和发展时是理所当然地为之骄傲,他恐怕无法想象后来的学者会对他的论文做"殖民化"的解读,因为他根本不可能想到会有哪个种族因为不够优秀,所以要被有组织地集体屠杀。在那个时代,个人和社会的进取都是值得鼓励的事情,而如今在美国,说起开拓、发展等字眼时,你都得小心翼翼。

(魏燕)

威廉·詹姆士
实用主义
（1907）

我完全预料得到：实用主义者的真理观要经过一切理论发展必经的各个典型阶段。你们知道，一个新理论开始总被人斥为荒谬；后来被认为是真的，但又是浅显不重要的；最后才被认为是十分重要的，原来的反对者这时竟声称这新理论是他们发现的。我们的真理论现在正处于这三阶段的第一阶段，在某些地方则有了第二阶段的迹象。我希望这次讲演能促使它在你们心目中越过这第一阶段。

任何辞典都会告诉你们，真理是我们某些观念的一种性质；它意味着观念和实在的"符合"，而虚假则意味着与"实在"不符合。实用主义者和理智主义者都把这个定义看作是理所当然的事。只有问到"符合"究竟是什么意思？实在是我们的观念可与符合的东西又是什么意思，这时，他们才开始争论起来。

实用主义者在解答这些问题上，是比较会分析和用心些；理智主义者则比较马虎和缺乏思考些。普通的看法是：一个真的观念必须临摹实在。这个看法也像其他普通看法一样，是照着最习见的经验相类似的。我们对于可感觉的事物的真实观念，的确是模拟这些事物的。试闭上眼睛，想想那边墙上挂的钟，你所能想象出来的只是那钟面的一幅真实的图像或摹本；可是你对于钟的机件的观念（除非你是一个钟表匠）就不足以成为一个摹本了；但也还可以说得过去，因为它和实在并不抵触。即使这观念缩小到仅仅是机械这个名词，这个词还是真真为你服务的。在谈到钟的"计时功用"和发条的"弹性"等等时，那就更难看出你们的观念所能模拟的到底是什么了。

你们可以理解这里有这么一个问题。如果我们的观念不能准确地模拟观念的对象，所谓和那对象符合又有什么意义呢？有些唯心主义者好像说，我们对这对象的观念只要是上帝要我们这样想的，那么这些观念就是真的。另外一些唯心主义者始终坚持"摹本"的看法，他们好像认为我们的观念愈近乎是绝对的永恒思想方法的摹本就愈具有真实性。

你们看，这些看法是会引起实用主义者的讨论的。理智主义者的伟大假设是："真理"的意义主要是一个惰性的静止的关系。当你得到了任何事物的真观念，事情就算结束了。你已占有了，你已懂得了，你已实现了你的思想的目的。在精神上你已达到了你所应该到的地方；你已服从了你的无上命令；而且再没有别的东西须从这个理性目的的顶点继续上去的了。从认识论上来说，你是处在一个稳定的平衡状态。

在另一方面，实用主义却照例要问："假定一个观念或信念是真的，它的真，在我们的实际生活中会引起什么具体的差别呢？真理怎样才能实现？如果一个信念是假的，有什么经验会和由这种假信念而产生的经验有所区别呢？简而言之，从经验上来说，真理的兑现价值究竟是什么呢？"

当实用主义在提出这个问题时，它就已经找到了答案：真观念是我们所能类化，能使之生效，能确定，能核实的；而假的观念就不能。这就是掌握真观念时对我们所产生的实际差别。因此，这是"真理"的意义，因为我们所知道的"真理"的意义就是这样。

这就是我所必须捍卫的论点。一个观念的"真实性"不是它所固有的、静止的性质。真理是对观念而发生的。它之所以变为真，是被许多事件造成的。它的真实性实际上是个事件或过程，就是它证实它本身的过程，就是它的证实过程，它的有效性就是使之生效的过程。

但是"证实"与"使有效"这两个词本身又有什么实用主义的意义呢？它们又意味着被证实和被认为有效的观念的某些实际后果。要找出任何一个比平常符合的公式更能表明这些后果的短语是很困难的——这里所指的这些后果正是在我们说我们的观念和现实"符合"时，在我们心里想着的东西。它们通过行动和它们所激起的其他观念把我们引进、引上或引向经验的其他部分，就是我们一向感到原来的观念与之符合的那些部分。这些感觉是我们的可能性之一。这些联系和过渡一点一点地使我们觉得是进步的、谐和的和满意的。这个愉快的引导作用，就是我们所谓一个观念的证实作用。这些解释是模糊的，初听起来好像很琐碎，但它却很有结果；这些结果我必须就在这钟点里加以解释。

首先让我提醒你们：掌握真实的思想就意味着随便到什么地方都具有极其宝贵的行动工具；我们追求真理的责任绝不是从天上下来的命令，也不是我们理智所喜欢的"技艺"，乃是可以用很好的实际理由来自我说明的。

对事实具有真实信念，其重要性对于人类生活是非常明显的。我们生活在一个许多实在的世界里，这些实在对我们可能极为有用，也可能极为有害。如果有一些观念能告诉我们哪些经验是可以预期的，那么，这些观念在这种最初的证实范围内就可以算作为真实的观念而且追求这种观念就是人类的首要义务。掌握真理，本身绝不是一个目的，而不过是导向其他重要的满足的一个初步手段而已。譬如：我在森林里因迷路而挨饥受饿，忽然发现了有一条牛蹄脚印的小路，这时最重要的是我应当想到这条小路的尽头一定有住家，所以如果我是这样想而且顺着它走去，我就会得救。这里，真实的思想是有用的，因为作为思想对象的房子是有用的。所以真实观念的实际价值基本上是由于观念的对象对于我们的实际重要性而产生的。观念的对象的确也并非在任何时候都是重要的。在另外一个时候，我可能就用不着房子；在那时候，我对房子的观念，尽管是可以证实的，却是不切实际的，因此还不如让它潜伏在意识之中。但是因为几乎任何对象都会有一天暂时变得很重要，贮存若干观念的额外真理、作为一般的储藏品，它的好处是明显的，因为在某些仅仅是可能的形势之下这种额外真理也会是真的。我们把这些额外真理贮存在我们的记忆中，遇到记忆不下时，则记在我们的参考书中。这种额外真理一旦对我们任何临时紧急事件在实践上变得适用时，它就离开了那冷藏库，跑到世界上来起作用，而我们对它的信念也就变得活跃起来了。因此，你们可以这样解释这个额外真理："它是有用的，因为它是真的；"或者说："它是真的，因为它是有用的。"这两句话的意思是一样的；也就是说这里有一个观念实现了，而且能被证实了。"真"是任何开始证实过程的观念的名称。"有用"是它在经验里完成了的作用的名称。除非真的观念在一开始就是这样有用，真的观念绝不会就作为真的观念被挑选出来，它绝不会成为一个类名，更不会成为一个引起价值意义的名称。

实用主义由这个简单的线索得到了它的关于真理的一般观念：真理主要是和把我们由经验的一个瞬间引导到其他瞬间上去的方式联系着的，而事后足以说明这种引导是很有价值的。根本上，在常识的水平上说，基本上思想状态的真理意味着一种有价值的引导作用。当我们在任何种类的经验的一个瞬间，受到真的思想的启发时，这就意味着迟早我们会由于那种思想的指导而又重新投入经验的各种细节中，并且和它们发生了有利的联系。这是一句够含混的话；但是我要你们记住它，因为它是很重要的。

同时我们的经验完全贯穿着规律性。经验的这一点会提示我们准备另一点，会"预示"或"表示"更遥远的对象的意义。对象的出现也就证实了它的意义。在这种情况下，真理不过意味着事实的证实，这显然同我们的任性是不相容的。谁的信念要是不服从他的经验中的各种实在所遵循的秩序，他就要遭殃；他的信念不是把他引入迷路，就会给他造成假的联系。

这里所说的"实在"或"客体",指的是常识中目前所能感觉到的事物,否则是指常识中的关系,如日期、地点、距离、种类、活动等等。跟着有牛蹄印子的小路所引起的房子的意象,我们终于真正看到了房子,我们终于得到了那意象的完全证实。这些简单和充分证实的引导无疑是真理过程的原型或原本。经验确实还给我们其他形式的真理过程,但可以设想,它们都是被阻碍了的、繁殖了的、互相代替了的初步的证实。

拿那边挂在墙上的东西做例子。虽然我们谁都没有看见使它成为钟的暗藏在内部的机械,可是你我都把它看做是挂钟。我们让这观念就算是真的而不试图加以证明。如果真实主要是证实过程,那么我们应不应该说这一些未经证实的真理是无效的呢?不能,因为这些未经证实的真实构成了我们凭以生活的绝大多数的真理。间接证实和直接证实是同样有效。要是有足够的间接证据,即使没有目击的见证也行。正如我们没有到过日本,但我们在这里假定日本是存在的,因为这假定有效,而我们所知的一切事物都符合这个信念,没有什么东西和它冲突;我们假定那个东西是一个钟亦复如此。我们把它当做一个钟来用,用它来调节讲演时间的长短。这里,这假定的证实意味着它并不引导我们遇到挫折或矛盾。那个钟的齿轮、重量和挂摆等的可证实性与实证同样有效。因为要完成一个真理过程,在我们生活中就要有处于发生状态发挥作用的百万个真理。它们教我们趋向直接证实;引导我们进入它们所体现的事物的周围;如一切都很合适的话,我们确信就是省去了证实的过程,证实还是可能的;而后来的事实也往往证明这样是对的。

事实上,真理大部分是靠一种信用制度而存在下去的;我们的思想和信念只要没有什么东西反对它们就可以让它们成立;正好像银行钞票一样,只要没有谁拒绝接受它们,它们就可以流通。但这只有可以直接证实的情况才如此,缺乏这个,正如金融系统缺乏现金准备似的,真理的结构就崩溃了。你接受我对某种事物的证实,我接受你对另一事物的证实。我们就这样在彼此的真理上作买卖。但是被人具体证实过的信念才是整个上层建筑的支柱。

在日常生活的事务里，我们所以放弃完全证实的另一个重要原因，除时间经济外，就是一切事物都不是单独存在，而是按类存在的。我们发觉我们的世界永远有这样一个特性。因此，我们只要曾经直接证实了一类里的一个典型的观念，我们就认为可以不必再证实，而可以自由地把这观念应用到同类的其他的实例上去。一个思想，如果惯于认识事物的种类，不必等待证实而能立刻照着那事物种类的规律行动，那么这个思想在一百次的事变中将有九十九次是"真实的"——其所以证明如此，是因为它的行动适合它所遇到的事物而不遭受驳斥。

因此，间接的或潜在的证实过程可以像完全的证实过程同样地真实。它们像真的过程一样地有效验，给我们同样的益处，以同样理由要求我们予以承认。所有这些都是我们所唯一考虑到的在常识水平上的事实。

（陈羽纶　孙瑞禾　译）

---

*译文节选自威廉·詹姆士《实用主义》，商务印书馆，1995年。

实用主义这个词在我们的日常语言中使用频率颇高，但所指不一定是詹姆士说的实用主义。詹姆士说过，实用主义"首先是一种方法，其次是关于真理是什么的发生论。"[①]

讲到真理，中英文表达并不对等，英文一个词 true（truth），在不同场合可能需要翻译成"真""真理""真实""真相"等不同中文词。记住这一点也许更容易理解詹姆士的意思，如 truth 并没有中文中"真理"往往

---

① 威廉·詹姆士：《实用主义》，商务印书馆，1995年，第36-37页。

具有的那种至高性。

文中詹姆士首先说了真理有个三段式的接受过程,接着便提出他关于真理的几个观点:第一,何为真?实用主义认为,判断一个观念真假的标准就是它是否与实在相符,相符的便是真,不相符的便是假。何为真理?真理就是真的观念,真观念是能生效、能确定、能核实的。真理之所以成为真理,需要通过一个证实过程,即依据它所做出的行动能够取得满意的效果,这就是真理的兑现价值。思想由它在实际行动中产生的后果来确定其真伪,不是看最先的原则,而是看最后的效果,所以詹姆士说,"被人具体证实过的信念才是整个上层建筑的支柱。"[①]

第二,真理的效用何在?实用主义认为,真理本身不是目的,它只是手段,能导向其他使人满足的目的。掌握真理就是掌握了一个宝贵的行动工具,实用主义关于真理的工具论由此而来。如果所谓的真理不具有效用,便称不上真理,从这个意义上说,"有用的"和"真的"两词所指一致。实用主义以人为出发点,人作为生物,首先必须适应环境。思想和观念都起源于对环境的反应,用以摆脱困惑,建立信念和行动习惯,以保证生存的成功,观念带来的好处是人们去寻求它们的唯一理由。

第三,与其他思想一样,真理也只是一种假设,一种有效用的假设。既然真理来自千变万化的实践,自然不可能一成不变,因此不可能存在绝对、永恒、唯一的真理。曾经的真理会被层出不穷的新经验所超越,当经验越出真理,不再适用的真理就只能被抛弃。真理是工具,是用来指导行动的工具,不是高高在上不可违背的神谕,所谓的绝对真理只能带来停滞不前,詹姆士感叹道,"我对于'绝对'是敬意太少了。"[②]

实用主义产生于19世纪末,是自然科学发展对旧式真理观念挑战的结果,具有科学、进步、多元、宽容等现代思维特点。

---

① 威廉·詹姆士:《实用主义》,商务印书馆,1995年,第152页。
② 同上,第106页。

1870年代，查尔斯·桑·皮尔斯和威廉·詹姆士等十几位同仁在哈佛大学创立了"形而上学俱乐部"，探讨关于真理的新观念。皮尔斯首先提出了新思想的原则，后来将之命名为"实用主义"，该词来自希腊文"行动"，实用主义就是通过实践的效果来解释观念的方法。1898年，詹姆士在加州大学作《哲学概念和实际效果》的演讲，开始将实用主义系统化并推向社会。1907年他的《实用主义》一书问世，很快成为实用主义的经典之作，也是美国哲学史上引发最广泛兴趣和争议的著作。实用主义思潮在美国一直延续到20世纪上半叶，其间最有影响的是约翰·杜威，他将实用主义的原则运用到社会和教育实践中去，积极参与社会改革。

那么，实用主义为什么在美国的土壤上产生并受到欢迎呢？这显然与美国人注重实践、不尚空谈的思维倾向有关。实用主义反对哲学与生活脱离的状态，关注人作为生物体的活动，并且将研究自然科学的实验方法应用到社会科学，依照科学模式来构造哲学，以便指导社会实践。他们重新确定哲学的目的是为人，只有人才是哲学的中心。哲学也不仅仅是如何认识世界的问题，而是要对人具有实用价值，给人以智慧，帮助人学会如何应付环境、改造环境，取得成功。詹姆士说，哲学的重心必须改变它的位置，恢复人间事务的权利。真理的证实过程就是满足人的需要、实现人的目的的过程，这样不仅哲学会变得有用起来，人生也将变得更为明智。

长久以来，人们都采取绝对主义的态度，迷信于追求唯一永恒真理，宗教战争大多源于此。实用主义的真理观一反这种状态，将真理视为有效用的假设和指导行动的工具，并且认为真理是不断变化发展的。这决定了实用主义反对任何自称的绝对真理，主张对任何事物进行自由研究和探讨。他们反权威反教条，反对保守停滞，提倡超越传统，发挥个体的创造性，积极进取。

实用主义从实际出发，承认和容忍差异的合法性，既反对道德绝对主义的那种独断专横的压制，也反对道德相对主义的那种不负责任的宽容。

他们要从僵死的教条和抽象的原则中解放出来，提倡理性思考和思想开放。詹姆士说，实用主义者不会为崇高的原理过分狂热激动的，而是用冷静的头脑投入经验之流中去。他们面对事物的具体性，面对将来。他们接受达尔文进化论，以改善主义的态度对待社会变革，相信社会是在点滴的变化中进步的，信奉社会的渐进而反对暴力。

可见，实用主义在本质上是倾向科学、民主、多元的，它之所以在美国产生并流行正是因为它迎合了，或更准确地说，体现了美国人的性格。美国人重经验重实际，宁可相信常识而不依赖思辨，他们关注具体现实远胜于抽象理论，对任何理论不采取教条的态度，而是重其实际功效。美国人在自己多元的世界里形成了对真理多元的看法，他们不接受唯一真理，只以宪法为准。美国人又是反权威的，既不承认思想的绝对权威，也不痴迷于领袖的绝对权威。他们注重实干，不愿纠缠于概念之争，习惯于合法改革而不喜欢暴力革命。

威廉·詹姆士（1842—1910），美国最重要的心理学家、哲学家，被誉为美国思想的代表人物。祖父为爱尔兰移民，创业成功，使后辈得以享受闲暇，追求各自兴趣。其父亨利是神学家，其弟亨利是著名小说家。詹姆士从小随父亲游历欧洲，往返于欧美之间，一生保持着与欧洲文化的联系。他视野开阔，兴趣广泛，兼形象思维与逻辑思维之长，早年喜欢绘画，后来转向医学、心理学和哲学，对宗教也很有研究，具有多方面的造诣和建树，1890年因《心理学原理》一书声名大振。他长年执教于哈佛大学，著作等身，文采斐然，为人谦和，深受国内外读者喜爱。

（钱满素）

西奥多·罗斯福
自然资源的保护
（1907）

……保护及适当利用我们的自然资源是一个根本问题，我们的国民生活中，几乎其他每一个问题都以它为基础……作为一个国家，我们不但享受着目前的高度繁荣，而且如果能正确对待这一繁荣的话，它足以保证未来的成功，没有任何国家能与之相比。对这个国家抱远见会得到丰厚的报偿，这是显而易见的。我们必须未雨绸缪，必须了解一个事实：浪费与破坏我们的资源，损耗与榨尽地力而不善加利用以增加其效益，其结果终将损害我们子孙应享的繁荣，而这种繁荣是我们原应将之扩大与发展以留传给他们的。

最近数年来，政府通过若干机构促使我们的人民远瞻未来，并以有计划有秩序地开发我们的资源来代替对眼前利益的胡争乱夺。我们巨大的河流系统应发展为全国性的水上大道……从五大湖到密西西比河河口应该开掘一条深水道，并从那里另辟深水道通向东西两面。这样一条深水道实际上将把我们的海岸伸展到我们国家的心脏地带。它将为我国人民带来无可估量的利益……

靠近东部与南部海岸的内陆水道也应该同样加以发展。除此之外，发展我们的水道还牵涉许多水利问题。所有这些问题均应视作同一个总方案的组成部分。作为改进河运的一个附带措施，政府所修的水坝应加以利用以生产大量动力；因为未被利用的美国水力的每年总值或许超过我们每年全部矿产的总值。作为沿密西西比河开辟深水道的一个附带措施，政府应该顺着整个密西西比河下游建筑防洪堤，这些防洪堤，再加上对上游水流的控制，将一劳永逸地完全解决洪水对极其肥沃的三角洲地区的威胁……

灌溉应比现在更广泛地加以发展……联邦政府认清对水道与水力的利用，林业、灌溉及对受洪水威胁地区的开垦都是同一问题的相互依存部分，应认真致力于此一任务。农垦局为我国西半部地区的灌溉提供更大机会的工作，比几乎所有其他行动都更重要。与农垦局有关的一项政府日常目标，就是利用公地的水源为最大多数人谋取最大的福利；换言之，即在公地上安置永久性的居民，为他们自己及其子孙利用与发展这片土地……

为了保护那些按当前方法尚不能耕作而只能用以提供牧草的大批公有牧地，立法……是必要的。……随着在西部定居的人日多，牧地越来越放牧过度。其中大部分已不能再有效使用，除非用篱笆圈起来，因为圈地是约束游牧牛羊的牧主的唯一办法，这些牛羊到处游食，使牧地严重遭殃，陷于荒芜……

为私人放牧而圈占公地的不法行为必须加以阻止，但是造成此一现象是事出有因的，这方面的需求必须予以解决。

联邦政府应视当地需要，通过许可或租借，取得对牧地的控制。这种控制可以保证合法圈地的巨大利益，同时也可以鼓励与保障在那些地方定居与开拓……政府应该只把土地所有权授给真正的定居者，而不授给那些只想营利而无意建立家园的人。

我们的主要目标是为那些自行种植与收割草料的小牧场主取得权利并保护其利益。如容许窃占公地，不管是用什么方式，在长时期内受害最重的将是这些小牧场主，而他们却是定居者与建立家园的人。

乐观是一种好品质，但如过分乐观就成为愚蠢。我们喜欢说我国的资源取之不尽用之不竭，但情况并非如此。国家的矿藏如煤、铁、石油、天然气等是不能自行再生的，因此最后必将枯竭。目前我们浪费矿物资源，将使我们的后裔比在正常情形下提前一两代就感到资源枯竭。然而，其他某些形式的浪费是可以完全防止的——譬如，由冲蚀所造成的土壤流失是目前正在美国发生的所有浪费中最危险的一种，但土壤的流失极易防止，因此目前土地肥力的巨大损失是完全不必要的。

森林的保护或再植是防止这种损失最重要的手段之一……目前每年木材的消耗量是每年生长量的三倍；如消耗量与生长量继续不变的话，我们的全部林木实际上将在下一代用罄……我们应该掌握所有可以掌握的阿帕拉契亚与怀特山区的林地以供国家之用。这些土地因其为国家财富，显然应属国家所有，正如由那些地区流经许多州而到达海洋的河流一样……

---

* 译文选自《美国历史文献选集》，美国驻华大使馆新闻文化处，1985年。

西奥多·罗斯福（1858—1919），美国第26任总统，生于纽约殷实之家，毕业于哈佛大学，主攻鸟类学，曾立志当博物学家；做过作家、历史学家、牛仔、战斗英雄、探险家、警察局长、州长。1901年以副总统之位接任被刺杀的麦金莱时才42岁，届满后竞选又获连任。罗斯福幼年体弱，通过练拳击成就强健体魄，成为精力旺盛的白宫主人，并开创诸多先例。1906年因协调日俄战争获诺贝尔和平奖。终其一生酷爱户外运动——自华盛顿后，再没有哪位总统能像他那样持久地与旷野为伴了。退休后被问到，在任期间最大的成就是什么？他回答：资源保护政策。

罗斯福重视资源保护，与自身性情和经历有关，也源于一种民族使命感。在1907年对国会第七次咨文中，罗斯福指出，为了国家的长治久安和子孙后代的幸福，应将自然资源的保护视为当前国策重中之重，因为它是一切国民生活的基础。资源和环境不但是国家物质繁荣的保障，也是壮大并传承精神文明的保障。因此，要以有序开发来代替无节制的浪费与滥用。他构想出一套集航运、水电、灌溉、防洪于一体的综合水利开发体系。此举意在保护资源，还能增加就业机会。对自己在该事务方面所起的作用，他一直引以为豪。

煤、金属、天然气等不可再生资源一旦耗尽，就是不可逆转的损失。罗斯福担心国家的宝贵矿藏会比预估的早一两代开采殆尽。同为国家财产，森林也亟待保护。当前林木消耗量是生长量的三倍，照此损耗比例，下一代会无木材可用。如果说罗斯福认为"取之不尽用之不竭"是盲目乐观，那他自己则显得太过悲观，甚而有些危言耸听——既为了说服国会，也体现出他深切的危机意识。他成立了森林局、保护自然资源委员会等专门机构，选派专业人员调查研究，制定具体方案，再提交国会立法。他在任上强力划出大片公共领地，开辟了庞大的国家自然保护区，堪称世界首创。他的政治眼光和环保成就比他国领导人足足早一个世纪。而且保护区一经确立，一般不会因水电项目、开垦采矿、地产开发等一再调整，缩小范围区划，让位于短视的GDP增长。

对于滥用土地和过度放牧，罗斯福也提出建设性改良计划。他认为政府应当出手制止违法的围栏圈地现象；为保障真正的拓荒定居者和永久性居民及其后代的利益，必须坚决打击投机行为，严防土地落入少数牟取暴利者手中。否则长此以往，不但破坏资源、让普通拓荒者受害，还会导致美国精神衰落。他想要后人承传的不仅是保障民族生存与安全的自然资源，还有祖先们在筚路蓝缕的拓荒历程中养成的自立精神、男子气概和民主传统。他坚信，美国人民与自然的密切纽带不能切断。

次年，罗斯福组织召开了第一次全国保护自然资源代表大会。在纽约当州长时，他就在本州召开过野生动物保护工作会议。离任前夕，他还在白宫举行了北美保护自然资源大会，且提出世界性大会动议。他的理念和行动对美国乃至全球都具有长效意义。其环保国策缓解了美国工业化进程中的生态恶化。当下，很多地方仍在上演着危及国计民生乃至民族安全的破坏环境悲剧，抑或是只顾眼前私利光说不做的假戏。对比之下，更显罗斯福的政治远见、他作为领袖对国家的使命感、对后代子孙的责任感，以及传承自身所信赖的价值观的努力。

在美国，从杰斐逊到梭罗，还有环保精英如波金斯·马什、约翰·缪尔、吉福特·平肖等，都撰文著书，呼吁尊重自然，关注人类命运。不同于缪尔的激进"保留主义"主张，罗斯福与持"保护主义"立场的平肖志同道合，既有环保意识，又懂政治运作，竭力推广"只有善用资源才能使经济持续发展"的思想。在世纪之交的进步时代，环保成了最为突出的改革标志之一。环保运动与进步主义齐头并进，使得政府和科学得到民众空前信任：一方面，罗斯福政府成为人民的代表和保护者；另一方面，科学成为获得知识和解决难题的源泉。其间贯穿着一个关键词，文明——具体而言，就是美国文明。

在工业化进程中，美国文明也遭遇了生态恶化和贫富分化。罗斯福本人并非经济发展过程中的受害者，不过在他心目中，国家利益高于一切，无论富人穷人都不能损害之。他视资源保护为爱国和公民道德的标准，同时将"政治摆脱对特殊利益集团的关切"定位为发展方针之一。为消除特权、维护公平，他以"公平施政"为纲领，以公共利益为准绳，惩治"富翁中的作恶者"，保护中产阶级和普通民众的发展机会和个人权益。他深知，社会不公累积到一定程度，势必堕入暴力革命。罗斯福有志成为"一心只为国家利益的不偏不倚的仲裁人"。在劳资争端中，他对劳工持同情姿态。他还力促国会通过了提升食品卫生与安全的法案。值得一提的是，他说服国会退回半数庚子赔款，其中就有部分用于创办了清华大学前身。

在保守的美国人看来，这位总统是有权则无所不用其极，更有人指责其政策助长了官僚机构——"与其担心资源耗尽，还不如担心政府扩权。"对此，罗斯福自有说法。他坚持总统要有实权；同时也确信权力必须与责任相结合；最为经典的是，他说过，"如果让一个有魄力的人成为终身总统，那就糟了"。罗斯福从未为一己之私寻租腐败，也未与无良企业沆瀣一气,更没出现国内民众所担心和国际舆论所鄙视的,让政府和既得利益群体成为最大的垄断者和权贵集团。美国的政体、法治、民情、舆论也容不得这样的权力滥用。总统与国会"斗智斗勇"不少见,但一切都在法律框架内进行。

罗斯福之后,美国的环保从零星的个人行为扩展为政府、企业、科研机构以及社区和个人共同参与的大规模运动。1970年,以环境大宪章著称的《国家环境政策法案》出台,其他数千条环保立法则涉及空气、水、土壤、森林、食品安全、药品、烟草、塑料制品、化学品、农药、废弃物排放及处理、交通、噪声、采矿及安全、沿海开发及海洋生物保护、住房建筑、城郊化、能源、野生动物和濒危物种、荒野与自然保护区等。此外,还有诸如规范商业机密的《专利法》和授权民众索求与环境有关政策和信息的《信息自由法》——尽管他们看似与环保不相干。随着全民意识的觉醒以及立法和惩治的日趋严苛,罗斯福开创的环保大业正发扬光大。

与罗斯福政见相左的参议员罗伯特·拉福莱特说过,罗斯福"最伟大的工作就是发动和实际开始了一场世界性的运动,以保留荒野领地,为人类挽救了各种可以单独作为和平、进步和幸福生活基础的事物。"环视当下的生态恶化困境,再回顾罗斯福的历史功绩,不难理解,美国人在拉什莫尔峰上刻出四总统雕像是在向整个世界宣告他们的幸运与自豪:不贪恋权力及其背后荣耀与实利的华盛顿、杰斐逊;既慈悯仁爱、又尊重法律,绝不开人治先河、坚持在宪法框架内挽共和于分裂的林肯;维护社会公平正义、全面思考自然资源保护问题的西奥多·罗斯福——他用人民赋予的权力保护资源、遏制特权,捍卫民主、平等、自由,造福祉于民、于子孙、于全人类。

(秦文华)

赫伯特·胡佛
美国个人主义
（1928）

本次竞选已经接近尾声，两党政纲各自阐明原则，并对诸多全国性问题提出了解决方案，我国人民正在认真考虑。

历经四个月辩论后，共和党没有理由放弃任何已经提出的原则，或任何已经发表的关于解决全国问题的看法。它所坚持的原则深深扎根于国民生活之中，它所提出的解决方案是基于对政府的经验，以及对可能实施这些方案的责任的意识。

在接受提名的演说中，我已经竭力陈述了指引我未来执政时实施纲领的精神和理想。今晚，我不准备再谈已经讨论清楚的许多具体问题，而要探讨一些引领美国政府的更为根本的原则和理想。

共和党政策导致的近期进步

共和党一贯是进步的党，我不必再回顾其七十年的建设性历史。它始终反映了美国人民的精神，但它从未像我们从战争沧桑中接管政府以来的七年半中这样推动了根本进步。

共和党的政策在战后复原和创建今日随处可见的辉煌进步中发挥了很大作用，这样说并未贬损美国人民的性格和精力，也未曾丝毫降低他们成就的质量。我要强调的是，如果没有共和党在这个阶段实施的明智政策，如此进步是不可能的。

恢复信心

共和党政府的第一个责任就是重启毁于战争的进步历程，此项任务包括恢复对未来的信心，解放和刺激人民的建设性能量。它完成了这项任务。在我声音所达之处，无人不知我国在这段岁月里所取得的长足进步。所有男女都知道，今天美国的舒适、希望和对未来的信心与七年半前相比是无限之高。

采取建设性举措

我的目的不是详细列举过去七年半中推动进步的大量建设性举措，只要提醒你们这些就足够了：几百万流浪街头的人重新就业；预算制度的创建；六十亿国债的削减，以及这一巨大数目流回工商业所产生的强劲动力；连续四次减税提升了每个家庭的生活水平；恰当的保护关税和移民立法保护了面对蜂拥而入的外国商品和劳力的工人农民；建立了信贷机构和其他许多对农业的援助；发展对外贸易；关心退伍军人；发展航空、无线电、内陆水运和高速公路；扩大科研和福利活动；使高速公路和矿井更为安全，使家园更美好；扩大户外休闲；改进公共卫生和儿童抚养，以及其他许多进步性举措。

任务之微妙

我也不需要提醒你们，今天的政府要应对的经济和社会制度比以往任何时候都更为复杂，配合更微妙。如果我们想保持持续就业和人民的高水准生活,这个制度必须协调一致。政府已然上千处触及这一精妙的网,年复一年,政府与国家繁荣的关系变得越来越密切。正是通过政府精确的远见和有效的合作,才维持了这七年半的实业稳定和就业稳定。总会有些地方,有些产业和有些个人分享不到这普遍的繁荣,政府的任务就是缩小这种不平等。

联邦政府以往从未对人民的进步给予如此多的援助和促进,这进步不仅是经济进步,还包括发展有利于道德和精神进步的机构。

美国体制

除了这些对进步所做贡献的伟大记录,共和党还有一项更本质的贡献——这一贡献贯穿并维系其他一切,那就是共和党拒绝了将政府引入实业来与民争利的任何企图。

共和党在战后接管政府时,我们面对一个明确国家生活性质的问题。在过去一百五十年里,我们建立了一种自治的形式和一种我们特有的体制,从根本上有别于世界任何其他体制,它就是美国体制。它与地球上曾经形成的任何政治和社会体制一样确定和积极。它是建于一种特定的自治观念,其根基就是权力分散的地方职责。不仅如此,它还基于这样一种理念:只有通过有序自由和个人机会平等,个人的主动性和创业精神才会推动进步行程。我们的体制在坚持机会平等中迈进,超越了全世界。

被战争中断

战争期间,我们只有转向政府来解决一切经济困难。为了战争,政府吸收了人民的一切能量,别无他法。为了保住国家,联邦政府变成了一个中央集权的独裁体制,承担空前的责任,行使独断之权,接管公民的产业。

从很大程度上说，我们暂时把全体人民都纳入一个社会主义的国家。不管这样做在战时如何有理，假如在和平时期还继续下去，它摧毁的将不仅是美国体制，还连同我们的进步和自由。

战争结束时，我国和全世界面临的至关重要的问题是，政府是否还将延续战时对许多生产和分配机构的掌控。我们面对和平时期的选择：要倔强的个人主义的美国体制呢，还是要截然相反的欧洲哲学——家长制和国家社会主义的教条？接受这些思想意味着自治将毁于政府集权，意味着我国人民因之无比伟大的个人主动性和创业精神将毁于一旦。

在共和党指引下的复原

共和党从一开始就坚决反对这些思想和战时做法，共和党的国会配合民主党政府取消了许多这类做法，当时两党对此意见一致。共和党接管全部权力后，立即毫不犹豫地回到我们对政府和个人权利责任的基本概念，重新恢复了美国人民的信心和希望，解放和刺激了企业，恢复了政府在经济游戏中的裁判员而非运动员地位。由于这些原因，美国人民向前进了，而世界其他地方却停滞不前，有些国家甚至倒退了。如果有人研究欧洲的复原何以如此缓慢，他会发现很大原因在于一方面是私人积极性受阻，另一方面是政府忙于实业。

威胁这一体制的提议

在这次竞选中，有一系列的建议又被重新提出，如果付诸实践，将是朝着抛弃美国体制和屈从政府管理工商业这种破坏性举动迈进的一大步。由于国家在禁酒、农业救济、电力这些全国性问题上面对困难和疑虑，我们的对手就提出，必须将政府深入引进发生这些问题的产业中去。其实，他们背弃了自己党的信念，转向国家社会主义作为解决这三个困难的方法。有人建议，我们应改禁酒为国家经销酒类。如果他们的农业救济计划真有内容的话，那就是政府将直接或间接地经销农产品，而且规定价格。我们还将投入水力发电业。换句话说，我们将面对一个巨大的政府管理经济的计划。

因此，提交给美国人民的是一个根本原则问题：美国政治经济制度的原则指引我们前进得比任何国家都快，我们现在是否将背离它们，转而采取破坏这些原则的方法？我想强调这些提议的严重性，表明我的立场，因为这涉及美国生活和进步的根基。

中央集权对自治是致命的

我想说明政府介入经济对我们自治体制和经济制度将产生的影响，这影响将深入每个男女的日常生活。它将损害我们自由的根基，不仅是处于层层扩展的官僚体制外的人的自由，也包括体制内的人的自由。

让我们首先看其对自治的影响。当联邦政府决意进入工商业，它必须立即建立那个行业的组织和管理机构，它马上会发现自己处于一个迷宫，其中每条小道都引向摧毁自治。

工商业需要责任的集中，自治需要权力分散以及很多的制衡来保障自由。我们的政府要胜任实业就必须成为事实上的独裁，就会立即开始摧毁自治。

政府管理经济不会明智

政府闯入工商业后，第一个问题就是要决定治理的方法，必须确保领导和方向。但这领导是由政治机构选拔呢，还是由人民来选举？实际情况是无情的，企业领导必须纯粹以能力和性格取胜，这胜利又只能在竞争的自由氛围中产生，而竞争却被官僚体制窒息了。政治机构在选择精明的工商业领袖方面实为无能。

为了防止工商业管理人员可能的无能、腐败和大权独揽，政府将不可避免地转向委员会等中介机构。为保证制衡的存在，委员会的每个成员必须具有同等权威，各自担负起对公众的责任，意见冲突和决断困难也就接踵而至，就此毁掉商务，这对我们的航运业已经造成很大混乱。更有甚者，这些委员会必须代表不同地区和不同政治派别，因此又立马产生破坏各阶层协调一致的因素，而这将摧毁任何有效行政的可能性。

此外，立法机构事实上不能全权委托委员会或个人来处理对美国人民意义重大的事情，因为如果我们要维持民治的政府，我们必须维持立法者在政府行为中的权威。

如此，每次联邦政府介入工商业，531名参议员和众议员就成为该行业实际上的指导委员会。每次一个州政府介入经济，一两百名州参议员和立法者就成为该行业的实际指导者。即便他们个个是超人，即便美国不存在政治纠纷，也不可能有人数如此众多的群体能有效地指导经济行为，因为经济行为需要主动精神、当机立断和行动。而仅仅为了决定马瑟肖尔斯①的治理方法，国会就足足花了六年时间来辩论不休。

当联邦政府进入某个行业，州政府就随即被剥夺对该行业的控制和征税。当州政府进入某个行业，又将剥夺市政府对该行业的征税和控制权。市政府由于是地方的，接近人民，所以它有时能够在联邦政府和州政府失败的行业取得成功。今天，我们立法机构中互投赞成票的麻烦已经够多了，这自然源于公民意欲推进他们的个别部门或保证一些必要的服务。如果联邦政府和州政府接管经济，麻烦将上千倍地增加。

---

① Muscle Shoals，亚拉巴马州一城市名。——译注

至于对经济进步的影响，后果将更为严重。经济进步依赖于竞争，新方法和新思想来自冒险精神、个人主动性和个人创业。没有冒险就没有进步，然而没有哪个政府机构有资格用纳税人的钱来冒险。

没有什么例子比我们的铁路史更能说明政府管理经济的无能了。战争期间，政府认为有必要管理铁路，这管理延续到了战后。在铁路从政府手中解放出来的前一年，它已经无法应对运输的需求。八年后，我们发现在私人企业管理下，铁路的货运能力增加了15%，满足了各种服务需求。运输费降低了15%，纯盈利从估价的不足1%增加到5%。雇员工资增加了13%。今天铁路雇员的工资比战前高出121%，而政府雇员的工资只比战前高出65%，这该是对政府管理经济效率的足够评价。

官僚政治的危险

现在让我们从一个可能谋得政府工作职位从而进入新官僚机构的人的角度来考察。有关这一问题请让我引用伟大的劳工领袖塞缪尔·冈帕斯在1920年他去世前几年，在蒙特利尔演讲中的一段话：

> 我相信，在对美利坚共和国的忠诚方面，我是不会落后于人的。但是我不会给予它更多控制我国公民个人的权力……
>
> 问题是到底要政府所有制，还是要有控制的私人所有制……哪怕我在这次会议中是唯一的少数，我也要投票支持劳工们在争取自由的努力中不再自愿成为政府权威的奴隶……
>
> 让未来证明谁对谁错，谁代表自由，谁甘心情愿地把自己的命运交给政府。

我要进一步阐述冈帕斯先生的说法。按照我们对手提议去做的话，势必制造出一支庞大的政府雇员队伍，他们要么成为执政党手中的政治机器，要么为了防止这种可能，政府必须以严格的文官规章来禁止其雇员作为自由人的充分政治权利。政府必须限制他们谈判工资的自由，因为没有政府雇员可以对政府——也就是对全体人民——罢工，这就使立法机构及其政治潮流成为他们最终的雇主和主人。他们的谈判不是取决于经济需要或经济力量，而是政治权势。

那么对官僚体制外的人将会如何呢？对他们的生活会造成什么影响呢？

他们创业的范围和奋斗升迁的机会马上会受到限制。

控制商业的政府不会容忍消费者享受私人企业必须做到的竞争性赔偿的自由。官僚体制不会容忍独立精神，它要在我们日常生活中散布服从精神，在国民性中渗透懦弱地接受不可抗拒的强力的习惯，而不是强劲地拒绝错误的习惯。

对真正的自由主义是致命的

官僚体制热衷于扩大其影响和权力。你不可能让政府主宰人民的日常工作生活，却又不同时主宰人民的灵魂和思想。政府在经济上的每次扩张都意味着，为了保护自己免于承担失误带来的政治后果，它将不可阻挡地持续加强对全国报纸和公共言论的控制。企业自由和商业自由毙命后，言论自由延续不了几个小时。

让政府接管工商业的说法是伪自由主义。我国经济官僚化的每一步都毒害着自由主义的根基——政治平等、言论自由、结社自由、出版自由，以及机会平等。它不是通向更多自由的道路，而是通向更少的自由。自由主义不应该去努力扩展官僚体制，而应该限制它。真正的自由主义寻求一切合法的自由，首先是相信，没有这种自由，追求其他幸福和利益都将是徒劳。这一信仰是美国进步的基础,不论是政治的还是经济的进步。

自由主义的确是精神的力量,这力量来自充分意识到若要维持政治自由,经济自由是决不可牺牲的。即便政府管理经济能带来更高效率而不是更低效率,反对的理由也不会更改和削弱。因为那样做将摧毁政治平等,将增加而不是减少权力的滥用及腐败,将窒息主动性和创新,将破坏领导才能的发展,将束缚和伤害我国人民的心智与精神能量,将消灭平等和机会,将干枯自由和进步的精神。首先是出于这些理由,我们必须拒绝让政府管理经济。一百五十年来,自由主义是在美国体制——而不是欧洲体制中,找到其真正的精神的。

美国体制的灵活性

我不希望我的说法被人误解:我是在界定一个大政方针,而不是说政府会放弃一丝一毫的国家资源,不去充分保护公共利益。我已经说过,当政府为了控制洪水、航运、水利、科研和国防,或开拓新艺术而从事公共工程时,有时作为副产品必然会产生权力和商品。但它们必须是主要目的的副产品,而不是主要目的本身。

我也不希望被误解为我相信美国是个"人各争先,落后遭殃"的地方。机会平等和美国个人主义的本质就是:在这个共和国中没有任何群体或组合占据统治地位,无论是经济的还是政治的。相反,它在要求政治和社会公正的同时,也要求经济公正。它不是自由放任的制度。

我对此深有感触,因为我在战时对政府运行和控制有过一些实际经验。我不仅在国内,而且在国外,目睹了许多政府在经济上的失败,看到了它的霸道、不公正、对自治原则的破坏,以及对促使我国人民进步的那些本能的伤害。我目睹了前进的停顿、生活水平的下降,还有在那种制度下工作的人们的消沉情绪。我的反对不是基于理论,也不是由于分不清错误或滥用，我知道采取这类方法将打击美国生活的根基，摧毁美国进步的基础。

人民有权知道，如果不抛弃美国制度，我们是否还能继续解决重大问题，我知道我们可以。我们已经显示过，我们的制度对经济和实业中复杂的新发展有足够的应对，我们可以迎战任何经济问题，还能不受外界干涉地保持我们的民主，同时维持机会平等和个人自由。

规范企业的可行性

在过去五十年中，我们发现大规模生产能够以原先成本的一半生产物品，也看到了随之而来的生产和销售单位的扩大，这就是大企业。许多企业必须庞大，因为我们的工具更大了，我们的国家也更大了。我们现在建造十万马力的单个发动机，倒退十五年，它本身就构成一个大企业，然而今天的生产发展要求我们将十个这样的单位连在一起。

出于自身的不幸遭遇，美国人民有理由惧怕大企业可能垄断我们的经济生活，惧怕它们会通过不合法不道德的手段来摧毁机会平等。

多年前，共和党政府确定了一个原则，即上述罪恶可以通过规范来得以纠正。它发展出一套方法来遏制腐败，而把工业进步的全部价值保留给公众。它坚持的原则是：当大型公用事业——铁路、发电厂、电话等——受到部分垄断的保护时，政府或地方机构必须对其价格、服务和财务有最充分完全的控制，它宣布这些企业必须透明操作。

对于那些大的制造和销售业，共和党坚持执法，不仅维持竞争，还要摧毁那些试图摧毁小企业或垄断和限制人民机会平等的阴谋。

政府的重任之一是决定政府规范和控制工商业的限度，又在多大程度上让它们自行其是。没有什么制度是完美的，企业的私下行为多有不当，每个好公民对此都感到气愤。企业不插手政府和政府不插手企业，两者同等重要。

我也不会认为我们的机构是完美的，人类理想从未得到过完美的实现，因为人类自身就不是完美的。

我们的先辈们认识到，进步的取得只能是自由个人的成就总和，这智慧被我国历来的伟大领袖所深化，杰克逊、林肯、克利夫兰、麦金莱、罗斯福、威尔逊和柯立芝都毫不动摇地坚持这些原则。

美国制度的有效性

美国制度的效果如何呢？对无产业可继承的人来说，我国成了机会之地，不仅因为其富饶的资源和勤奋，更因为其创意和创业的自由。俄国的自然资源与我国相等，她的人民也同样勤劳，但她无幸拥有我们一百五十年的政府形式和社会制度。

权力分散的自治、有序自由、机会平等、个人自由——由于忠于这些原则，美国对于人类福佑的试验带来了世界上从未有过的丰足，比人类历史上任何时候都更接近于消灭贫穷，消灭对匮乏的恐惧。过去七年的进步就是明证，仅凭这一点，就足以答复我们的反对者，他们要求我们把破坏性成分引入取得了这一切的制度。

让我们看看在最近这些年艰难困苦的重建中，这个制度为我们做了什么？然后扪心自问，我们是否想抛弃它。

战后复原

作为一个国家，战争使我们蒙受巨大损失，我们并未从中牟利。战时表面上的工资增加是虚假的，战争结束时国家更穷了。但在过去八年中，我们从这些损失中复原，即使扣除美元的通货膨胀，国民收入的增加也超过了三分之一。财富和收入的受益范围甚广，证据比比皆是。最能说明普通家庭条件改善的莫过于生活资产和劳动保险、住宅建筑和贷款互助会以及储蓄存款的共同增加，它们是普通人的储蓄银行，仅这些方面在过去七年中增加了百分之百，总数高达五百多亿美元，或将近六分之一的全部国民财产。我们增加了家宅拥有率，扩大了普通人的投资额。

生活水准的提高

除了庞大储蓄的证明，我国人民稳步增加了用于提高生活水平的花费。今天，每十个家庭差不多拥有九辆汽车，七年半前还不到四辆。进步的口号已经从"饭盒满"到"车库满"，我们的人民吃得更好，穿得更好，住得更好了。我们甚至有了宽裕的空间，因为住房面积的增加超过了25%，而人口的增加却不到10%。工资提高了，生活费下降了，普通男女的就业更有保障。我们在如此短的时间内缓解了对贫困的恐惧，对失业的恐惧，对老年的恐惧，而这些恐惧是人类最大的不幸。

所有这些进步带来的远不止是物质享受，它也提供了成百上千种对于更美好更丰富生活的理解，几十种新发明省去了家务的繁重。在七年中，我国工人使用的电力增加了70%，使他们从承受重负的人升级为机器的操作者，我们逐步减少了人类劳累的汗水。工时缩短了，闲暇增加了，我们扩建了公园和操场，参与运动的人几乎翻了一倍，人们以各种方式投入户外活动。去国家公园的人数增加了三倍，垂钓于溪流湖泊的人如此之多，以至于鱼儿上钩的时间拉长居然成了一个政治问题。在这七年半中，收音机把音乐、笑声、教育和政治讨论带到了几乎每个家庭。

由于有了伴随繁荣而来的更大自由，对科研的更大投入，以及用于公共卫生的更多资源，根据保险业的统计，在战后很短时间内人均寿命增长了八岁。我们降低了婴儿死亡率，可观地减少了普通男女一生中病痛的日子，改善了帮助跛子、无助者和精神病患者的设施。

教育进步

凭借不断增加的资源，我们在八年中扩大了教育事业，经费从十二亿美元增至二十七亿。教育青年几乎成了我们最大、当然也是最重要的事情。收入增加提高了让青年摆脱苦劳的能力，上小学的人数增加了14%，上中学的增加了80%，上高等院校的增加了95%。今天，我国在高等院校的青年人数是世界其余地方加起来的两倍还多。我们在文学、艺术和公众品位方面的进步也是令人瞩目的。

美国生活各领域中的领导素质大有进步，历史上对经济生活的指导从未像今天这样才华卓著，对公共责任的意识大幅增长，对行业及道德精神事务的引导也进入了更高层次。而我们卓越的教育制度正在为保持这样的领导能力源源不断地输送人才。

我不必再列举更多的数字和证据了，我不相信美国人民要抛弃——或以任何方式来削弱——共和党一贯维护的经济自由和自治原则，这些原则创造了如此令人赞叹的业绩，如此激励了国家物质进步和精神进步的业绩。

对纽约的意义

你们的城市是这一伟大进步和这些备受保护的原则的突出受惠者。在过去七年半中，连同郊区在内，纽约人口增加了一百五十万，成为世界上最大的都市。你们不仅为本国青年，也为外来移民提供了充足的机会。这城市是美国的商业中心，是美国人的商业代理。它是金融、工业和商业诸方面一个巨大的专业技能和领导的机体，联系着我国每个地方。纽约的进步和美丽是全体美国人的骄傲，它在慈善、教育和科研领域的善举都引领着全国。它是艺术、音乐、文学、戏剧的中心，它发出的声音比美国任何其他城市都更加有力。

然而说到底，这城市的活力、进步和繁荣完全依赖于居住在从这里到太平洋之间三千英里山区和平原上的一亿一千五百万人民。这个城市的活动对冲击我国的每次善恶潮流都反应灵敏，任何地方的一次工业紧缩对纽约的影响都会超过国内其他地方。萧条时，全国的失业人口会有四分之一集中在这里。繁荣时，内地公民以每天十五万之多涌入你们的城市来做生意和娱乐。事实上，这城市反映出我国的众多利益，你们每个公民对国家的稳定、繁荣和进步，以及维持美国体制的关心，都超出了其他任何地方。

未竟之业

要充分完成我国的经济发展，我们仍面对许多重大问题。在过去几年中，我国有些群体的进步不如其他群体，我特别要提的是纺织业、煤矿业和农业。我认为可以通过政府合作来帮助解决这些问题。对于农业，我们需要预先提供创业资金，使他们能稳定产业。不过这一建议意味着他们将自己来经营，而非政府。让农业和其他产业稳定兴旺是符合我们城市的利益的，我知道你们会乐意分享这个信念：即未来基于我国的共同繁荣。

作为结语，我要向你们重申我试图说明的一些根本性问题。

即将做出的根本性决定

进步和繁荣的根基比过去任何时候都更加有赖于政府的明智决策，因为政府如今和经济社会生活的复杂网络有千丝万缕的联系。

过去七年半在共和党的治理下，我国取得了空前的进步，这个城市充分体现了这点。繁荣不是一个空洞的词，它是每个工人的工作，是每个行业、每个家庭的安全和保障。共和党政策的延续对这一进步的继续和繁荣的继续都是完全必须的。

我已经谈到了许多关于政府和企业关系的原则，我不想为此道歉。任何国家的第一要旨就是其庞大经济机器的顺利运作，解决人民的就业和衣食住行，提供奢华和舒适。如果这些基本的东西不能组织和运作适当的话，就不会有企业、教育、文学、音乐和艺术的进步，也不会有人民基本理想的进步。一个民族不可能在贫困中取得进步。

我已经努力向你们说明，美国的伟大来自其特有的政治社会制度及其控制经济力量的办法——这就是我们的美国体制，它把人类福佑的试验推向史无前例的地步，我们比以往任何地方都更接近于在普通男女生活中消灭贫困和恐惧的理想。我再重复一次，我们的对手提出要把破坏性理论输入美国体制，这种建议将使美国体制走上歧路，危及人民的自由，结束我们的，还有我们子女的机会平等。

新的日子

我以为美国生活的基础建立在家园和家庭之上。我从这些巨大的经济力量，这些复杂而微妙的政府与企业、政府与政治社会生活的关系中看到的最终目的只有一个，那就是再次强化联系我们几百万家庭的纽带，加强每个家的安全、幸福和独立。

在我的概念中，美国是这样一片土地：男女在有序的自由中独立从事其职业，享受财富带来的好处，财富不是集中在个别人手里，而是分布在所有人那里；他们建造和保卫自己的家园，让子女得到美国生活最充分的好处和机会；每个人因良心指导的信仰都得到尊重；一个满足而幸福的人民在自由得到保障的情况下，免于穷困和恐惧，有闲暇和欲望去追求更完善的生活。

也许有人要问：除了物质进步，它还将引向何处？它将把男男女女用于生活苦劳的能量释放出来，投入更宽的视野和更高的希望。它将通向越来越多的服务机会，不仅在我国大地上的人与人之间，而且从我国通向全世界。它将通向一个身体健康、精神健康、无拘无束、年轻而充满渴望的美国——其搜索的视线越过地平线，思想开放，富于同情和慷慨，这些更高的理想和目标就是我本人以及共和党的承诺。

（钱满素 译）

* 译自 Daniel. L. Boorstin，*An American Primer*, Penquin Books USA Inc. New York, 1995。

胡佛（1874—1964）生于艾奥瓦州一个小村庄，是美国第一位出生于密西西比河以西的总统。中西部的政治传统培育了他对美国体制的虔诚信仰，这一信仰又由于他从穷孩子到总统的辉煌经历而得以强化。

胡佛出身贫寒，父亲是铁匠，父母都是贵格会教友。胡佛九岁时父母先后亡故，由亲戚抚养长大。1891年，胡佛免费进入刚建校的斯坦福大学地质系，毕业后为一家英国公司去澳大利亚寻找金矿，此后多年在国外工作，包括1899年携妻去天津，亲历了义和团运动，还学会了中文。胡佛不仅是具有丰富实践经验的采矿工程师，也是专家学者，撰写过《采矿原理》这样的采矿学标准教材。他更是成功的企业家，擅长经营管理。

一次大战爆发后，胡佛丰富的国际阅历使他担当重任，去欧洲协助12万旅欧美国公民回国，后来又领导了比利时救济委员会和其他国际机构，为千百万难民分发食品。1917年4月美国参战后，胡佛被威尔逊总统任命为食品管理局局长，战后又被派遣去救济中欧和苏联难民。在这一系列人道主义援救行动中，胡佛的高效和干练得到充分发挥和展现，成为国际英雄。1919年胡佛回国后被社会各界一致看好，先后在哈定和柯立芝两届政府中担任商业部长。这位做事有条不紊的人怀抱美国经济现代化的理想，将刚建不久的商业部塑造成一个强有力的组织，再次表现出卓越的统筹管理能力。出于敏锐的历史意识以及对和平的珍视，他将在欧洲收集的资料集中到斯坦福大学，成立胡佛战争文献馆，即日后著名的胡佛研究所。

在整个1920年代，胡佛的人气无人能及，加上他的经验和声誉，民主共和两党都想拉他当总统候选人。胡佛选择了共和党，1928年他辞去部长之职竞选总统，并轻松取胜。1929年3月胡佛宣誓就职，成为美国第31位总统。到此为止，胡佛的命运可谓一帆风顺。然同年10月，股市突然崩溃，经济陷入萧条。胡佛虽然也采取了一些措施，却无法遏制其恶化。他对这场大萧条的严重性显然估计不足，又不愿采取非常手段来应对。随着大萧条的蔓延和深化，胡佛的声誉一落千丈，惊恐苦难中的人们将怨恨集中到他身上。1932年大选时，他几乎成了大萧条的代名词，惨败给罗斯福。

其实，美国总统中鲜有胡佛这样的经济专家、救济专家，他似乎是对付大萧条最合适的总统人选，但为什么他却表现得如此无能？问题出在哪里？

大萧条突如其来，且规模空前，难免使人措手不及。其形成的复杂原因在当时也很少有人能认识清楚，故而应对办法也无外乎传统的救济灾民、稳定市场和复苏经济。就管理经济的能力而言，胡佛绝不亚于罗斯福，他的失败不在能力，而在执政理念，乃至个性。胡佛是一个坚守原则的人，他认定联邦政府和总统的职权有不可逾越的界限，并且相信没有必要因此去改变现有的政府和社会，这种指导思想无疑束缚了他的反应和行动。

胡佛的思想有两大成因：一是20世纪初的进步运动，作为老罗斯福的支持者，胡佛始终将反对浪费、提高效率视为政治和经济改革的目的。二是第一次世界大战，作为国际救援专家，他目睹战争带来的灾难，始终将维护和平与维护美国体制视为政治目标，对有可能威胁到它们的意识形态非常敏感。

在这篇 1928 年发表在纽约麦迪逊广场的竞选演说中，胡佛的政治理念得到充分体现。讲话首先肯定了"一战"后的共和党执政，由于果断地让政府退出战时经济，给社会带来了进步和繁荣，由此胡佛转入他的重点——明确和强调美国体制。何为美国体制？胡佛说："它是建于一种特定的自治观念，其根基就是权力分散的地方职责。不仅如此，它还基于这样一种理念：只有通过有序自由和个人机会平等，个人的主动性和创业精神才会推动进步行程。"

在政府与企业的关系中，政府只当裁判员不当运动员。胡佛具体解释了为什么政府管理经济不会明智，而由此导致的中央集权制却必将损害自由和自治，结论是："企业不插手政府和政府不插手企业，两者同等重要。"他甚至将这个问题上升到国民性的高度来认识："官僚体制不会容忍独立精神，它要在我们日常生活中散布服从精神，在国民性中渗透懦弱地接受不可抗拒的强力的习惯，而不是强劲地拒绝错误的习惯。"

胡佛对政治体制的兴趣由来已久，尤其是美国体制的独特之处，1922 年他将思考结果写成《美国个人主义》出版。胡佛注意到一次大战后世界上各种主义盛行，意识形态竞争激烈。有些美国人认为美国体制已经衰竭，需要更换替代。胡佛坚决反对这种观点，他认为与所有这些主义相比，美国个人主义的体制具有明显的优越性。所有这些流行哲学都将集体视为社会的基础，将某个群体或阶级封为天然的领导者，这必然导致社会的阶级僵化。唯有美国体制将个人作为社会进步的基础，因为个人的自由、主动性和独创精神才是人类发展最重要的动力。任何群体、实业或阶级，乃至政府本身，都无权限制基本自由。对个人的保护是衡量一切政府政策的试金石，政府对经济和文化的过多干预只会破坏社会和个人本身的积极性。

胡佛也看到，无节制的个人主义完全可能泛滥成灾，但美国是法治而非人治，是有限政府加多数民主。美国人早就明白，人在能力、个性、智力和志向上并不平等，他们要政府保障的是自由、公正和机会均等，因此美国体制下的个人主义可以同时带来个人发展和社会公平，保持社会的开放和流动，促进生活水平的提高。美国从不实行授予爵位等维护特权的做法，身处底层者可以通过自身努力而发展上升，生来优越者也不能世袭特权，阻挡他人发展。胡佛在不同体制下工作过，在广泛接触世界后他认为美国体制是人类发明的最佳体制，"每次回家，都再一次让我确信美国的伟大"。

正是出于这种长远考虑，胡佛拒绝通过联邦立法给予大萧条灾民直接援助，因为他认为救济是地方和私人的责任，认为救济容易使受惠者产生依赖心理。胡佛过于强调原则而缺乏灵活，过于强调长期效应而忽略眼前，他的行事方式倒说明他本质上不是政客，毕竟除了总统，他担任的重要职位都是任命的。他也不善于处理公共关系，粗暴对待退伍老兵的请愿之事引起公愤。即便是这一个小时的麦迪逊广场演说，他也只顾低头念稿，两万多听众竟走了五千人。其实，胡佛在任内也采取了一些措施来缓解大萧条——如1932年的紧急救济和建设法，它在美国历史上已属破例，虽为时已晚，但仍然可以说是罗斯福新政的先声。胡佛下任后继续坚持自己的"真自由主义"，反对新政自由主义，认为它威胁宪政，威胁美国体制，1934年还为此出版了《对自由的挑战》一书。

在美国，凡是政治面临重大变革之际，总会出现向建国初期回归的思潮，这就是美国的保守主义传统，胡佛可说是其中一个重要代表。当大萧条渐渐远去，尤其是经历了纳粹主义崛起等二次大战前后的惊涛骇浪，美国人的怨气日趋平息，对胡佛有了更平静和客观的看法。从这篇当时只有共和党叫好的演说中，人们发现他对美国体制的阐述不仅精辟，还有先见之明。胡佛晚年过得很平静，并继续获得为公众服务的机会。1964年，他以90岁高龄在纽约逝世。

（钱满素）

富兰克林·罗斯福
总统就职演说
（1933）

我可以肯定地说，我的美国同胞们希望我在就任总统之际，坦率而果断地向他们发表讲话，因为我国当前的形势提出了这样的要求。显而易见，现在确实到了说实话的时候，应当坦率而大胆地说出全部的实情。我们也不必不敢诚实地面对眼下我国的形势。这个伟大的国家一直在经受考验，也一定能经得住这次考验，并且一定会复兴和走向繁荣。因此，首先让我表示我自己的坚定信念：我们所不得不畏惧的唯一东西，就是畏惧本身，这种难以名状、失去理智和毫无道理的恐惧，麻痹人的意志，使人们不去进行必要的努力，从而将退却变成前进。在我国国民生活的每一个阴云密布的紧要关头，坦率正直而富有生气的领导者总能得到人民的理解和支持，这乃是胜利的保障。我深信，在这些危急的日子里，你们一定会再度给予这种支持。

我和你们都要本着这种精神来面对我们共同的困难。值得庆幸的是，这些困难仅仅只涉及物质方面的事情。各种商品贬值到令人难以置信的程度；税收不断上涨；我们的支付能力则大为下降；各级政府面临严峻的收入短绌问题；贸易领域的交换手段已遭冻结；工业企业如同落叶飘零；农产品无处可销；千家万户数年的存款已付诸东流。

更为严重的是，成群结队的失业公民面临严酷的生存问题；另外，还有同样众多的人虽然艰辛劳作，但收入甚微。因此，只有那种愚蠢的乐观主义者，方能否认目前的阴惨现实。

然而，我们的苦恼并非来自物资的匮乏，我们也没有遭到蝗虫灾害的袭击。我们的先辈因为心有信念和无所畏惧，因而渡过了许多难关，与之相比，我们仍然有许多值得庆幸的地方。大自然依旧奉献出丰富的赐予，而人们的奋斗则已使之大为增殖。丰裕的物资就在我们门边，它们虽然近在咫尺，可我们却无法加以慷慨利用。导致这种状况的首要原因，在于人类货物交换的主宰者们已经一败涂地，他们刚愎自用和缺乏才能，已经宣告了自己的失败，并且撒手不管了。那些寡廉鲜耻的货币兑换商们行为不端，已经成为舆论法庭的被告，遭到了人类心灵的唾弃。

他们确曾做过尝试，但他们的努力却拘泥于一种已经过时的传统方式。他们看到信贷失灵，就只知道提议增加贷款。他们借以吸引我国人民追随其错误领导的利润光环已被剥去，于是他们就借助于劝说，声泪俱下地恳求人们恢复信心。他们所了解的不过是追逐私利的那一代人的规则。他们缺乏远见，而一旦缺乏远见，人民就会横遭惨祸。

货币兑换商们已从他们在我们文明殿堂中所拥有的高高在上的位置上逃之夭夭。我们现在可以根据一些古老的真理来复原这一殿堂。至于复原到何种地步，则取决于我们能在何种程度上运用高于纯粹金钱利润的各种社会价值。

幸福并不仅仅取决于拥有多少钱财，而在于成功的喜悦和创造活动所带来的心灵震颤。在狂热地追逐变幻无常的利润的过程中，千万不可继续将工作的快乐和道德刺激置诸脑后。这些阴暗的日子若能使我们懂得，我们真正的命运并不在于依赖外力的帮助，而在于使之服务于我们自己和我们同胞的利益，那么我们所付出的全部代价就是值得的。

既已认识到用物质财富作为成功的标准乃属荒谬不当，随之而来的则是，放弃仅以地位尊严和个人收益为标准来评价国家官职和高级政治职位的错误想法。银行业和企业中存在某种行为，经常把神圣的嘱托变成类似于冷酷和自私的不当之举,这种行为必须予以制止。目前人们正在丧失信心,这并不足为怪,因为有在诚实、荣誉、神圣的责任感、忠诚的保护和无私的行为这样的基础之上,信心才能增强,否则它就无法存在。

然而,复原所要求的,不仅仅是改变伦理。这个国家要求人们采取行动,而且立刻就要行动起来。

我们第一位的首要任务,就是让人们有工作可做,如果我们明智而勇敢地加以面对,这就不是什么不能解决的问题。我们对此的处理,可以采用应付战时紧急状况的方式,通过政府直接招募劳工来完成部分任务,但同时又须借助这种就业方式,完成一些极为必要的工程,以刺激和重新规划对我国自然资源的利用。

在进行上述工作的同时,我们还应当坦率地承认,我国各工业中心的人口已出现过剩,因而要在全国范围重新调整人口分布,从而为那些最善于利用土地的人创造较好的利用土地的条件。为了有助于完成这一任务,我们要采取切实的行动,提高农产品的价格,使农民有能力购买城市出产的物质;我们要采取实际措施,制止小房产主和农场主因为丧失赎回能力而不断遭受损失这类悲剧的发生;我们要敦促联邦、州和地方各级政府立即采取行动,响应人们的呼吁而大量削减开支;我们要统一进行救济活动,避免目前这种分散、浪费和不平等的现象;我们要对所有形式的交通、通信及其他明确具有公用性质的设施实行国家计划和监督;总之,我们可以从许多方面来推动上述任务的完成。但单纯坐而论道乃是完全无补于事的,我们必须行动起来,而且必须迅速行动起来。

最后,我们在逐步实现使人们恢复工作的过程中,还要求有两个保障以防止旧秩序的弊病卷土重来:一是必须对银行、信贷和投资实行严格监督;二是必须结束用他人的钱财进行投机的做法,必须具备一种充足而健全可靠的通货。

进攻的路线不止一条。我会很快敦促新一届国会召开特别会议,具体制定各项措施以完成上述任务，我还会向各州寻求直接协助。

通过这一行动方案，我们专心致志地整顿国家的事务，使收支实现平衡。我们的国际贸易关系固然极为重要，但在目前这个时候并非当务之急，较之建立一种健全的国内经济，乃属第二位的事情。我主张把首要工作置于首位，这乃是一种务实的做法。我将全力以赴地通过国际经济调整来恢复世界贸易，但国内的紧急状况则不允许等这一工作完成后再着手处理。

这些实现全国复兴的具体措施的基本指导思想，并不带有狭隘的国家主义性质。它坚持美国各个部分的众多因素之间乃是相互依赖的，并以此作为首要的考虑，也就是要认识到，这是拓荒者们所拥有的美国精神的一种古老而永远重要的体现方式。这就是通向复兴的道路。这是一条最直接的道路，也是这一复兴得以持久不衰的最强有力的保障。

在世界政策方面，我将使美国致力于奉行睦邻政策。美国作为他国的邻邦，应当坚决尊重自己，同时因为自尊而尊重他人的权利，尊重自己的责任，尊重自己在一个由许多邻邦组成的世界与邻国所订协议的神圣性。

如果我对我国人民的脾性所知不误的话，那么我们现在比以往任何时候都更为深刻地认识到，我们乃是相互依赖的；认识到我们不能单纯索取，还须给予；认识到我们若要前进，就必须组成一支训练有素和忠心耿耿的队伍，愿意为了一种共同规约的好处而做出牺牲，因为倘若没有这种规约，我们就不能前进，领导者也就不能发挥作用。我深知，我们现在已经做好准备，甘愿为这样一种规约而献出我们的生命和财产，因为这种规约使率领我们走向更远大利益的领导艺术成为可能。我打算充当这样的领导者，并保证把更大的目标当做一种神圣的义务来约束我们大家，实现迄今只有军事行动时才有的那种一致承担责任的局面。

我既已做出这一保证，现在就要毫不迟疑地率领这支由我国人民组成的大军，纪律严明地向我们共同的问题发起进攻。

在我们从自己的先辈们那里继承的政府形式之下，采取这样的行动以达到这种目的，乃是完全可行的。我们的宪法十分简洁和切合实际，只要在不损及其基本形式的前提下改变其重点和排列，就总可以满足各种特殊的需要。我们的宪法体系经过实践证明，乃是近代世界所产生的最为壮观和持久的政治机制，其原因端在于此。它经受住了广阔的领土扩张、对外战争、严酷的内部倾轧以及国际关系所带来的各种压力。

人们希望，无须改变行政和立法部门之间的正常平衡，即足以应付摆在我们面前的史无前例的任务。但情况可能会略有变化，因为前所未有的要求和立即行动的需要，或许会使我们暂时打破公共程序的正常平衡。

我准备根据自己的宪法职权提出一些措施，这些措施或许是一个处于备受摧残的世界之中的备受摧残的国家所要求的。对于这些措施，以及国会根据其经验和智慧所制定的其他类似措施，我将根据自己的宪法权限谋求迅速实施。

但是，一旦国会不能采取这两种路线中的任何一种，而国家的紧急状况仍然刻不容缓，那我就不会回避摆在我面前的履行责任的明确方针。那时我将向国会要求剩下的最后手段以对付危机，也就是赋予我广泛的行政权力以发动一场对付紧急状况的战争，这种权力之大，就如同我们真正遭到外敌入侵时所能给予我的权力那样。

对于赋予我的重托，我会以适合这一时代需要的勇气和献身精神来承担。我必须竭尽全力。

面对我们前面的严峻日子，我们因为举国团结一致而充满炽热的勇气，抱着清醒的意识去寻求传统的、珍贵的道德价值，并对男女老少均能克尽其职而深感欣慰。我们的目的在于保证拥有一种圆满和持久的国民生活。

我们并不怀疑这种至关重要的民主制乃是拥有光明前途的。美国的人民并没有遭到失败。他们根据自己的需要，通过这次选举表明了自己的意向，他们要求采取直接而有力的行动。他们要求在领导者的率领下，严守纪律，保持方向。他们选择我作为目前实现自己愿望的工具。我怀着对人民信任的感激接受了这一选择。

值此全国人民一致奉献之际,我们谦卑地祈求上帝的福佑,愿上帝保护我们每个人,愿上帝在未来的日子里指引我前进。

(陈亚丽 译,李剑鸣 校)

---

* 译文选自《美利坚合众国总统就职演说全集》,李剑鸣、章彤编,天津人民出版社,1996年。

富兰克林·德拉诺·罗斯福(1882—1945)是美国历史上唯一蝉联四届的总统,他在经济大萧条和第二次世界大战中扮演了重要的角色,被认为是美国最伟大的总统之一。

罗斯福出生富贵,从父系来讲,他是美国第26任总统西奥多·罗斯福的远亲,他的母亲更是出身名门,其家族可以追溯到殖民时期的上层社会。罗斯福从小受到异常的骄纵,14岁进入著名的贵族中学格罗顿公学,哈佛大学毕业后在哥伦比亚大学学习法律。他的妻子安娜·埃莉诺·罗斯福是西奥多·罗斯福的侄女,总统亲自参加了他们的婚礼。39岁的罗斯福因患脊髓灰质炎下肢瘫痪,后来一直依靠轮椅行动,有人认为这次生病使他更"理解遇到困难的人们的各种问题",也有人认为罗斯福天性随和、慷慨自信,他的领袖风范是出于贵族对普通民众的责任感。

无论如何,当他就任纽约州的州长之后,设法通过了一项关于养老金、失业保险及劳动立法的方案,在电力问题上也制定了一项十分开明的方案,历史学家认为"在采取实际步骤减轻人民困难方面,纽约州走在了最前列"。这可能也是罗斯福赢得1932年大选的原因之一,同时也说明罗斯福是有备而来,他的新政并不是自己一个人在书斋里想出来的空头理论,而是在纽约州行之有效的实践经验。这也是美国联邦制度的优越性之一,各州可以根据自己的情况立法，迅速灵活地处理地方事务，而各州的有益经验也可以在联邦范围内推广。

20世纪20年代的美国，经济繁荣，国际地位日益提升，生活水平普遍提高，白手起家的百万富翁胡佛总统认为"美国比以往任何时候都更接近于最终战胜贫穷"。但是1929年10月开始的股市崩溃很快全面影响了美国及世界经济，开始了近十年的大萧条时期，并由于世界各国应对萧条的方式最终导致了第二次世界大战的爆发。

1933年3月罗斯福发表其第一次就职演说之时，是美国大萧条最为严重的时候。人们突然从繁荣和富裕跌至贫困的深谷，不仅普通民众茫然失措，联邦政府也处置乏力，胡佛总统对传统自由经济的执著更是束缚了政府的手脚，使得本来已经很严重的局面陷于几近瘫痪的地步。因此，在就职演说中，罗斯福首先要做的就是重新鼓起民众的勇气和信心，他以自信和坦率的语气说："我们所不得不畏惧的唯一东西，就是畏惧本身。"

紧接着，罗斯福客观地分析了当前的困难局势。他首先指出"值得庆幸的是，这些困难仅仅只涉及物质方面的事情"。这是了不起的洞见，物质的匮乏是直接而紧迫的压力，许多政府在这种压力之下往往铤而走险，最终导致自由体制的崩解，当时的德国和意大利都正在朝这样的方向发展。而罗斯福在看到物质问题的时候，首先想到的是美国基本制度的稳定性，这就保证了新政的方向是不会偏离自由主义传统的。

在指出工、商、农业的严峻局面之后，罗斯福得出的结论是"我们的苦恼并非来自物资的匮乏……丰裕的物资就在我们门边……可我们却无法加以慷慨的利用"，他指责商业和银行业的贪婪自私和无能，认为是他们的墨守成规和缺乏远见导致了这一恶果，要复原人类文明的殿堂，必须依靠古老的真理和"高于纯粹金钱利润的各种社会价值"。在人人都面临饥饿的威胁之时，罗斯福并不急功近利，而是直指导致大萧条的症结所在："幸福并不仅仅取决于拥有多少钱财"，正是全民的拜金，用物质财富作为成功的标准，用地位尊严和个人收益来评判国家官职导致了物欲横流，自私和贪婪的恶果是人们对前途丧失了信心。罗斯福呼吁人们"在诚实、荣誉、神圣的责任感、忠诚的保护和无私的行为这样的基础之上"重塑信心，重建美国的经济和繁荣。

罗斯福是行动派，在阐明了击退大萧条的基本方向之后，罗斯福就失业问题、农业问题、小房产主和农场主无力还贷的问题、削减政府开支的问题、全国范围内的救济问题以及对公用设施进行国家规划等方面提出了简短而明确的解决方案。最后，他提出对大萧条的始作俑者——银行业和金融投机要制定特别保障，以防其卷土重来。危机之下，千头万绪，罗斯福并不需要在就职演说中一一说明，通过以上几个主要的方案，他已经成功地向国民传达了最重要的信息，本届政府不会继续采用自由放任的经济政策，政府将全方位深度地干涉国民经济的各个方面。

自由主义在罗斯福身上最突出的表现是"思想自由"，他不畏传统的压力，有需要，就试验，从不顾忌什么所谓的"主义"。但这并不意味着他的选民也是如此，因此，罗斯福在阐明其政府干预经济的立场之后，觉得有必要申明他的做法不是"狭隘的国家主义"，而是"拓荒者们所拥有的美国精神的一种古老而永远重要的体现方式"。随后，罗斯福重申了对美国宪政的信念，将他决心要带领美国人民尝试的"新政"成功地融入美国的自由传统。但他也毫不讳言，虽然他将竭力根据他的宪法权限谋求问题的解决，但现在是危机时刻，他的某些做法可能是只在"战争危急"时才适用的。事实证明，在新政初期，罗斯福的权力大大超过了以往历届美国总统，也只有在这样的条件下，他才得以雷厉风行地连续出台了多项立法，扼制住了当时经济崩溃的局面。

正因为罗斯福要求人民赋予他近乎独裁的权力，他特别要申明对民主制的信仰，他说："我们并不怀疑这种至关重要的民主制乃是拥有光明前途的"，他清楚地知道，他的权力来自人民，"他们根据自己的需要，通过这次选举表明了自己的意向……他们选择我作为目前实现自己愿望的工具",他对此心怀感激。从1933年临危受命到1945年病逝于任上,罗斯福的确做到了不负重托,鞠躬尽瘁,死而后已。

罗斯福所领导的新政完成了一次政府职能的转变,它在两方面深刻地改变了美国的自由体制:一是政府对经济的干预,二是政府对人民福利的责任。从此以后,美国自由主义由古典进入现代,而美国政府在大萧条中的各种试验也启发了世界各国应对经济危机的手段。罗斯福成功地完成了美国人民托付给他的重任,既摆脱了经济危机的困扰,又保障了美国的自由体制,同时通过大胆的试验为自由主义引入了新元素,注入了新的活力。

(张媛)

富兰克林·罗斯福
四大自由
（1941）

……世界大战在一九一四年骤然爆发的时候，这场战争对我们美国本身的前途似乎仅有轻微的威胁。但是，随着时间的推移，美国人民开始体会到各民主国家的沦陷对我们美国的民主制度会意味着什么。

我们无须过分强调凡尔赛和约的缺陷。我们也无须反复谈论各民主国家处理世界性破坏问题的失败。我们应该记住，一九一九年的和约与早在慕尼黑会议以前就开始的"绥靖"相比，其不公正的程度要小得多；而在那力图向世界各大洲扩展的暴政新秩序下，这种"绥靖"仍在延续着。美国人民坚定不移地反对那种暴政。

每一个现实主义者都知道，民主的生活方式目前正在世界各地遭到直接的进攻——或者是武力的进攻，或者是秘密散布的恶毒宣传的进攻。散布这种宣传的是那些企图在仍然维持着和平的国家中破坏团结挑起不和的人。十六个月来，这种进攻已在数目惊人的一批大小独立国家中毁掉了整个民主生活的方式。进攻者仍在步步进逼，威胁着大大小小的其他国家。

……作为你们的总统，执行宪法加诸于我的"向国会报道联邦情况"的责任，我认为必须向你们报告，我们国家和我们民主政治的前途与安全，已经和远离我们国境的许多事件不可抗拒地牵连在一起了。

以武力保卫民主生存的战争，现正在四大洲英勇地进行。倘若这场保卫战失败，所有在欧洲、亚洲、非洲和澳洲的人口和一切资源，均将为征服者所控制。这些人口和资源合计起来，远超过整个西半球的全部人口和资源的总数——超过很多倍……

任何现实的美国人都不能期望从一个独裁者的和平中获得国际上的宽容，或真正独立的恢复，或世界性裁军，或言论自由，或宗教信仰自由，或者甚至公平的贸易。这样的和平绝不会给我们或者我们的邻国带来任何安全。"那些宁愿放弃基本自由以求一时安全的人，既不该享有自由，也不该得到安全。"……

我最近曾指出，现代战争可以多么迅速地将武装攻击带到我们的身旁，如果独裁国家打赢这场战争，我们就必须预计到这种攻击的到来……

当务之急是，我们的行动和我们的政策都应首先针对（几乎是专门针对）如何对付这种来自国外的危险，因为我们所有的国内问题现在都已成为这一迫在眉睫的问题的一个部分。正如在国内事务上，我们的国策是以尊重国门以内所有同胞的权利和尊严为基础，在外交事务上，我们的国策也以尊重所有大小国家的权利与尊严为依归。道德的公正原则最后将会并且也必然会获得胜利。我们的国策是：

第一，在明确表达公众意愿以及排除党派偏见的情况下，我们致力于全面的国防。

第二，在明确表达公众意愿以及排除党派偏见的情况下，我们决定对于任何地方反抗侵略致使战火没有燃到我们西半球来的所有英勇民族，予以全力支持。我们用这种支持，来表示我们对民主事业必胜的决心；我们要加强我国本身的防御和安全。

第三，在明确表达公众意愿以及排除党派偏见的情况下，我们决定声明，道德的基本原则和我们对本身安全的考虑，将永不容许我们默认由侵略者所支配和绥靖主义者所赞许的和平。我们知道，持久和平是不能以他人的自由为代价买来的……

新情况不断为我们的安全带来新的需要。我将要求国会大量增加新的

343

拨款并授权继续进行我们已开始的工作。

我也要求本届国会授予足够的权力与经费，以便制造多种多样的额外军需品与战争装备，供给那些现已与侵略国实际作战的国家。

我们最有效和最直接的任务，是充当他们和我们自己的兵工厂。他们不需人力，他们所需的是价值以十亿美元计的防卫武器。

用不了多久，他们即将无力用现款偿付这些防御武器。我们不能也不会只因为他们无力偿付我们知道他们必须拥有的武器，便告诉他们必须投降。

我不会建议由我们贷款给他们，再由他们用该款支付购买武器的费用——一种需用现金偿还的贷款。

我建议由我们设法使那些国家继续从美国取得作战物资，并使他们的订单与我们自己的计划配合起来。一旦时刻到来，他们的几乎全部军用物资都会有利于我们自己的防卫。

根据富有经验的陆海军权威的建议，并且考虑到什么是最有利于我们自身安全，我们可以自由地决定应该在国内保留多少，应该运给我们的外国朋友多少。他们坚定英勇抗敌，使我们赢得时间为我们自己的防卫作准备。

让我们对民主国家申明："我们美国人极为关怀你们保卫自由的战争。我们正使用我们的实力、我们的资源和我们的组织力量，使你们有能力恢复和维系一个自由的世界。我们会给你们送来数量日增的舰艇、飞机、坦克和大炮。这是我们的目标，也是我们的誓言。"为了实现这个目标，我们不会因独裁者的威胁而退缩不前，这些人认为我们对那些胆敢抵抗他们侵略的民主国家进行支援，是违犯国际公法，是战争行为……

未来几代美国人的幸福，可能要看我们如何有效而迅速地使我们的支援产生影响而定。没有人知道，我们要面对的紧急处境是属于怎样一种性质。在国家命脉临危的时候，国家的双手绝对不能受缚。我们全体都必须准备为那种和战争本身一样严重的非常时期的要求，做出牺牲。任何阻碍迅速而有效地进行防卫准备的事，都必须为国家的需要让路……

如同人们并非单靠面包生活一样，他们也并非单靠武器来作战。那些坚守我们防御工事的人以及在他们后面建立防御工事的人必须具有耐力和勇气，而所有这些均来自对他们正在保卫的生活方式所抱的不可动摇的信念。我们所号召的伟大行动，是不可能以忽视所有值得奋斗的东西为基础的。

美国民主生活的保持是与个人利害攸关的，举国上下，对于促使人民明白这一点而做的种种事情，都非常满意，并且从中汲取了巨大力量。那些事情使我们人民的气质坚强起来，重建了他们的信心，也加强了他们对大家准备保卫的各种制度的忠诚。当然，现在并非停止考虑各种社会和经济问题的时候，这些问题都是社会革命的根本原因，而这种革命则是今天世界的一个主要因素。

一个健全巩固的民主政治的基础并不神秘。我们人民对政治和经济制度所抱的基本期望十分简单。它们是：给青年和其他人以均等机会；给能工作的人以工作；给需要保障的人以保障；终止少数人享有的特权；保护所有人的公民自由权；在生活水平更普遍和不断提高的情况下，享受科学进步的成果。

在我们这个混乱和极端复杂的现代世界中，这些是决不应忽视的简单而基本的事项。我们的各种经济和政治体制的内在和持久的力量，取决于它们满足这些期望的程度。

有不少与我们社会经济有关的事项，需要立即改善。例如：我们应当使更多的公民得到老年退休金和失业保险的保障。我们应当扩大那种使人们得到充分医疗照顾的机会。我们应当制订一套更好的制度，使那些应当并需要获得有薪职业的人们能够就业。

我曾经号召大家作个人的牺牲。我已得到保证，几乎每个美国人都心

345

甘情愿响应我这个号召……

在我们力求安定的未来的岁月里，我们期待一个建立在四项人类基本自由之上的世界。

第一是在全世界任何地方发表言论和表达意见的自由。

第二是在全世界任何地方，人人有以自己的方式来崇拜上帝的自由。

第三是不虞匮乏的自由——这种自由，就世界范围来讲，就是一种经济上的融洽关系，它将保证全世界每一个国家的居民都过健全的、和平时期的生活。

第四是免除恐惧的自由——这种自由，就世界范围来讲，就是世界性的裁减军备，要以一种彻底的方法把它裁减到这样的程度：务使世界上没有一个国家有能力向全世界任何地区的任何邻国进行武力侵略。

这并不是对一个渺茫的黄金时代的憧憬，而是我们这个时代和我们这一代人可以实现的一种世界的坚实基础，这种世界，和独裁者想用炸弹爆炸来制造的所谓"新秩序"的暴政，是截然相反的。

对于他们那个新秩序，我们是以一种伟大的观念——道德秩序来与之相对抗的。一个优越的社会，是可以同样毫无畏惧地面对各种征服世界和在国外制造革命的阴谋的。

自美国有史以来，我们一直在从事改革——一种永久性的和平革命——一种连续不断而静悄悄地适应环境变化的革命——并不需要任何集中营或万人冢。我们所追求的世界秩序，是自由国家间的合作，以及在友好、文明的社会里共同努力。

这个国家，已把它的命运交到它千百万自由男女的手里、脑里和心里；把它对于自由的信仰交由上帝指引。自由意味着在任何地方人权都是至高无上的。凡是为了取得或保持这种权利而斗争的人，我们都予以支持。我们的力量来自我们的目标一致。

为了实现这一崇高的观念，我们是不获全胜绝不休止的。

* 译文选自《美国历史文献选集》，美国驻华大使馆新闻文化处，1985年。

罗斯福题为"四大自由"的演讲是1941年1月对国会的一次发言。当自由主义在全球都受到威胁的时刻，富兰克林·罗斯福重申了自由的价值，为处于经济萧条和政治彷徨的世界指明了方向，使处于战争深渊和战争危机边缘的人们明确胜利的希望和为之战斗的意义，巩固了美国的自由传统并为战后把自由价值推向全球做好了准备和铺垫。

有关这次演讲的背景起码有两个方面是值得注意的。第一是当时的国际背景。第二次世界大战并不是一次偶发事件，第一次世界大战结束时签订的凡尔赛和约未能平衡各个国家的利益，巨额的战争赔款和割地更是埋下了祸根，但引发第二次世界大战的根本原因还是1929年爆发的世界性经济危机。1920年代的世界原本就包含了许多不安定因素，一战结束以后留下的几个破碎的帝国分别走上了不同的探索之路。1922年建立的苏联正在尝试人类历史上最大胆、最激进的改革之时，遭遇了前所未有的经济困难，苏共政府由经济上的国家垄断最终走向政治独裁。同样，为了解决经济危机，德国人选择了GDP增长的魔术师——希特勒。希特勒创造了20世纪30年代的一个经济奇迹，从1932年到1937年，德国国民生产增长了102%，国民收入也增加了一倍。环顾在经济危机中苦苦挣扎的邻国，难怪就连一向理性冷静的德国人也为之倾倒。经济激增，加上希特勒利用凡尔赛和约中的不平等条款挑动了德国人狂热的爱国主义热情。事实证明，这种民族主义和爱国主义从一开始就被希特勒玩弄于股掌之间，并最终导向邪恶的用途而以德国人惨败收场。利令智昏，为了摆脱一时的经济困难，为了追求短暂的虚假繁荣，满足长期处于卑下地位的民族虚荣心而放弃了文明社会最基本的价值：自由和法治。德国人为此付出了惨重的代价。

但是1941年的世界还远远未看到这样的结局。相反，当时的苏联和希特勒签订了《苏德互不侵犯条约》，法西斯在欧洲气焰正炽，西班牙、意大利、德国结为轴心国，法国陷落，英国独力难支，眼看着自由和民主的政治生活方式将为独裁、专制和极权所取代。"存在即合理"，强权即正义，人们是否已经准备接受这样的命运？

当希特勒以亢奋的高音在全欧洲开足了舆论机器，为他的"奋斗"，为他的"国家社会主义"大加宣扬之时，罗斯福在美国国会心平气和的这次发言不啻是一剂头脑清醒剂。"四大自由"言简而意赅，于斯大林的红色恐怖和法西斯的乌烟瘴气之中，清明可见。

值得注意的第二个方面是美国国内的民情。20世纪以前的美国人是奉行"孤立主义"的国民，他们奉行华盛顿的卸任告诫，不愿卷入欧洲的是是非非。随着美国国力的强盛，把美国价值推向全球的意愿日益强烈，从门罗的美洲人事务论，到一战时威尔逊的全力斡旋，美国人已经开始意识到美国在国际上的地位和力量，正在等待一个合适的时机展现。但是要说服只关心国内事务，最关心当地事务的美国人卷入一场远在另一个大陆的战争绝非易事。尤其是美国人当时正后悔卷入第一次世界大战，这场在战前被吹捧为"结束一切战争的大战"被证明只是几大帝国争权夺利的产物，战后美国代表团颇具理想主义的提案未被采纳，国内的反战情绪更是高涨。

罗斯福深知他的首要任务是使美国人明白他们正在面临的危机的性质。他首先为美国人做了一道简单的算术题："倘若这场保卫战失败，所有在欧洲、亚洲、非洲和澳洲的人口和一切资源，均将为征服者所控制。这些人口和资源合计起来，远超过整个西半球的全部人口和资源的总数——超过很多倍……"而题目的答案一目了然："任何现实的美国人都不能期望从一个独裁者的和平中获得国际上的宽容，或真正独立的恢复，或世界性裁军，或言论自由，或宗教信仰自由，或者甚至公平的贸易。这样的和平绝不会给我们或者我们的邻国带来任何安全。"本着实用主义的精神，罗斯福敦促国会实施租借法案：美国将成为民主国家的兵工厂。

但是作为卓越的政治家，罗斯福更深切地知道，"人们并非单靠面包生活"，"他们也并非单靠武器来作战。"他必须为美国人提供为之战斗的理由和信念，这就是"四大自由"："第一是言论和表达意见的自由；第二是宗教信仰自由；第三是不虞匮乏的自由；第四是免除恐惧的自由。"

四大自由虽然是针对当时国际国内的情况提出的，但同时也是美国珍视自由传统的总结和逻辑发展。七十年以后回顾罗斯福当年提出的四大自由，深深觉得人类在追求自由的道路上，仍然是任重而道远。言论和表达的自由从来也没有真正地实现，在言论自由受到法律保障的国家，舆论被操纵、多数的暴政还仍然是表达自由的障碍；更遑论在许多国家和地区，言论和表达的自由得不到法律的保护，人类作为文明的社会动物的基本标志——思想和交流的自由被制度性地压制和剥夺。信仰自由本身就是思想自由最基本的一部分，在世俗权力日益强大，精神生活日益萎缩的后现代环境，重新拷问信仰的自由也许并非毫无意义。在经济全球化的今天，对资源的争夺日趋激烈，从占领华尔街的美国人到世界各地经济正义的呼吁呐喊之声，不禁让人心生疑窦：在一个文明的社会中，是否每个人都可能享有不虞匮乏的自由？如何才能让人们既不虞匮乏，又兼顾公平和正义？至于免除恐惧的自由，在"9·11"之后的世界又有了新的解读。

四大自由也许永远也无法在不完善的人类社会、不完美的人身上实现。但是在经济萧条、大战临近之际，罗斯福没有以利益相诱惑，以强权相威逼，以峻刑相威胁，却是重申了美国人一向追求的"自由"这一道德价值，加以理性的阐发，足见其政治立场。而美国人在连年萧条，他国作战，事不关己的情形之下，能坚守自由价值，做出正确的选择也体现了自由制度本身的成果——政治思想成熟的民情。在政治上，美国人没有向集权的倾向让步，对罗斯福的尊敬和推崇反而使他们对权力的集中更加警惕，在战后正式通过宪法修正案，规定总统连任不得超过两届。外交上没有明哲保身，而是积极地投身到自由保卫战中，在中国、英国等国家无法负担战争物资的情况下，大量甚至免费提供武器和其他供给，最后并派出军队赴世界各地参加反法西斯战争。经济上以危机为契机，把社会福利制度引入自由体制，加强了自由制度的根基。福利制度虽然有诸多不足，但毕竟为进一步的改进提供了一个基础。

（张媛）

哈里·杜鲁门
杜鲁门主义
（1947）

今天全世界面临的局势之严重，促使我不得不出席国会的两院联席会议。这里将谈到我国的外交政策和国家安全的问题。

我这次想请你们考虑和决定现今情势中的一个局面，它是跟土耳其和希腊有关的。

美国业已接到希腊政府有关财政和经济援助的紧急要求……

今天希腊这个国家的生存，受到共产党领导的数千武装人员恐怖活动的威胁，他们在很多地点，特别是沿着希腊北部边境，对抗政府的管辖……

希腊如果要成为一个自立自尊的民主国家，必须要有援助。而美国必须给予这种援助。我们已经给与希腊某种救济和经援，可是还不足够。民主希腊没有别的国家可以求助了。也没有别的国家愿意并能够为民主希腊政府提供所需要的支持……

希腊的邻邦——土耳其，也值得我们关注。土耳其将来要成为一个独立的和经济上健全的国家，这一前途，对于全世界爱好自由的各民族来说，其重要性显然不亚于希腊的前途……

土耳其在战后，曾向英国和美国要求更多的财政援助，目的在推行维持它的国家完整所必需的现代化规划。土耳其的国家完整，对于中东秩序的维持，是必不可少的……

正如希腊的情形一样，如果土耳其要得到它所需的援助，就得由美国供给它。我们是能够提供那种援助的唯一国家……

美国外交政策的主要目标之一，就是要造成一种局势，俾使我们和其他国家都能塑造出一种免于威胁的生活方式。在对德国和日本作战中，这是一个基本问题。我们的胜利乃是战胜那些想把其意志和生活方式强加在别国头上的国家。

为了保障各国和平发展，不受威胁，美国力主建立联合国。联合国的建立，在于使它的所有会员国都能享有永久的自由和独立。除非我们愿意帮助各自由民族维护他们的自由制度和国家完整，对抗想把极权政治强加于他们的那些侵略行动，否则我们将无从实现我们的各项目标。通过直接或间接的侵略强加在自由民族头上的极权政治，破坏了国际和平的基础，因而也破坏了美国的安全，这是显而易见的。

世界上许多国家的人民近来在违反其意愿的情况下，被迫接受极权政治。美国政府曾经屡次提出抗议，抗议在波兰、罗马尼亚和保加利亚使用压力和威胁，因为这违犯了雅尔塔协定。我还须指出，许多别的国家，也有相似的发展。

在世界历史的现阶段，几乎每一个民族都必须在两种生活方式之中选择其一。这种选择大都不是自由的选择。

一种生活方式是基于多数人的意志，其特点为自由制度，代议制政府，自由选举，个人自由之保障，言论与信仰之自由，免于政治压迫。

第二种生活方式基于强加于多数人头上的少数人意志。它所依靠的是恐怖和压迫，操纵下的报纸和广播，内定的选举和对个人自由之压制。

我相信，美国的政策必须是支持各自由民族，他们抵抗着企图征服他们的掌握武装的少数人或外来的压力。

我相信，我们必须帮助自由民族通过他们自己的方式来安排自己的命运。

我相信，我们的帮助主要是通过经济和财政的支援，这对于经济安定和有秩序的政治进程来说，是必要的。

世界不是静止的，而现状也不是神圣不可侵犯的。可是我们不能听任用诸如胁迫一类方法，或政治渗透一类诡计，违反联合国宪章来改变现状。美国帮助自由和独立的民族去维护他们的自由，将有助于联合国宪章的原则发挥作用。

我们只须看看地图，就明白希腊这个国家的生存和完整，从范围远为广大的局面看来，是非常重要的。如果希腊陷于掌握武装的少数人控制下，对它的邻国土耳其，就会有直接和严重的影响。混乱和骚动就可能遍布整个中东。

况且，欧洲有些国家的人民，一方面在治疗战时的疮痍，一方面排除万难，努力奋斗，维护他们的自由和独立，如果独立的希腊一旦消灭，对这些国家也会有严重的影响。

如果这些在非常不利的情势下奋斗已久的国家，居然失去他们为之付出重大牺牲的胜利成果，那真是难以言喻的悲剧。自由制度的崩溃和独立的丧失，不仅对于他们，而且对于全世界，都是一场灾难。那些正在竭力维护自由和独立的毗邻民族，很快就会为之气馁，还可能陷于失败。

如果我们在这个关系重大的时期不去帮助希腊和土耳其，其影响不仅殃及西方，而且远及东方。我们必须采取立即的和果断的行动……

极权政治的种子，是靠悲惨和匮乏滋养发育的。它们在贫穷和动乱的灾难土地上蔓延滋长。当一个民族对于较好生活的希望绝灭之后，这类种子便会长大成株。我们一定要使那种希望存在下去。全世界的自由人民期待我们支持他们维护自由。

如果我们在起领导作用方面迟疑不决，我们可能危及世界和平——而且一定会危及本国的繁荣昌盛。……

* 译文选自《美国历史文献选集》，美国驻华大使馆新闻文化处，1985年。

第二次世界大战结束后，参战各国大都遭受沉重打击，元气大伤。特别是作为西方资本主义代表的英国，长期的战争拖垮了经济，使其无法在短期内恢复国内秩序，这也影响其在整个西方资本主义阵营中的地位。由于英国无法继续向原本接受其援助的国家提供支援，西方苦心经营的联盟面临着解体的危险。与此同时，社会主义阵营在苏联的领导之下显得生机勃勃，其影响力逐渐扩大至整个欧洲。例如在经历过战争的法国和意大利，民众普遍贫穷，很多人对原有的资本主义方式产生了质疑，这就为共产党势力的增长提供了充分的土壤。而这些国家的共产党在战争期间的反抗斗争中起到的重要作用又使其声望急剧增长。在这些国家战后的选举中，共产党取得了普遍性的成功。在法国，共产党甚至一度成为议会第一大党。就这样，在资本主义的推力与社会主义的引力双重作用下，许多欧洲国家民心思变，国内形势如同山雨欲来风满楼，陷入了秩序重建前的混乱之中。那么谁能在战争之后接过英国的接力棒，挽资本主义这座大厦于既倒呢？在西方各国之中，美国有着独特的优势，由于战争没有直接在其本土上进行（夏威夷岛离北美大陆还有很长距离），同时战争中的军事需求又使得美国极力开动生产机器，从而刺激了经济的发展。所以，到战争结束时美国已经成为力量最强的西方国家，其国民生产总值从战前的997亿美元增加到2119亿美元，稳居世界第一。

一直以来，美国在外交上奉行的都是肇始于建国时期的孤立主义政策，一般不会轻易与他国结盟。但是随着国际形势的发展，国家之间依存度的加强，再加上"二战"的发生，使得美国越来越无法在国际事务中置身事外。1947年2月21日，英国政府向美国国务院发出照会，称由于经济困难，不能给希腊和土耳其两国提供经济和军事援助，并希望美国能够继续对两国加以援助。次月，时任美国总统的杜鲁门在国会两院联席会议上发表了一项国情咨文，主要内容是对社会主义阵营的诋毁，要求国会通过法案，对希腊和土耳其加以援手，以防止其发生社会主义革命。在杜鲁门的推动下，美国国会迅速通过了《援助希、土法案》，于1947年5月22日由杜鲁门签署实施。该法案决定向两国提供4亿美元的军事援助，后追加至6亿多美元。在美国政府的资助下，希腊的社会主义革命遭到了毁灭性的打击。早在1946年2月，希共领导的民主解放阵线就开展了反对希腊国内英美扶植的保皇势力的武装斗争，并取得了一定的胜利。但是到了1949年8月便失败了，大批党员和领导人流亡苏联和东欧国家，中央机构也移往国外，这就是杜鲁门主义的一个直接后果。在另一个风向标式的国家土耳其，国内的社会主义革命的形势虽然没有希腊蓬勃，但是苏联曾向土耳其政府提出要求，试图控制达达尼尔海峡，从而能将黑海和地中海连接起来，大大加强其战略威慑力。正是美国政府提供的援助最终使得土耳其拒绝了苏联的企图，化解了潜藏的危机。

杜鲁门主义的出发点在于遏制社会主义，巩固西方资本主义阵营。在咨文中杜鲁门宣称，世界已经分成了两个对立的阵营，分别代表两种不同的生活方式。一种是基于多数人的意志，特点是自由制度，代议政府，自由选举，个人自由之保障，言论与信仰自由，免于政治压迫；另一种则是基于强加于多数人头上的少数人意志。它依靠的是恐怖和压迫，操纵下的报纸和广播，内定的选举和对个人自由之压制。每个国家都面临着两种不同生活方式的选择，美国的职责在于支持各自由民族，帮助他们抵抗企图征服他们的掌握武装的少数人或外来的压力。从杜鲁门的措辞中不难看出，美国准备充当自由世界保护神的角色，以维护自由为己任，并借助强大的经济和军事实力来实现这一目的。为了强化其论点，杜鲁门以类似于"多米诺骨牌"效应作为理论依据，危言耸听般地描述了当时的国际形势。即如果希腊的社会主义革命成功，就会危及与其相距不远的土耳其，继而便是整个中东地区。即使在欧洲，一些经历了战争的国家正致力于秩序的恢复，如果希腊发生剧变就为这些国家树立了不好的榜样，他们也许会效仿希腊，走向社会主义，从而对西方阵营造成严重的打击。所以，美国应该接受英国的建议，改变以往的外交策略，对希、土两国进行援助，在世界范围内成为遏制社会主义的领导力量。在杜鲁门主义的倡导之下，美国迅速做出反应，增加对欧洲国家的援助。1947年7月开始的"马歇尔计划"（亦称"欧洲复兴计划"），成为执行杜鲁门主义的具体措施。按照该计划，美国在4年之内以金融、技术、设备等形式，向欧洲绝大部分国家提供了总额达130亿美元之巨的援助，这些援助在帮助欧洲国家摆脱困境的同时，也开启了"二战"后东西方在各个领域的全面对峙，在这方面杜鲁门主义可谓是始作俑者。

杜鲁门主义是美国对外政策的重大转折点，它与马歇尔计划共同构成了美国在"二战"后对外政策的基础。它的推行标志着美苏在"二战"中的同盟关系的结束及冷战的开始，也标志着美国作为战后第一大国的世界霸主地位的确立。在此后长达30年的时间内，杜鲁门主义一直作为美国对外政策的基本原则并起着支配性作用。

哈里·杜鲁门（1884—1972）出生于密苏里州一个商人家庭，高中毕业时，由于父亲经商失败，被迫放弃学业外出工作。"一战"爆发后，杜鲁门加入美国军队在法国作战，因军功升任陆军上尉。退伍后他开始从政，担任国会参议员并且连任。由于"二战"的原因，时任美国总统的罗斯福已三度连任。在第四任总统的竞选中，罗斯福邀请杜鲁门为搭档并成功当选。杜鲁门当选副总统3个月后，罗斯福因病去世。根据宪法，杜鲁门宣誓就职，成为美国第三十三任总统并且连任。在两届任期内除了提出杜鲁门主义之外，他还曾下令在日本广岛和长崎投放两颗原子弹，迫使日本无条件投降，结束了"二战"。此外，他于1950年1月24日介入朝鲜战争，这场备受争议的战争导致其声望下跌。任期届满后,他退居密苏里州的堪萨斯城,后罹患重病去世。

(汪凯)

厄尔·沃伦
对布朗诉托皮卡教委案的判决理由
（1954）

……黑人种族少年们，通过他们的法律代表寻求法院的帮助，争取在非隔离的基础上与白人儿童一样进入他们社区的公立学校上学。但是由于法律规定或容许种族隔离的做法，他们要求进白人儿童就读的学校，每次都遭到拒绝。这种种族隔离政策被认为是剥夺了原告根据第十四条修正案享有的受法律平等保护的权利。在审理这些案件时，除了特拉华案外，都是由三位法官组成的联邦地方法院根据本院在审理普莱辛诉弗格森案时宣布的"隔离但平等"的原则（一八九六年）拒绝对原告解除那种规定。按照这个原则，只要各种族得到基本上平等的教育设施，即使这些设施是分开的，也应视作得到平等的待遇。在处理特拉华州一案时，特拉华最高法院坚持这个原则，但它却命令白人学校接纳原告入学，原因是这些学校较黑人学校优越。

原告们争论说，实行种族隔离的公立学校是不"平等"的，也不可能使其"平等"，因此他们被剥夺了享有受法律平等保护的权利。这个问题显然是很重要的，因此本法院决定审理这个案件。

……下述调查结果表明，各案涉及的黑人和白人学校，就其校舍建筑、课程、教师的资历和薪金，以及其他"有形"因素而言，已经平等了，或者正逐步趋于平等。因此我们不能仅靠比较案件所涉的黑人和白人学校的这些有形因素来做出决定。我们必须注意到种族隔离本身对公共教育所产生的影响。

在处理这个问题时，我们不能开倒车，退到修正案通过的一八六八年去，也不能退到裁决普莱辛诉弗格森案时的一八九六年去。对于公共教育，我们必须根据其全面发展的情况，及其在当前美国生活中所处的地位来加以考虑。只有这样，我们才能确定公立学校实行的种族隔离政策是否剥夺了原告享有受法律平等保护的权利。

今天，教育也许是州和地方政府的一项最重要的职责。义务教育法和数额庞大的教育经费都表明，我们认识到教育在我们这个民主社会中的重要性。在履行我们最基本的社会职责时，甚至在军队服役，教育都是必要的。教育是良好的公民品德的真正基础。今天，它是使孩子们认识到文化的价值准则，为以后的专业训练做好准备，以及帮助他们正常适应环境的一种主要的手段。现在，能否合理地指望一个得不到教育机会的孩子在他的一生中有所成就，是值得怀疑的。国家已承诺提供这样的机会，因此它是必须让所有人都能在平等的基础上享受的权利。

我们再回到那个问题上来：将公立学校的孩子纯粹按种族隔离开来，虽然为他们提供的物质设施和其他"有形"因素可能是平等的，但这是否剥夺了少数民族孩子接受同等教育的机会呢？我们认为，这样做是剥夺他们接受同等教育的机会的。

在审理斯韦特诉佩因特案时……本院判决，一个实行种族隔离的黑人法律学校，不可能为他们提供平等接受教育的机会；这在很大程度上是根据"那些虽然不能具体估量但却能提高法律学校水平的种种因素"做出的结论。在审理麦克劳林诉俄克拉何马州当局一案时，法院提出，进入白人研究生院的黑人应与其他学生一视同仁，当时考虑的也是一些无形的因素，即"……他从事学习以及跟其他学生展开讨论和交换意见的能力，概言之，他学好专业的能力。"这样的因素更加适用于小学和中学的学生。仅仅因为种族不同就把黑人学生同其他年龄、条件相仿的学生隔离开来，会使他们产生一种以为自己社会地位低下的感觉，这种感觉可能在他们心灵和思想上留下难以医治的创伤。审理堪萨斯案的法院所作的判决，充分说明了种族隔离对黑人受教育机会的影响，但该法院仍不得不作出不利于黑人原告的判决：

"在公立学校里，将白人孩子和有色人种的孩子隔离开来的做法，对有色人种的孩子造成了一种有害的影响。由于种族隔离得到法律的认可，这种影响变得更加严重；因为种族隔离政策往往被理解为表明黑人低劣。自卑感影响一个孩子的学习积极性。因此，得到法律认可的种族隔离政策会阻碍黑人孩子在教育和心理上的发展，使他们得不到在不同种族合校的制度下所能得到的一些好处。"

不论判决普莱辛诉弗格森案时掌握了多少心理知识，现代法律权威是充分支持这一判决的。普莱辛诉弗格森案的判决措辞中，凡是与此判决相违的，均被否定。

我们得出结论，在公共教育领域里"隔离但平等"的原则是行不通的。互相隔离的教育设施本身就是不平等的。因此我们裁定，本案原告和提出诉讼而处境与此相似的其他人，由于受所述种族隔离之害，已丧失了第十四条修正案所确认的受法律平等保护的权利……

---

* 译文选自《美国历史文献选集》，美国驻华大使馆新闻文化处，1985年。

南北战争以后，为了确保刚刚获得解放的黑人奴隶被承认为美国公民，并使各州给予他们正当权利，美国国会于1866年提出了宪法第十四条修正案，并于1868年批准生效。该法案第一项规定为："凡在合众国出生或加入合众国国籍而受其管辖的人，均为合众国及其各居住州的公民。各州皆

不得判定或施行任何剥夺合众国公民的特权或豁免的法律。各州也不得未经正当的法律手续，即行剥夺任何人的生命、自由或财产。并不得在其辖境内拒绝任何人享受法律的同等保护。"

然而该法案自颁布实施以来，在全美各地，尤其是在南方各州，却普遍遭到曲解。1896年联邦最高法院对"普莱辛诉弗格森"一案的裁决，处理的虽然是公共交通问题，但此判决所创制的"隔离但平等"的法律原则在长达半个世纪的时间里却产生了广泛的影响，直到1954年沃伦法院对布朗诉托皮卡教委案的判决。

布朗是一位黑人牧师，住在美国堪萨斯州中西部一个叫托皮卡的小镇。布朗居住的地区以白人为主，而根据该州的法律，他的女儿琳达只能在黑人学校上学。布朗一向与世无争，但一想到女儿要顶风冒雨，穿越铁路去离家20个街区远的小学上学，他再也沉不住气了。布朗决定将当地公立学校的主管机构——托皮卡教育委员会告上法庭。并要求取缔在托皮卡的公立学校中长期实行的种族隔离。

地方法院驳回了布朗的申诉，判决托皮卡教委胜诉。布朗不服，将官司上诉到了联邦最高法院。最高法院的九名大法官在此案中观点也不尽相同，甚至还分成了针锋相对的两派。后来经过长达两年的辩论和审理，并经过首席大法官的人事更迭，最终由新任首席大法官厄尔·沃伦宣判："仅仅根据肤色、种族和出身而把黑人孩子与其他同年龄资格的人分出，会给人产生一种据其地位加以判断的等级差别感，这会以一种极难且根本无法弥补的途径影响他们的心灵和思想……由此，在公立学校中只依种族而把孩子们相隔离……是否剥夺了处于小团体的孩子们获得平等教育机会？我们认为确实如此。"

布朗案判决是美国司法史上的一次历史性判决。该判决以社会学家和心理学家关于种族隔离教育的科学调查为基础，宣布种族隔离教育是"对平等法律保护的否认"。在沃伦大法官看来，教育是州和地方政府一项最重要的职责。教育是良好的公民品德的真正基础，它使孩子们认识到文化的价值准则，为以后的专业训练做好准备，并帮助孩子们能够正常适应环境，在民主社会中承担起合格公民的责任和义务。而一个得不到平等机会的孩子在他的一生中是否也能有所成就，显然大可怀疑。他的观点是"国家已承诺提供这样的机会，由此它是必须让所有人都能在平等的基础上享受的权利。"

沃伦坚信，在公立学校，种族隔离往往被理解为表明黑人低劣，而自卑感又极大地影响一个孩子的学习积极性。因此，他亲笔书写了判词"互相隔离的教育设施本身就是不平等的"——所谓"隔离但平等"的法律原则也由此被完全推翻。

布朗案判决的直接结果是美国21个州被迫取缔了公立学校教育中的种族隔离制度，而本案所产生的历史意义又远过于此。它所创制的法律原则很快被实施判例法的美国司法界应用到其他领域，为摧毁在当时美国社会各行各业普遍施行的种族隔离制度提供了重要的法律依据。到1960年代，沃伦法院终于"将拖延已久的法律面前人人平等的原则扩及美国黑人"，种族隔离制度也在法律上被彻底埋葬。

有论者指出，沃伦对布朗案的判决一方面重新启动了宪法第十四条修正案的平等法律保护条款，另一方面实际上也是将平等确立为美国文明发展第三阶段的主题（前面两个阶段分别为争取政治自由和经济自由）——而这里所强调的平等并不是结果的平等而是机会的平等，即所谓条件的平等。此判决不仅直接影响促进了20世纪60年代黑人"民权运动"的高涨，而且也推动美国的民权事业由黑人民权而起向着更广泛、更高级的普遍民权发展。其中包括：重新激活马歇尔关于"活宪法"的主题；逐步实现《权利法案》的联邦化；大大推进平等法律保护的范围、层次和深度；在司法中引入所谓积极民主概念等等。其中对隐私权、弱势群体、象征性言论、对公共事务的公开讨论等公民平等法律保护的具体措施是尤其值得关注。

基于上述法律原则的一系列民权保护案例判决,不仅符合民众平等的诉求,也顺应美国民主社会发展的前进方向。沃伦大法官在民众中享有极高的声望,他所领导的法院也被民众亲切地称为"人民的法院"。

厄尔·沃伦(1891—1974)出生于加利福尼亚洛杉矶,父亲是挪威移民,母亲是瑞典移民。他在加州伯克利获本科(1912)和法学学位(1914)。从法学院毕业后,在私人律师所工做了5年。1942年,沃伦以共和党身份当选加利福尼亚州长,并在1946和1950年连任两届。他在经济方面工作出色,为1960年代加州近20年繁荣奠定了基础;并在加州建立了声望卓著的公立大学系统,为加州人提供了质高价廉的高等教育服务。

1948年,沃伦曾作为副总统候选人和托马斯·杜威搭档参加美国总统大选,但以微弱的差距败给杜鲁门。1953年首席大法官文森患心肌梗塞去世后,艾森豪威尔总统提名沃伦担任首席大法官,但让人意外的是沃伦比人们预料的更加倾向于自由派,在任期间做出了美国司法史上包括布朗案在内一系列里程碑式的判决。据说总统是如此懊恼,以至于在公开场合宣称:"提名沃伦是(他)一生中所犯的最愚蠢的错误。"

(杨靖)

约翰·肯尼迪
总统就职演说
（1961）

首席大法官先生，艾森豪威尔总统，尼克松副总统，杜鲁门总统，尊敬的牧师，同胞们：

今天，我们所举行的并不是一次庆祝政党胜利的仪式，而是自由的庆典；它所象征的不仅是一个开端，而且也是一个时代的终结；它所意味的不仅是变动，而且也是一次更新。因为我已经在你们和全能的上帝面前宣读了庄严的誓词，这一誓词与我们的先辈在将近一百七十五年前所规定的完全一样。

当今的世界已经发生了天翻地覆的变化，因为人类手中所掌握的力量，既可消灭形形色色的贫困现象，也能摧毁各式各样的人类生活。我们的先辈曾为之战斗的那个革命信念，在今天的世界各地仍然是个有争论的问题；这个信念就是，人类的各项权利并非来自国家的慷慨恩赐，而是来自上帝之手。

今天，我们不敢忘记我们乃是第一次革命的继承者。我们要在此时此地向我们的朋友和我们的敌人同时宣告：火炬已经传给新一代美国人；这一代人出生于本世纪，受到了战争的锻炼，经历了充满艰难困苦的和平的磨砺，深为自己悠久的传统而自豪；因而他们不愿意看到、更不允许那些人类权利遭到逐渐剥夺，我国人民曾经为这些权利奋斗不已，今天我们也要承诺在国内和在全世界维护这些权利。

对不论是希望我们吉星高照还是对我们怀有恶意的世界各国，我们都要让他们知道，为了保障自由的生存和胜利，我们将不惜付出任何代价，承担一切重担，面对任何艰难困苦，支持任何朋友和反对一切敌人。

这就是我们所做出的保证。但我们的承诺并不仅止于此。

对于与我们有着共同的文化与精神渊源的各个老盟友，我们保证做一个可信的朋友，从来忠诚不贰。只要我们团结一致，就能进行多种合作，克服重重险阻，而且无往不胜。一旦四分五裂，我们就会一事无成，因为一个内讧四起和一盘散沙的阵营，绝不能够迎接强有力的挑战。

对于那些我们欢迎进入自由行列的新兴国家，我们要告诉他们：一种形式的殖民统治终结以后，决不应当仅仅代之以一种有过之而无不及的铁腕暴政。我们并不期望这些国家总是拥护我们的观点，但是我们却希望他们坚强地维护他们自己的自由，并牢记历史的教训，因为过去有些人为了追逐权力，不惜愚蠢地骑在老虎背上，最后落得个丧命虎口的下场。

对于那些生活在茅舍的居全球人口之半的各族人民，在他们争取砸碎大众苦难的镣铐的斗争中，我们保证竭尽全力帮助他们自救，不论时间多长我们都一如既往；我们这样做并不是因为共产党人可能插手此事，也不是为了赢得他们的支持，而是由于这是正义的事业。一个自由的社会如果没有能力帮助众多的穷人，也就不能维护为数不多的富人。

对于我国疆界以南的各姊妹共和国，我们做出特殊的保证：在为了进步事业而结成的新联盟中，我们要把美好的言辞化作美好的行动，帮助那些自由的人们和自由的政府挣脱贫困的锁链。这场充满希望的和平革命，绝不能够变成敌对势力的猎物。我们要正告我们所有的邻国，我们将和他们携手合作，一起反对在美洲任何地方发生的侵略和颠覆活动；我们也要正告其他各国，西半球的事情应由西半球的国家自己做主。

对于联合国这一世界各主权国家汇聚一堂的组织，我们再次保证给予支持，使之不至于变成一个纯粹谴责谩骂的论坛，使之更加有力地保护新兴国家和弱小国家，扩大其决议的行使领域。这是因为，在我们的时代战争工具的发达程度大大超过和平手段，而联合国则寄托着我们最后的美好希望。

最后，对于那些可能有意与我们为敌的国家，我提出的不是保证，而是要求。我们要求：趁着那种由科学释放出的可怕的毁灭性力量，尚未在一场有计划的或偶然发生的自我毁灭中吞噬全人类之前，双方应当重新开始寻求和平。

我们切不可以自己的虚弱来诱使这些国家轻举妄动。因为只有我们所拥有的武装力量充足强大且不容置疑，我们才能确保永不动用这些武装力量。

但我们目前的局面，使两大国家集团中的任何一方都无法高枕无忧，因为双方都因现代武器的开支而负担过重，双方都有理由为致命的核武器不断扩散而深感不安。然而双方仍在力争打破核恐怖的均势，实际上正是这一均势阻止了人类最后一场战争的爆发。

因此，让我们双方重新开始，并且记住：以礼相待并不等于软弱，诚意终须接受检验。我们决不出于畏惧而谈判，但我们决不畏惧谈判。

让我们双方探讨那些使我们趋于一致的问题，而不纠缠于那些使我们产生分歧的问题。

让我们双方首次采取行动，制定核查和控制军备的认真而精确的方案，把足以毁灭其他国家的绝对力量，置于所有国家的绝对控制之下。

让我们双方都设法用科学创造奇迹，而不是制造恐怖。让我们一起探索星球，征服沙漠，根除疾病，探测深海，鼓励艺术和贸易的发展。

让我们双方携起手来，在地球的每一处都听从以赛亚的遗命："解下轭上的索，使被欺压的得自由。"

倘若一缕合作的阳光即可冲散满天的疑云，那么就让我们双方携手开展新的努力，不为寻求新的均势，而是创造一个有法可依的新世界。在这个世界里，强国公正待人，弱国安全无忧，和平得以长存。

所有这一切不会在我就职后一百天即大功告成，也不会在一千天之内实现；本届政府在任期内或许难以完成这一切，甚至我们在有生之年都不能见到最终的结果。但是，让我们着手行动吧！

我的同胞们，我们事业的最后成败，与其说取决于我一个人，不如说掌握在你们的手中。自我国建立以来，每一代美国人都曾听从召唤来证实自己对祖国的忠诚。那些响应号召为国捐躯的美国青年，把忠骨埋葬在全球各地。

现在号角已经吹响，又一次向我们发出了召唤。这次不是号召我们拿起武器，虽然我们需要武器；不是号召我们奔赴战场，尽管我们已经整装待发；这次是号召我们肩负起一场漫长而前景未明的斗争重任。在这场年复一年的斗争中，我们为"希望而欢欣鼓舞，遇到艰难困苦则保持耐心"，因为这场斗争反对的乃是人类的共同敌人，那就是暴政、贫穷、疾病和战争。

我们能否结成一个包括东西南北各方的全球性大联盟以战胜这些敌人、确保全人类共享更加果实累累的生活呢？你们愿意参与这一历史性的事业吗？

在漫长的世界历史进程中，只有为数不多的几代人生逢其时，在自由处于生死存亡的危急关头得以担负捍卫自由的使命。我要迎接这一重任，决不退缩不前。我相信我们中间没有人愿意与其他国家或其他时代的人民调换位置。我们为这一事业所献出的精力、信念和忠诚，必将照亮我们的国家和一切为国家效力的人们，而且这一火焰放出的光芒，能够真正照亮全球。

正缘于此，我的同胞们，请不要问你们的国家能为你们做些什么，而应问一问你们能为你们的国家做些什么。

全世界的同胞们，请不要问美国将会为你们做些什么，而应问一问我们大家一起能为人类的自由做些什么。

最后，不管是美国公民还是世界各国的公民，也可在此要求我们付出同样高标准的力量和牺牲，正如我们所要求于你们的一样，我们唯一有把握的报答就是问心无愧，我们所作所为的最后裁决者就是历史。让我们挺身而出，带领我们所热爱的祖国奋勇前进。我们祈求上帝的庇护和帮助，但我们知道，上帝在这个尘世的工作，必定就是我们自己的事业。

（顾中行 章彤 译，李剑鸣 校）

---

* 译文选自《美利坚合众国总统就职演说全集》，李剑鸣、章彤编，天津人民出版社，1996年。

1947年3月，杜鲁门在国会两院联席会议上发表了国情咨文，要求国会通过法案对欧洲一些国家加以援手，以抵御来自社会主义阵营的威胁。该思想以及在其指导下的相关政策被称为"杜鲁门主义"，它成了"冷战"的开端。自此，以美国为首的西方资本主义国家，和以苏联为首的社会主义国家两个阵营之间开展了一场政治、经济、军事、外交、文化以及意识形态全方位的对抗。从20世纪50年代中期开始，苏联的国家实力得到了充分的恢复和发展，并且确立了对东欧的控制。在这种情况下，苏联的外交政策开始外向化，对美国的地位发起了挑战，战后世界格局也由此进入了"美苏争霸"的阶段。

1960年1月，时任美国参议员的民主党人约翰·肯尼迪宣布参加总统大选，他的对手是阅历丰富且老谋深算的共和党副总统尼克松。当时，电视媒体首次在总统竞选辩论中出现。外形俊朗、能言善辩的肯尼迪很快占得先机。经过四场电视辩论会后，肯尼迪成功击败尼克松，成为美国第35任总统。1961年1月20日，肯尼迪宣誓就职，并且发表了著名的就职演说，全面阐述了其当政之后在内政外交方面的策略和指导原则。

与其他总统的演说类似，肯尼迪的就职演说篇幅不长，也没有引经据典、侃侃而谈，但是它的政治思想明显，观点明确，具有强烈的针对性。该文结构清晰，可以从四个部分来把握。在第一部分，肯尼迪主要阐述了其政策的基本目标，即高举自由的火炬，支持盟友，反对敌人。一直以来，美国都把自己当作自由世界的领导者，肩负着引领各国追求民主、自由的重任。但是，随着世界形势的改变，以苏联为代表的社会主义国家逐渐崛起，美国不再像以前那样振臂一呼，应者无数了。同时，由于军事、科技等的发展，人类已经拥有足以毁灭世界的能力，"冷战"中的对峙双方在核武器阴云的笼罩下都不敢轻举妄动，这种力量是将为善抑或为恶，都在于各方的审时度势。因此，在第二部分中，肯尼迪首先向美国的坚定盟友做出承诺，要维护团结，彼此忠诚，在世界事务中全力合作。对于那些愿意加入西方阵营的国家，美国则会继续对它们加以援手，不让其回到从前。在这里肯尼迪指的是受惠于"马歇尔计划"的希腊、土耳其等国，美国的援助使这些国家最终没能走向社会主义道路。在谈及潜在的盟友时，肯尼迪还特别提到了美洲国家，因为这关系到美国的国家利益。早在1823年，詹姆斯·门罗总统就提出了"门罗主义"，将列强的势力排除在美洲之外，肯尼迪继承了门罗的政治遗产，继续强化美国在本地区事务中的地位。此外，肯尼迪还强调了联合国的功能和作用，认为联合国应该是各国和平探讨事务的地方，而不是相互攻讦的场所。

在演说的第三部分，肯尼迪向美国的敌对方表达了立场，这是几部分中篇幅最长的。与对盟友做出承诺不同的是，肯尼迪对这些国家提出了要求，措辞较强硬。面对愈演愈烈的军备竞赛带来的潜在危险，对立各方都不敢等闲视之，肯尼迪呼吁双方要竭尽所能地寻求和平。但和平并非通过软弱而获得的，所以肯尼迪强调："我们决不出于畏惧而谈判，但我们决不畏惧谈判。"肯尼迪还提出了进行军备控制的倡议，要求各国将军备置于所有国家的绝对控制之下。事实上，肯尼迪的担忧并非没有道理，1962年便发生了"古巴导弹危机"，差点引发了全球范围的军事冲突。尔后，在肯尼迪的提议下，美苏两国签署了禁止核武器试验的条约，并且在白宫和克里姆林宫之间开通了一条直通电话线，以便两国领导人在紧急关头交换意见，从而避免了盲目的冲突，这些都是就职演说思想的体现。肯尼迪深知实现和平的艰巨性，他明白和平不是一蹴而就的，在他的任期内甚至是他们的有生之年也许都无法实现，但是他强调"让我们着手行动吧"！至此，肯尼迪话锋一转，将演讲的对象变为全体美国民众，这是演说的最后一部分。他以美国历史上重大事件中牺牲的人士为例，号召美国民众忠诚为国，要怀有牺牲精神，时刻为国家而战。肯尼迪说："我的同胞们，请不要问你们的国家能为你们做些什么，而应问一问你们能为你们的国家做些什么。"这一段是演说最精彩的部分，肯尼迪将自己的口才发挥得淋漓尽致，让听众深深沉浸在其中。

1961年的就职演说明确了肯尼迪就任后的施政方针，对世界形势起到了重要作用，以此为指导，肯尼迪政府在内政外交方面均有所建树。除了化解"古巴导弹危机"，改善与苏联的关系以外，肯尼迪还处理了国内根深蒂固的种族问题，他于1963年6月草拟了民权法案并交由国会表决，第二年顺利通过，保障黑人在法律上享有与白人同等的权利。在他的任内，美国的太空实验计划得以全面展开，开始了与苏联在太空领域的竞争。正是由于肯尼迪的远见，美国于1969年登月成功，在太空竞赛中取得了领先地位。肯尼迪还于1963年访问了柏林，在柏林墙外发表了演讲，呼吁各方摒弃敌对态度，给予民众自由。这些也都是其就职演说思想的具体体现。

约翰·肯尼迪（1917—1963）出生于马萨诸塞州一个富裕的爱尔兰家庭，其父是一位成功的银行家和政治家，曾任小罗斯福总统内阁的驻英大使。肯尼迪年轻时就读于哈佛大学并获得政治学学士学位，后在斯坦福大学继续学习，期间加入美国海军，并被派至南太平洋战场。由于受伤，肯尼迪回国接受治疗并退役。他曾分别当选美国国会众议员和参议员，在此期间他利用访问欧洲的机会撰写了《勇敢者的画像》，该书荣获 1957 年的普利策奖。1960 年，年仅 43 岁的肯尼迪参加美国总统大选，在电视辩论中赢得了选民的支持，以微弱优势击败尼克松，成为美国第一位天主教徒总统。1963 年 11 月 22 日，肯尼迪在得克萨斯州达拉斯市进行连任竞选时，被刺客暗杀。肯尼迪家族是美国近代最显赫的家族之一，也最具传奇色彩，家族中有多位重要成员死于意外，让人嗟叹不已，但是毫无疑问，肯尼迪及其家族至今仍对美国社会产生着重要的影响。

（汪凯）

马丁·路德·金
我有一个梦想
（1963）

一百年前，一位伟大的美国人签署了解放黑奴宣言，今天我们就是在他的雕像前集会。这一庄严宣言犹如灯塔的光芒，给千百万在那摧残生命的不义之火中受煎熬的黑奴带来了希望。它之到来犹如欢乐的黎明，结束了束缚黑人的漫漫长夜。

然而一百年后的今天，我们必须正视黑人还没有得到自由这一悲惨的事实。一百年后的今天，在种族隔离的镣铐和种族歧视的枷锁下，黑人的生活备受压榨。一百年后的今天，黑人仍生活在物质充裕的海洋中一个穷困的孤岛上。一百年后的今天，黑人仍然畏缩在美国社会的角落里，并且意识到自己是故土家园中的流亡者。今天我们在这里集会，就是要把这种骇人听闻的情况公之于众。

就某种意义而言，今天我们是为了要求兑现诺言而汇集到我们国家的首都来的。我们共和国的缔造者草拟宪法和独立宣言的气壮山河的词句时，曾向每一个美国人许下了诺言。他们承诺给予所有的人以生存、自由和追求幸福的不可剥夺的权利。

就有色公民而论，美国显然没有实践她的诺言。美国没有履行这项神圣的义务，只是给黑人开了一张空头支票，支票上盖着"资金不足"的戳子后便退了回来。但是我们不相信正义的银行已经破产。我们不相信，在这个国家巨大的机会之库里已没有足够的储备。因此今天我们要求将支票兑现——这张支票将给予我们宝贵的自由和正义的保障。

我们来到这个圣地也是为了提醒美国，现在是非常急迫的时刻。现在绝非侈谈冷静下来或服用渐进主义的镇静剂的时候。现在是实现民主的诺言的时候。现在是从种族隔离的荒凉阴暗的深谷攀登种族平等的光明大道的时候。现在是向上帝所有的儿女开放机会之门的时候。现在是把我们的国家从种族不平等的流沙中拯救出来，置于兄弟情谊的磐石上的时候。

如果美国忽视时间的迫切性和低估黑人的决心，那么，这对美国来说，将是致命伤。自由和平等的爽朗秋天如不到来，黑人义愤填膺的酷暑就不会过去。一九六三年并不意味着斗争的结束，而是开始。有人希望，黑人只要撒撒气就会满足；如果国家安之若素，毫无反应，这些人必会大失所望的。黑人得不到公民的权利，美国就不可能有安宁或平静。正义的光明的一天不到来，叛乱的旋风就将继续动摇这个国家的基础。

但是对于等候在正义之宫门口的心急如焚的人们，有些话我是必须说的。在争取合法地位的过程中，我们不要采取错误的做法。我们不要为了满足对自由的渴望而抱着敌对和仇恨之杯痛饮。我们斗争时必须永远举止得体，纪律严明。我们不能容许我们的具有崭新内容的抗议蜕变为暴力行动。我们要不断地升华到以精神力量对付物质力量的崇高境界中去。

现在黑人社会充满着了不起的新的战斗精神，但是我们却不能因此而不信任所有的白人。因为我们的许多白人兄弟已经认识到，他们的命运与我们的命运是紧密相连的，他们今天参加游行集会就是明证。他们的自由与我们的自由是息息相关的。我们不能单独行动。

当我们行动时，我们必须保证向前进。我们不能倒退。现在有人问热心民权运动的人："你们什么时候才能满足？"

只要黑人仍然遭受警察难以形容的野蛮迫害，我们就绝不会满足。

只要我们在外奔波而疲乏的身躯不能在公路旁的汽车旅馆和城里的旅馆找到住宿之所，我们就绝不会满足。

只要黑人的基本活动范围只是从少数民族聚居的小贫民区转移到大贫民区，我们就绝不会满足。

只要密西西比仍然有一个黑人不能参加选举，只要纽约有一个黑人认为他投票无济于事，我们就绝不会满足。

不！我们现在并不满足，我们将来也不满足，除非正义和公正犹如江海之波涛，汹涌澎湃，滚滚而来。

我并非没有注意到，参加今天集会的人中，有些受尽苦难和折磨；有些刚刚走出窄小的牢房；有些由于寻求自由，曾在居住地惨遭疯狂迫害的打击，并在警察暴行的旋风中摇摇欲坠。你们是人为痛苦的长期受难者。坚持下去吧，要坚决相信，忍受不应得的痛苦是一种赎罪。

让我们回到密西西比去，回到亚拉巴马去，回到南卡罗来纳去，回到佐治亚去，回到路易斯安那去，回到我们北方城市中的贫民区和少数民族居住区去，要心中有数，这种状况是能够也必将改变的。我们不要陷入绝望而不克自拔。

朋友们，今天我对你们说，在此时此刻，我们虽然遭受种种困难和挫折，我仍然有一个梦想。这个梦想是深深扎根于美国的梦想中的。

我梦想有一天，这个国家会站立起来，真正实现其信条的真谛："我们认为这些真理是不言而喻的：人人生而平等。"

我梦想有一天，在佐治亚的红山上，昔日奴隶的儿子将能够和昔日奴隶主的儿子坐在一起，共叙兄弟情谊。

我梦想有一天，甚至连密西西比州这个正义匿迹，压迫成风，如同沙漠般的地方，也将变成自由和正义的绿洲。

我梦想有一天，我的四个孩子将在一个不是以他们的肤色，而是以他们的品格优劣来评价他们的国度里生活。

我今天有一个梦想。

我梦想有一天，亚拉巴马州能够有所转变，尽管该州州长现在仍然满口异议，反对联邦法令，但有朝一日，那里的黑人男孩和女孩将能与白人男孩和女孩情同骨肉，携手并进。

我今天有一个梦想。

我梦想有一天，幽谷上升，高山下降，坎坷曲折之路成坦途，圣光披露，满照人间。

这就是我们的希望。我怀着这种信念回到南方。有了这个信念，我们将能从绝望之岭劈出一块希望之石。有了这个信念，我们将能把这个国家刺耳的争吵声，改变成为一支洋溢手足之情的优美交响曲。

有了这个信念，我们将能一起工作，一起祈祷，一起斗争，一起坐牢，一起维护自由；因为我们知道，终有一天，我们是会自由的。

在自由到来的那一天，上帝的所有儿女们将以新的含义高唱这支歌："我的祖国，美丽的自由之乡，我为您歌唱。您是父辈逝去的地方，您是最初移民的骄傲，让自由之声响彻每个山岗。"

如果美国要成为一个伟大的国家，这个梦想必须实现。让自由之声从新罕布什尔州的巍峨峰巅响起来！让自由之声从纽约州的崇山峻岭响起来！让自由之声从宾夕法尼亚州阿勒格尼山的顶峰响起来！

让自由之声从科罗拉多州冰雪覆盖的落基山响起来！让自由之声从加利福尼亚州蜿蜒的群峰响起来！不仅如此，还要让自由之声从佐治亚州的石岭响起来！让自由之声从田纳西州的瞭望山响起来！

让自由之声从密西西比的每一座丘陵响起来！让自由之声从每一片山坡响起来。

当我们让自由之声响起来，让自由之声从每一个大小村庄、每一个州和每一个城市响起来时，我们将能够加速这一天的到来，那时，上帝的所有儿女，黑人和白人，犹太教徒和非犹太教徒，耶稣教徒和天主教徒，都将手携手，合唱一首古老的黑人灵歌："终于自由啦！终于自由啦！感谢全能的上帝，我们终于自由啦！"

* 译文选自《美国历史文献选集》，美国驻华大使馆新闻文化处，1985 年。

在大多数人的心目中，马丁·路德·金（1929—1968）就是那篇著名的"我有一个梦想"。事实上，金代表的不仅仅是那个梦想，更是一场运动、一个年代以及一种精神。如今，他已被塑造成一位传奇人物。1986 年，每年一月份的第三个星期一被立法定为马丁·路德·金全国纪念日；许多道路、桥梁、街道以其名字命名；2011 年，在华盛顿纪念碑、林肯纪念堂与杰斐逊纪念堂之间树起了马丁·路德·金纪念碑。

金出生在南部一个浓厚宗教传统的家庭，祖辈都是浸礼会牧师。可以说，传教与宗教生活是其家庭生活的主要组成部分。在上摩尔豪斯学院期间，金开始正式接触社会学、哲学与宗教，包括新教自由主义。受当时校长本杰明·E.梅斯的社会正义思想与教育思想的影响，金萌生了将来从事牧师的愿望。在柯罗泽神学院上学期间，金又大量阅读了古典神学与哲学思想，并最终对个人权利、社会福音以及甘地思想发生了浓厚的兴趣。在甘地身上，金不仅找到了一种抵抗与社会变革的策略性武器，而且找到一种生活方式，原因在于甘地的非暴力伦理原则与他作为基督的追随者的宗教信念完全一致。

1955 年，蒙哥马利抵制公共汽车运动事件发生后，金被邀请发表维权演说。从此，金就被推上了民权领袖的地位。随后，金成立"南方基督教领袖会议"，不久便发展成为南方社会变革的组织基地以及南方黑人自由奋斗的最重要的政治机器。通过"南方基督教领袖会议""学生非暴力协调委员会""种族平等协会"等组织，金的非暴力、直接行动等思想逐渐深入人心。

1963年8月28日，面对聚集在华盛顿林肯纪念堂前25万"进军华盛顿"的游行人群，金做了"我有一个梦想"的演说。"演说结束时，全场男女泣不成声"，它不仅深深打动了"美国人集体良知""触动了成千上万人的心灵"，而且还"将一次曲折的游行变成一件重要的历史事件"。最终，美国国会于1964年通过《民权法案》，宣布种族隔离和种族歧视政策为非法。同年，金获得诺贝尔和平奖。

演说能有这样的震撼力，有几个因素。

一，"进军华盛顿"抗议活动为演说提供组织上与活动上的准备。活动由民权先锋A.菲利普·伦道夫于1962至1963年冬天发起，当时针对的是黑人在经济与社会上的不公平，活动的副标题是"为了工作与自由"。在随后的几个月里，"约有100个民权、劳工、宗教组织……同意支持运动"，包括全国有色人种进步协会、南方基督教领袖会议、学生非暴力协调委员会，并最终形成联盟，将运动的"重心放在民权问题上"。导致这一改变的直接原因是肯尼迪政府在民权立法上的不积极。另外，各地的抗议活动，如：1963年4、5月份金领导的亚拉巴马州伯明翰的抗议活动以及随后"至少在186个城市出现的758次游行"，也进一步推动了这场运动的发展。

二，"来自伯明翰监狱的信件"在思想与认识上为大众的接受提供了准备。该文是金写给伯明翰宗教领袖的公开信。共有八位宗教领袖指责金将非暴力带给了伯明翰。作为对谴责的回应，金提出基督教的信仰在本质上基于基督之爱；基督之寓意是希望与自由之寓意。金还大量使用《圣经》类比与暗喻，提出"民权问题首先是道德问题"，经济的不公源自社会的不公，而社会的不公又源自道德的不公，因而"经济的不公就是道德的不公"。金在信中将世俗问题与神圣宗教结合在一起，使广大公众认识到他不仅是位民权领袖而且还是位宗教精神领袖，这在很大程度上提升了金在全国的知名度。信中的思想基本上是"我有一个梦想"的前奏。

三，演说语言、结构优美。多种修辞手法的使用赋予了演说以音乐般的旋律与优雅,再加上金当天激情的演绎以及观众的热情,演说的气势、感染力以及震撼力几乎无与伦比。首先,演说中包含有大量的比喻,包括明喻与暗喻。例如:一开始金就使用了"种族隔离的镣铐""种族歧视的枷锁""物质充裕的海洋""穷困的孤岛"等生动比喻。此类比喻几乎贯穿整篇演说,尤其是第四段中的"支票"比喻,更是将经济不公与社会不公、将黑人要求社会正义与经济正义的普遍诉求结合在一起。其次,金大量使用了首语重复式的排比,如:"一百年后,黑人……""现在是……时候""我们不要……""只要……我们就决不满足""回到……""我梦想有一天""让自由……响起来"等。此类句子结构的重复使用一方面强化了思想主题,将黑人所遭受的歧视与不公、黑人的诉求、期盼与梦想连在一起,构成了演说的主题框架,另一方面又增强了语言的气势与表达的效果,大大提升了演说的艺术魅力。

四,演说融有多种不同的声音。首先,它重复着金以往布道与演说的辞令与主题,例如:"夏天""秋天""酒杯"的比喻,以及"种族歧视的枷锁""物质富裕中的贫困""现在是……时候"在"来自伯明翰监狱的信件"中都出现过。有学者将这种重复称为"声音的融合",其反复使用大大加强了金的思想在人们头脑中的穿透力与影响力。其次,金援引了先辈的语言以及奠基性的立国文献,如:林肯《葛底斯堡演说》中"一百年前"这一《圣经》词汇,《解放奴隶公告》《宪法》《独立宣言》这三大立国文献。这些援引的意义在于:一方面,金呼吁美国履行先辈最初的理念与承诺;另一方面,金旨在为黑人的"美国梦"提供神圣的保障,说明黑人的抗议既是正义的,又是符合"美国方式的"。除此之外,金还援引了《圣经旧约》中的语句,如《阿摩司书》第5章第24段(Amos 5:24)中的"愿公平如大水滚滚,使公义如江河滔滔"以及《以赛亚书》第40章第4、5段(Isaiah 40:4-5)中的"一切山洼都要填满,大小山冈都要削平,高高低低的要改为平坦,崎崎岖岖的必成为平原;耶和华的荣耀必然显现,凡有血气的,必一同看见",世俗的赞美诗"美国"以及黑人灵歌。这些神圣与世俗声音的融合进一步强调了金的梦想与诉求的本质:黑人的梦想与白人的梦想、美国的梦想以及神圣的基督福音是一致的。

面对黑人在美国社会所遭遇的隔离、歧视、不公,金呼吁美国进行改革,履行先辈的理念与承诺。作为一种激进的抗议辞令,金在不少学者眼中是位"旧约先知"式的人物。先知由上帝"召唤",旨在重续上帝与堕落的子民间的圣约,恢复圣约所要求的责任与美德。先知常出现在危难时刻,因而先知之音常有种紧迫感、威胁感。金在蒙哥马利事件后,临危受到"召唤"发表演说,之后组织领导民权运动,其演说中也常有种类似于先知之音的使命感与紧迫感。这种辞令方式常被看作是"黑人的哀诉",其最终目的不是为了指责,而是为了呼唤改革、传递希望、重振信心。

1968年4月4日,金在田纳西州孟菲斯市洛林汽车旅店遭暗杀身亡,年仅39岁。金一生追求非暴力,最终却成了暴力的牺牲品,这不免令人悲哀。值得庆幸的是,他为后人留下他的梦想与信念,人类为此会永远纪念他。

(张瑞华)

波特·斯图尔特
论出版自由
（1974）

……将近十年前，也就是在越战时期，人们才开始对全国存在的两个共生现象有所察觉：一是实证调查式的新闻报导，二是新闻界与联邦政府行政机构为"敌"。但直到短短的两年最终导致去年夏天总统的辞职后，我们才对以调查、对抗为己任的新闻界所能行使的巨大权力有了充分认识。

从我看到的民意测验结果表明，一些美国人坚信我们的前副总统和前总统是被傲慢而不负责的新闻界硬逼出了白宫，在这事件中新闻界无耻地僭用了专横的权力。很明显，尽管更多的美国人欣赏甚至欢迎新闻界揭露联邦政府最高层的不正当行为，但无论如何他们仍对此深感不安，因为在我们社会的政治体系中，新闻界所行使的这一权力在他们看来仍是非法的。相反……我认为近十年来，尤其是近两年来，美国新闻界所行使的职能与制宪者们在宪法第一条修正案里所表达的意愿完全吻合。

尽管报纸在我国的政治和社会生活中如此重要，令人惊讶的是，最高法院直至近日才被要求详细说明它们在政府结构中的合宪职责。

历史上关于新闻界的权利和特权之抗争屡见不鲜，但这些争论却极少进入最高法院。共和国初期对短命的客籍法和反颠覆法是否合宪有过争论，但从未提交至最高法院。以后半个世纪，关于新闻机构是否有权提倡废除奴隶制这个在当时具有颠覆性的观点，在全国引发了一场混乱。在伊利诺伊，一个出版人因为发表废奴主义观点而惨遭杀害。但这些历史事件均未涉及宪法第一条修正案，因为最高法院此前就认为《权利法案》只是针对联邦政府，而非州政府的侵权行为。第十四条修正案通过后，我国的宪法结构才有所调整。到20世纪20年代，最高法院确定第一条修正案适用于抵制所有政府的侵权行为，不仅包括联邦政府，还包括州政府和地方政府。

在接下来的五十年里，有关第一条修正案的诉讼纷至沓来，引发的相关书籍和文章不计其数。然而，无论这些案件还是那些相关的评论家们几乎都没有正视宪法对出版自由的保障。他们关注的是对言论自由的保障。法院所做的判决大多围绕孤立的个人及处于劣势的少数群体面对代表愤怒或惊恐的多数群体的政府权力相抗争的权利。那些年最高法院受理的案件中牵涉到的不外乎街头演说者、异议小册子作者及传福音者的权利。法院极少会被要求去确定出版机构的权利、特权或责任。

近几年来有关出版行业的案例终于开始进入最高法院。各类问题接踵而至，有时案件背景还甚为复杂。

在一系列的案件中，法院被要求明确出版自由保障抵御一个州的普通法或制定法中诽谤罪的限度。审判结果是一位公众人物不能轻而易举地以诽谤罪控告一名出版人，除非他能证实这位出版人恶意捏造了有损其利益的谎言。

法院还被要求判决一名新闻记者是否能依据第一条修正案享有不向大陪审团公开他所得机密消息的来源。经过有分歧的表决，法院认为在其审理的案情中不存在这一特权。

在另一个值得注意的案件中，司法部要求最高法院限制《纽约时报》及其他报纸发表所谓的《五角大楼文件》。这一要求遭到了法院的拒绝。

还有一例案件要解决的问题是，依据第一条修正案或其他法规，政治团体是否有权使用联邦政府规范的电台和电视台这两种广播频道进行宣传。最高法院给出的答案是否定的。

上次开庭时，最高法院需要对佛罗里达州的一条法规进行审查。这条法规要求报业团体授予他们所批评的政坛候选人以"答辩权"。法院一致认为这一法规与保证出版自由不符。

在我看来,最高法院对所有这些案件的处理一律反映了它对保障出版自由的理解,即出版自由实质上是宪法中一项具有结构性的条款。《权利法案》的其他条款所保护的几乎是个人的某些特定的自由或权利,如言论自由、礼拜自由、请辩护律师的权利、反对强制性自我定罪的特权,等等。相比而言,出版自由这项条款把它所保护的对象从个人扩展到了机构组织。总而言之,出版业是唯一受宪法明确保护的私有行业机构。

这一基本理解对避免一个有关宪法的错误至关重要。出版自由很容易仅仅被理解为报业团体受到表达自由的保障。他们无疑拥有这一自由,然而根据言论自由条款,不仅他们,我们所有的人,都依法被确保拥有这一自由。如果出版自由仅仅意味着表达自由,那么宪法中就出现了不必要的重复。从1776年至宪法起草期间,许多州宪法规定了保护出版自由的条例却没有承认普遍的言论自由。既然宪法第一条修正案包括了言论和出版这两种自由,那么我们的国父们必然清楚认识到了两者的区别。

还有一种观点也是错误的,就是认为宪法确保出版自由的唯一意图是保证报纸成为一个中立的论坛,一个"观点交易市场",一个社区的海德公园角。另一个相似的论点认为出版界是人民和他们选出的领导间一条中立的交流通道。这些观点在我看来都未能恰如其分地论述出版机构的真正自主性,而这才是宪法要确保的目的。

通过在联邦政府内设立三个权力机构,国父们特意营造了一种内部竞争制度。布兰代斯法官曾经说过:

> (国父们的)意图不是避免三者之间的摩擦,而是通过政府内部的三权分立以产生不可避免的摩擦,从而使人民免受独裁之灾。

宪法确保出版自由的主要意图与此相似，就是在政府之外建立第四个机构，从而对这三个官方机构加以额外的制衡。由约翰·亚当斯起草的马萨诸塞州宪法中出版自由这一条款开头就点明了这一点：

> 出版自由对保证州的安全是必不可少的。

我想，最贴切的比喻是第四政治团体。一百年前托马斯·卡莱尔的著作中关于英国政府的论述至今仍有不寻常的警示意义：

> 伯克说过，在议会里有三大政治团体，但是，在那边记者席上坐着的是比其他三者更重要的第四大团体。这不是什么比喻或妙语，而是不争的事实——而且近来对我们十分关键。

在我们独立革命前几个世纪，英国的出版行业都受到审批审查，还常以煽动诽谤罪被起诉。英国皇室深知自由的出版界决不可能是不同思想平衡争论的中立传媒。相反，它意味着对政府有组织的专业的审查。出版界就是有头脑的人的谋划，再加上人众势大。这种对政府权力的可畏的审查为英国皇室所惧怕——而这正是我们国父们决定冒险实施的。

我想，正是对宪法的这一理解为最高法院近期对出版机构的裁决提供了统一的原则。

先从诽谤案说起。出于实际考虑，政府三大分支的官员们不会因处理公务时所发表过的言论而被控以诽谤或中伤罪。这种豁免权的起源在宪法和习惯法中都能找到，其用意就在于确保政府能雷厉风行地执行公务。同样的基本推理也应该适用于出版业。相比之下，最高法院从未暗示个人能依据宪法给予的言论自由权豁免于遭诽谤或中伤的起诉。

在有些案例中，一些新闻记者声称他们拥有合宪的特权，可以不向大陪审团公开机密资料的来源，法院通过投票以五比四否决了他们的权利。如果把鲍威尔法官的赞成意见考虑进去的话，那选票可能就是四点五比四点五了。但如果出版自由仅仅意味着新闻记者的言论自由，那么关于记者们所坚持的保留信息权利的问题就不言而喻了。对于那些把大陪审团应知的信息提供给我们的人，我们任何人——作为个人——都不能依据"言论自由"拒绝把他们的身份透露给大陪审团。只有在这名记者代表着一个受保护的机构的情况下，这个问题才会变得不同。最高法院法官们在回答这个问题时意见分歧，这个问题并未不言自明。

有关所谓出版界"介入权"的案例又引发了另一个问题，那就是第一条修正案是否允许，或者准确地说是要求政府对新闻界进行规范，以此使其成为一个真正公平和开放的"观点交易市场"。最高法院的回答都是否定的。一家报社是否想要为辩论提供中立的交易市场，是它可以自由选择的，而且，在一定限度内，它的选择可能对其能否取得商业成功是必须的。但政府却无法依据宪法强迫报社进行选择。

最后，五角大楼文件一案牵涉到政府事务的机密性与公开性的界限问题。问题是，或其中的一个问题是，宪法本身是否对此有所限定。司法部请求最高法院在宪法中找出禁止发表那些据称是被偷窃的政府文件的相关根据。但法院最终并未有所发现。迄今为止，根据宪法，自主的出版界可以发表它所知的，同时，可以尽其所能去获悉各类信息。

但这一自主是双面的。一方面，出版界可以自由地反抗政府的隐瞒和欺骗行为。另一方面，它不能期望从宪法中获得任何成功的保证。根据宪法，它无权打探政府的某个信息，或向政府机构要求公开有关文件。公众了解政府的兴趣受到出版自由的保护，但这种保护是间接的。宪法本身既非信息自由法案也非政府机密法案。

换言之，宪法确立的是竞争，而不是决议。议会可以产生决议，至少在某些情况下依据缜密制订的法律能做出决议。此外，就像通常在我们的制度下必须做的那样，随美国社会的政治力量沉浮。

虽然报纸、电视和杂志时有辱骂诋毁、谎言欺骗和傲慢虚伪，但消灭掉一个强大而独立的出版界未必就能消灭掉来自政府的辱骂诋毁、谎言欺骗、傲慢虚伪。

可以想象，没有一个自主的出版界，我们的共和国也还能继续生存。因为政府的公开和诚实，人民和他们代表间的足够交流，对独裁和专制的监察以及我们政府三部门间的传统竞争，加上有活力的政治活动，这些对维持共和国也许已经足够。

出版业可以归为公用事业，确保言论自由可能就会适当调节出版界必须遵守的规则。但是如果不能保证出版自由，政府就能把这个信息交流媒介转变成一个中立的"观点交易市场"了。那时，报纸和电视就可能被要求来推销当时的政府政策或流行的社会正义观念。

这样的宪法是可能的，它也能合理地发挥作用，但这决不是国父们笔下的宪法，也不是曾指引我们国民生活走过了近两个世纪的宪法。没有一个独立的出版界，我们的自由也许还能存活，但国父们早就对此疑虑，而在今天，在1974年，我想我们大家都会感谢他们对此的疑虑。

（刘峰 译）

* 译自 Richard D. Heffner, *A Documentary History of the United States*, New American Library, a division of penguin putnam lnc., New York, 1999。

杰斐逊总统曾说，他宁愿要一份没有政府的报纸，而不愿要一个没有报纸的政府。一个半世纪后，美国大法官波特·斯图尔特在《论出版自由》的演讲中宣称："难以想象，没有一个自主的出版界，我们的共和国还能继续生存",可谓上述引言的最佳注脚。

《论出版自由》是1974年11月2日斯图尔特在耶鲁神学院成立150周年纪念大会上的演讲。他在演讲中首次阐明了新闻媒体天然具有宪法赋予的对政府进行舆论监督的权力,俗称第四种权力。

第四权理论作为新闻自由的理论,特别强调新闻媒体在现代民主社会中扮演的角色——作为政府三权以外的第四种权力组织,用以监督政府,防止政府滥权,故第四权理论又称为"监督功能理论"。

第四权理论的思想基础无疑是洛克提出的"人民主权"说,即"权力"中心在于人民意志,政府不过是受委托办事的人。人民既能授予这种权力,同时也可以撤回这种权力。孟德斯鸠进一步将人民主权分解为政府三权(行政、立法、司法)。在18世纪资产阶级启蒙思想家看来:国家权力旨在"提供一种社会环境使个人能够发挥自己的潜在力量",以达到各自追求的目标。报刊不是统治者所认为"国家的公仆"或"皇权的工具",而是民意的表达者,有权利和责任监督政府。

1804年,杰斐逊在反对派报纸的大力攻击下,竟以压倒性的优势连任总统。他说,如果一个政府在批评面前站不住脚,就理应垮台。而联邦政府的真正力量在于接受公众的批评,而且有能力抵挡批评。自由报刊应是对行政、立法、司法三权起制衡作用的"第四种权力"。

此后,据英国作家托马斯·卡莱尔记载,在1828年英国国会举行会议时,政治家爱德蒙·伯克发言称记者为"第四阶级",他说议会中有三个阶级(贵族、僧侣、有产者),但是在记者席上坐着一个第四阶级,他比那三个阶级都重要。

第四权理论的核心理念被称为共和制的灵魂,其前提是媒体的独立,因为只有独立行使报道权才能有效地监督政府。这一理念长期以来也一直是西方新闻界的精神寄托,而记者的职业也因此备享殊荣——据说19世纪英国《泰晤士报》多数主笔卸任后都被吸收为内阁成员——于是他们又有

"无冕之王"的美誉。

历任美国总统，包括华盛顿和林肯，在媒体的第四权面前，也只能低下他"高贵的头颅"，他必须承认宪法赋予公民的批评权。如果他压制这种批评，就违反了宪法和法律关于"人民主权"的规定。正是在这个意义上，美国国会议员小肯尼迪断言："过去是政治家审查政治，现在是新闻影响政治家。"

就在斯图尔特发表演讲的前一年，在媒体穷追不舍之下，水门事件彻底曝光，尼克松总统黯然下台，可见"以调查、对抗为己任的新闻界"对政坛及政治人物影响之大。更早一年，美国司法部要求最高法院裁决禁止《纽约时报》向公众披露白官及军方文件，也遭到以斯图尔特为代表的大法官的拒绝。理由是违背宪法第一和第四修正案关于言论自由和出版自由的条款。

《论出版自由》的演讲首先区分了两类不同的自由：言论自由侧重于保护个人，出版自由则明确保护新闻媒体及从业人员。用斯图尔特的话说，"出版自由这项条款把它的保护对象从个人扩展到了机构组织。总而言之，出版业是唯一受宪法明确保护的私有行业机构。"

国父们之所以在宪法及修正案中强调区分这两类自由，斯图尔特认为，就是为了对官方的机构加以制衡和监督，正如布兰代斯法官所言，通过在联邦政府内建立三个权力机构，国父们刻意营造了一种内部竞争制度——"（国父们的）意图不是避免三者之间的摩擦，而是通过政府内部的三权分立以产生不可避免的摩擦，从而使人民免受独裁之苦。"

而宪法确保出版自由的主要意图与此相似，就是在政府之外建立第四个机构，强化第四种力量。以对抗政府权力可能导致的腐化和独裁。——"出版界就是有头脑的人的谋划，再加上人众势大。这种对政府权力的可畏的审查为英国皇室所惧怕——而这正是我们国父们决定冒险实施的。"

斯图尔特列数官员自诉诽谤案、出版界"介入权"案及五角大楼文件案等案例，进一步明确公众了解政府的兴趣受到出版自由条款的保护——根据宪法，自由的出版界可以发表它所知的，同时，也可以尽其所能去获悉各种信息。因为只有政府信息的公开和诚实，加上人民和他们代表间的足够交流，才能最大限度形成对专制和独裁的监察和威慑。

个人的意见汇集到一起，通过媒体传播形成共识，便成为舆论。新闻媒体有权力运用舆论的独特力量，帮助公众了解政府事务、社会事务以及一切涉及公共利益的事务。舆论监督虽然不具有强制性，但它具有精神和道德的力量，会对国家的公权力及社会生活产生重要影响。也正因为此，斯图尔特在演讲结束时再次宣称："没有一个独立的出版界我们的自由也许还能存活，但国父们早就对此疑虑，而在今天，在1974年，我想我们大家都会感谢他们对此的疑虑。"

1981年，在高等法院服务满23年以后，斯图尔特大法官宣布退休，虽然他年纪不过66岁（是当时最年轻的大法官），且身体健康状态极佳。他的理由是："我坚定地相信，过早地离开比过久地恋栈要来得更好。"

（杨靖）

罗纳德·里根
总统就职演说
（1981）

对于今天在场的少数人来说，这是一个庄严又重大的时刻。然而在我国历史上，这不过是件司空见惯的事情。这个按宪法要求的有序的政权交替周而复始已进行了近二百年，而我们中很少有人停下来考虑一下我们到底有多么独特。在世界很多人的眼里，这个我们习以为常的四年一度的庆典不啻一个奇迹。

总统先生，我要让我们的同胞知道您为传承这一传统所付出的心血。在这个政权交替过程中，您殷切合作，向注视着我们的世界展示：我们是一个统一的民族，誓言维系一个比其他任何国家更能保证个人自由的政治体制。我要感谢您和您的伙伴们的努力，你们坚持了这样的传承，而这恰恰是我们共和国的根基。

我们国家的事业继往开来。但现在我们的合众国正面临巨大的经济困难。我们遭遇着历史上历时最长、最严重之一的通货膨胀，它扰乱着我们的经济决策，打击着节俭风气，压迫着正在挣扎谋生的青年人和收入固定的中年人，威胁着要摧毁我国数百万人民的生计。停滞的工业使工人失业、蒙受痛苦并失去个人尊严。

即使那些有工作的人，也因税收制度的缘故而得不到公正的劳动报酬，这种税收制度使我们无法在事业上取得成就，使我们无法保持充分的生产力。尽管我们的纳税负担相当沉重，但还是跟不上公共开支的增长。数十年来，我们的赤字额屡屡上升，我们为图目前暂时的方便，把自己的前途和子孙的前途抵押出去了。这一趋势如果长此以往，必然引起社会、文化、政治和经济等方面的大动荡。

你我作为个人可以靠借贷，超前消费，但只能维持一个有限的时段。我们怎么可以认为，作为一个国家、一个整体，我们就不受同种限制约束呢？

为了明天，我们今天就必须行动。毋庸置疑，我们从今天开始就要采取行动。我们的经济弊病，几十年来已使我们深受其害。这些弊病不会在几天、几周或几个月内消失，但它们终将消失。它们之所以一定会消失，是因为我们美国人现在具备这个实力，如同我们过去一样，去完成所需完成的事情，以保存这个最后、最伟大的自由堡垒。

在目前这场危机中，政府不是解决我们问题的关键；政府本身才是问题。我们时常以为，社会已经越来越复杂，已经不可能凭借自治方式加以管理，而一个由精英人物组成的政府要比民享、民治、民有的政府高明。可是，假如我们之中谁也管理不了自己，那么，谁还能去管理他人呢？

我们大家，不论政府官员还是平民百姓，必须共同肩负这个责任。我们谋求的解决办法必须是公平的，不要使任何一个群体付出较高的代价。我们听到许多关于特殊利益集团的谈论，然而，我们必须关心一个长期被忽视的特殊利益群体。这个群体没有区域之分、没有人种之分、没有民族之分、没有政党之分，这个群体由许许多多的男男女女组成，他们生产粮食、巡逻街头、管理厂矿、教育儿童、照料家务和治疗疾病——他们是专业人员、实业家、店主、职员、出租汽车司机和货车驾驶员。总而言之，他们是"我们人民"，这个称之为美国人的民族。

本届政府的目标是建立一种健全的、生机勃勃的和不断发展的经济，这一经济为全体美国人民提供均等机会，不因偏执或歧视而造成障碍。让美国运转意味着让所有美国人工作起来。结束通货膨胀意味着让所有美国人从失控的生活开支所造成的恐惧中解脱出来。

人人都应分担这次"新开端"所带来的富有成效的工作，人人都应分享经济复苏所带来的硕果。

有了理想主义和公平竞争这个我们政体和国力的核心，我们就能建设一个内部和谐、与他国和平共处的强大、繁荣的美国。

因此，在我们开始之前，让我们看看实际情况。

我们是一个拥有政府的国家——而不是一个拥有国家的政府。这一点使我们在世界各国中独树一帜。我们的政府除了人民授予的权力，没有任何别的权力。目前，政府权力的膨胀已显示超过被统治者同意的迹象，制止并扭转这种状况的时候到了。

我打算压缩联邦机构的规模和权力，并要求人们认识到授予联邦政府的权力与保留给州或人民的权利这两者之间的区别。

我们所有人都不应忘记：不是联邦政府创建了各州，而是各州创建了联邦政府。

所以，请不要误解，我的意思不是要取消政府，而是要它发挥作用——同我们一起合作，而不是凌驾于我们之上；同我们并肩而立，而不是骑在我们背上。政府能够而且必须提供机会，而不是扼杀机会，它能够而且必须促进生产力，而不是抑制生产力。如果我们要探究这么多年来为什么我们能取得这么大成就，并获得了世界上任何一个民族未曾获得的繁荣昌盛，其原因是在这片土地上，我们使人类的能力和个人的才智得到了前所未有的发挥。在这里，个人所享有并得以确保的自由和尊严超过了世界上的任何其他地方。为这种自由所付出的代价有时相当高昂，但我们从来没有不愿意付出这代价。

我们目前的困难，与政府机构因为不必要的过度膨胀而干预、侵扰我们的生活，同步增加，这绝不是偶然的巧合。

现在是我们审视自我的时候了，我们这样一个泱泱大国，怎能自囿于小小梦想。我们并非注定走向衰落,尽管有些人想让我们相信这一点。我不相信,无论我们做些什么,我们都将命该如此,但我相信,如果我们什么也不做,我们的确将命该如此。

为此,让我们以掌握的一切创造力来开创一个国家复兴的时代。让我们重新焕发决心、勇气和实力。让我们重新建立起我们的信仰和希望。我们完全有权去做英雄梦。

有人说我们处于一个没有英雄的时代——其实他们是不知道到哪里去找英雄。你每天都可以看见英雄们在工厂大门进进出出。还有一部分人,人数不多,他们生产的粮食不仅养活我们全体美国人,还有世界上的其他人。你在柜台前就能遇见英雄们——他们在柜台的两侧。有很多企业家带着自信和对理想的信仰创造新的工作、新的财富和新的机会。很多个人和家庭的税收支持着政府,他们的志愿捐赠支持着宗教、慈善、文化、艺术和教育事业。他们的爱国主义含蓄而深沉。他们的价值维系着我们的国民生计。

现在,谈及这些英雄时,我用了"他们"和"他们的"。我可以用"你们"和"你们的",因为我演讲面对的就是我所说的英雄们——你们,这块受上帝祝福的土地上的公民。你们的梦想、你们的希望和你们的目标将是本届政府的梦想、希望和目标,上帝保佑我!

我们要彰显你们天性中最光辉的一面:同情。我们如何能热爱我们的国家却不热爱我们的人民?——热爱他们,在他们跌倒时伸手扶他们一把,病倒了给他们治病,给他们提供机会使他们能经济独立,这样他们才能享受事实上的平等而不是理论上的平等。我们能解决面对的问题吗?回答是掷地有声和斩钉截铁的"能"。我这样套用丘吉尔的一句名言:我发誓不做让这个世界上最强大经济体土崩瓦解的总统。①

---

① 丘吉尔曾说过:"I have not become the Prime Minister to preside over the dissolution of the Empire."(我没有成为让大英帝国土崩瓦解的首相。)——译注

在今后的日子里，我会提议清除延缓经济发展、降低生产力道路上的路障。我会采取措施恢复各级政府之间的平衡。进步可能不快——只能用英寸、英尺而不是用英里来度量——但是我们会进步。唤醒这个工业巨人、让政府回归本位以及减少惩罚性税收负担的时候到了。这些将是我们的首要任务，在这些原则上，没有任何妥协的余地。

在我们独立战争开始的前夕，一位本可以成为我们伟大国父之一的人，约瑟夫·华伦博士，马萨诸塞州议会主席，对他的同胞们说："我们的国家处于危难之中，但还有希望。美国的未来在你们身上。成千上万尚未出生的美国人的自由和幸福与否的重大问题将由你们决定。无愧于心地行动吧。"

我相信我们，今天的美国人，已经做好准备"无愧于心地行动"，做好准备尽一切力量为自己、后代以及子孙万代确保自由和幸福。我们在自己这块国土上恢复元气，我们就会在全世界人眼中更加强大。我们将再次成为那些还没有获得自由的人们心中的自由的楷模与希望的灯塔。

对那些分享我们自由的邻国和盟友，我们将加强历史的纽带并且向他们保证我们的支持与坚定的承诺。我们将以诚报诚。我们将倾力打造一个互利的关系。我们不会把我们的友谊强加于他们的主权之上，因为我们自己的主权是不能出卖的。

对自由的敌人，他们是我们潜在的对手，他们要明白和平是美国人民的最高热望。我们可以用谈判换和平，用牺牲换和平，但我们不会用投降换和平——现在不会，永远不会。我们的宽容不容误解。我们对发生冲突的克制不应被误解为意志的失败。如果为了国家安全我们必须行动，我们将会行动。如果必要，我们将维持取胜所必须的武力，因为只有这样，我们才有可能永远不使用武力。

最重要的是，我们必须意识到：世上没有哪个军火库或军火库中的武器比自由男女的意志和道德勇气更具威慑力。这种武器当今世界上我们的对手没有，但我们作为美国人实实在在拥有。这一点必须让那些实施恐怖主义和觊觎邻国的国家明白。

听说，今天有成千上万的祈福聚会；对此我深表感谢。我们是上帝光辉普照的国家，我坚信上帝希望我们自由。我想，如果今后每个总统就职日都被作为祈福日，那倒是非常合适和令人欣喜的。

正如你们所知，这个仪式在国会大厦西侧举行，在我国历史上还是首次。

站在这里，一幅极其美丽的历史画卷在眼前展开。在开阔的林荫道的尽头是巨人们的纪念碑、纪念堂，我们站在这些巨人的肩膀上。在我的正前方是最值得纪念的国父华盛顿的纪念碑。他为人谦虚，不愿被当作伟人。他领导美国取得革命的胜利并建立了年轻的合众国。纪念碑的一侧，是庄严的杰斐逊纪念堂，独立宣言闪烁着其雄辩的火焰。倒映池的那边，是林肯纪念堂庄严的大理石石柱。无论谁，如果他想真心地理解美国的含义，他可以从林肯的一生读懂。

那些纪念碑——英雄主义纪念碑的那边是波多马克河，河的彼岸是阿灵顿国家公墓的斜坡，坡上有一排排白色的带有十字架和大卫星的简朴墓碑。这些墓碑仅仅代表为我们的自由而付出的代价的一小部分。

每一座墓碑纪念了我前面所说的英雄。他们牺牲在称作贝卢伍德、阿尔贡、奥马哈海滩、萨莱诺的地方，地球那边的瓜达尔卡纳尔、塔拉瓦岛、猪排山、长津水库以及到处是稻田和丛林的地方——越南。

在其中一个墓碑下，躺着一位年轻人，马丁·特里普托，他在1917年辞去一个小镇理发店的工作加入著名的彩虹师前往法国。在那里的西线，他在炮火下为阵地间传递消息时不幸牺牲。据说在他身上找到了一个日记本。扉页上有一个标题"我的誓言"，下面写道："美国必须赢得战争。因此，我要上战场；我要拯救；我要牺牲；我要忍受；我要高高兴兴地打仗，并尽我最大努力英勇奋战，就好比全部战争问题都由我个人来肩负。"

今天我们面对的危机不要求我们付出马丁·特里普托和成千上万其他人所作的牺牲。然而，它需要尽我们所能、尽我们所愿地相信自己、相信我们有能力做大事；相信在上帝的帮助下，我们能够也必将解决当前面临的问题。

再说，我们为什么不该相信这一点呢？我们是美国人。

上帝保佑你们，谢谢。非常感谢。

（张瑞华　译）

*译自http://www.americanrhetoric.com/speeches/ronaldreagandfirstinaugural.html

罗纳德·威尔逊·里根（1911—2004）一直是美国保守主义者心中的英雄、偶像。作为加利福尼亚州第33任州长（1967—1975）、美国第40任总统（1981—1989），里根不仅留下了"里根经济学""里根革命""里根时代"这些概念，而且还一度拥有"伟大的沟通者""最迷人的人物""最伟大的美国人"等称号。在2009年美国有线—卫星公共事务网络（C-SPAN）组织的最佳美国总统民意调查中，里根名列第10位，位居约翰·亚当斯与安德鲁·杰克逊之前。

1980年美国大选，里根以压倒性优势击败民主党总统候选人吉米·卡特。那年，里根已近70周岁，是美国历史上年龄最大的总统。如此高龄的一位共和党保守派能赢得广大美国选民的青睐，绝非易事。个人的成功往往是机遇与努力的结果，更是合适的个人、时间与地点的三者结合。

里根出身平民，在踏入政坛之前，当过救生员、棒球比赛广播员、电影演员、通用电气公司的电视节目主持人、代言人，具有很好的口才、沟通能力、号召力与影响力。早年生活得益于扶持贫穷的新政政策，是富兰克林·罗斯福的支持者与仰慕者，曾自称自己是罗斯福式的自由主义者。但随着经济地位的上升和思想的改变，1962年里根从民主党转向共和党。1967年，在南加州商业集团的政治支持下里根当选加州州长。期间，其保守主义思想得到了充分的发展。

美国历史上自20世纪30年代罗斯福实施新政到20世纪80年代的近半个世纪间，继承新政的民主党在美国两党中一直占有优势，共执政32年。但自20世纪60年代末起，民主党的影响开始下降，主要原因就是美国国内出现的经济滞胀。滞胀的严重发展直接造成了人民生活水平的下降以及美国国力、国际地位的下滑，这些迹象到1976年卡特当选时已非常明显。为此，卡特政府在政策上开始背离新政传统，逐渐偏向保守主义，在外交上从强调人权外交转向强调实力的卡特主义，然而，无论在经济上还是外交上，卡特政府都无法使美国走出滞胀的境地，相反，由于缺乏压倒性的施政主题，具体的立法目标又总是处于无休止的争辩之中，到20世纪70年代末，美国经济继续滑坡，通胀高达14%，再加上伊朗人质事件以及迈阿密等城市的不断骚乱，美国民主党在下届选举中的地位岌岌可危。

共和党内的保守派利用卡特的劣势大造声势，他们在里根身上找到了一位既和蔼可亲又实实在在的政治领袖，而在此之前，即在1968年与1976年，里根曾两度参加共和党总统候选人的提名选举，都名落孙山。里根堂堂的仪表、和蔼的形象、富有感染力的口才使人觉得眼前一亮。更重要的是，里根的竞选理念迥异于卡特。为了对付经济困难，卡特要求美国人做出牺牲、放低期望，这使美国人对未来感到悲观；而里根则以一位"能够做到"的乐观、自信形象出现，这多少给美国人带来了希望。在新右派、新保守派以及西、南部权势集团的大力支持下，里根最终赢得了广大美国选民，包括蓝领工人、天主教徒、福音派新教徒的青睐，取得了压倒性的胜利。

1981年1月20日的总统就职演说包含两大主题内容。首先，在政府目标与努力上，就职演说延续了里根竞选时的主题：减税、减通胀、放松政府管制等。他提出政府的目标是致力于"一个健康、活力、增长的经济"，这个经济会向所有人提供"平等机会"，使美国回归正常。为此，不仅需要"降低税率""抑制通货膨胀"，而且需要改革政府、恢复各层政府间的平衡。里根提出"政府并不是解决问题的方法，政府本身才是问题所在"，因为政府的权力是人民赋予的，如今政府的发展已超出了人民的意愿，因此需要抑制政府的规模与影响。"面临国家历史上最长、最糟的通胀"，里根呼吁需要"我们所有人——政府内外的所有人——一起承担这个责任"，因为美国是宪法中所保障的"我们，合众国的人民"的美国。

另一大主题内容是里根在演说中向人们传递了他对美国以及美国人的认识与信念。这是里根一以贯之的辞令，常在其各类各级演说中不断出现。在这次就职演说中，里根提出美国是"世界自由的楷模与希望的灯塔"；美国代表自由、希望、个人尊严。他赞美美国体制的"独特性"，赞美四年一次的选举不亚于是个"奇迹"，赞美"理想主义与公平竞争"是美国体制与力量的核心，赞美美国在世界各国中的"特殊"性。里根还赞美美国人民的伟大、勇敢以及为自由做出牺牲的爱国主义精神，称所有美国人都是英雄。里根相信美国的伟大与进步，相信他的思想传承的是由先辈们——华盛顿、杰斐逊、林肯等——所开创的建国理念与传统。他呼吁为了唤醒"美国这个工业巨人"、开创一个"新的开始"，"一个民族复兴的时代"，需要"相信我们自己，相信我们能够履行伟大事业的能力，相信在上帝的帮助下我们不仅能够而且也会解决我们目前的困难"，因为"我们是美国人"。毫无疑问，对美国以及美国人的信心是里根的主要魅力之一。

这种带有例外主义色彩的辞令，在政治话语中并不陌生。在美国国内遭受经济衰退、遭遇"9·11"恐怖主义威胁的21世纪，它依然影响着许多美国人的思维，活跃于美国政界。乔治·沃克·布什可谓是里根理想最坚定的继承人，他的许多政策与思想都建立在里根思维之上。布什也常不失时机地赞美里根，例如，他曾表示："在我们与里根总统共享的那些原则中，其中之一便是他对美国向全球推广我们政治理念之使命的深信不疑。"乔治·麦凯恩、米特·罗米尼也常从里根那里汲取灵感与行动的力量。而民主党奥巴马尽管在政治思想上不同于里根，但他的外交思想却与里根具有相似之处，而且奥巴马也是靠辞令与信念打动美国人的。奥巴马也称美国是"山巅上闪闪发光的灯塔"，是"地球上最好的以及最后的希望"。他在指责布什政府的部分外交政策的时候，提醒美国人不要忘了"我们在全球事务中的领导角色……放弃我们的领导是我们不该犯的一大错误。美国不能独自面对这个世界的威胁，但没有美国，这个世界无法面对这些威胁"。可以看出，对美国的领导地位的信念已在很大程度上超越了党派思想，构成了美国政治思想传统的一个主要部分。

后人对里根经济学、里根革命的评价有相当大的分歧。支持者盛赞里根振奋了美国人的士气，给美国带来了希望，使自由放任的资本主义体制超越了政府的管制，使美国最终走出了困扰已久的滞胀局面。在对外政策上，通过大幅度的军备扩张，遏制了苏联的共产主义，拖垮了苏联，结束了冷战，重整了美国在全球的领先地位。但批评者也不在少数，因为毕竟里根经济的增长直接导致了庞大的赤字、大量的借债，使美国一下子从债权国变成世界最大的债务国；而且军备开支的扩大也使美国人付出了削减大量社会项目的代价。有人提出里根经济学是种"劫贫济富"的经济学；有人指责里根革命是场"骗局"；有人批评里根的反管制政策是今日美国财政垮台的主要源头，布什的主要失败也可追溯到里根的国内外政策，等等。里根的功过见仁见智，但有一点是肯定的：他对美国的信念确确实实激励并影响了整个20世纪80年代。

（张瑞华）

巴拉克·奥巴马
为了一个更完善的联邦
（2008）

"我们，合众国的人民，为了组织一个更完善的联邦……"221年前，在至今仍在对面街头屹立的建筑物大厅内，一群人聚集一堂，以这寥寥数语，开始了美国疑难重重的民主实验。在持续至1787年春天的费城制宪会议上，农夫和学者、远涉重洋前来躲避暴政和迫害的政治家和爱国者发出的独立宣言终于成为现实。

他们制定的文件虽最终签署完毕，但仍属未竟之业。这个文件被美国奴隶制的原罪所玷污，但因各殖民地对此意见不一，制宪会议陷入僵局。最后开国元勋们决定允许奴隶买卖至少再继续20多年，留待后人拿出最终解决方案。

当然，对奴隶制问题的回答已经被纳入这部宪法——宪法以法律面前人人平等的理想为核心；宪法要求保障人民的自由、正义，以及一个可以而且应该随时间的推移不断完善的联邦国家。

然而，纸上的文字不足以打碎奴隶的枷锁，也不足以使各种肤色和信仰的美国男女公民充分享有权利和履行义务。为缩小我们的理想境界与各时代现实之间存在的差距，需要一代又一代的美国人继续抗议，继续奋斗，在街头和在法庭，通过内战和公民抗争行动，且往往需要冒极大的危险，自觉自愿尽自己的一份力量。

这就是我们在这次竞选活动开始之初确定的任务之一——继续我们先

辈走过的漫漫征途，走向更公正、更平等、更自由、更有关爱之心和更繁荣的美国。我选择在历史上的这一时刻竞选总统，因为我坚信，除共思解厄之策之外，我们无法迎接我们的时代面临的挑战——除非我们使我们的国家日臻完善，懂得我们或许各有各种不同的经历，但我们怀有共同的希望；我们或许外貌不同，可能来自不同的地方，但我们都希望朝同一个方向前进——为我们的子孙后代创造更美好的未来。

这一信念来自于我对美国人民的浩然正气和慷慨大度的笃信不疑。这一信念也来自于我本人作为一个美国人的经历。

我是肯尼亚一黑人男子和堪萨斯一白人女子的儿子。我在白人外祖父和外祖母的抚养下长大成人。外祖父度过了大萧条时期，二战期间在巴顿的部队服役；外祖父赴海外服役期间，外祖母在莱文沃斯堡一个轰炸机装配线上工作。我曾在美国一些最好的学校就读，也曾在全世界最贫穷的国家生活过。我与一美国黑人结婚，她身上流着奴隶和奴隶主的血，我们又将这一血统传给了我们的两个宝贝女儿。我有各种族和各种肤色的兄弟姐妹、甥舅叔侄和堂兄表妹散居三大洲。我一辈子也不会忘记，在全世界任何别的国家都不可能有我这样的经历。

这种经历并没有使我成为最符合标准的候选人，但在我的基因里烙上了这样一种观念：这个国家超越了其各组成部分的总和——纵有万千之众，我等实为一体。

与预期的情况相反，在这次竞选活动的第一年，我们发现美国人民多么希望聆听呼唤团结的声音。尽管有人总会纯粹通过种族的过滤镜看待我的候选人地位，我们还是在一些白人比例最高的州赢得了引人注目的胜利。在至今依然飘扬着同盟旗帜的南卡罗来纳州，我们建立了美国非洲裔和美国白人的强大联盟。

这并不是说种族问题没有成为竞选的一个议题。在竞选的各个阶段，有些评论员或认为我"太黑"，或认为我"还不够黑"。在南卡罗来纳州举行初选前的一星期，我们看到种族紧张关系激起的涟漪。新闻媒体从投票后民调结果中竭力搜寻种族分化的最新证据，不仅涉及白人和黑人，而且涉及黑人和棕色人种。

然而，近两个星期，竞选中有关种族问题的讨论出现了特别重大的分歧。

根据其中一种有代表性的意见，我们听到有人以暗示的方式说，我参加竞选在某种意义上是平权计划的一种实践，纯粹以自由派人士希望廉价获得种族和解的天真愿望为依据。根据另一种有代表性的意见，我们听到我以前的牧师耶利米·赖特用煽动性语言发表的言论，其观点不仅有可能扩大种族分歧，而且有损于我国之伟大和美德，自然引起白人和黑人两方面的不满。

赖特牧师引发了这样的争议，我已经用毫不含糊的语言批评了他的言论。然而，对某些人来说，一些使其感到困惑的问题仍挥之不去。我过去是否知道他有时激烈地批评美国的对内、对外政策？当然知道。我在教堂听他布道时，是否曾听到他发表会被认为有争议的言论？听到过。对他的很多政治观点，我是否有强烈的不同看法？一点不错——我可以肯定，你们中间的很多人也曾听到你们的牧师、神父或拉比发表你们十分不同意的观点。

但是，引起最近这场风暴的言论不仅仅具有争议性，也不仅仅是一位宗教领袖对其认为的不公正大张挞伐的行动。更重要的是，这些言论以严重扭曲的方式看待我国——认为白人种族主义盛行，美国的不足之处被无限夸大，美国一切众所周知的好的方面被无限贬低；认为中东冲突的主要根源是以色列这样的坚定盟友采取的行动，而不是伊斯兰激进主义倒行逆施的仇恨性意识形态。

为此，赖特牧师的言论不仅是错误的，而且会制造分裂，在我们需要团结的时候制造分裂；在我们需要同心同德解决一系列极为重要的问题的时候借种族问题发难——这些问题包括两场战争、恐怖主义威胁、经济下滑、长期的健保危机和有可能造成严重破坏的气候变化等。这些问题既不是黑人的问题，也不是白人的问题，不是拉美裔的问题，也不是亚裔的问题，而是我们大家面临的共同问题。

鉴于我的背景、我的从政经历、我明确表明的价值观和理想，毫无疑问我批评上述观点的声明对某些人来说仍不足为训。他们可能会问，我为什么原来就与赖特牧师联系在一起？为什么不参加别的教会？坦率地说，假设我对赖特牧师的了解完全来自电视和 You Tube 反复播放的那些布道录像，或者假设"三一联合基督教会"的实际情况完全符合某些评论员喋喋不休的讽刺性描述，毫无疑问我也会有差不多类似的反应。

但真实的情况是，我对这个人的了解不仅如此。我在 20 多年前首次见到的这个人引导我信仰基督教，教导我有责任相互爱护；有责任照顾病弱，扶助穷人。这个人曾作为一名美国海军陆战队队员为国效力；曾在美国一些最好的大学和研究班学习和讲课。30 多年来，他主持的教会一直为社区服务，在人世间施上帝之仁——收容无家可归者，为人们解危济困，提供日托和奖学金服务，赴监狱传经布道，援助艾滋病毒感染者和艾滋病患者等。

在我的第一本书《我父亲的梦想》中，我描述了我在三一教会第一次听牧师布道的感受：

> 人们开始呼喊，从座位上站起来，鼓掌欢呼，牧师的声音在一股强劲的风流中回荡，直冲教堂屋椽……只听见一个单词——希望！——我从中听到了弦外之音；在这个十字架脚下，在全城成千上万的教会里，我可以想象，普通黑人的经历已经与大卫和歌利亚、摩西和法老、狮穴里的基督徒、《以西结书》中的遍地骸骨交汇融合。这些情景关乎生存、自由和希望——已成了我们的

经历，我的经历；洒下的是我们的血，流下的是我们的泪；直到如今阳光明媚的日子，这个黑人教会再次宛如一艘航船，承载着一个民族走过的历程，驶往未来的世代，奔向更广阔的世界。我们的磨难和胜利既独特又具有普遍性，既是黑人的经历，又不仅仅是黑人的经历；回首我们的历程，种种经历和歌声使我们获得重寻记忆的途径，我们无需为往事感到羞愧……可能值得全体人民探究和珍视的记忆——我们不妨以此为起点开始重建。

这就是我在三一教会的感受。如同全国其他黑人主流教会一样，三一教会代表了整个黑人群体——医生、靠福利为生的母亲、模范学生、昔日的街头帮派成员等。如同其他黑人教会一样，三一教会的诵经活动充满了喧腾的笑声，有时还掺杂着不登大雅之堂的幽默。这些活动时时伴随着舞蹈、掌声、尖叫和呼喊，在不习惯的人听来可能显得刺耳。教会可谓千人千面，包罗万象，有慈祥和凶残，有极度聪明和令人吃惊的无知，有奋斗和成功，有爱和认同，有怨恨和偏见，凡此种种构成了美国黑人的整体。

这或许有助于解释我与赖特牧师的关系。尽管他并不完美，但他对于我犹如亲人。他坚定了我的信念，担任我的证婚人，为我的孩子施洗礼。在我与他交谈的过程中，我从未听他用诋毁的言辞谈论任何种族群体，也从未以不礼貌和不尊重的态度对待他所接触的白人。他本身也带有他辛勤服务了许多年的群体存在的矛盾——包括好与坏两个方面。

我不能切断与他的联系，如同我不能切断与黑人社区的联系。我不能切断与他的联系，如同我不能切断与白人祖母的联系——她是将我抚养成人的妇女，为我一再做出牺牲的妇女，一位爱我如同爱世间一切的妇女，但也是一位曾经承认对街头擦肩而过的黑人男子感到恐惧的妇女，一位不只一次因流露出种族或族裔成见而令我颓丧的妇女。

这些人与我息息相关。他们也是我挚爱的美国的一分子。

有些人会认为，这些话是在替根本不可原谅的言论辩解或开脱。我可以向你们保证，事实并非如此。我认为，政治上比较稳妥的办法是，让这段插曲成为过去，但愿从此销声匿迹。我们可以指责赖特牧师心态偏激，属蛊惑人心之徒，如同有些人在杰拉尔丁·费拉罗最近发表言论后指责她带有某种根深蒂固的种族偏见一样。

但我认为种族问题是这个国家当前绝不可忽视的一个问题，否则我们就可能重蹈赖特牧师布道时的覆辙，对美国存在的问题发表触犯众怒的言论——以简单化、带有成见和夸大其词的方式看待消极的方面，以致达到歪曲事实的程度。

事实是，这几个星期出现的言论和问题说明这个国家种族问题的复杂性，而我们从来没有为彻底解决这个问题真正尽己所能——这是我们联邦国家尚待完善的一个方面。现在我们如果回避问题，如果简单地退守各自的阵营，就永远不能齐心协力地应对医疗、教育以及使每个美国人都找到好工作等方面的挑战。

要认清这个现实，就必须谨记我们是怎样走到今天的。威廉·福克纳曾经写道："过去并未死亡，也未被埋葬。事实上，过去甚至并没有成为过去。"我们没有必要在这里列举这个国家种族不公正的一桩桩往事。但我们的确有必要提醒自己不要忘记，今天美国非洲裔群体存在的诸多差距可以直接追溯到早期前辈们因受奴隶制遗毒和吉姆·克罗之害遭受的代代相传的种种不平等。

以往受种族隔离之害的学校成为劣质学校，现在这类学校依然如此；在布朗诉教育局案发生50年后的今天，我们还没有消除这种现象。他们提供如此劣质的教育，不论以前还是现在，都造成了今日黑人学生与白人学生之间普遍存在的学业鸿沟。

以往合法的歧视行为——往往以暴力手段阻止黑人拥有地产，不向美国非洲裔业主发放贷款，不让黑人房主享受联邦住房管理局抵押贷款，不让黑人加入工会、警察和消防所——意味着黑人家庭无力聚敛任何值得传给子孙后代的财富。历史说明了黑人与白人之间出现财富和收入鸿沟的原因，也揭示了今日许许多多城市和乡村地区贫民窟高度集中的根源。

黑人男性缺少经济机会，因无力养家糊口而感到羞愧和沮丧，导致黑人家庭每况愈下——多年来，福利政策可能已使这个问题更加恶化。许许多多的城市黑人社区缺乏基本服务——供儿童玩耍的公园、执行巡逻任务的警察、定期收垃圾的服务以及建筑规范的执行——都促成了暴力、衰败和疏漏的恶性循环，至今仍继续对我们造成困扰。

赖特牧师及其同时代的美国非洲裔就是在这样的现实中成长的。他们在20世纪50年代末到60年代初长大成人，当时这个国家仍在实行种族隔离的法令，人们的机会也受到高度制约。但问题的重要性并不在于有多少人因受到歧视遭遇失败，而在于有多少男性和女性战胜了困境；有多少人在无路可走的情况下为我这样的后来者开辟了一条道路。

然而，在所有这些人付出大量血汗实现自己的美国梦的同时，还有很多人没有成功——可以说，出于这样或那样的原因，他们最终都被歧视击垮。失败造成的影响也延续到后代子孙——我们看到那些年轻男子，还有越来越多的年轻女子，在街头巷尾游荡，或在我们的监狱里熬日子，对未来没有任何希望和憧憬。即使是那些功成名就的黑人，种族和种族主义问题也继续从根本上决定着他们的世界观。对于赖特牧师同时代的男男女女，对羞辱、疑虑和恐惧的记忆并没有淡出；那些年代留下的愤怒和怨恨也没有消逝。这种愤怒可能不会在公共场合显露，也不会向白人同事或白人朋友表示。但在理发店和饭桌上却可以听到这种声音。这种愤怒情绪有时也被政治人物利用，以种族为争取选票的砝码，或借此为自己的失利开脱。

星期天上午在教堂的讲坛上和坐席间，时而也会听到这种声音。很多人听到赖特牧师在几次布道时表露的愤怒情绪，不免感到惊愕，其实这不过是验证了一句老话：美国生活中种族界限最鲜明的时刻是星期天上午。

这种愤怒情绪往往适得其反；事实上，这种情绪经常会分散人们解决实际问题的精力；使我们难以正视我们自身状况的复杂性，妨碍美国非洲裔群体结成实现真正转变所必需的联盟。但这种愤怒切实存在，而且影响巨大；单凭主观愿望否认其存在，在不了解其根源的情况下横加指责，只能加深不同种族之间业已存在的误解。

事实上，一些白人群体也怀有类似的愤怒情绪。大多数属于劳动阶层和中产阶层的美国白人并不觉得他们作为白种人享受到了什么特权。他们走过的历程就是移民走过的历程——因为对他们而言，没有人赠与过他们任何东西，他们完全是白手起家。他们一辈子勤恳工作，到头来却有很多人眼睁睁地看着自己的工作被输出到海外，苦干了一生养老金却付诸东流。他们深感前途未卜，渐渐与自己的梦想失之交臂；在这个薪酬不见增加的全球竞争时代，机会被视为一种零和游戏，你的梦想成真就意味着我的梦想破灭。因此，当他们知道自己的子女只能乘校车到城镇另一头的学校上学时；当他们听说，为了纠正不平等现象，一名美国非洲裔得到照顾，获得一份好工作或被一所好大学录取，但那一段不平等的历史根本不是他们的过错时；当他们对城区犯罪活动的忧虑被说成是某种偏见时；不满情绪便一天天加深。

与存在于黑人群体的愤怒情绪一样，这些不满情绪往往不会在相互礼遇的场合显露。但这种不满对至少一代人的政治结构产生了影响。对于福利政策和平权法案的种种不满促成了里根联盟的形成。为了赢得选举的胜利，政界人物经常利用人们对犯罪的恐惧心理。谈话节目主持人和保守派媒体评论员不惜付出一生的精力批驳对种族主义的不实指控，与此同时却认为对种族不公正和种族不平等的正当讨论只不过是所谓社会规范的问题或逆向种族主义的表现。

正如黑人的愤怒情绪往往适得其反，白人的这些不满情绪也导致注意力的转移，忽视了中产阶层的压力的真正根源——以内线交易、有漏洞的会计制度和贪图眼前利益为特征的公司文化；华盛顿被游说团体和特殊利益集团操纵的局面；只考虑少数人利益而不顾广大民众利益的经济政策。然而，仅凭主观愿望要求美国白人抛弃不满情绪，断言他们受人误导甚至给他们贴上种族主义者的标签，但同时并没有认识到他们的深切忧虑是合情合理的——也加深了种族鸿沟，阻碍了通往相互理解的道路。

这就是我们目前的情况。多年来，我们始终处于种族僵持的局面，难以自拔。与某些人对我提出的批评恰恰相反，不论他们是白人还是黑人，我从来没有天真到以为单凭一届选举，单凭一名候选人参选，就能超越种族差异，更不用说是像我这样并不完美的候选人了。

但我执著地表明一个坚定的信念——这个信念植根于我对上帝的信仰和对美国人民的信心——只要齐心协力，我们便能愈合一些历史遗留的种族伤痕。事实上，若想在完善联邦的道路上继续走下去，我们无其他选择。

对美国非洲裔群体而言，这条道路意味着承受我们的历史重负，但不做历史的牺牲品。这意味着继续坚持在美国生活的方方面面完全享有公正待遇的要求。但也意味着将我们的具体诉求——要求改善医疗、教育和就业状况等，同全体美国人民的共同追求相结合——为打破玻璃天花板而艰苦奋斗的白人女性、被解雇的白人男子、忙于养家糊口的外来移民等。这意味着对自己的生活承担全部责任——要求做父亲的尽更多的义务，花更多的时间陪伴子女，读书给他们听，让他们懂得虽然在今后的生活中可能遇到困难和歧视，但绝不能丧失希望，绝不能消极厌世；必须始终坚信能由自己书写今后命运的篇章。

值得注意的是，这个典型美国式的——而且的确属于保守派的——自助观念也经常在赖特牧师的布道词中出现。但我从前的这位牧师往往无法理解的是，依靠自助同时也需要相信社会能够发生嬗变。

赖特牧师的布道词存在的重大谬误不在于他谈到我们社会的种族主义。问题在于他的话似乎认为我们的社会是静止的；似乎从未取得任何进展；

似乎这个国家——一个使他所属群体的一名成员有可能竞选国家最高公职并促使白人与黑人、拉美裔与亚裔、富人与穷人、年轻人与老年人相互融汇的国家——仍然无可救药地与悲惨的往事捆绑在一起。但我们了解的情况——我们已看到的情况——是，美国能够发生嬗变。这是这个国家特有的天赋。我们已经取得的成绩为我们带来希望——敢于希望的勇气——争取我们明天能够和必须实现的目标。

在白人社区，改善联邦国家的道路意味着，需要承认美国非洲裔群体经历的痛苦不仅仅存在于黑人的心中；歧视的遗风——以及目前发生的各种歧视事件，虽然不像过去那样明显——已是无可置疑的事实，必须得到解决。不只停留在口头上，而且需要付诸行动——扶持我们的学校和我们的社区；加强执行民权法，保证我们刑事司法系统公正不倚；为这一代人架起以往历代人从未获得的机会的梯子。这要求所有的美国人认识到，你实现自己的理想不必以牺牲我的理想为代价；注重黑人、黄种人和白人孩子的健康、福利和教育最终有助于全美国的繁荣。

最终需要的恰恰是世界上所有伟大宗教所要求的——我们希望别人怎样对待自己，我们也需要以同样的方式对待别人。经书告诉我们，让我们成为我们弟兄的庇护人。让我们成为我们姐妹的庇护人。让我们寻求我们相互之间共同的利益，也让我们的政治生活体现这种精神。

我们的国家可以有所选择。我们可以接受滋生分裂、冲突和消极态度的政治。我们可以仅在发生引人瞩目的事件时谈论种族问题——正如我们在 OJ 审判①时所做的，或在悲剧发生之后，正如我们在"卡特里娜"飓风灾后所做的——或作为晚间新闻的谈资。我们可以每天在每一个频道播放

---

① OJ 审判，指的是美国历史上著名的指控辛普森杀妻案，也称"世纪审判"。辛普森（Orenthal James Simpson）是美国著名的黑人橄榄球星、好莱坞影视明星。1994 年 6 月 12 日，辛普森的白人前妻及男友在家惨遭谋杀。辛普森被指控犯罪。控方出具证据 723 件，辩方以 392 件证据反证"证据不足"。控辩双方唇枪舌剑历时 460 天，1995 年 10 月 3 日，陪审团裁定辛普森无罪释放。对此审判结果，人们议论纷纷，议题涉及美国司法制度、法律公正、种族问题等。

赖特牧师的布道情景,从现在直到大选继续评头论足,并且在竞选中只提一个问题,即美国人民是否认为我在某种程度上相信或同情他那些最激烈的言辞。我们可以猛烈抨击希拉里一位支持者的某些失言之处,以此证明她在打种族牌,或者我们可以揣测,白人男子是否会在大选期间全体投向约翰·麦凯恩,不再考虑他提出的政策。

我们可以这样做。

不过,如果我们真的这样做,我可以告诉大家,下次选举时,我们会谈论其他一些枝节性话题。于是就会有下一次,还会有再下一次。结果是一成不变。这是一种选择。或者,此时此刻,在这次选举期间,我们可以共同表示:"这次决不再如此。"

这一次我们要谈的是衰败的学校,这样的学校剥夺了黑人和白人的孩子、亚裔和拉美裔的孩子、印第安人的孩子的前途。这一次,我们希望不再抱消极的态度,不再认为这些孩子不会读书;不再认为这些外貌与我们不同的孩子是别人的问题。美国的孩子不应该如此,他们都是我们的孩子,我们不应该让他们在 21 世纪的经济中掉队。这次决不再如此。

这一次我们要谈的是,在急诊室排队的病人中为什么都是没有医疗保险的白人、黑人和拉美裔;他们自身没有能力战胜华盛顿的特别利益集团,但如果我们携手努力,他们就能与之抗衡。

这一次我们要谈的是,曾经给各种族的男男女女提供体面生活的工厂如今已被关闭,曾经属于各宗教、各地区和各行各业美国人的住房如今被迫出售。这一次我们要谈的是,真正的问题不是与你外貌不同的人会夺走你的工作;而是因为你服务的公司仅为了获得一份利润将你的工作转移到海外。

这一次我们要谈的是,每一种肤色和信仰的男女军人在同一面令人引以为豪的旗子下共同效力、共同奋战、共同流血。我们要谈的是,如何使他们撤出这场根本不该得到授权而且根本不该进行的战争并返回家园。我们要谈的是，我们将如何关心他们及其家人，给予他们应得的福利，以此表达我们的爱国热忱。

如果我不真诚地相信，这就是广大美国人民对美国的期望，我就不会竞选总统。这个联邦国家或许永远不可能做到尽善尽美，但一代又一代人已经证明，情况总能得到改善。今天，每当我对这种可能性感到怀疑或抱态度消极时，给我带来最大希望的是下一代——年轻的一代，他们对变革的态度、信心和开放的胸怀已经使这次选举具有划时代意义。

我今天特别想为各位说一段故事——我曾非常荣幸地在金博士诞辰之日讲述过这一故事，地点是亚特兰大金博士主持的"以便以谢"浸礼会教堂。

一位名叫阿什利·巴亚的23岁白人年轻女子为我们组织南卡罗来纳州弗洛伦斯市的竞选活动。自这次竞选开始以来，她始终在这个以美国非洲裔为主的社区组织活动。有一天她参加了一场圆桌讨论会，大家轮流讲述自己的情况以及他们为什么来参加讨论会。

阿什利说，她9岁那年，母亲得了癌症，有几天没有上班，为此遭到解雇，也失去了医疗保险。她们不得不申请破产。在这种情况下，为了帮助母亲，阿什利决定必须做些什么。

她知道，食品是她们生活开支最大的项目之一。阿什利设法让母亲相信，她实在最喜欢和最想吃的是芥末调味三明治。因为，这是最省钱的吃法。

她这样维持了一年，直到她母亲情况好转；她向参加圆桌讨论会的人说，她参加我们竞选工作，原因是能够为美国其他数百万也愿意并且也需要帮助自己父母的儿童提供一些帮助。

现在的阿什利或许也可能做出不同的选择。在这个过程中，说不定有人曾对她说，她母亲遇到这些问题，其根源是依靠福利生活但懒惰不愿工作的黑人，或者是非法进入美国的拉美裔。然而，她没有另做选择。她寻找志同道合的人，共同反对不公正现象。

总之，阿什利说完自己的往事后，逐个问在座的人，他们为什么支持这次竞选。大家的经历和理由都不尽相同。许多人都谈到具体问题。最后，轮到一位老年黑人，老人一直静静地坐在那里。阿什利问他为什么来参加讨论会。他没有提出任何具体问题。他没有谈医疗保健或经济问题。他没有提教育，也没有提伊拉克战争。他没有说他来到这里是因为巴拉克·奥巴马。他只向在座的人说："我因阿什利而来。"

"我因阿什利而来。"就此话本身而言，这名白人女孩与这位老年黑人一瞬间的相互认同并不足以说明问题，不足以为病者提供医疗照顾，不足以为失业者提供工作，也不足以为我们的孩子提供教育机会。

但这是我们的起点。我们的联邦国家可以从此日益强盛。自一批爱国者在费城签署这份文件以来，无数世代的人们在这221年中已经认识到这一点。这是走向完美的起点。

（美国国务院国际信息局 译）

* 译文源自 Bureau of International Information Program, 2008。

2008年，巴拉克·奥巴马（1961—）在总统竞选中脱颖而出，成为美国历史上首位黑人总统。2012又获得连任。其成功不仅轰动美国，也轰动全球。

作为一位美国白人女子与一位非洲黑人男子的后代，奥巴马的成功验证了美国梦的神话魅力，但同时又使错综复杂的种族问题浮出水面。奥巴马的个人身份以及种族身份一直是他竞选中的一大焦点。早在宣布参加总统竞选之时，就有人说他肤色"太黑"；也有人说他"不够黑"。著名黑人活动家、思想家杜布依斯曾在20世纪初提出："20世纪的问题是种族路线的问题",时至21世纪,杜布依斯所说的问题依然是美国社会的敏感问题。从参选开始,媒体时常拿奥巴马的种族身份说事,但他一直未曾正面回应,直到2008年3月。

3月13日,美国ABC电视台"美国,你早"节目播出奥巴马牧师、芝加哥三一联合基督教会耶利米·赖特牧师的布道片段。画面中的赖特满怀激情、慷慨陈词,既有对美国的强烈谴责、对美国白人的仇视,又有对美国政府外交政策的批评。播出后,全国上下一片哗然。随后几天,美国各大媒体与网络推波助澜,进行了连续不断的转播,这无疑将奥巴马推上了舆论的波峰。人们不禁对奥巴马产生疑虑。根据CBS的民意调查,赖特事件后,奥巴马在全国的支持率下降了三分之一,民主党内部有52%的人表示不会继续支持他。竞选一下子陷入严重危机。

在这种情况下,政客的惯用伎俩是:发表郑重声明,谴责赖特牧师,脱离教会,与赖特一刀两断。作为权宜之计,奥巴马的一些竞选顾问曾建议他这样做,但考虑到参选以来媒体的煽风点火、保守派对他的攻击、自由派对他的怀疑,奥巴马觉得仅仅声明自己的立场还远远不够。于是,他亲自执笔,连续两夜挑灯夜战,写下了这篇演讲稿。

演说在3月18日美国宪法的诞生地——费城美国宪法中心举行,共持续40分钟。许多电视台进行了现场直播,当天因特网的点击率达两三百万次,次日欧美各大媒体纷纷发表看法,评论奥巴马的演讲"深刻、动人、有胆识、有智慧、开诚布公、不落俗套、具有历史意义",赞美奥巴马是位"一生难得一遇的"政治家,他"真诚地面对了美国政治中最具异议、最具感情色彩的种族问题,向各族人民传递了善意"。学术界也宣称演说在美国政治话语中极为罕见,"对种族分裂、怀疑以及妖魔化的严肃讨论……重新定义了有关种族与政治的民族对话",可与富兰克林·罗斯福、约翰·肯尼迪、林顿·约翰逊、马丁·路德·金的演说一起载入史册。何以如此?

一、演说体现了奥巴马对种族问题的认识以及对种族身份的思考。在此次演说前，奥巴马几乎未曾具体讨论过种族问题，也未曾特别强调自己的黑人身份，这完全有别于杰西·杰克逊、阿尔·夏普顿的做法，两位黑人竞选人在竞选总统时都强调自己的种族身份。因此，有媒体把奥巴马看作是"后种族""后黑人""后族裔"之候选人。奥巴马在初选时赢得白人占大多数的州（如爱达荷州、蒙大拿州）的支持更是让人觉得美国进入了"后种族时代"，似乎种族主义在美国已不存在。赖特事件显然对这一认识提出了极大的挑战。

奥巴马的出身与经历使他对种族问题的看法更为坦率、更为乐观，对政治与种族进步也更具热情。在演说中，奥巴马一方面谴责赖特牧师的言论错误，批评赖特"以严重扭曲的方式看待我国……不仅是错误的，而且会制造分裂"；但另一方面，奥巴马也肯定黑人所遭受的历史创伤，提出无论是在法律上还是在经济上，美国黑人都遭遇了歧视与不公平。如今，黑人就业、福利、保障，甚至美国梦的实现方面依然困扰着许多黑人，因此需要牢记"今天美国非洲裔群体存在的诸多差距可以直接追溯到早期前辈们因受奴隶制遗毒和吉姆·克罗之害遭受的代代相传的种种不平等"，美国远未进入所谓的"后种族时代"。奥巴马强调尽管种族问题依然"是这个国家绝不可忽视的一个问题"，但它可以逐步得到解决、完善。奴隶制问题，当初作为一种权宜之计，被宪法制定者遗留下来，成了留待后代解决的问题，但它并不一定具有历史的继承性。奥巴马相信"这个联邦国家或许永远不可能做到尽善尽美，但一代又一代人已经证明，情况总能得到改善"。他批评赖特牧师的错误在于：赖特认为美国的种族主义是跨历史的；赖特相信自助，但看不到美国的进步。如今美国所面临的问题是：黑人私下里表达的愤怒情绪有时会被操纵、利用制造种族分裂，看不到矛盾的真正根源既不在于黑人也不在于白人，而是在于政府、体制，乃至整个社会。奥巴马提出：如果能认识到"你实现自己的理想不必以牺牲我的为代价"、认识到"若想在完善联邦的道路上继续走下去，我们无其他选择"、认识到美国"社会能够发生嬗变";如果所有人"齐心协力",美国一定"能愈合历史遗留的一些种族伤痕"。阿什利的故事——人与人之间简单的理解与同情——便是解决问题的起点:种族凝聚力的起点以及国家走向完善的起点。

二,演说体现了奥巴马对黑人思想、黑人教会的认同。奥巴马并非黑人奴隶的后代,他没有其妻子米歇尔的父辈以及赖特牧师那一代人对种族遭遇的切肤感受,但他对黑人历史、经历的理解以及对黑人的认同一直是竞选中令人瞩目的一个重要方面,也是他赢得黑人支持的先决条件。中学时代,奥巴马开始体会到作为黑人的压力,曾一度对自己种族与身份感到迷惑。进大学后,奥巴马开始阅读黑人活动家、思想家的作品,并逐渐感受到了黑人的"双重意识"、愤怒、不屈与希望。他从马丁·路德·金身上学到了金的演说风格,看到了他的理想,但他要做的是实现金的理想。奥巴马还吸收了黑人教会的思想。他皈依三一教会,不是因为环境与出生,也不是因为宗教顿悟,而是其成年后的理性选择。三一教会传承了基督教非洲传统、希伯来圣经,尤其是《圣经》中的《出埃及记》、耶稣的救赎等,教会常将黑人的故事与《圣经》的故事结合在一起。有学者提出:正是黑人的这种《圣经》预言传统为奥巴马提供了"生存、自由、希望"的竞选主题。

三,演说传递了奥巴马对"美国"的坚定认识与信念。与1980年里根当选总统一样,对"美国"理想的呼唤是奥巴马当选的重要原因之一。他提出"变革""希望""前进"的竞选口号,呼唤种族间的团结,为的是实现共同的目标,使美国更加完善。这里有奥巴马对美国历史的认识,也有对美国政治传统的研究。西方学院、哥伦比亚大学、哈佛大学的学习使他广泛接触到了种种美国历史思想与政治传统,并从中获得了对美国建国的一种复杂的、崭新的认识。在演说一开始,奥巴马就以历史背景为起点,引用宪法之语:"我们,合众国的人民,为了组织一个更完善的联邦……",提出当初宪法的制定,仅是作为一种民主实验,"仍属未竟之业"。随后,他提出自己的竞选任务与目标："继续我们先辈走过的漫漫征途，走向更公正、更平等、更自由、更有关爱之心和更繁荣的美国"，迎接"时代面临的挑战……为子孙后代创造更美好的未来"。这体现了奥巴马对美国的信念：尽管先辈们所倡导的自由、平等、民主理念在现今社会还存在一定的缺陷，但作为美国立国的基本理念，这些依然是美国的奋斗目标。尽管现实的美国与理想的美国存在差距，美国不是乌托邦，但也不是赖特所谓的反乌托邦。在芝加哥作为社区组织者的亲身经历进一步加深了他对利用法律进行改革、完善美国的可能性的思考。

四，奥巴马将美国梦纳入了种族关系这一议题。美国梦，作为美国民主理想的一个暗喻，既与个人心理有关，又与民族心理有关，而它作为一种辞令，则已发展成为一个强大的神圣－世俗叙事，成为一种进步的神话。在个人层面上，这个神话呼唤宪法中所确保的公民享有财产、自由、追求幸福的权利；在集体层面上，要求民族走向进步、走向完善。因此，种族问题成了在个人层面上实现美国梦的障碍以及在集体层面上追求民族进步的绊脚石。在奥巴马看来，阿什利的故事是实现这两个层面上的美国梦的起点。

可以看出，演说的成功在很大程度上归功于奥巴马的思想与信念。奥巴马既没有出卖赖特牧师，也没有指责其他反对者；既没有忽视黑人的创伤以及现状，也没有批评白人的情绪。相反，演说传递的是奥巴马对牧师、对他人、对白人的理解，对解决种族问题的思考，对种族团结的呼唤，以及对美国进步的信念。除此之外，如同杰斐逊与林肯，奥巴马具有用语言塑造现实的非凡能力。这篇演说语言朴实，简单的句子结构、平实的词语，通过奥巴马冷峻又坚定的语调、缓缓的演说节奏，具有一种迥异于马丁·路德·金的影响力与穿透力。可以说，正是凭借这种用语言塑造现实甚至超越现实的能力，奥巴马赢得了大选，维护了他所坚信的道路。

（张瑞华）

© 民主与建设出版社，2025

图书在版编目（CIP）数据

美国文明观察：全三册/钱满素著. -- 北京：民主与建设出版社，2025.4. -- ISBN 978-7-5139-4744-2

Ⅰ. K712

中国国家版本馆CIP数据核字第2024EQ3653号

美国文明观察（全三册）

MEIGUO WENMING GUANCHA QUAN SAN CE

著　　者	钱满素
监　　制	秦　青
项目统筹	李治华
责任编辑	韩增标　王宇瀚
策划编辑	曹　煜
营销编辑	邱尔白　柯慧萍
封面设计	别境Lab
出版发行	民主与建设出版社有限责任公司
电　　话	（010）59417749　59419778
社　　址	北京市朝阳区宏泰东街远洋万和南区伍号公馆4层
邮　　编	100102
印　　刷	北京嘉业印刷厂
版　　次	2025年4月第1版
印　　次	2025年4月第1次印刷
开　　本	680毫米×955毫米　1/16
印　　张	65.75
字　　数	875千字
书　　号	ISBN 978-7-5139-4744-2
定　　价	188.00元（全三册）

注：如有印、装质量问题，请与出版社联系。